自白が無実を証明する

袴田事件、その自白の心理学的供述分析

浜田寿美男 著

北大路書房

はじめに——事件とその自白

　袴田事件は，1966年に起こった一家4人殺しの事件である。被告となった袴田巖氏の名を冠して「袴田事件」とよばれてきたこの事件は，その後40年を経て，まだ終わっていない。もちろん裁判の審理そのものは，地方裁判所，高等裁判所，最高裁判所とたどっていったん終結している。しかし犯人とされた袴田巖氏は，三審の裁判を経て1980年に死刑が確定した後，なお自分は無実だと主張して再審を求め，20余年を経た今も，再審請求人として，生きて獄中にある。

40年前の惨劇

　ことの発端となった事件を，当時の新聞記事から思い起こしておこう。
　静岡県旧清水市（現在の静岡市清水区），国鉄東海道本線の線路沿いの民家で事件は起こった。1966（昭和41）年6月30日未明のことである。新聞の第一報は「家族四人が焼死」として，次のように報じている（同日付，毎日新聞夕刊）。

> 　30日午前2時10分ごろ，K味噌製造会社専務Hさん（41）方から出火，木造平屋建店舗つき住宅約150平方メートルの同家と，裏庭の土蔵17平方メートルを全焼，約40分後に火は消えたが，焼け跡からHさんと妻のT子さん(38)，二女F子さん(17)＝高校2年，長男M男くん（14）＝中学3年の4人が焼死体でみつかった。
> 　T子さんとM男くんは表八畳間に並んでふとんの上で，F子さんは奥の六畳間，Hさんは裏庭の土蔵わきで，それぞれ死体で発見された。
> 　清水署の調べによると，火は家屋内部から出ており，4人とも煙にまかれ，T子さんら3人は部屋から逃げ出せず，Hさんは裏庭まで出たが火の回りが早く，焼け死んだらしい。
> 　しかしT子さんとF子さん，M男くんの3人の腹や胸などに刃物の跡があるので，無理心中か強盗殺人の疑いがあると同県警の応援を求めて捜査を始めた。
> 　火事の直後，隣の国鉄職員Sさん（48）と会社員Oさん（48）方では煙で火事とわかり，Hさん方の玄関をたたいて急を知らせたが返事がなかった。

● はじめに ●

　Hさん宅は表が道路に面し，裏は狭い木戸一つをへだてて東海道線が2,3メートルのところを走っており，道路に面した間口は約9メートルだが，うち5.4メートルは鉄製のシャッターがおりていて，Sさんらがたたいた時はシャッターは，かなり熱かったという。シャッター続きの雨戸にも一寸角のがん丈な格子戸がはめ込んであり中に飛び込めなかった。出動した消防車5台もこのシャッターのため消火作業に手間取り，よろい戸，格子戸をたたきこわして中にはいった時には，すでに火が回っており手がつけられなかった。
　出火場所は台所付近とみられるが，同署は午後，4人の遺体を解剖する。
　K味噌会社は，焼けたHさん宅と国鉄東海道本線を隔てて20メートルのところにあり，Hさんの父親Tさん（68）が社長。工場と隣の隠居所はHさんの母Sさん（62）と，長女M子さん（19）が住んでおり，M子さんの話では29日夜10時ごろ，旅行から帰り，父親宅を訪れたが，なにも変わったようすはなかった。
　なおこの火事で東海道本線の列車も一時ストップした。

　この第一報では，亡くなった4人のうち，専務のHさんを除く3人について刃物の跡があったとされ，「無理心中」の線もあるかのように報じられているが，その後の解剖結果から専務を含め4人の遺体にはいずれも多数の刺傷があり，しかもそれぞれの遺体の周辺からガソリンが検出されたことで，何者かが4人を刺した後，ガソリンを撒いて火を放った陰惨な殺人放火事件であることが明らかとなった。同日夕刊の続報（4版）ではすでに「一家四人を殺し放火」と報じている（図1）。

容　疑

　本件再審請求人である袴田巖氏（以下「請求人」という）が，容疑者として捜査線上に浮かびあがったのは，ほとんど事件直後のことである。請求人が疑われたのには，いくつかの事情がある。
　請求人は当時，K味噌工場で住み込み工員の1人として働いていた。与えられた部屋は工場2階にあり，工場から専務宅までは，東海道本線をはさんで30数メートル。住み込み工員たちは朝夕，線路を越えて専務宅で食事をとっており，専務宅の屋内のようすをよく知っていた。また，ふだんは味噌工場に

● はじめに ●

図1　事件を報じた新聞記事（1966年6月30日付　毎日新聞夕刊本紙）

置いてある集金人用の雨合羽が，現場に置き捨ててあるのが発見されていた。さらに事件の前夜，月末ということもあって専務は集めた集金袋を自宅に持ち帰っていたところ，その集金袋の一部が火災後見つからず，そのうちの2袋が，工場側に面した専務宅の裏木戸の外に落ちていた。こうしたことから捜査本部は，味噌工場の内部関係者が事件に関わっている可能性が高いと考えていた。

　味噌工場に住み込んでいた工員は4人いて，それぞれ2人ずつ2部屋に住んでいたのだが，事件の夜は，たまたま請求人と同室だった工員が隣の社長宅によばれてそちらで泊まっていたために，4人のうち請求人だけは，火災発生直後のアリバイを証明する人がいなかった。そこで請求人は，火災発生後，消火活動にかけつけるのが遅かったのではないかとの疑いをもたれた。

　さらに殺された専務は柔道2段の屈強な男性で，この専務とやりあって倒し

● はじめに ●

た犯人はよほど強い男でなければならないと考えられた。請求人は，元プロボクサーとしてフェザー級6位にまでなったことがあって，まさにプロの格闘家だった経歴をもつ。その点が注目されたということもある。

そして請求人が疑われる最も大きな要因となったのは，事件後，左手中指に怪我をしていたことである。請求人はこの怪我を，消火活動のために屋根に上った際に足を滑らせて落ちた，その時何かで切ったのではないかと説明したのだが，それを裏づけてくれる人がいなかった。

こうした事情が重なって，事件から4日目の7月4日，捜査本部は工場内の捜査を行なうとともに，請求人が寝起きしていた工場2階の居室を捜索し，そこからパジャマ上下，作業着を押収し，請求人を重要参考人として深夜まで取調べた。新聞には「従業員H浮かぶ」という見出しが掲げられ，請求人を有力容疑者として本格捜査を始め，「タンスから血がべっとりついた半そでシャツが発見された」と報じた（図2）。これが本当なら，請求人の容疑は確実で，ただちに逮捕ということになるはずであった。ところが実際には，この日の朝早くから参考人として事情聴取を受けていた請求人は，夜遅くになって解放され，翌日の新聞には「捜査は白紙に戻された」との記事が掲載された。

請求人の部屋から押収されたのは，「半そでシャツ」ではなく「パジャマ」で，しかも「血がべっとり」というのはまったくの間違い。後に明らかになった捜査記録によれば「肉眼的には血痕らしきものの付着は認めることができなかった」とある。

逮捕と取調べ

このように事件から4日後に捜査側は請求人を重要参考人として調べ，住み込んでいた部屋の捜索も行なったが，容疑を確定することはできなかった。その後の捜査がどのように動いたかは，記録からも定かでないのだが，翌月の8月18日，警察は請求人を逮捕することになる。捜査担当者の話によれば「泳がせていた」という。しかし，この間に決定的証拠が出て，それでもって逮捕に踏み切ったというのではない。押収したパジャマからは肉眼で血痕を確認できず，鑑識でルミノール反応を得て，血液鑑定の結果，請求人自身のB型とは異なるAB型，A型の血痕を確認したという。ちなみに被害者の専務はA型，

図2　有力容疑者追及を報じる新聞記事（1966年7月4日付，毎日新聞夕刊本紙）

奥さんはB型，F子さんはO型，M男くんはAB型であった。もっとも請求人のパジャマの血痕は微量で，その後の再鑑定が可能な量ではなかった。それに，この鑑定が行なわれたのは7月半ばのことで，もしこれが決定的というのなら，その時点で逮捕に踏み切ったはずで，そうせずに，そこからさらに1か月を経てようやく逮捕に及んだことからみて，これが決め手とはいいがたいものであったことは明らかである。

　決め手を欠いたまま，被害者たちの四十九日の法要に合わせるかのようにして請求人を逮捕し，いわば請求人本人の取調べにかけたといってよい状況であった。これに対して請求人も犯行を頑強に否認し，容易には落ちなかった。実際，警察は，請求人が犯人であることを示す決定的な証拠を握ってはいなかったのである。

　それでも警察の追及は厳しかった。請求人が真犯人であると確信し，無実の

● はじめに ●

可能性をほとんど一顧だにせず，断固たる態度で執拗に自白を迫ったことがうかがわれる。後に弁護側が偶然入手して法廷に提出されることになった静岡県警の内部資料『清水市横砂会社重役宅一家４名殺害の強盗殺人放火事件捜査記録』（以下『捜査記録』と略記する）には，次のように記されている。

> （最初の）勾留期限の切れる前日の８月29日から，それまでの取調官を４名から６名に増加して取調べにあたった。８月29日静岡市内の本県警寮芙蓉荘において本部長，刑事部長，捜一，鑑識両課長をはじめ清水署長，刑事課長，取調官による検討会を開催し，取調官から取調べの経過を報告させ，今後の対策を検討した結果，袴田の取調べは情理だけでは自供に追い込むことは困難であるから取調官は確固たる信念を持って，犯人は袴田以外にはない，犯人は袴田に絶対間違いないということを強く袴田に印象づけることにつとめる。（傍点は筆者）

取調官はこの通り「確固たる信念を持って」請求人を追及したのであろう。しかし，その信念は確たる証拠に裏打ちされたものとはいえない。そもそも確たる証拠があれば，あえて自白を求める必要もないし，「犯人は袴田に絶対間違いない」と言い聞かせることもない。証拠に基づかない強引な取調べ姿勢が虚偽自白を生み出す危険な要因となることは，これまでの数々の冤罪事件が示すところなのだが，この資料に見る限り，取調官の側には，冤罪の過ちを犯しかねないことへの警戒心がまったく感じられない。

こうして厳しい取調べが連日深夜にまで及んだ。後の記録によれば１日平均12時間，日によっては16時間を超える取調べがくり返された。そのなかで，結局，請求人は自白に落ちる。逮捕から20日目の９月６日のことである。そして検察官もまた勾留期限ぎりぎりの９月９日に請求人からの自白を調書にとって，その日に起訴するに至った。

その後，なお１か月余りにわたって続く取調べのなかで，請求人から聴取した自白調書は総計45通に及んだ。これを400字詰めの原稿用紙に換算すれば，およそ600枚。検察は，この膨大な量の自白調書を法廷に提出することになる。請求人は裁判で自白を撤回し，その後は否認を通すことになるのだが，結局はこの捜査段階の自白が，その後の裁判を左右し，請求人の死刑確定を決定づける重要証拠となった。

しかし，この自白は，はたして請求人の真実の体験を語るものだったのだろうか。

拘禁の獄で

　第一審の静岡地方裁判所は，請求人の自白に関して，警察の取調べは過度に厳しく，任意性を欠き，また検察官の取調べも大半が起訴後の被告人の身分に対するもので，これを証拠にできないとして，45通の自白調書のうち44通まで証拠から排除するという異例の判断を示した。しかし，それにもかかわらず，残り1通の検察官調書だけはその任意性，信用性を認めて，請求人の無罪の主張を退けた。裁判の結果は以下の通りである。

　　1968年9月11日に静岡地裁で死刑判決
　　1976年5月18日に東京高裁で控訴棄却
　　1980年11月19日に最高裁で上告棄却

　公平にして慎重になされたはずの三審制の裁判を経て，請求人の死刑が確定した。請求人は裁判で一貫して無実を訴えたが，裁判所は法廷でのこの否認を，結局，真犯人の嘘として断罪したのである。

　死刑確定後，請求人は1981年に再審請求を行ない，同時に日本弁護士連合会に再審支援を要請。これを受けた人権擁護委員会再審部会は，詳細な調査を行なった結果，冤罪の疑いが濃厚だと判断して，袴田事件委員会を組織し，その支援にあたることを決定した。以来，日本弁護士連合会袴田事件委員会によって構成された弁護団は，袴田氏の無実を晴らすべく，再審に望みをかけ，精力を注いできた。

　袴田事件の再審請求がスタートした1980年代には，死刑囚への再審無罪事例が，免田事件（1983年），財田川事件（1984年），松山事件（1984年），島田事件（1989年）と続き，深刻な誤判事件への見直しが1つの流れをなしたかに見えた。そして，次は袴田事件だとささやかれたこともあった。しかし再審の壁を開くのはやはり容易ではなかった。何しろ「針の穴に駱駝を通す」という比喩で語られるほどである。

　再審を求める請求人の訴えは，厚い壁にぶつかったまま，その後も裁判所から退けられ続けることになる。いつ開くとも見えない再審の壁を前に，ただ立

● はじめに ●

ち尽くすしかなかった請求人は，やがて精神の平衡を失い，周囲からの救援の手を拒み，1990年代に入ると面会にさえ応じなくなる。それでも弁護人や実姉はくり返し拘置所に出かけたのだが，その後，請求人がようやく面会に応じたのが2003年6月，実に12年ぶりのことだったという。そのとき彼は，自分が袴田巖であることすら否定し，「袴田巖は神の儀式で吸収した」と語った。請求人は今，もはや自らの力で再審に向けて闘うことができない状態のなかにある。

死刑台の一歩手前で

　請求人の獄中生活は，1966年の逮捕時から数えれば40年，死刑確定時から数えてもすでに26年が経過する。26年とか，40年とか，数でいってみればただのひとことだが，それを自分の人生と重ねてみれば，それはほとんど無限といってよいほどの時間の深みであることに気づく。

　たとえば大学を出て就職をしたばかりの人が，長らく勤めあげて，やがて定年の年を迎えるという，その40年。あるいは生まれたばかりの赤ちゃんが，小学校，中学校，高校，大学とたどって，気がついてみると会社で仕事をし始めてもう数年もたつという，その26年。それだけの膨大な時間を，世間との接点をいっさい断たれ，そこに何一つ痕跡を残さないまま，ただただ獄中で暮らす。それがどのようなことかを考えてみればよい。しかもたんに獄中にいるというだけではない。その間に何人もの死刑囚が絞首台に連れられるのを見送り，自らも常に死刑の恐怖にさらされ続けてきた。そのことの残酷さを改めて思う。

　死刑制度をなお残しているわが国で，今そうして執行を待つ身にある死刑囚が57人いる（2004年6月現在）。請求人もこのなかの1人である。彼が獄中で見送った死刑囚ははたして何人にのぼるのか。

　死刑制度の存続がさかんに議論された10数年前，しばらく死刑執行がなかった年が続いた。しかしそれ以降は，毎年のように死刑執行がある。少なくとも1人，多い年で6人，1994〜2003年の10年間では，合わせて37人の死刑囚が絞首台の露となって，人知れずこの世から消されている。その一方で，死刑確定後なお身に覚えがないとして無実を訴え，再審請求を続けている人が十

指に余る。この事実はあまり知られていない。死刑制度の是非はともかくとして，問われた罪を実際に犯しているのであれば，死刑囚として獄に囚われ続けているその境遇もまたやむを得ないかもしれない。しかしもし死刑囚がその罪に対して本当に無実だったとすれば，死刑におびえながらほとんど無限の時間を耐えなければならない現実は，死刑執行にも劣らぬ，恐ろしい不条理といわなければならない。

請求人袴田巖氏もまたその不条理を味わい続けている1人ではないのか。

自白の心理学的鑑定

私が日本弁護士連合会人権擁護委員会の袴田事件委員会から，請求人の自白について鑑定依頼を受けたのは1991年。振り返ってみれば，請求人が外部からの面会を拒否し始めた前後のことである。翌1992年に『鑑定書――袴田事件における自白の心理学的供述分析』を提出した。その冒頭に私は，全体としての鑑定結論を次のように述べた（以下の文中で「確定判決」というのは第一審判決のことを指す。第一審判決への控訴が第二審で棄却され，さらにこれに対する上告が第三審で棄却されたことによって，第一審判決が確定したからである。再審請求はこの確定判決に対して提起されることになる）。

> 本鑑定書は，請求人袴田巖にかかわる御庁昭和56年（た）第1号再審請求事件について，弁護人からの委嘱にもとづき，当請求人の捜査段階の自白調書45通を心理学的視点から供述分析したものである。
>
> 本件第一審においては当該自白調書45通のうち，警察官による員面調書28通については，「任意にされたものでない疑いのある自白」として，また検察官による検面調書16通については起訴後のものであるがゆえに「任意捜査としての被告人の取調べ」と認められないとして，いずれも証拠から排除された。しかるに残る1通の検面調書（起訴前に録取された唯一の検面調書）は任意性があり，また他の諸証拠に照らして信用性もある（犯行着衣の点は除いて）として，これが有罪証拠の一つとされた。またその後の控訴審でもこの証拠判断は引き継がれ，上告審を経てこれが確定し，請求人の死刑判決を決定づけるものとなった。しかしながら，このたび本件弁護人からの委嘱によって，これまでの裁判過程で証拠排除されてきた

● はじめに ●

　44通の自白調書を合わせ，計45通の自白調書を全体として供述分析の俎上にのせ，その供述の背後にある心理諸過程を追跡したところ，従前論議に上ることのなかった諸々の供述要素（自白の犯行筋書を構成する諸要素）について重大な疑問点が浮かび上がってきた。そして，この各要素を精細に分析・検討した結果，詮ずるところ，確定判決で大筋において真実とされた検面調書1通をも含めて，請求人の自白調書は信用性に欠けるというにとどまらず，およそ真犯人のなした自白調書ではありえない，との結論に達する以外になかった。

　本鑑定書は，もとより請求人の捜査段階における自白調書に対象を限っての分析である。それゆえ，これでもって確定判決で証拠とされた他の諸々の物証・人証の認定に直接影響を及ぼすものではない。しかし「自白」がそれ自体において真犯人の自白ではありえないとの疑いが合理的なものとすれば，その他の諸証拠の示唆するところとの矛盾は決定的である。つまり，そのいずれか一方を立て，他方を排するかたちでしか問題は決着しえない。したがって本鑑定書の結論が正しいとすれば，請求人の有罪性を証明するものとされてきた他の諸証拠についての再検討が要請されることにもなる。その意味で，本鑑定書の右結論が合理的根拠をもちうるかどうか，以下の論述に沿って真摯なる検討がなされることを期待したい。

　その後，裁判所は，私のこの鑑定書を含め，弁護団の提出した種々の証拠や主張をことごとく排して，今日まで袴田氏の再審請求を棄却し続けている。もとより法には安定性が求められる。それゆえ確定判決が軽々に覆るようなことがあってはならない。しかし一方で，もし誤判の可能性のあることが十分合理的に推認されるなかで，なお「法の安定性」にこだわるようなことがあるとすれば，それはかえって法の公正性を損なう。何しろ，ことは人の生命の関わる問題である。

　心理学的視点から請求人の自白を分析した私の鑑定が，どこまで合理性を得ているか。このたび当の鑑定書を一般読者に向けて新たに編集し直し，これをおおやけに問いたいと考えたのは，ひとえにこの法の公正性を保たんがためである。

もくじ

はじめに──事件とその自白　i

序　論　　袴田事件と供述分析 …………………………………………… 1

自白に関わる法的判断手続と心理学的供述分析　1
　鑑定対象となる自白調書　1
　自白調書の証拠性　4
　無罪証拠としての自白　5
　データとしての自白調書　7
　事案の真相と2つの仮説　8

第1部　袴田事件における捜査と自白　　　　　　　　　　　　　　　11

第1章　捜査の流れ ……………………………………………………12

第1節　逮捕以前の捜査情報の流れ　12
　1. 火災発生と殺傷された遺体　12
　2. 侵入，脱出の経路　14
　3. 凶　器　16
　4. 放火の油　17
　5. 盗まれた金　17
　6. 工場内の血痕　18
　7. 請求人本人に関わる捜査情報　19
第2節　請求人の逮捕と逮捕当日の近親者からの事情聴取　22
　1. 検察側冒頭陳述に見る「逮捕に至る容疑」　22
　2. 逮捕の日の近親者からの事情聴取　25

第2章　請求人の取調べ経過と自白の流れ ………………………………29

第1節　否認段階の取調べ　29
第2節　自白の流れ　33
　1. 第Ⅰ期（9月6日）の自白　34
　2. 第Ⅱ期（9月7日）の自白　41
　3. 第Ⅲ期（9月8日以降）の自白　47
第3節　公判中に現われた5点の衣類と確定判決の認定した犯行筋書　63
　1. 5点の衣類の発見とその証拠上の疑問　63
　2. 犯行筋書の修正　65
　3. 4つの犯行筋書　67

xi

● もくじ ●

第3章　虚偽自白の可能性分析 …………………………………………… 70
　第1節　無実の人が虚偽自白に陥る一般的な可能性の検討　71
　　1. 虚偽自白は例外的な現象ではない　71
　　2.「私がやりました」と言って，自白に落ちる過程　72
　　3.「私が〜というふうにやりました」と言って，犯行筋書を展開する過程　80
　第2節　本件における取調べ状況と虚偽自白の可能性　84
　　1. 司法警察員による取調べの状況　84
　　2. 唯一証拠採用された9月9日付吉村検面調書は，司法警察員の取調べの強制性・威圧性の影響を免れ得ているのか　88
　　3. 取調べ状況についての請求人の特異なる回想　94

第2部　自白の供述分析　97

第1章　自白の変遷分析＝嘘分析──請求人の自白における供述変遷は真犯人のものとして理解できるか …………………………………… 98
　第1節　嘘の理論　104
　　1. 嘘とは何か　104
　　2. 小さな具体例　106
　　3. 嘘の論理的性格　107
　　4. 真犯人の自白に混じる嘘と無実の人の自白の嘘　110
　第2節　犯行着衣と着替えの嘘　111
　　1. 犯行着衣を偽る理由はあったのか　111
　　2. 犯行着衣の嘘から連動する嘘　116
　第3節　犯行動機の嘘　126
　　1. 問題の所在　126
　　2. 仮説Aのもとで犯行動機の嘘を理解できるか　128
　　3. 動機の嘘から連動する犯行筋書の嘘は仮説Aのもとで理解できるか　135
　　4.「母と子と3人でアパートを借りる金」のためという犯行動機を裏づける身内の供述　144
　第4節　凶器に関わる嘘　155
　　1. 凶器に関わる供述の変遷　155
　　2. 屋内に侵入する仕方の嘘　164
　第5節　4人の殺傷と放火　179
　　1. 殺傷場面の供述変遷と嘘　180
　　2. 放火場面の供述変遷　194
　第6節　裏木戸からの出入りに関わる嘘　202
　　1. 裏木戸状況についての供述の変遷　204
　　2. 仮説Aのもとで供述変遷を理解できるか　208
　第7節　変遷分析＝嘘分析の総括　218
　　1. 大量の嘘　219
　　2. 嘘の内実──全面自白後の嘘　220

3. 二転三転の嘘と嘘の連動　221
　　4. 同一供述要素の文脈移動　223
　　5. 証拠を説明すべく供述した筋書が生み出す不自然・不合理　224
　　6. 徐々に証拠に近づいていく供述　225
　　7. 供述変遷自体が示す時間の方向性　227

第2章　「無知の暴露」分析──請求人が犯行の現実を知らなかったしるし……231
　第1節　甚吉袋と白い布袋　232
　　1. 9月7日付岩本調書の謎　233
　　2. 9月8日付岩本，9月9日付岩本①での供述変更　235
　　3. 9月9日付吉村検面の曖昧化　237
　　4. 9月12日付吉村検面の意味　239
　　5. 9月6日付岩本①と9月6日付岩本②　242
　　6.「金の強取」に関わる供述のとられていった道筋　244
　第2節　強取した金の額と種類　246
　　1. 問題の所在　247
　　2. 金の隠し場所と取り出し方の供述　251
　　3. とった金の総額と金種　259
　　4. 清水郵便局で発見された事故郵便物の金と合致するか　265
　　5. 客観的証拠状況に向けての過度に詳細な詰め　271
　　6. まとめ　276
　第3節　死体の位置　278
　　1. 問題の所在　278
　　2. 殺傷・放火時の被害者の位置　284
　　3. 請求人の自白は被害者の死体位置およびその周辺の血痕，油痕状況と合致するのか　288
　　4. 請求人は何を供述したのか　294

第3章　自白の誘導可能性分析 …………………………………………………296
　第1節　誘導ということ　296
　　1. 真犯人と思い込んでの「誘導」　297
　　2.「真相を知らないもの同士」が生み出す犯行筋書　298
　第2節　犯行筋書の出発点　300
　　1. 取調べに臨んで取調官が把握し，想定していた犯行要素　300
　　2. 否認段階での追及と，そこで認めた唯一の要素　308
　第3節　自白の出発と展開──第Ⅰ期自白の誘導可能性分析　310
　　1.「専務一家を殺した」　310
　　2. 全体の流れ　311
　　3. 動　機　312
　　4. 動機から連動して組み立てられる犯行導入部の筋書　315
　　5. その後に連動する犯行本体の筋書　322
　第4節　自白の大修正──第Ⅱ期，第Ⅲ期の誘導分析　330

● もくじ ●

    1. 第Ⅱ期自白への大変遷　330
    2. 第Ⅲ期自白の維持と変遷　333
  第5節　誘導可能性分析の統括　336

結論　証拠排除された自白調書の証拠性——その無罪証拠としての可能性 …… 339

  1. 嘘分析　340
  2.「無知の暴露」分析　341
  3. 誘導可能性分析　342

補論　供述分析のための公理と着眼点 ………………………………… 345

  1. 人の言動はその心的意味の流れにおいて理解可能である　345
  2. 供述は供述者と尋問者の心的相互作用の所産である　350

あとがき　365

序論
袴田事件と供述分析

自白に関わる法的判断手続と心理学的供述分析

　本件請求人袴田巖氏の自白は，裁判においてどのように判断されてきたか。その判断手続に対して心理学がどのように関与し得るのか。その点を最初に明示しておきたい。

鑑定対象となる自白調書

　請求人は逮捕後の8月18日から9月5日までは一貫して否認していた。しかしその間の否認調書はまったく残されておらず，そこで請求人がどういう供述を行なっていたかを直接記録したものはない。9月6日に自白に落ちてから取調べが終わる10月13日まで，警察官の聴取した自白調書（員面調書）が28通，検察官の聴取した自白調書（検面調書）が17通，録取されている。言うまでもないが，これらは請求人が供述したとされる中身を取調官の側が文章化し，最後に被疑者である請求人が確認し，署名押印したというかたちをとった文書である。

　心理学鑑定で私たちが直接の分析対象にすることになるのが，この計45通の自白調書である。次頁の表1がその一覧である。この表では員面調書，検面調書を合わせて日付順に並べ，全体を通して供述1から供述45まで通し番号を付している。なお各供述が犯行筋書のうちのどの部分に言及しているかがわ

● 序論 ●

表1　請求人の自白調書一覧

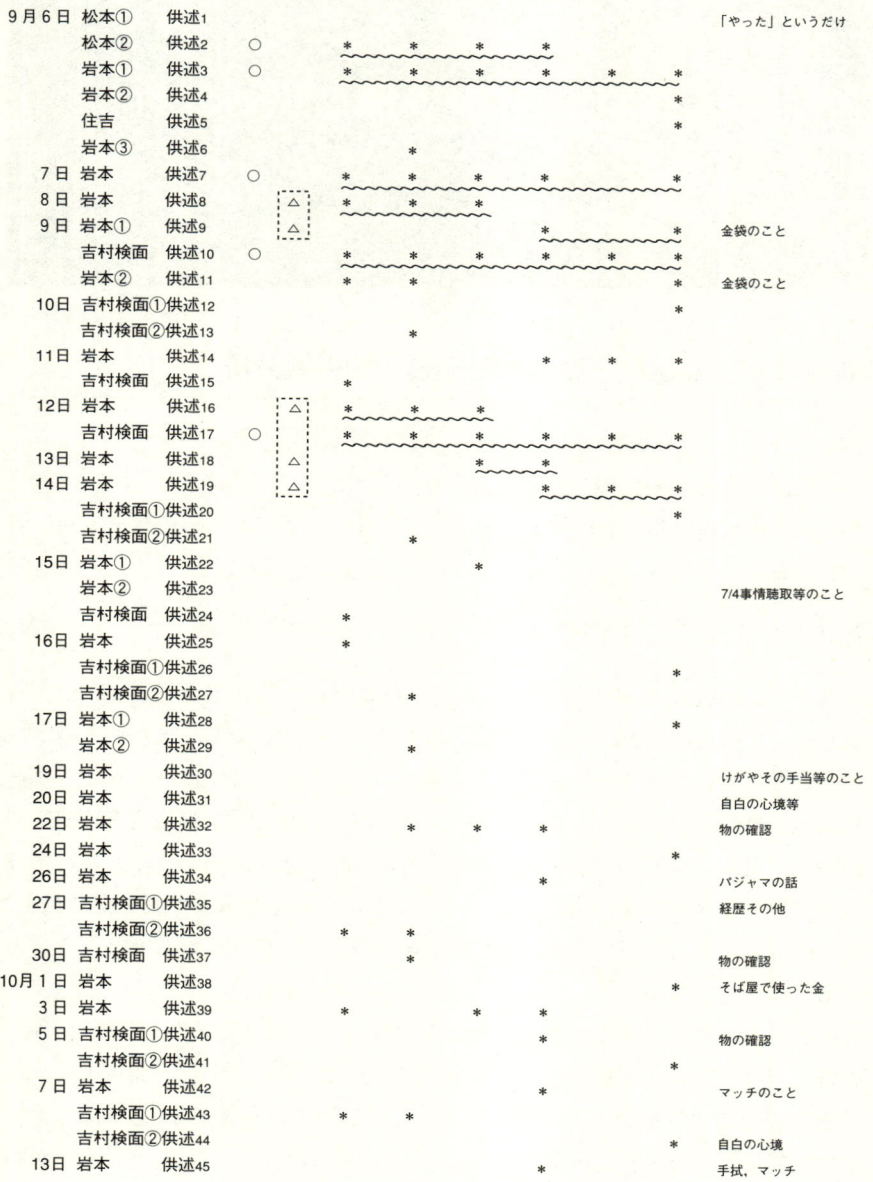

日付			中心部分の筋書き	動機・計画	くり小刀	凶行の流れ	放火・その後	消火活動	金の処理	その他
9月6日	松本①	供述1								「やった」というだけ
	松本②	供述2	○	*	*	*	*			
	岩本①	供述3	○	*	*	*	*	*	*	
	岩本②	供述4							*	
	住吉	供述5							*	
	岩本③	供述6			*					
7日	岩本	供述7	○	*	*	*	*		*	
8日	岩本	供述8		△	*	*	*			
9日	岩本①	供述9		△				*	*	金袋のこと
	吉村検面	供述10	○	*	*	*	*	*	*	
	岩本②	供述11		*					*	金袋のこと
10日	吉村検面①供述12								*	
	吉村検面②供述13			*						
11日	岩本	供述14					*	*	*	
	吉村検面	供述15	*							
12日	岩本	供述16		△	*	*	*			
	吉村検面	供述17	○	△	*	*	*	*	*	
13日	岩本	供述18		△			*	*		
14日	岩本	供述19		△				*	*	
	吉村検面①供述20								*	
	吉村検面②供述21			*						
15日	岩本①	供述22				*				
	岩本②	供述23								7/4事情聴取等のこと
	吉村検面	供述24	*							
16日	岩本	供述25	*							
	吉村検面①供述26								*	
	吉村検面②供述27			*						
17日	岩本①	供述28							*	
	岩本②	供述29			*					
19日	岩本	供述30								けがやその手当等のこと
20日	岩本	供述31								自白の心境等
22日	岩本	供述32			*	*	*			物の確認
24日	岩本	供述33							*	
26日	岩本	供述34					*			パジャマの話
27日	吉村検面①供述35									経歴その他
	吉村検面②供述36		*	*					
30日	吉村検面	供述37			*					物の確認
10月1日	岩本	供述38							*	
3日	岩本	供述39		*		*	*			そば屋で使った金
5日	吉村検面①供述40						*			物の確認
	吉村検面②供述41								*	
7日	岩本	供述42					*			マッチのこと
	吉村検面①供述43		*	*					
	吉村検面②供述44								*	自白の心境
13日	岩本	供述45				*				手拭, マッチ

かるように，供述項目を＊で示している。なお表中「検面」としているもの以外は員面調書である。

この表からわかるように，45通にわたる供述調書のうち，事件全体の筋書を一通り供述したものは，

 供述2（9月6日付松本②……「松本②」という表記は松本警察官のとった2通目の調書という意味，以下同じ）

 供述3（9月6日付岩本①）

 供述7（9月7日付岩本）

 供述8＋供述9（9月8日付岩本と9月9日付岩本①の2通で一連の筋書をなす）

 供述10（9月9日付吉村検面……「吉村検面」という表記は吉村検察官のとった調書という意味，以下同じ）

 供述17（9月12日付吉村検面）

 供述16＋供述18＋供述19（9月12日付岩本，9月13日付岩本，9月14日付岩本の3通で一連の筋書をなす）

の7つである。それ以外の調書は，犯行筋書のなかの個別要素を取り上げて供述したもので，全体に及ぶ筋書は語っていない。犯行筋書を語ったこの7通りの自白が，ここでの供述分析の主たる対象となる。

ここでくり返し強調しておかなければならないのは，原第一審の判決がこの45通のうち吉村検察官の聴取した9月9日付調書（供述10）のみを証拠として採用し，それ以外は証拠から排除したことである。この検面調書は，上記の7通りの自白の1つであり，しかも他の6通りの自白と時間的に近接して，その間にすっぽり収まっている。そうだとすれば，これだけを独立して取り出してよいものかどうか。この点については慎重な検討を要する。

法的な判断手続においては，まず自白が任意に聴取されたものであるかどうかによって，証拠能力の有無を判断し，ついでその自白が信用できるかどうかによって，証明力を判断する。その趣旨にのっとって本件確定判決は，請求人の自白調書のうち44通を証拠から排除し，残り1通だけを証拠として採用し，その信用性を認めた。これに対して本鑑定書では，証拠排除された自白調書44通をも含めて，請求人の自白調書の全体を改めて鑑定対象として取り上げ，

● 序論 ●

そこに分析のメスを入れる。このこと自体において，本鑑定の心理学的供述分析は，自白についての従来の法的判断手続と，その問題枠組を異にしている。最初にこの点を説明しておかなければならない。

自白調書の証拠性

　憲法第38条3項には「何人も，自己に不利益な唯一の証拠が本人の自白である場合には，有罪とされ，又はその他の刑罰を科せられない」と定められ，また刑事訴訟法第319条2項でも「被告人は，公判廷における自白であると否とを問わず，その自白が自己に不利益な唯一の証拠である場合には，有罪とされない」と定められている。自白というものが証拠として非常に危険なものだという歴史の教訓にのっとって，このような法が定められてきたことはよく知られているところである。この法の趣旨からすれば，有罪認定のためには，まず自白以外の諸証拠を提示・検討・確認することが先決で，これが一次的要件である。自白はその後に初めて問題となるという意味で，有罪認定のあくまで二次的な要件にとどまる。

　本件確定判決も，実際，最初に自白以外の諸証拠を取り上げ，そこから推認される事実の上に立って，自白調書（昭和41年9月9日付検面）の信用性を検討するというかたちをとっている。この認定の手順は，法的には正当だし，また当然のことである。

　しかし，ここで1つ大きな問題がある。つまり，法においてこのように自白が二次的要件にとどまるというとき，それはあくまで「有罪認定のための証拠」として二次的だというにすぎない。法における事実認定の手続は，なるほどそのような枠組のなかにあるのだが，では，その枠組をはずしたところで，事実認定一般について，自白が常に二次的証拠にとどまらなければならないかというと，そうではない。

　自白調書は，取調べ側が勝手に作った偽造の調書だというのでない以上，取調べの場における被疑者・被告人と取調官のやりとりの結果を録取したものである。その限りで，そこに法的な意味での任意性が認められるにしろ，あるいは認められないにしろ，それはその取調べの場で語り出された言葉の記録として，その場で何が起こったかを示す心理学的データであることに変わりはない。

どれほど汚染されたデータであれ、そこから何かが読みとれる。

たとえば、そこに「私が犯人です」と言って、犯行のストーリーを語る言葉があれば、一般には、もちろんそこで真の自白がなされた可能性は高い。しかし一方で、安易にそう判定したのでは間違ってしまう危険性もある。人間は弱い存在で、状況次第でときに虚偽の自白に陥ることもある。そのことは過去の多くの冤罪事例が実証しているし、だからこそ法的な事実認定手続において、自白だけで有罪と断定してはならないとして、その二次性が法理として説かれてきた。

他方、語られた自白が万一無実の人の虚偽の自白であったとすればどうであろうか。この時、取調べの場には、捜査によって一定の事件資料は把握していても、犯行そのものを体験したわけではない取調官がいる。そしてその一方には、犯行の体験がないにもかかわらず、間違って取調べられ、辛くなってもう自白するしかない立場の無実の被疑者がいる。そこでは取調官と被疑者がいずれも犯行の非体験者でしかないのに、その両者の間から犯行のストーリーが紡ぎ出される。つまり虚偽の自白というのは、本当のことを知らないものどうしの、いわば想像によって紡ぎ出した合作なのである。とすれば、その自白そのもののなかに、それがたんに信用できないというだけでなく、積極的に虚構であることを示す徴表が表われ出てくる可能性がある。つまり自白調書のなかには、被疑者が無実の人でしかないことを示す証拠が隠されているかもしれないのである。そうだとすれば、この自白調書自体が無罪の証拠として第一次的な位置に立ち得る。心理学的な視点に立つ供述分析がメスを入れるのはまさにこの点である。

無罪証拠としての自白

憲法第38条、刑事訴訟法第319条の趣旨は、有罪証拠としての自白の二次性を説くにとどまるものであって、自白そのものが無罪証拠となる可能性をもつこと、そしてまさにその意味で自白が一次的証拠となり得ることを排除するものではない。

過去の冤罪事件には、その多くに虚偽自白がある。そしてこの虚偽自白のほとんどは、取調官の一方的な捏造にかかるものではない。しばしば誤解されて

● 序論 ●

いるが，虚偽自白は多くの場合，取調官が一方的に考え出して被疑者・被告人に押しつけたものではなく，語られた自白内容の少なくとも一部は，被疑者・被告人の口から引き出されたものである。実際，取調べの場で追及に負けて自白に落ちた被疑者は，たとえ無実であったとしても，いったん「私がやりました」と言った以上，犯人として当の犯行筋書を語らざるを得ない状況に追い込まれている。そこで彼らは取調官の追及にヒントを得ながら，自ら犯行の有様を想像して，いわば「犯人を演じる」。虚偽自白のほとんどがそうしたものである（この点については拙著『自白の研究』北大路書房を参照されたい）。しかし，もちろん無実の被疑者は犯行そのものを知らない。結果として，自白のなかに「被疑者は犯行のことを知らない」という証拠が残されてしまう。その時「自白が被疑者の無実を語る」。

それは，一見，自己矛盾にも見える。自白とは「私がやりました」と認めることなのだから，その表面だけを見れば，当然，有罪証拠にしかなり得ない。しかし，問題は自白の表面だけではない。その中身に深く立ち入ってみれば，被疑者・被告人の内面の心理の機微まではわからないとしても，真犯人が犯行体験を自らの記憶によって自白しているのか，それとも当の犯行とは無縁の人間がただ想像によって自白しているにすぎないのかという，その両極については，これを判別できておかしくない。

無実の人が自分の関与しない犯行について想像を巡らし，虚構でその犯行筋書を思い描き，語るとき，その自白にはおのずと限界がある。無実の人が犯人になったつもりで語ろうとしても，最初からうまく矛盾のない犯行筋書が語られるはずもなく，真犯人の自白としてはあり得ない諸々の点が露呈するし，その矛盾を繕うべく，その後に幾多の変転をくり返すことになる。結果として，自白した犯行筋書そのものにおいて，彼が実のところ「犯行のことを知らない」という事実が暴露される。

このように考えたとき，法の枠組においては，自白を有罪証拠として二次的な位置におかなければならないのに対して，心理学的な意味では，同じ自白が十分に無実性の一次的なデータとなり得ることがわかる。

データとしての自白調書

　心理学の視点に立つ供述分析においては，当の自白調書が取調べの場で被疑者から録取された真正のものである限り，任意性による証拠能力の問題をいったん横において，すべての自白調書を否認調書と合わせ，全体として1つのデータと見なされる。

　供述分析は，その意味で自白に関わる従来の法的判断とは，問題枠組において一線を画することになる。法的判断においては，自白はその任意性が否定されたとき証拠から排除される。しかし自白がそうして法的に排除された上で，なお心理学的視点からは，その排除された自白を含めて被疑者・被告人の供述の全体がデータとして分析の対象とすることができる。

　たとえば，真犯人が取調べの場に引き出されて自白する場合と，無実の人間が間違って取調べの場に引き出されて自白する場合とを比べてみよう。この2つの場合における心的過程はまさに対極的なものであるはずだが，そこから出てくる結果は，いずれにおいても最初は否認，その後自白という経緯をたどる。つまり外形的に見る限り「否認→自白」という流れそのものは変わらない。しかし，同じく「否認→自白」の供述経過をたどったとしても，真犯人にとってはそれが「嘘で否認していたものがばれていく」過程であり，無実の人にとっては「真に否認していたものが嘘の自白に陥っていく」過程である。そのように一方が「嘘がばれていく過程」であり，他方が「嘘に陥っていく過程」であるという，まさに対極的なものだとすれば，供述調書に録取された具体的な供述内容に，その差異が何らかの徴表として表われてこないはずはない。

　ただ，このデータをそのまま安心して使ってよいわけではない。それどころか現実の取調べ過程は事実上ブラックボックスに閉じられていて，どのようなやりとりを経て得られたものかがわからない。そこに，任意性の認められないような不明朗なことが起こった可能性もある。現に本件の場合，第一審判決が警察官の録取した員面調書の任意性を認めていない。そこから出てきた調書は，データとして劣悪だし，ひどく汚染されている可能性がある。しかしこのことを承知した上でなお，これが取調べの場で取調官と被疑者の間で交わされた尋問－応答の記録であることに変わりはない。取調べの場で何が起こったかを示

● 序論 ●

すデータがほかにない以上，汚染された劣悪なデータだからといって，これを見捨ててよいわけはない。本件の請求人の自白調書のように膨大な量に及ぶデータがあれば，そこから「嘘がばれていく過程」「嘘に陥っていく過程」を判別する明確な指標を引き出せる可能性は小さくない。

注意しなければならないことは，これらのデータが「汚染されている」可能性を十分に認識しておくことである。怖いのは，むしろ外形的に任意性もあり，一見信用性もあるように見える調書に対して，その汚染の可能性を見ず，無警戒にそれを鵜呑みにすることである。供述調書は取調べというブラックボックスのなかで起こった出来事の断片を記しているだけである。汚染の可能性を念頭に置きつつ，この断片から取調べの過程を明らかにしていく供述分析は，ちょうど考古学者たちが保存のよくない遺物の断片から，いくつもの有用な歴史情報を引き出すのに似ているかもしれない。

もちろん取調べの場に立ち会うことなく，調書化された供述を見るしかない私たちは，その供述者の心的過程そのものを直接的に観察・分析することはできない。しかし，供述調書を直接的データとして，その背後にこの供述調書を生み出すに至った捜査の流れと被疑者の心的過程を想定することで，当の供述のよって来るべき起源を分析し，それが真犯人のものか無実の人のものかを，かなりの程度まで論理的・演澤的に判別することが可能なはずである。

事案の真相と2つの仮説

刑事訴訟法第1条には，「この法律は，刑事事件につき，公共の福祉の維持と個人の基本的人権の保障とを全うしつつ，事案の真相を明らかにし，刑罰法令を適正且つ迅速に適用実現することを目的とする」とある。ここで「事案の真相を明らかに」するというとき，一般には，問題になっている当の「事件」そのものの「真相」を解明するものと考えられている。しかし，実際のところ，その「事件」はすでに過去のものであって，タイムマシンでもない限り，それを文字どおりに再現して見ることはできない。つまり「事件」がどのようなものであったかは，その後に残された「物の痕跡（物証）」や「人の記憶（人証）」をもとに，遡行してこれを再構成する以外にない。それゆえ「事案の真相を明らかに」するというとき，厳密にいえば，事件の結果として残された痕跡や記

憶から，過去のその「事件」を再構成する手続き過程の全体を含めて「真相」を論じるのでなければならない。とりわけ人の言葉によって語られる供述は，事情聴取・取調べの状況次第で変動する可能性の高いもので，時にこれが「事案の真相」の解明を大きく歪めることがある。そこで，供述の結果をたんに静態的にとらえるのではなく，その聴取過程をも合わせて動態的に分析することが求められる。

冤罪主張のある本件で請求人の自白について供述分析を行なうというとき，そこで課題となるのは，2つの仮説，つまり

仮説A：請求人は本件犯行を体験した真犯人である

仮説B：請求人は本件犯行を体験していない無実者である

の2つの可能性を念頭において，そのいずれがよりよく請求人の供述状況（否認，自白を含めて）を説明するかを検討することである。このように2つの仮説を設定して，供述聴取過程の動態的分析を行なうところに，心理学的供述分析の特徴がある。

刑事裁判の事実認定においては，通常，検察側が被告人の有罪性を立証すべく提出した証拠について，証拠能力，証明力を検討し，その結果，「合理的疑いを超えて」有罪性を立証できれば「有罪」，それができなければ「無罪」と判定される。つまり上の2つの仮説でいえば，仮説Aだけを取り出して，これが証明できるかどうかを厳密に検討するというかたちで有罪判定を行ない，その証明が十分にできなければ，その時は無罪を言い渡さなければならない。ここで「疑わしきは被告人の利益に」という法理が厳格に適用されるならば，誤判に陥る危険性は十分にチェックできるはずである。またそのことを裏返していえば，仮説Bを立てて無罪立証を求めるようなことはしないということでもある。法の枠組においては，これこそが正当な考え方だということになる。しかし一方で，このように仮説Aの証明を主軸において事実認定をするとき，この仮説Aに対して提示される「合理的疑い」について，時として十分に厳格な検討が行なわれず，個々に指摘される問題点を，ただ言葉の上だけで修辞的に取り繕い，あたかも仮説Aが立証されたかのように認定されてしまうことがある。これはあってはならない，極めて危険な認定方法である。多くの冤罪の根はここにある。その意味で，仮説Aについてできる限り厳格にチェッ

● 序論 ●

クするということに加えて，仮説Bを正面に立てて，これが成り立つ余地がないかどうかを，合わせて検討することも求められる。供述分析の視点から仮説Bを検討するということは，まさに仮説Aへの「合理的疑い」の存否を具体的にチェックするということにほかならない。

つまり心理学的視点に立つ供述分析は，有罪方向での仮説Aとともに，無罪方向での仮説Bを合わせて組織的に検討する。自白はそのための1つのデータなのである。それは任意性の有無にかかわらず，取調べの場でどういうことが起こったかを示す1つの指標であり，それが仮説Aを示唆するものとなることもあれば，逆に仮説Bを示唆するものとなることもある。このような枠組のもとに自白の供述分析を行なうとき，それは，請求人の有罪性に対する「合理的な疑い」がどの程度にまで及ぶかを判断する重要な物差しとなり得る。この意味で供述分析は裁判における正確な事実認定に十分に資するはずである。

本鑑定書の供述分析は，このような視点に立って，請求人の45通の自白調書を事実認定の一次的資料として取り上げ，自白以外の諸証拠と照合しながら，自白の真偽判断に資する指標の抽出に努める。

第1部
袴田事件における捜査と自白

　本鑑定では，まずその準備作業として，次の３つの作業が求められる。
　第１に，捜査側が本件に関わってどのような証拠・情報を採取し，どのような事件仮説を立てていったのかを，時系列を追って整理する。
　第２に，請求人の取調べが，否認段階も含めてどのように展開し，自白がどのように変遷したかを，同じく時系列を追って整理する。
　その上で第３に，請求人のおかれた取調べ状況下で，請求人が虚偽自白に落ちる危険性がなかったかどうかを，「虚偽自白の心理学」に照らして検討する。もしその危険性がほとんどないのであれば，改めて精緻な供述分析をほどこすまでもなく，その自白の起源を真犯人の体験記憶に求めてもよい。しかしその危険性が相当程度あるのだとすれば，その現実を見定めて，それだけ精緻な分析が求められることになる。
　そこで，この第１部では供述分析を行なうために必要となる２つの資料，つまり捜査側が証拠・情報を入手していく捜査の流れ（第１章）と，被疑者の自白の流れ（第２章）をそれぞれ整理し，その上で，本件の取調べ状況下において，請求人が虚偽自白へと傾く危険性がなかったかどうか，またあったとすればどの程度あったかを，「自白の心理学」の視点から検討する（第３章）。

第1章　捜査の流れ

第1節　逮捕以前の捜査情報の流れ

　本件が発生したのは 1966 年 6 月 30 日未明。そして請求人が容疑濃厚な参考人として捜査本部に出頭を求められたのがそれから 4 日後の 7 月 4 日であった。しかしそこから請求人の逮捕までには，さらに 1 か月半を要する。ここではまず，この逮捕までの間に捜査側が入手していた証拠・情報を，いくつかの項目に分けて，見ていくことにしよう。

1．火災発生と殺傷された遺体

　事件は火災から始まった。6 月 30 日午前 2 時前，K 味噌工場の専務 H さん方の住宅から出火，隣家 2 軒を類焼して，午前 2 時 30 分頃鎮火した。その焼け跡から専務，その奥さん，次女 F 子さん，長男 M 男くんの焼死体が発見された。4 人にはいずれも刃物によるとみられる創傷が多数あり，死体およびその周辺からは強いガソリン臭がした。外形的な状況からして，犯人（ないし犯人たち）がこの専務方に侵入（ないし訪問）し，4 人を刺して後，ガソリンを撒いて放火したとの犯行であることは間違いない。
　犯行時間帯については，放火の時刻および死体状況が手がかりとなる。まず放火時刻について，午前 1 時 40 分沼津駅発下り急行列車が午前 1 時 44 分頃現場を通過，そのさい乗務員がこげ臭いにおいを感じたがまだ火災は見ていない。

第1章 捜査の流れ

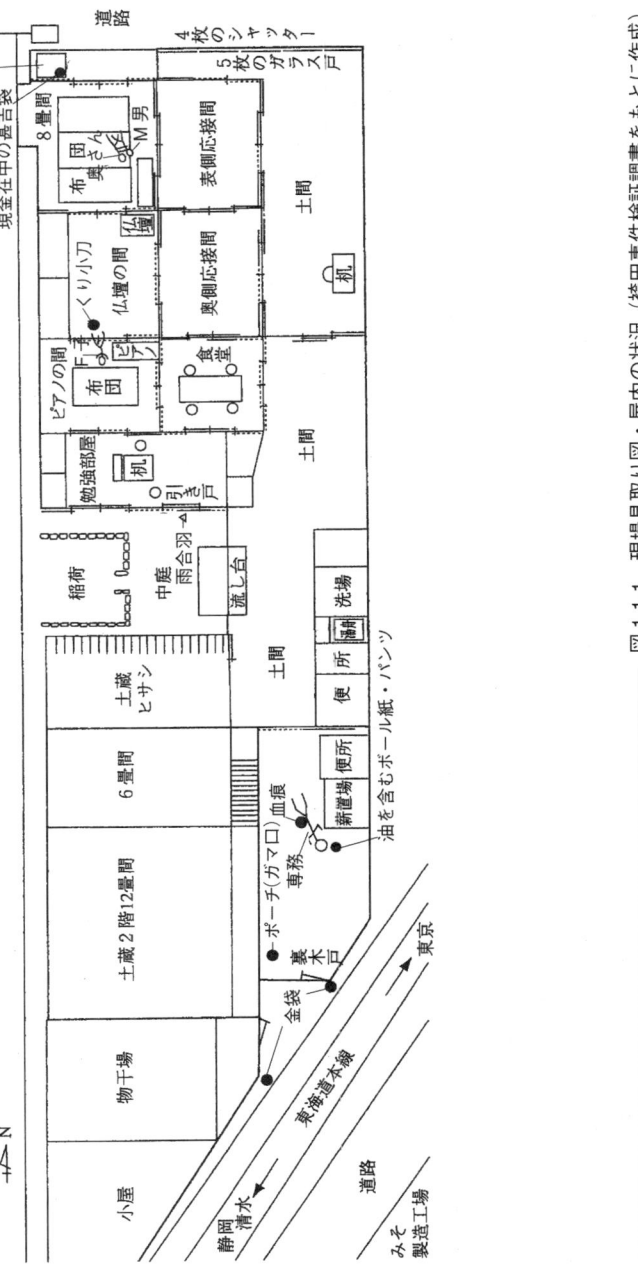

図1-1-1　現場見取り図・屋内の状況（袴田事件検証調書をもとに作成）

これから判断して，ガソリンを撒いての放火はこの列車通過の直前と考えられた。

4人の死体の解剖結果から，奥さん，F子さん，M男くんの3人については，いずれも気管にすすが認められ，血液中から一酸化炭素が検出されている。つまり放火時点でなお呼吸していたことがうかがわれ，鑑定ではこの3人の死因は「失血および全身火傷」によるものと記されている。なお専務については生活反応がなく死因は「失血」とされている。放火時点でなお存命であった3人についても刺傷の程度がひどく，受傷後放火までの時間間隔はあまりなかったと認められるところから，殺傷の犯行そのものはおよそ1時半ごろとみられた。

4人の死体は，専務が胸部に11か所，肩に4か所の刺切傷，奥さんが肩胛骨背部に5か所，顎に1か所の刺傷，F子さんが前頸部や胸部に9か所の刺傷，M男くんが前頸部や胸部に2か所，背部に4か所，手首手背に3か所の刺傷というように，いずれもメッタ突きといってよい状況であった。刺傷の位置から見るかぎり専務は前から，奥さんは主として後から，F子さんは前から，そしてM男くんは前からと後からと，さらに手の傷は防御創と考えられる。

発見された位置および姿勢については，専務が裏木戸近くの通路にあおむけに倒れており，F子さんは自室と隣の仏壇の間にまたがってうつぶせに倒れ，奥さんとM男くんは寝室にしていた部屋で布団の上に，互いに抱き合うような格好で，横になって見つかった。

2. 侵入，脱出の経路

上に見た火災発生状況や死体状況については，事件発生直後の検証や鑑定からほぼ確定できる内容であったが，これ以降に述べる諸情報については，事件の調査等を含めて推定的な要素を多分に含んでいる。

最初に問題となるのは，侵入・脱出の経路である。被害にあった専務宅は，両側をOSさん宅，SSさん宅にはさまれており，侵入・脱出口として北にある表口（シャッター）か，南の裏木戸ないしその脇の塀を乗り越えるしかない。そこで問題は事件当時の表口および裏木戸の施錠状態であった。

まず表口シャッターから見よう。事件発生の前夜10時10分ごろ，長女のM子さんが旅行から帰ってきて，いったん父の専務宅に寄ったのだが，その

ときは父と声を交わしただけで，シャッターは開けられなかったという。それでM子さんは，そのまま自分の部屋のある祖父母宅の方に帰っている。

　未明の午前2時ころに隣家のSSさんが火災に気づいて，専務方の表口にあるシャッターをどんどん叩いたが，夜中のことで施錠しているものと思い込んでいて，開けようとはしなかったという。また近所のHKさんはシャッターは鍵がかかっていて丸太でこじあけようとしたがダメだったと供述している。他方，IRさんはシャッターの鍵がかかっていると思って叩いたり蹴ったりしていたが，持ち上げてみたらシャッターは開いたと述べている。シャッターの鍵が開いていたかどうかについて，当時の新聞報道にも両論が記載されている。

　他方，裏木戸は，木の枠に表側から厚手のトタン板を打ち付けた頑丈な2枚扉である。扉は観音開きで家の内側に開閉するように作られている。施錠は，扉の下から98センチのところにあるカンヌキ，両扉の合わせ目に掛け金が2か所（上部と下部）ついている。さらに2枚扉の広い方（西側扉）の下に大きな石が置いてあったが，これについては開扉したときに広い方の扉がバタバタせぬよう押さえる用途に用いられていたものと思われる（203頁，図2-1-11を参照のこと）。

　本件出火時にこの裏木戸の施錠状態がどうなっていたのか，現場検証の結果はやや曖昧である。扉内側の木の部分は焼け焦げ，カンヌキも焼けて2本に折れていたが，そのカンヌキがかかっていた状態で焼けたものか，カンヌキが西側に引かれてはずれた状態で焼けたものか，必ずしも明瞭ではない。

　掛け金については，上部のものはメスの鍵座にオスの鍵座がはまったまま扉の内側の通路約2メートルのところに落ちていた。おそらく掛け金がかかった状態のまま，扉を圧し開くような外力が加わった結果として，木枠から鍵座が抜けて飛んだものと考えられる。他方，下部の掛け金の方は，東側扉にオスの鍵座のみが残っていて，それに対応する西側扉の部位にメスの鍵座がなく，また付近からも見つからなかった。そこで出火時，この下部の掛け金が開錠されていたのか，それともそもそも最初からメスの鍵座の方だけ取れてなくなっていたのか，あるいは施錠されていたものが，外力が加わってメスの鍵座のみが木枠からはずれて紛失したのかは不明である。いずれにせよ上部の掛け金はかかっていたものとみられ，裏木戸がそのまま開く状態ではなかった。

当初の新聞報道には侵入・脱出口として，
- 鉄道のクイを踏み台にして土蔵の屋根伝いに侵入（7月1日付，毎日新聞朝刊）
- 表口シャッターから出入りしたか，屋根伝いに侵入し，シャッターのカギをあけて逃げたか（7月2日付，読売新聞朝刊）
- 侵入口不明，中庭に出て屋根伝いに逃げた公算強い（7月3日付，朝日新聞朝刊）
- 屋根伝いの出入りが考えられる（7月6日付，静岡新聞朝刊）

といった推測が書かれており，裏木戸を通り抜けての侵入・脱出ではなく，むしろ屋根伝いでの侵入・脱出の線が濃厚と考えられていたことがうかがわれる。

3. 凶　器

　被害者4人殺傷に関わったのが1人の犯人なのか，それとも複数の犯人なのかも，実は不明である。用いられた凶器についても，それが1個なのか，あるいは複数個あったのか，そのあたりのことは死体自体からも現場状況からも明らかではない。ただ捜査の流れのなかで凶器として特定され，それに関わる情報が収集されてきたのはただ1つ，F子さんの死体の足元から発見された「くり小刀」のみである。まずその発見の経緯を追ってみる。

　6月30日，鎮火後の午前4時，中庭の食堂入口付近で半分ほど焼け焦げた雨合羽を発見，その右ポケットに小刀のさやと思われるものが入っていた。小刀のさやが入っていたところから，この雨合羽が犯行に関わる証拠である可能性が疑われることになる。またこの雨合羽は会社が販売員に支給していたもので，それゆえに内部犯行をうかがわせる重要証拠とされた（毎日新聞は7月1日付夕刊でこの雨合羽の発見を大きく取り上げ，警察がこの雨合羽に捜査の焦点を絞ったと報じている）。

　7月2日，検証の3日目，F子さんの死体のあった足元付近で，柄のないくり小刀の刃体を発見。これが先の雨合羽のポケットに入っていたさやと合致するものと見られた。またこのくり小刀は，死体の刺傷の状態とも矛盾しないと判断された。

　こうしてこのくり小刀が早々に凶器と認定されて，その出所をたどる捜査が

進められ，7月15日段階で，富士宮市，富士市，沼津市の刃物店に同種のものが卸されていることをつかみ，この3商店に出向いて，K味噌工場の従業員の写真28葉を見せ，客として見覚えがあるかどうかを面割りした結果，沼津市のK刃物店のTMさんが，見覚えのある客として請求人を選んだという。

なお，くり小刀のさやが入っていた雨合羽については，従業員MYさんに支給されたものとわかり，MYさんからの事情聴取によって，6月28日集金の際に着て，戻って後，工場の寮の下の脱衣室の壁にかけたか，工場内の三角部屋の机の上に置いたかいずれかであるとされた。

4．放火の油

現場検証の結果から，前記のように死体およびその周囲に強いガソリン臭があり，ガソリンによる放火が明らかであった。そこでこのガソリンの出元を捜査するべく，ガソリン臭の強い遺留物（専務の死体近くにあった男物パンツやボール紙，その他死体に付着して焼け残っていた衣類の周辺の布団等）を押収し，そこから油を抽出して成分を鑑定する作業を行ない，他方で現場周辺の石油販売業者83軒から販売されているガソリンとオイルを資料として収集した。同時に，専務宅内および工場内にあった石油類をすべて調査し（ただ空き缶も多数あったが，これについてまで調査・鑑定したとの記録はない），その一部を資料として採取し，現場に撒かれていた油との異同を鑑定すべく，これを鑑識課に送付した。

その結果，請求人逮捕以前の段階で，放火に用いられた油は，専務が釣船用に購入していた混合油2缶のうち，工場内三角部屋付近に置いていた1缶から5.35リットルを取った可能性が高いとの捜査情報を得ている。

5．盗まれた金

本件の動機に関わって金が盗まれていなかったかどうかの捜査は重要であった。ことに本件が月末の集金時期にあったところから，集金してきた金を狙った事件ではなかったかという見方が当初からあった。

この集金については11名の販売員が販売と兼ねて行なっており，本件前日の6月29日も7名の販売員が集金して，その金を白木綿の小袋に入れて事務

員に渡し，事務員が確認した後，この小袋をまとめて甚吉袋に入れていた。甚吉袋というのは1升ビンが2本入るほどの頑丈な布袋である。この日，甚吉袋に入れたのは7名の集金袋7個と，会社で直接販売した売上金の袋1個，それに会社印鑑4個を入れた袋の計9個で，現金計376,379円，小切手10枚額面145,986円，合計522,365円であった。

　本件発生後，現場検証の結果，甚吉袋はふだん専務がこれを置いていたという表八畳間の夜具入れから見つかった。中に布小袋6個はあったが，あと3個が不明。そのうち2個は，裏木戸のすぐ近くの国鉄境界標柱の根元のくぼみから1個，同じく裏木戸から3メートルほどの線路北側の敷石の間から1個が見つかっている。この2個の袋には集金した現金，小切手がそのまま入っていた。この2個の袋のうち1個から人血の付着が認められ（少量のため血液型は不明），犯人が持ち出した可能性がうかがわれた。

　問題は残りの布小袋1個である。この小袋の集金担当者は販売員IHさんで，その集金額は現金82,325円，小切手2枚額面16,900円であることが帳簿・伝票から確認された。捜査本部がこの布小袋1個を持ち去った者が犯人であるとの狙いをつけたことは間違いない。

　専務宅にはこの集金の金以外に，現金，預金通帳（額面計520万），指輪，ネックレス等，金目のものがずいぶんあったが，物色された気配はなかった。

　もう1点注目すべきは，専務の死体のあった裏木戸内側に現金1,405円の入った化粧品入れのポーチが発見されたことである。これは奥さんが店舗での売上を入れておいたものと思われ，在中の現金も前日の売上にほぼ相当するとの確認がされている。このポーチはいつも店の土間にあった茶ダンスか横の机の引き出しに入れておいたという。このポーチがどうしてこの裏木戸近くにあったのかが，捜査本部にとっても重要な謎であったと思われる。

6. 工場内の血痕

　凶器と見られるくり小刀のさやが従業員の雨合羽のポケットに入って現場で発見されたこと，集金の布小袋2個が裏木戸近くから発見されたこと，放火に用いられた混合油が工場内の釣船用混合油1缶から持ち出されて使われた可能性が高いことなどの理由から，工場内部のものの犯行であるとの見込みを強く

抱いた捜査本部は7月4日，被疑者不詳のまま捜索差押許可状を得て捜索差押を実施した。工場の状況を図1-1-2に示す。

この捜索で，三角部屋の奥の下水溝から血痕の付着した手拭が発見された。この手拭には「K味噌」のネームが入っており，付着の血液はAB型と判定されている（ただ，どういうわけかAB型とB型の血液が付着していたとする記録もある）。この手拭が犯行と直接関係するかどうか，この物自体からは不明であるが，これが工場内部犯行の線をさらに強める一因となったことは否定できない。

その後20日間を経て7月23日，警察は工場内の主要箇所について血痕付着の有無を調べるべくルミノール検査を行なっている。その結果，手拭が発見された下水溝北側壁，風呂場更衣室，風呂場南側壁から陽性反応を得，さらに鑑定した結果，いずれも人血で，更衣室壁のものがA型，その他はA型らしいとの結論を得ている。事件から23日後に行なわれた検査だったところから考えて，この結果が犯行と関連するかどうかの判断は難しいが，捜査当局にとってこれもまた重要な捜査情報であったことは間違いない。

7. 請求人本人に関わる捜査情報

事件前夜，請求人は工場内の寮の居室で10時半までテレビを見ていた。このことは，当日の宿直員らによって確認されている。問題はこの後である。

ふだん請求人は寮内で，SSさん，MMさん（この2人は同室），SFさん（請求人と同室）の4人で寝起きをともにしていた。ところが工場隣の社長宅では，社長（専務の父）が入院中で，おまけに同居していた孫娘M子さん（被害者である専務と奥さんの長女）が，先述のように数日前から旅行に出たため，社長夫人（専務の母）が1人では心細いということで，請求人と同室のSFさんがこの社長宅に泊まりに行っていた。結果として，事件当夜，請求人は寮の居室で1人で寝ることになり，出火時のアリバイを証明する人がいなかった。

また出火後の消火活動中，請求人がパジャマ姿で物干し台に上がっていたこと，その後ずぶぬれのパジャマ姿でいたことを同僚従業員たちが目撃しているが，出火直後サイレンが鳴って消火活動が始まった初期の時点で，請求人の姿を見た者を確認できなかった。これもまた請求人への容疑の一因となった。

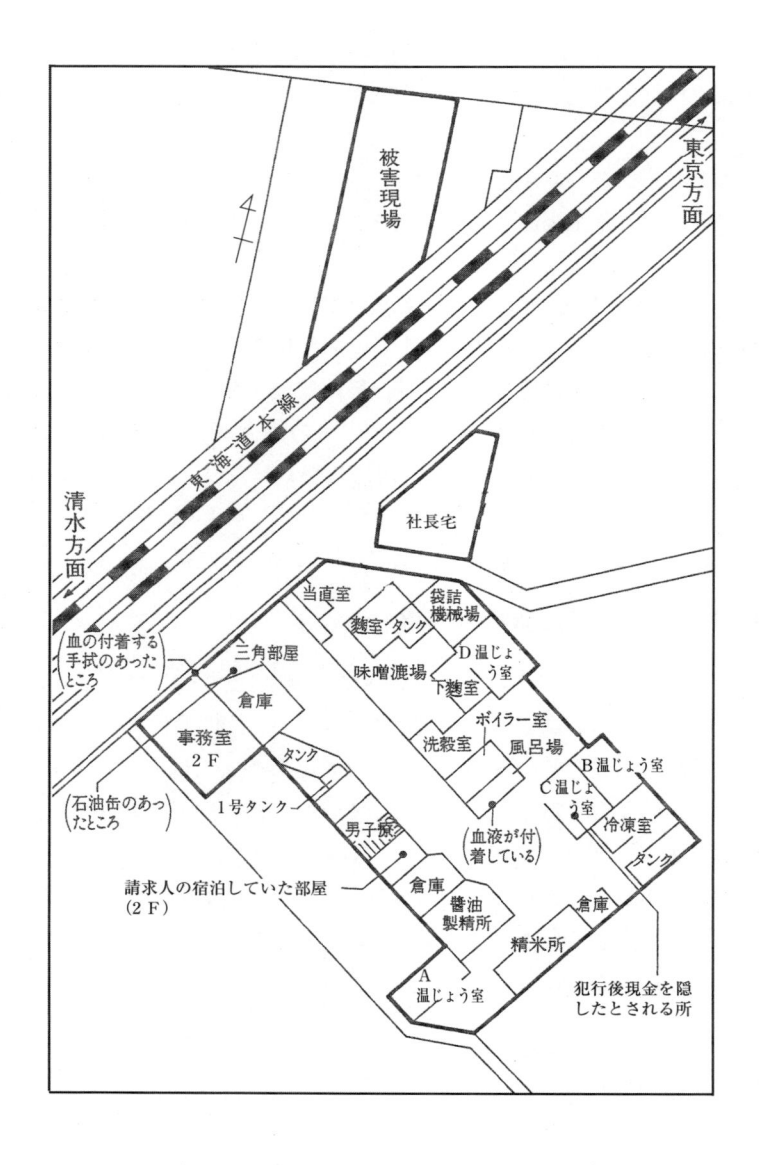

図1-1-2　現場見取り図・屋内の状況（袴田事件検証調書をもとに作成）

これに加えて請求人への容疑を濃くした最大の要因は，左手中指に怪我をしていたことである。事件以前の怪我ではなく，この事件ないしその直後の怪我であることは明らかであった。請求人は消火作業中にトタンで切ったと弁明したが，警察はこれに疑問をもった。

請求人は事件から3日後浜松市の実家に帰り，7月3日（日曜日）近くのFT医院で，この傷の手当てを受けている。その時すでに，幅5～6ミリ横に切れた傷がかなり化膿していたため，トタンで切ったか刃物で切ったか，傷そのものからは判断できなかったとFT医師は供述している（8月2日付員面）。ところが翌7月4日，警察は工場内の捜索を行ない，請求人の居室からパジャマ上下，作業着を押収すると同時に，請求人に手の怪我の診断を受けさせている。診断を受けたのは清水市のYM外科医院で，警察からの依頼でSS医師も立ち会っている。この診断結果によると左手中指の傷は「柳葉状で傷の状態からみて，トタンで切ったというよりは鋭利なもので切ったものと思われます」となっている。警察はこの時点で，請求人の左手中指の怪我が消火活動中のものではなく，本件犯行中のものではないかとの疑いを強くもったことが推察される。

またこの日に押収したパジャマ上下と作業着には，犯行との関連を疑わせる血痕が付着していた。まずパジャマ上衣は，右袖部分にカギ型に切れたあとがあり，左前ポケットのところに血痕かさびか醬油のしみかわからぬ痕跡がわずかについていて（7月4日付森田政司捜査報告書），国防色作業着には右肩部分に内側から血痕が付着していることが認められた（7月4日付富安要捜査差押調書）。パジャマの血痕らしきしみは鑑定を待たねば何とも言えぬほどわずかなものだったが，先に見たように，どういうわけか毎日新聞は「血ぞめのシャツ」（7月4日付，毎日新聞夕刊）とか「血ぞめのパジャマ」（7月5日付，毎日新聞朝刊）と報じた。もっとも他紙は血液量が少ないことを正しく報道している。いずれにせよ，このパジャマが本件に絡む重要な証拠品として押収されたことは確かである。それは押収と同時にこれに油が付着しているかどうかの鑑定嘱託が行なわれていることからもわかる（7月4日付清水警察署長による「鑑定方嘱託について」）。その後，微量の油が検出されたと報告されることになるのだが，その鑑定結果が提出されたのは，請求人が逮捕され，取調べが

終わった後，10月20日になってのことである。

　なおパジャマと作業着の血液鑑定は7月18日付で出ている（鈴木健介鑑定書）。これによればパジャマ上衣左胸ポケット部分からAB型，左前面下から型不明の血液，ズボンからA型と型不明の血液，作業着からはB型血液が検出されたという。請求人の血液型はB型であり，作業着の血痕は本人のものと認められている。また，パジャマの血は微量すぎて再鑑定が不可能であったことがのちに判明する。

第2節　請求人の逮捕と逮捕当日の近親者からの事情聴取

　前節では，多くの捜査情報のなかから，後に請求人の容疑へと収斂していく主要情報のみを摘記してみたわけだが，これらの情報のほとんどが1966年の7月中に入手されたもので，その後，請求人逮捕までさしたる証拠・情報はない。請求人は1966年8月18日に逮捕される。なぜ捜査本部はこの日に逮捕に踏み切ることになったのか，その直接の契機はわからない。

1．検察側冒頭陳述に見る「逮捕に至る容疑」

　原第一審の検察側冒頭陳述で検察官は，「被告人（請求人）を容疑者と認定した端緒」として次の5点をあげている。

1）遺留証拠並に犯行当夜の状況からみて本件は外部の者による，いわゆる流しの犯罪ではなく，工場及び被害者方の内部事情を知った者の犯行であると認められること。
　　被告人は本件前から工場内の寮に住込で働いており，又毎日被害者方に行って朝晩食事をしていたことから工場や被害者方の事情に詳しいと認められること。
2）被告人が事件直後左手中指に怪我をしていたこと。
　　本件は凶器による犯罪であり，また専務の倒れていた場所並に同人が体格がよく体力があること等から考えて犯人は専務を殺害する際，同人と格闘したことが推定されるので，被告人が犯人であるとすれば格闘の際凶器等によって自らも手等に怪

我をすることが考えられること。
3) 被告人には犯行当夜アリバイがないこと。
　　工場の仕事は午前8時頃から午後6時頃までとなっているので，夜工場に居る者は宿直員1名の他工場内の寮に寝泊まりしているSSさん，MMさん，SFさん，及び被告人だけであるところ，寮は2階建の建物の二階の2部屋で1つの部屋にはSSさんとMMさんが寝泊まりしており，もう1つの部屋にSFさんと被告人が寝泊まりしていたが，SFさんは犯行当夜の3，4日前から工場の隣の社長宅に用心を兼ねて泊まりに行っており，犯行当夜も不在だったので，被告人の部屋は被告人が1人で寝ていたことにもなりアリバイが認められないこと。
4) 捜索の結果，被告人の部屋から血痕の付着したパジャマや作業衣が発見されたこと。
　　本件の捜索は工場関係者が疑わしいとみて，工場及び寮について行なったものであるが，その結果被告人の夜具入れから前記パジャマと作業衣が発見され，しかもそれが被告人が普段着用している被告人所有のものであること。
5) 被告人の前歴が元ボクサーであり日頃の勤務態度もあまり真面目ではなく，夜間外出も多かったこと。
　　全従業員について経歴や日頃の勤務態度を調べたところ，被告人は元プロボクサーをしていたがやめてキャバレーやバーのバーテンをしたのち，K味噌会社に勤めたもので，日頃の勤務態度も良くなく，時々休んだり夜遅く外出することが多い等の理由が，従業員の中では最も疑わしいと認められたこと。

　ここに5点にわたってあげたものは，7月4日の工場内捜索時点の「容疑の端緒」である。警察はこれに基づいて請求人の任意出頭を求め，長時間にわたる取調べを行なったのだが，結局は決め手になる証拠を見出すことのできないまま，当日の深夜には請求人を解放した。
　翌日の新聞報道には「"従業員"の容疑薄れる」「捜査ふり出しへ」(7月6日付，読売新聞県内版)，「範囲広げ徹底的捜査」(7月5日付，静岡新聞夕刊)とあり，県警本部長の話として，「流しの犯行とは考えられず，いぜんとして内部事情に詳しいものの犯行と思われるので，この線に沿って捜査をつづける。いまは基礎捜査の段階であり，従業員など関係者から事情聴取して，その結果を検討・捜査をすすめる」(7月5日付，静岡新聞夕刊)と伝えられている。請求人へ

の9時間にわたる事情聴取から決め手を得ることのできなかった捜査本部は，いったん後退して，再度「範囲を広げて」の基礎捜査に努めるとの決意を表わしたのである。

といっても，もちろん請求人の容疑が晴れたわけではなかった。先の5点の容疑からしてなお有力容疑者の1人であったことに変わりはない。静岡県警『捜査記録』には，逮捕まで「50日間被告人を泳がせたが，この間被告人稼動の午前8時ころから午後5時ころまでの間を除いては連日連夜，張り込みを実施し，また被告人が外出すれば尾行を行った」とある。そしていよいよ請求人が逮捕されたのが8月18日であった。7月4日時点と比べて容疑の増強をもたらした可能性があるのは，パジャマに付着していたとされる血液と混合油の鑑定くらいである。

パジャマの付着血液については7月18日付鈴木健介鑑定書ですでに結果が出ていた。ただ7月29日付静岡新聞朝刊には「血液のついたパジャマや作業衣の鑑定は県警本部鑑識課で結論が得られないため，16日に警察庁の科学警察研究所に資料を送ってある。同課ではまだ回答がないと言っているが，資料が少ないため，鑑定結果が本件解決の直接のポイントとなることは期待薄とみられる」と報じられている。また現に静岡県警『捜査記録』には，「血液型について断定を下すため，更に慎重を期して7月15日に科学警察研究所に鑑定を依頼するに，……人血の付着は認められたが血液型は不詳という回答を得た」と記載されている。

パジャマの混合油については，法廷に提出された証拠から見るかぎり，これが被害者の着衣等のものと同一との鑑定がなされたのは10月20日付篠田勤鑑定で，逮捕時点ではまだ確認されたことになっていない。火災現場の油と工場内の釣船用混合油とが同一種類であるという鑑定に「約1カ月半を要した」（つまり8月半ばにようやく鑑定結果が出た）ことは『捜査記録』にも記されているが，パジャマからの混合油の抽出やその同一性鑑定がいつ結論を得たかは不明である。逮捕時点の新聞には，パジャマの油の同一性が確認されたとの報道（8月18日付，毎日新聞夕刊）がある一方，「放火に使用した油と第一工場（ミソ製造工場）にあった混合油はきわめて類似している」が，「パジャマについていた油は微量のため鑑定できない」（8月18日付，静岡新聞夕刊），あるいは「パ

ジャマの油の分析はさらに詳しく進められている」(8月19日付, 読売新聞朝刊)とも報じられている。

このように逮捕の決め手となったとされる血や油にも, 今から見ると不明瞭な点があると言わざるを得ない。しかしともあれこうして請求人を逮捕するに至ったのである。

2. 逮捕の日の近親者からの事情聴取

請求人を逮捕した8月18日, 警察は請求人の近親者たちから事情聴取を行なっている。この日に供述調書をとられたのは実母HTさん, 実兄（長男）HSさん, 実姉（長女）NTさん, その姉婿NKさん, 実姉（三女）HHさんの5人である。この5人の供述は, 家族関係, 請求人のこれまでの生活歴, 事件前の生活状況, 事件後の態度など広範にわたっているが, ここではとくに請求人の事件前の生活状況について見ておく。

請求人は1936年, 6人きょうだいの末子として生まれた。中学校卒業後就職, 工具として働いているうちにボクシングを習うようになって, 1957年の国体で3位に入賞, 翌1958年プロボクシングの世界に入る。一時はランキング6位まで上るが, 1962年ころ, 眼と足の故障から引退することになる。このボクサー時代にARさんと同棲をはじめ, 引退後2人でキャバレーなどで仕事をしていた。1963年, 知人のNHさんのスポンサーのもと清水市内で「暖流」というバーを開業するが, 経営がはかばかしくなく, まもなく店はつぶれた。そのとき請求人はNHさんに50余万円の借金ができたことになるが, NHさんは自分の方から出資を申し出た話でもあり, 積極的に返済請求をせず, そのままになっていた（この点は逮捕前の1966年8月1日付のNHさんの供述調書ですでに述べられている）。

「暖流」がつぶれてから請求人はNHさんの紹介で「K味噌」に工具として勤めることになり, 妻ARさんの方は同じくNHさんの世話でバー「萬花」を経営することになる。しかしこれも3か月ほどでつぶれる。請求人とARさんとの間には1964年10月15日長男Aちゃんが生まれたが, 3人一緒の生活は長く続かず, 「萬花」がつぶれた1965年4月ころARさんは別の男と家出, 請求人はAちゃんを浜北市の実家に預けて, 自分はK味噌の工場内にある寮に

寄宿することになった。その後，ARさんがいったんAちゃんを引き取るが，まもなくAちゃんを自分の実家に預けて，再び男と出奔，行方不明となる。

結局，請求人は母とともにARさんの実家に出向き，ARさんとは正式に別れることにしてAちゃんを引き取り，浜北市の母の実家のもとに預けた。それが1966年2月10日ころのことである。その時Aちゃんは1歳4か月であった。

ここまで請求人は一時プロボクシングの世界で一定の名声を得たということはあったものの，それ以外のところでは経済的にも家庭的にもあまり恵まれたとはいいがたい生活を送ってきた。しかし他方で経済的にとくに追いつめられていたわけでもない。バー開業のスポンサーとなってくれたNHさんに対して，かたちの上でかなりの借金を負ったことにはなったが，請求人を見込んでの出資であったため，NHさん自身あえて取り立てようとはしなかった。

そうしてみると，ここまでのところ請求人が本件犯行に及んだ動機につながるような背景的事情はうかがえない。では，Aちゃんを浜北の実家に預けた1966年2月以降について，とくに目立った事情が新たに出現したであろうか。

この点を逮捕当日の近親者の供述に見てみると，まず，請求人が被害者に対して怨みをもっていたことをうかがわせるような事情はない。K味噌会社の勤務条件，給与条件などに不平をもっていたとの様子もないし，被害者宅に対して個人的な感情のもつれをうかがわせる言動もない。

では，金銭的な動機はどうか。当時請求人の生活はけっして豊かではなかった。月給は食費を差し引いて2万3千〜4千円。そこから月1万円をAちゃんの養育費として母に渡していた。したがって，1万3千〜4千の小遣いで1か月を過ごさなければならない。当時の物価からすれば，食費を除いてこれだけの小遣い銭があればどうにかやっていけようが，何か値のはるものを買ったりすると，時に小遣いに困ることがあったかもしれない。請求人が質屋に出入りしていたこと，また時に給料の前借りをしていたことは，その意味で別に不審なことではないし，それ以外にことさら大金を要したという事情はうかがえない。現に請求人が母や兄姉に金の無心をしたり，借金の申し入れをした事実もない。

ただ，母や兄姉の5人の供述のなかに，請求人自白後の動機に絡んで注目すべき点が2つある。

第1章　捜査の流れ

　1つは，5月の初め頃，請求人が母に会わせたいという女性がいたとの兄姉の供述である。兄姉の供述として録取されたこの情報がどこまで真実かは，これを判別するすべがないが，後の請求人の自白では，この女性が，奪った金を預けたことになるMFさんだということになる。現に，この事情聴取の4日後，8月22日に警察がMFさん方の家宅捜索を行なっている。警察は，請求人の自白が出るよりはるか以前に，請求人とMFさんとをつなぐ線を推定していたことがうかがわれる。

　母や兄姉の供述のなかで，後の自白との関連でもう1つ注目すべきことは，母がこの年の4月上旬から5月初めまでの間，浜北の実家からAちゃんを連れて，まず三女HHさん方に遊びに行き，続いて長女NTさん方に行き，またHHさん方に戻るというようにして，1か月近く，家を空けたということである。それがどういう事情によるものか，真相は必ずしも明瞭ではないが，少なくとも調書上は，次のようになっている。

　　私もAちゃんを預かっています関係で種々と家の嫁に遠慮することがありますので，HHのところへAちゃんをつれて行っています。(母HTさんの供述)
　　中瀬の母(母HTさん)がAちゃんを引き取ってから中瀬の嫁が，義母がAちゃんを可愛がり，家のことや家の子供のめんどうを見てくれない，と言うことから折合いが悪くなり……。(姉婿NKさんの供述)
　　母はなぜAちゃんを連れてHH(三女)のところに行っていて，私のところにその足で来たかと言いますと，HS(長男)の嫁がAちゃんのめんどうをみないし，Aちゃんのことで以前と変わって母にも冷たく当たると言ったことからです。(姉NTさんの供述)

　請求人は息子のAちゃんを非常にかわいがっていた。それは，それまで実家にも姉宅にもあまり顔を出さなかったが請求人が，Aちゃんに会うためにほとんど毎週のように実家に出向き，あるいは母がAちゃんを連れて行った先の姉宅に出向いていることからもわかる。請求人がAちゃんをかわいがっていたこと，そしてそのAちゃんの面倒をみていた母がAちゃんのことで嫁との折り合いがうまくいかなくなったとの供述情報は，それ自体を取り上げてみれば何ということのない話だが，これが後の犯行動機につながっていくとい

う意味で注目に値する。

　しかし，ここではこれ以上，話を先取りするわけにはいかない。逮捕の日から始まる請求人への取調べのなかで，取調官が追及すべきことの大半は，以上に整理してきた捜査情報で尽くされるといってよい。こうした情報下で，具体的に取調べがどのように進められ，どのように自白がとられ，その自白がどのように変遷したか。次章ではこの自白の経過を整理することになる。

第2章 請求人の取調べ経過と自白の流れ

　前章で述べた捜査情報のもとで請求人の取調べは始まる。この取調べについては否認の段階と自白後の段階に大きく分かれる。ただ否認段階については調書が1通も開示されていないので、取調べにあたった警察官・検察官たちの法廷証言などから、その様子をうかがうことしかできない。以下、まずこの否認段階から整理し、そののち自白後の段階を自白調書によりながら整理することにする。

第1節　否認段階の取調べ

　請求人は8月18日午前6時40分に任意出頭を求められ、清水警察署でただちに取調べを受け、午後0時から1時までの1時間の休憩をはさんで再び取調べを受け、午後7時32分に逮捕状を執行されて、午後8時から再び午後10時5分まで取調べられた。取調主任官であった松本久次郎の法廷証言によれば、この初日に行なった取調べの中心は、

　①パジャマの血
　②アリバイ
　③左手中指の傷

の3点であったが、①に対しては「他人の血はついていない」、②に対しては「部屋で寝ていた」、③に対しては「消火作業中に屋根ですべってトタンで切った」

と弁明したという。

　ちなみに事件から4日後の7月4日に，請求人を参考人として事情聴取したのも同じ松本久次郎であった。松本はこのときの取調べにおいても，上の3点とまったく同じことを追及し，請求人の答えもまったく同じだったという。

　逮捕翌日以降は，この3点に加えて，

　④凶器の入手

　⑤指の傷をふいた手拭（つまり工場の溝から発見された手拭の血）

の追及が加わり，計5点が請求人と事件を結びつける容疑の中心となった。ここに「パジャマへの混合油の付着」が入っていないことは注目すべきである。つまりこの点はこの段階で確定的な捜査情報ではなかったことがうかがえる。

　この5点の追及に対して請求人が9月5日までの否認の間，どう答えていたかを，原第一審第23回公判における松本久次郎の法廷証言から追ってみる。以下は，松本が取調べ日付ごとに証言したものを，検察官が原第二審弁論において要約したものである。

　　8月18日（逮捕当日）　被疑者は，「俺は犯人でない」とか「警察のデッチ上げだ」ということで反抗的な態度に終始した。
　　8月19日　午前中は前日と同じように非常に反抗的な態度を示したが，午前中にいろいろ説得したら午後からは非常に態度が和らいで，午後3時ごろ，しんみりした態度をとったが，なお「私はやってないんだ」と言っていた。
　　8月20日　引き続きパジャマの血液，被疑者の手の傷，アリバイ，凶器の入手，指の傷をふいた手拭の5点につき取調べたが，相変わらず不合理な弁解を繰り返した。
　　8月21日　弁解は前日同様のくり返しであったが，「自分は覚悟はできているんだけど，出るところへ出て責任はとる」としんみり言っていた。
　　8月22日　被疑者は「このまま静かに死にたい」，「死なしてもらいたい」としんみりした態度であったが，岡村弁護人と接見したところ，被疑者は「自分にも味方ができた」と言い，元気づいた態度が見えた。
　　8月23日　被疑者は「悪いことをしたものは言わないのが常識だ」と言い，「それではお前さん，わるいことをしたのか」と問うと，被疑者は自分の口にチャックするようなまねをして，黙してしまうような態度が見られた。

8月24日　前と同じ5点について取調べ，弁解について矛盾点を追及すると黙秘する態度であった。そして「俺もとうとう一人ぼっちになってしまった」というようなことでしんみりしていた。

8月25日　弁解について相変わらず，矛盾点をつくと黙秘するという態度であった。

8月26日　「俺が犯人ならパジャマに他人の血液がついている筈だからその証拠を見せてくれ」と言い出したが，その日は鑑定書を見せなかった。

8月27日　被疑者が前日同様要求したので，鑑定書を持ってきてやると答えた。

8月28日　鑑定書に書いてあるパジャマの血液型のところを読んで聞かせたが，被疑者はさらにそれを見せろと要求するので，鑑定書の結果の部分だけ見せてやったら，被疑者は「確かに俺のパジャマには他人の血液がついていることは認める。しかしこの血液がどうしてパジャマについたかは俺は知らん」と言っていた。

8月29日　この日は吉村検事も取調べた。被疑者の供述状況は前日と同様であった。

8月30日　午後5時に勾留延長決定の執行をしたが，その前の午後の取調べの際，被疑者はうなだれて涙ぐみ，しんみりし，「このまま死んでしまいたい」というような態度をとっていた。そして，テーブルの前にうなだれて，静かに涙を出して，本当に神妙になって，本当の真実を述べるような雰囲気が出たが，被疑者がのどをゴクゴクならし，「水をもう一杯もらいたい」と言うので水をやったところ，被疑者はそれを一気に飲みほし，「我にかえった」ような状態で否認の態度に変わった。

8月31日　吉村検事が取調べた際，血痕のついた手拭を事務所の下の溝に捨てたと供述したが，その後で警察でも同じことを調書にとった。

9月1日　取調べの要点は前と同じ5点で，弁解について矛盾点を追及すると黙秘した。

9月2日　前日と同じ状態であった。

9月3日　前日と同じ状態であった。この日，原弁護士と接見した。接見したあととくにかわった態度は見られなかった。

9月4日　第1取調室の西側が道路に面しているところ，道路工事が始まってやかましいので，取調室を変えた。この日，被疑者が非常に静かで涙ぐんで，下を向き，「被害者に対しては誠に申し訳ないと思っている」としんみりし，真実を話すという態度が見えたので，取調べを打ち切るタイミングがなくなり，被疑者を房に戻したのは午前2時頃になってしまった。

> 9月5日　この日，反抗的態度は全然薄らいだ，夕方はしんみりした態度だった。しかし矛盾点を追及すると黙ってしまった。

松本久次郎の証言はおおよそ上のように要約される。ただその内容に関しては取調官の主観的思い入れが強く反映している可能性もあって，それがその時どきの請求人の様子をどこまで正しく語っているのかは不明である。たとえば「うなだれて，静かに涙を出して，本当に神妙になって，本当の真実を述べるような雰囲気が出た」(8月30日) とか「真実を話すという態度が見えたので」(9月4日)，「夕方はしんみりした態度だった」(9月5日) といった証言は，取調官が被疑者の自白を期待する心情と相関するものではあっても，その時本当に請求人が取調官の解釈するような心持ちであったかどうかは不明である。

原第二審検察官は松本久次郎の法廷証言をまとめて，

> これをもってみると，被疑者は証拠をつきつけられ，合理的な弁解ができず，矛盾点をつかれると黙秘したものの，最初の1，2日間逆襲的態度に出た以外は取調べを拒む態度ではなく，黙秘と言っても，まともな返答ができず，ただ黙っていただけのものである。

と言う。しかし，請求人の否認を「合理的な弁解ができず」とか「矛盾点をつかれると黙秘した」というふうに評価できるものかどうか。そもそも「つきつけた」証拠自体が，断固たる追及に見合うほど確固としたものであったとの保証はない。追及の中心となった5点に関する限り，少なくとも7月段階でいずれも入手ずみのものであった。にもかかわらず請求人逮捕にはさらに1か月を要している。逆にいうと，それはこの5点の証拠が決定的ではなかったことの証左でもある。

この否認の段階を経て，9月6日，請求人はとうとう自白する。その時の様子を松本久次郎が法廷で次のように語った（これも原第二審検察官の弁論による）。

> 午前10時10分に森田巡査部長から被疑者が自白した旨報告を受けたので，取調室に入ってみると，被疑者が涙を流しながらうつむいているので，「袴田本当にやったか」と聞いたら，「長い間迷惑をかけて誠に申し訳なかった。専務一家を殺し

たのは私に間違いありません」と自白した。

　これが真実の自白なら，請求人の流したという「涙」は反省悔悟の涙ということになる。しかし，はたしてそうだったのか。その論点は後の分析にゆだねることにして，次に自白へ転落して以降の供述内容を見てみよう。

第２節　自白の流れ

　自白した９月６日以降の取調べについても，否認段階同様に取調官たちがその様子を法廷で証言しているが，ここでは請求人から録取された自白調書の内容に限定して，その流れを時系列に沿って整理しておこう。総計 45 通のなかで，犯行筋書を最初から最後まで一通り語っているものは，先にも見たように７通である。しかし，この７つの犯行筋書には，およそ無視できない歴然たる変遷が認められる。全体筋書の変遷に注目して分類すると，大きく３つの時期に分けられる。
　　第Ⅰ期　〔９月６日付松本②〕
　　　　　　〔９月６日付岩本①〕
　　第Ⅱ期　〔９月７日付岩本〕
　　第Ⅲ期　〔９月８日付岩本＋９月９日付岩本①〕
　　　　　　〔９月９日付吉村検面〕
　　　　　　〔９月12日付吉村検面〕
　　　　　　〔９月12日付岩本＋９月13日付岩本＋９月14日付岩本〕
　このうち原第一審が有罪証拠として採用した唯一の自白調書は，９月９日付吉村検面だが，ここで見ると第Ⅲ期自白のなかにすっぽりおさまって，任意性がないとして証拠から排除された員面調書と時期的にあい前後している。その意味でこれが警察官の聴取した自白からどこまで独立したものであるのかは，検討を要する問題である。しかし，その点の問題はおいおい触れるとして，まずはこのⅠ，Ⅱ，Ⅲの時期にそれぞれ，どのような自白がなされ，相互の間でどういう変遷があったのかを大まかに整理しておかねばならない。

ただ，この整理の作業が簡単ではない。というのも，全体的な筋書が大きく変遷しているだけでなく，個々の供述要素についても，ほとんど数え切れないほどの変遷があるからである。どうして同一人の自白調書にこれほど大量の変遷・変動が刻まれることになったのだろうか。原第一審は1通の検面調書しか採用しなかったために，この大小さまざまの変遷・変動を，結果として無視することになった。

もちろん自白である限り，問題となった容疑を自分の犯行と認めている点に揺らぎはなく，請求人は強盗・殺人・放火という本件容疑の本体を，45通の調書のなかで一度も否定していない。9月6日の自白初日から全面自白で一貫しているのである。原第二審判決はことさらこの点を取り上げて，「被告人は，自白すれば極刑に処されるかもしれないと知りながら，その後も一貫して捜査官に自白しつづけ，一度もこれをひるがえそうとしていない」ことを強調している。しかし，その上で細部にわたる膨大な変遷・変動をどう見ればよいのか。実はこのことが供述分析の最も中心的な課題となる。

自白が真の体験者のものか，偽の非体験者のものかを判別するべく供述分析に臨むとき，私たちが注目しなければならないのは，「私がやりました」という自白の外形的一貫性のなかで，具体的にどのような内容の自白が語られ，それがその内容においてどこまで一貫しているのか，またどこでどう変遷したのかという，その自白の中身そのものである。その変遷・変動・矛盾を一つひとつ追って，これを真犯人の供述の流れとして理解し得るかどうか，細部にわたって検討することが供述分析の必須の作業なのである。煩をいとうわけにはいかない。

ともあれ自白の変遷の様子を，以下，時期を追って整理する。3つの時期の間の変遷のみならず，同一時期にまとめた調書のなかでも変遷があるので，記述がどうしても煩雑になることはやむを得ない。100～101頁に3つの時期の全体を見通した一覧表（表2-1-1）を載せているので，これを一応のガイドマップとして参照されたい。

1. 第Ⅰ期（9月6日）の自白

請求人の最初の自白調書（9月6日付松本①）は，次のようにごく簡単なも

のである。

　　　　専務一家を殺したのは私です。誠にすみませんでした。詳しいことは今から話します。

　松本久次郎の法廷証言によれば，請求人は9月6日の朝，松本義男の取調べで自白し，その知らせを受けて松本が10時10分ころ取調室に入ったところ，請求人は「涙を流してうつむいておりまして，袴田，本当にやったのかといったところ」，上記引用のように言ったので，それをそのまま調書にしたという。
　そしてこれに引き続いて，昼の12時までにもう1通の調書をとっている。これが9月6日付松本②（松本がとった2通目），丁数にして4枚という短いものだが，犯行全体を一通り通しで語っている。さらに同日午後からは岩本広夫が取調べに入って3通，または住吉親が1通の調書をとり，そのうち9月6日付岩本①は犯行筋書全体にわたる内容で，かなり詳細なものになっている。9月6日付松本②とこの9月6日付岩本①の2通は，調書の長短は別として，犯行筋書はほぼ一致している。そこでこれを第Ⅰ期自白として整理する。
　整理にあたっては，動機，凶器入手，侵入（殺傷以前），4人殺傷，放火，事後の始末，の6つの供述要素に分けて記述する（なお，犯行当日以降の金の始末等についてはここでは触れない）。

(1) 動　機
　9月6日付松本②は「私と奥さんとは肉体関係が前々からありました」という言葉で始まっている。その奥さんから「家を新築したいので強盗が入ったように見せかけて家を焼いてくれ」と頼まれたのが事件の動機となる。頼まれた日は「事件前の26日の月曜日」で，実行は「6月29日の夜」と決められたことになっている。
　9月6日岩本①は，この動機を前提にして，奥さんとの「肉体関係」は同年4月中旬頃から始まったものだと特定する。その上で，家の建直しのために「この家に油をかけて焼いてくれ」と頼まれた日は，松本②調書よりもさかのぼって，事件から「15日か20日以前」で，「29日の晩にやってくれないかね」と具体的に言われたのが6月26日だということになる。この時「それじゃあ夜

中の1時半ころ私が裏口を開けておくから油を持って入って来てちょうだい。強盗が入って来たようにすればいいから」などと，頼まれたときの様子が具体的に書かれている。

　また，松本②調書では金のことに触れていなかったが，この岩本①調書では「そうすることによって多少なりとも金が手に入ることが分かったので，よしやってやろうとの考えが起きた」と付け加えている。

　このように，この日に供述された動機の中心は，奥さんから家を建て替えるために放火してほしいと頼まれたところにある。したがって動機のメインは「放火」で，「強盗」はせいぜい見せかけ，「殺傷」は行きがかり上に生じた結果ということになる。そうしてみると，必要な道具立ては火と油だけなのだが，それでは現実に生じた事件を説明できない。何らかの凶器で4人が殺傷された以上，凶器がなくてはならない。

(2) 凶器入手

　家を建て替えるために放火してほしいとの依頼を受けたのが犯行動機なら，凶器は不要なのだが，凶器を持って行かなければ本件の自白としては話にならない。松本②では，頼まれた6月26日，つまり事件の3日前に「奥さんからさやに入ったナイフ」をもらい，犯行当夜これを持って行ったことになる。岩本①ではこの点が少し変わる。まずその凶器自身が「私が沼津で買って来た」ものとなる（買った日は特定していない）。それを犯行当夜，裏口に行ったとき奥さんから「さやに納めたまんま受け取る」。犯行の態様としてみたとき，犯行におもむくべく自室を出る際，凶器を携帯していたかどうかはひとつのポイントだが，この点が松本②では，3日前にもらっていた「ナイフ」を携帯して行ったことになり，岩本①では携帯せずに自室を出て，裏口で奥さんからもらったことになる。つまり，以前に請求人がその刃物を沼津で買って，奥さんに預け，犯行直前に受け取ったというわけである。松本②と比べると，「私が沼津で買って来た」と入手経路を明らかにした点が，捜査側にとっては進展である。

(3) 侵入（殺傷以前）

　奥さんと結託しての犯行ということであれば，侵入そのものについては問題ない。松本②では「午前1時半ころ，パジャマ姿のままで専務の家の裏木戸に行くと裏木戸が開けてありました」とされ，放火が目的であるから，このとき「工場の三角部屋からミソの樽に油を入れて持って行きました」，そして「自分がトイレの近くまで行って油をすみの方におきました」となる。岩本①ではこの経緯がかなり詳しくなる。「午前1時20分ころ」起きて，パジャマ姿のまま三角部屋へ行き，油を「8キロのポリ樽に8分目位」入れて，机の上の雨合羽を着る（松本②では「雨合羽」については言及していなかった）。雨合羽を着たのは「パジャマに油がつくと困る」と思ったことと「パジャマの上衣がビラビラするからです」と言う。そうして「ポリ樽を両手に持って出て，線路を渡って店の裏口のところに行きました」。ところが，ここで松本②での供述とは違って「裏の木戸はまだ開いていませんでした」。「5分位待つ」と裏木戸が開いて奥さんが首を出し，自分は油の入ったポリ樽を便所のところに置いて，再び外に出たということになる。

　こうして奥さんに裏木戸を開けてもらえば，油の搬入には問題がない。実際のところ，油を入れて運んだとされる「味噌用のポリ樽」には取っ手がなく，両手で抱える以外にない。これに油を8分目ほども入れて，深夜に線路を渡って行くのは厄介な作業であるし，被害者宅にこれを搬入するとなると屋根伝いでは不可能である。

　しかし油搬入後，裏木戸が開いたままでは事件後の裏木戸状況とは合わない。そこで，油を搬入した後，再び外に出て，屋根から侵入するという話になる。松本②では，自分が表に出た後「奥さんが出て来て裏木戸をしめましたので」，屋根に上がって勝手場の屋根から土蔵の屋根に上がり，そこから（水道の）鉄管を伝って中庭に飛び降りた。岩本①でもほぼ同じで，「奥さんは裏木戸の鍵をしたと思います」と述べたうえで，裏口右側のところにあった木を伝って屋根のひさしにのぼり，屋根伝いに水道のパイプを伝って中庭に下りる様子を事細かに述べている。

　中庭に降りてから，松本②では勉強部屋から入って土間通路に行き，そこの「机の引き出しからガマ口を1ケ持ち出して，通路の方に投げておきました。

それというのも強盗が入ったように見せるためです」となる。この調書はこの部分がごく簡単なのだが，岩本①は細かく具体的である。まず，勉強部屋から家の内に入る前に「入ったところの近くの中庭に，着て行った雨合羽を脱ぎ捨てました。このとき，さやに納めてあった刃物の中身を抜いて右手に持ちました。刃物のさやは雨合羽の左ポケットに入れておきました」となる。松本②では雨合羽を着たという話そのものが入ってなかったため，脱ぐという話にもならなかったのだが，岩本①ではこのあたりがキッチリ詰められている。ただし，どうして雨合羽を脱いだのかの理由は供述されていない。ともかく抜き身の刃物を右手に持って勉強部屋から入り，食堂を通り，土間に出る。この土間で，先の松本②では「机の引き出しからガマ口を1ケ」持ち出して通路の方に投げるのだが，岩本①ではそのガマ口と一緒にテーブルの上から「金の入っている白い布袋」をとる（松本②ではガマ口以外に金の袋について触れていなかった）。そしてそのとき専務が起きてきたので，裏の方に逃げることになる。

(4) 4人殺傷

　この場面も松本②ではごく簡単である。裏木戸に追い詰められ，専務ともみ合いになって，その時（左手の指が切れ）「右肩をけがしました」が，刃物を専務にとられたので右手で殴って「専務をその場に倒して刃物をとり返し」，夢中で刺した。そのとき奥さんに「見られたと思って奥さんを追って行き，夢中で奥さんを刺しました」。結託した相手に見つかって殺すというのはいかにも奇妙だが，調書では「それは裏切られたということもありました」と，よくわからない理由を付している。とにかく「自分にかえったときはすでに，奥さんが倒れておりました」。その上「F子さん，M男くんはどのようにして刺したか覚えていません」として，残りの2人については語っていない。

　岩本①ではこのところがかなり詳しくはっきりしてくる。専務との取っ組み合いでは，専務から右ももや向こうずねを足で蹴られた様子が加わる。右腕（松本②では「右肩」と表記）や左手指の怪我も具体的で，専務を刺した身体部位も「胸，首あたりを目茶苦茶に刺した」と特定している。奥さんについても「キャーと悲鳴って寝床の方へ飛んで逃げた」のを追っかけて「寝床の近くで馬乗りになって……目茶苦茶に刺した」というふうに，刺した地点やその時の姿勢

を具体的に述べている。その上で松本②では「覚えていない」と言っていた姉弟2人についても，M男くんは奥さんと同じ所で一緒に刺し，その後「私を見て逃げた」F子さんを追って「ピアノのあった部屋付近で」刺したことになる。こうして松本②では曖昧だった殺傷場面が具体化し，少なくとも刺し殺した場所が死体のあった場所と合致することになる。

(5) 放　火

　殺傷後，松本②では「裏木戸が締まっていて出られませんでしたので，左側の裏木戸の戸を蹴飛ばして裏に出ました」。そこで考えて「油を持ってきてあったので」，再び侵入し，「4人の体に油をかけて」大きなマッチで火をつけて裏木戸から逃げたことになる。

　岩本①でも同様に「裏木戸を蹴破って裏に出て，裏口のそばの電柱のところで少し考えました」。このように裏口のところで考えたというのは，おそらくこの付近に集金袋が2個落ちていたことに関係していると思われるが，この話はこの第Ⅰ期限りで，後には消える。その後，松本②と同様，再び侵入して4人に油をかけ「銀行でくれるようなマッチ箱」からマッチをとって火を放つ。

　ここでもう1つ問題となるのは，お店からとってきた金の袋である。松本②では金のことにまったく触れておらず，岩本①で初めてこれに触れるが，袋については言及していない。そして同日付岩本②で，最後に専務の体に火を放ったとき，とってきた金の布袋から金だけを取り出して，袋はそこに捨てたことになる。そうすることで，袋はそこで燃えたことになり，この布袋が捜索によって見つからなかったことが説明できる。

(6) 事後の始末

　放火して工場に逃げ帰った後のことについて，松本②ではいっさい触れていないが，岩本①はこの点も詳しい。

　問題となるのは，1つにはとった金の始末である。工場に帰って後，風呂場に入って手を洗って考え，「取り敢えず店から持ってきた金を隠そうと思い」，C温じょう室の樽の下に隠した。それから2階の自分の部屋に戻り「手の傷を部屋にあったばんそうこうで手当」した。パジャマに血がついていたので，脱

いで真裸になり，風呂場に降りて，パジャマとパンツを風呂桶につけておいた。それから部屋に戻って考えているとサイレンが鳴り出し，隣の部屋のSSさんが「店が火事だ」と言って着替えて出て行った。そこで自分も裸のまま降りて，風呂場につけてあったパジャマとパンツをしぼって着て，表に出ようとしたがこわくなって，三角部屋の奥の倉庫にひそみ，10分ほど考えていたが，「このまま死んでしまおう」と思い，表に出て海岸の方へ行った。海岸で20分ほど考えたが死ぬ気にもなれず，工場まで帰ると「火も大分落ちていた」。それから火事場に行って物干台に上がり，土蔵を破る手伝いをする。バールで土蔵の鉄扉の横を突いているとき，左手中指に巻いていたばんそうこうがゆるんで痛かったので，下に降りて工場に戻り，2階の事務室へ行って救急箱のばんそうこうをとり，巻き直した。ちなみに，この工場の事務室に上がるとき，階段を上がりきったところにあった「K味噌名入り手拭を手に取って，左手中指の傷から出ていた血を拭き」，ばんそうこうを巻き直した後，事務室を出て階段を降りたときに，その手拭を「ドブのコンクリートのふたをしてある奥の方にポンと投げ込んで捨てました」。

こういう次第で，工場内の風呂場等についていた血痕，消火活動が終わりかけるまでその活動に加わらなかったとの目撃者供述，下水溝の血痕付着の手拭が，自白によって説明されることになる。

残る問題は手に入れた金の始末だが，上述のように犯行後「この現金をいったんC温じょう室のみそ樽の下に隠した」と供述していた。しかしその現場からは金が発見されず，さらなる追及でその同じ9月6日に別の取調官住吉親に対して「8万円ほどあった現金のうち3万円くらいを自分の小遣い銭としてとり，残りの5万円をMFさんに預けた」と供述することになる。

(7) まとめ

さて，自白初日9月6日の第Ⅰ期自白による犯行筋書を (1) ～ (6) にわたって要約してみたが，これから見てわかるように否認段階で取調官が中心的に追及してきた点，つまり，

・被告人のパジャマの血
・アリバイ

- 被告人の左手中指の傷
- 工場の溝から発見された手拭の血
- 凶器

の5点がこの自白によって一応説明される。

さらにこれに加えて，
- 侵入・脱出の方法
- 雨合羽とくり小刀のさや
- 通路に落ちていた現金入りポーチ
- 死体の位置
- 油の持ち出しと放火
- パジャマの油
- 盗んだ金と金袋
- 風呂場などの血痕

などに触れて，おおよその説明が加えられている。殺人・放火という中核部分を自分の犯行と認め，ほとんど必要な供述要素に言及しているという意味で，全面自白といってよい。

ところが，このように必要な供述要素にすべて触れ，全面的に自分の犯行と認めたにもかかわらず，犯行の流れはあまりに不自然だとの印象を免れない。その問題の中心は動機にある。奥さんに頼まれ，強盗を擬装して放火しようとしたという話なのだが，これが殺傷に至る行為と筋書上うまく折り合わない。そもそも「家を建て替えたい」ということであれば，放火だけでいいわけで，そこに強盗擬装を組み込む必要はいささかもない。純粋放火のみを目的とするのであれば，くり小刀を持って侵入するという話にはなるまい。強盗（金盗り），殺人，放火の3つの犯行を結ぶ動機として，この第Ⅰ期自白の動機はあまりに不自然なのである。この点，取調官としても納得できなかったであろうことは，この時期の新聞報道からもわかるし，自白以降取調べの中心となる岩本広夫自身がこれを法廷で認めている（原第一審第25回公判証言）。

2. 第Ⅱ期（9月7日）の自白

第Ⅰ期自白で一通り必要な供述要素を組み込んだ犯行筋書を述べていながら，

次の9月7日付岩本になると，各供述要素の組み立てががらりと変わる。これが第Ⅱ期自白である。

9月7日付岩本では「私がK味噌の事件をやったことについては昨日申し上げた通り事実間違いありません。が，昨日（9月6日）申し上げた調書に私が嘘を言ったことがあります」と述べ，その理由を「私だっていくらかなりとも自分のためになるというか自分をかばうつもりであのような嘘を言ってしまいました」と言う。その上で「今から本当の話をする気持ちになったのは」として，次のように説明している。

　　それで今から本当の話をする気持ちになったのは，あのような筋の通らない嘘を言い，誰が聞いても信用しないし，嘘だということははっきりしています。4人まで殺して油をかけ，燃やしてしまいながら警察に来てまで嘘を言ったりして4人の仏様に申し訳ないと思っています。昨晩留置場でいろいろと考えてみて，それでは仏様にも申し訳ないし，私の良心が許しません。嘘を言って通せるものでなく，正直に話して早く片付けてもらおうと思って事実ありのままのことを話す気になったのです。

このように断った上で，新たにどのような犯行筋書を語るようになったのか，動機のところから順に，前日との違いに着目しつつ述べよう。

(1) 動　機

肉体関係にあった奥さんから頼まれて強盗に見せかけて放火するつもりで侵入し，結果として一家4人を殺してしまうことになったという前日の筋書では，「筋が通らない」「誰が聞いても信用しない」として，奥さんから頼まれての「放火」という話はいっさい消える。

その上でなお，奥さんと4月中旬から「肉体関係まで結ぶ」関係にあったことは維持して，ただ奥さんから放火を頼まれたというところを変更する。そして専務から奥さんとの関係を疑われ，事件の15日位前から冷たくされるようになった。事件の3日前，専務からぼろくそに文句を言われて，悩み，奥さんに相談しても冷たくあしらわれ，いよいよ事件当夜，専務に話に行こう，それでもクビになるなら月給日前でもあるし，ナイフで脅して金をもらおうと考え

たのだという。それが，みなの寝静まった深夜のことである。

> そんなことを考えているとなかなか寝ることができず，考えれば考えるほど頭がさえてしまうし，ちょうど腕時計が午前1時20分の針をさしたとき，「よし，今から行ってやろう，こうなったら当たってくだけるより他に手はないだろう」と腹を決めてパジャマ姿のまま起きて部屋をそっと出たのです。

このように動機に至る状況説明が綿々と調書で12丁にわたって綴られている。

ここで動機の中心は，第Ⅰ期の「放火」を第1目的とするところから，冷たくなった専務に話をつけるという怨念めいたものに移行し，さらにクビになるようなら金を脅しとろうという「強盗」的な動機が浮上する。第Ⅰ期では「強盗」はせいぜい擬装でしかなかったものが，ここでは現実的な動機となる。それゆえ凶器を持って行くについても，この「強盗」的動機に付随して現実味を帯びることになる。

しかし，この動機に関わる供述変遷は，この部分だけを第Ⅰ期のものと入れ替えてすむものではない。この動機に始まるそれ以降の筋書もまた必然的に変更を迫られる。

(2) 凶器入手

凶器は，第Ⅰ期自白では奥さんからもらうことになっていたが，奥さんからの犯行依頼の線が消えると，おのずと別ルートから入手せねばならない。

前日の9月6日付岩本①で請求人が刃物を沼津で買ったというところまでは自白していた。しかし，その買った店やその時の様子は詰めていなかった。それが同日付岩本③で非常に詳細に語られている。この岩本③は，犯行全体を通して語った岩本②のあとに刃物の入手にしぼって聴取されたものである。これによると刃物を買ったのは，息子のAちゃんを浜北市の実家に連れて行く前の「2月末か3月初めのころ」，日曜日にぶらぶら電車であてなく沼津に行き，商店街で刃物店を見つけて，奥さんが以前「布地を切るとき使う切れそうなナイフがあったら買ってきてくれないかね」と言っていたのを思い出して，1本500円のものを買う。それを持って帰って奥さんに見せると「これじゃあねえ」

と言われて，店（専務宅のこと）の食堂の引き出しに入れておいたという話になった。この話もまた克明で，調書で10丁，刃物店の地図から間取，刃物など図面も4枚添付されている。

　9月7日付岩本の調書では，この9月6日付岩本③の供述を前提に筋書が展開する。つまり刃物を買ってきて店にいる奥さんに見せたところ「ダメ」と言われ，店にある食堂の自分の引き出しに入れておいた，その刃物を犯行の際に持ち出すことになる。結果として，次の侵入の仕方も変更される。

(3) 侵入（殺傷以前）

　奥さんとの結託が「嘘」だということになったため，裏木戸を開けてもらって，まず油を運び込むという話は消える。いや第Ⅰ期自白では，「放火」自体が第1の目的で，最初から計画のなかに組み込まれていたから，油の搬入が犯行の前提となったが，この第Ⅱ期自白では「専務に話をしに行く」のであるから「放火」のことは最初まったく念頭になく，それはあくまで予期せざる殺傷行為の付随的結果でしかない。

　それに，のちに凶器となる刃物も，上に見たように9月6日付岩本③で「店のなかの食堂の引き出し」に入れておいたことになったので，工場を出るときには手ぶらである。ただ工場の三角部屋で雨合羽は着ていかねばならない。しかしそれを着た理由としては，前日の「パジャマに油がつくと困る」というのでは合わない。ここでは油を使うことを予定していないからである。そこで，これは取り下げ，前日にもう1つ供述していた「パジャマの上衣の裾がビラビラするので」という理由だけをあげている。

　ともあれ，そうしてパジャマの上に雨合羽を着て，裏口の横の木から屋根にのぼり，屋根を伝って中庭に降りる。そこから勉強部屋に入り，食堂に入って，自分の引き出しから刃物を取り出す。そこで「専務か奥さんを起こそうと思ってみたものの，いざその場になるとなかなか声が出ず」，いったん中庭に引き返して，土蔵のひさしの下で「やろうかどうしようか」思案する。それから「よし入ろう」と決心して，勉強部屋の硝子戸のところに行き，「一寸暑く感じたので」雨合羽を脱ぐ。その時，刃物のさやを抜いて，さやはポケットに入れた。話をしに行こうという話なのに，どういうわけかここで抜き身の刃物を手にし

て侵入することになる。そうして再び勉強部屋から入り，食堂を抜け，土間に出る。

　このようにいったん中庭から勉強部屋，食堂に入り，刃物を取り出して，そこで引き返し，再び中庭から勉強部屋，食堂を経て侵入する。この「2度入り」が第Ⅱ期自白の大きな特徴である。そうしなければ食堂の刃物を手にできないし，また雨合羽にさやを残して中庭に脱ぎ捨てることができない。そうして2度目に入ってから土間まで行き，そこにあったテーブルの上のガマ口を手にする。その時，専務が起きてきたので，刃物を右手，ガマ口を左手に持って裏木戸の方に逃げる。

　実はここで，第Ⅰ期自白の9月6日付岩本①ではガマ口と一緒に「金の入っている白い布袋」をとることになっていたのだが，この話はこの第Ⅱ期自白では消えている（テーブルの上からこの布袋をとったのでは，甚吉袋の中にあった布袋3個がなくなったという現場の証拠状況と合わないのである）。

(4) 4人殺傷

　裏木戸のところで専務に追いつめられて，取っ組み合いになり，最後に殴り倒して，胸から首にかけて目茶苦茶に刺すところは第Ⅰ期自白の岩本①とほぼ同じである。

　ところが，その後どういうわけか裏木戸のカンヌキをはずし，戸を蹴飛ばして，開いた隙間からいったん外に出ることになる。そして線路のところで考える。「裏木戸を出たところで考える」という話は，第Ⅰ期自白で4人殺傷後の行動として出てくる。そこでは考えた後，火をつけようと再び侵入するのだが，これはおそらく線路脇に落ちていた金袋と関わるものと推測された。しかしこの第Ⅱ期自白では，専務殺傷のこの段階でまだ金袋をとってはいないから，金袋をここで落とした話にはならない。前日の自白（第Ⅰ期自白）の筋書が頭のなかで十分訂正されないまま，ここにまで引きずられて「裏木戸を出て考える」という供述要素がここにはめこまれたのだろうか。与えられた供述だけからはわからない。

　ともあれこの日の自白では，専務を刺した後，いったん裏木戸から出る。そこで，「とんでもないことをしてしまった。どうしようか」と考えた後，刺し

た専務がどうなったか気になって、裏木戸のところからまた中をのぞいてみる。すると奥さんが来て専務に声をかけていたので、請求人は「奥さん」と呼ぶ。奇妙な話であるが、奥さんと肉体関係が前提としてあり、専務を刺した後、どうしようと思って声をかけたという文脈なのだろうか。ところが奥さんは悲鳴をあげて奥の座敷に逃げた。そこで再び裏木戸から入り、奥さんを追いかけていくと、仏壇のある部屋にF子さんが立っていた。「みんな敵だ、みんなやってしまおう」とF子さんを襲う。F子さんはピアノのある部屋の敷居のあたりで倒れたので、胸や首を刺した。それからM男くんが仏壇のある部屋に立っていたので、飛びかかり、八畳間のかやの上で胸を何回か刺す。その時かやの吊り手が残っていた隅から、奥さんが「これを持ってって」と言って甚吉袋を投げてよこした。そこで甚吉袋をそのままにして奥さんに飛び掛かり、胸から首にかけて目茶苦茶に刺したらM男くんのすぐ近くに倒れた。それから奥さんの投げてよこした甚吉袋を拾って、裏口から逃げた。

　第Ⅰ期自白と違って、金の入った袋（ここでは「甚吉袋」）を殺傷場面の終わり近くで、奥さんから投げてよこしてもらうことになる。そのためには奥さんを刺すのが最後にならねばならない。つまり第Ⅰ期自白の岩本①では

　　　専務→奥さん→M男→F子

の順であったのが、この第Ⅱ期自白では

　　　専務→F子→M男→奥さん

となる。殺傷の順番まで供述変遷するというのは信じがたいことだが、ともあれこの点も後の分析のテーマとなる。

(5) 放　火

　4人殺傷後裏木戸から出て、第Ⅰ期自白では、出たところの電柱で考えて、再び侵入して先に持ち込んでいた油で放火するのだが、この第Ⅱ期自白では、油はあらかじめ持ち込んでいない。いやそれどころかこの時点ではまだ念頭にもない。それで裏木戸を出ると工場に戻って、三角部屋の隣の倉庫で考える。あれこれ考えているうちに「油をかけて焼いてしまえば誰がやったか分からずに済むだろう」と思って、8キロ用味噌のポリ樽を持ち出し、これに三角部屋にあった油1斗缶から油を8分目ほど入れて、専務宅に再び裏口から入って、

4人に油をかけマッチで放火。最後に専務に火をつける前に，右手首に吊り下げていた甚吉袋をはずし，中から金だけつかんで，袋はそこに置いたような気がするという。それから裏口を出て工場に戻る。

(6) 事後の始末

第Ⅱ期のこの9月7日付岩本調書は，工場に帰ってからの行動にほとんどスペースがさかれていない。風呂場に入っていろいろ考え，温じょう室の樽の下に金を隠し，その金は10日ほどしてMFさんに預けたというだけである。その点は第Ⅰ期と変わらず，直接触れていない詳細については前日の供述と同様との趣旨なのであろう。

(7) まとめ

以上のように，(1)の動機の変更に始まって，侵入，殺傷，放火まで，(6)の事後の始末を除いてすべてが大きく変動している。これだけの供述変遷が，この9月7日付岩本調書の冒頭に述べた「自分をかばうつもりで」ついた「嘘」ということで説明できるものかどうか。それに前日の第Ⅰ期自白は「筋が通らず」「誰が聞いても信用しない」だろうと言うが，ではこの第Ⅱ期の自白で延々45丁にわたり図面3枚を添えて語った筋書はどこまで筋が通っているといえるだろうか。加えて，現場に残された証拠状況と決定的に合わない部分もある（とくに殺傷場面で奥さんが「甚吉袋」を投げてよこしたのをとったとする部分）。

しかし，そうした問題を含んだ上で，この第Ⅱ期自白もまた，問題として請求人が追及されていた5点，またそれ以外の証拠状況をそれなりに組み込んで説明するものにはなっている。捜査側の把握していた同一の証拠状況を説明する2つの犯行筋書が，6日，7日と文字通り日替わりで，それぞれ詳細に語られたわけである。このことを被疑者の心的過程として，どう考えればよいのか。この点が後の供述分析の1つのテーマとなる。

3．第Ⅲ期（9月8日以降）の自白

第Ⅱ期の自白もまた，翌8日には大きく変更される。これを第Ⅲ期自白とする。これは9月8日付岩本，9月9日付岩本①（この2通は前者が4人殺傷まで，

後者がそれ以降というふうに続いていて、2日にまたがってはいるが筋書上は一連のものである）で原型が語られて、9月9日付吉村検面調書（これが唯一証拠採用された自白調書）でほぼかたちが定まり、それ以降の変更は筋書本体ではなく、枝葉にとどまる。以下、第Ⅰ期、第Ⅱ期との相違を指摘しつつ、この第Ⅲ期の全体筋書を追ってみる。

　自白が始まって3日目、同じく岩本広夫への供述の冒頭で、請求人は再び前日の供述に「嘘」があったと申し出たことになっている。

> 私が昨日（9月7日）取調べを受けた際、あの事件をやった原因、動機、刃物を買ったいきさつ、ぜにをもってきた状況等について、嘘を言って調書を取ってもらいましたが、そのことについて事実ありのままのことを申し上げますから昨日取った調書の一部を訂正して下さい。何回もお手数をかけて申し訳ありません。

　ここで、訂正したい点として、動機、刃物入手、金をとった状況（つまり「金袋」の件）の3点をあげているが、この3点を含め、以下ここでも（1）～（6）の各供述要素について順次見ていくことにする。

(1) 動　機

　第Ⅰ期、第Ⅱ期では奥さんとの肉体関係が前提で、「奥さんに頼まれて放火しに」（第Ⅰ期）、「奥さんとの関係がばれて話をつけに」（第Ⅱ期）となっていたが、この第Ⅲ期に至って、奥さんとの関係そのものが「嘘」だったことになる。調書の上では、その「嘘」の理由を次のように供述している。

> どうしてあのような嘘を言ったかというと、それはあんな事件をやってしまいどうにもならないが、せめて、自分の身をかばおう、立場を有利にしようと思って、とんでもない嘘を言ってしまいました。私と奥さんは全く肉体関係とか交際した関係はありません。自分の身をかばうために事実ないことを最初からあるようにお話ししたので、今更引っ込みがつかなくなり、二度までも嘘のことを言ったのです。肉体関係は全くなかった奥さんに対しても、私が自分がいい子になろうと思って奥さんをだしにしたことは死んだ奥さんに申し訳無いと思います。事実は事実として隠してもしようがないので本当のことを申し上げます。

自分の身をかばい，自分がいい子になって，自分の立場をよくするために「奥さんをだしにした」というのである。しかし考えてみると，これも容易に肯うことのできない理由である。仮に，たとえば4人殺傷の犯行のうち，重要なある部分を奥さんがやったのだというふうに言って，犯行の一部を逃れようとしていたとでもいうのならば，上の「嘘」の理由もよくわかるのだが，これまでの自白が語った犯行態様がすでに請求人1人の全面的な単独犯行であってみれば，容易にはうなずけない。この「嘘」でもって「自分の身をかばい」「自分がいい子になって」「自分の立場をよくする」ことになるかどうか，このあたりについても真剣な検討が必要である。ともあれその検討は後の分析に譲ることにして，ではここで請求人は新たにどういう犯行動機を語ることになったのか。供述調書にはこうある。

　　ぜに（金）が欲しくて盗みに入ったところを専務に見つかってしまい，ばれると困るので，持って行った刃物で突き刺してしまい，奥さんにも見つかり，結局は，あのような事件をやってしまった。

要するに，窃盗が動機で深夜侵入して，見つかったことで殺傷，放火にまで至ったというわけである。それでは彼はなぜ「金がほしかった」のか。8月18日の逮捕の日，母や兄姉など近親者5人の事情聴取からは，さして切迫した「金」への動機はうかがわれなかったのだが，請求人は「金」がほしかった理由を，ここで息子のAちゃんの養育に関わる母の事情に絡めて供述する。母がAちゃんを引き取ってから兄嫁としっくりいかず，その年の4月から5月にかけて家をあけて2人の姉宅に遊びに出かけたという事実があった。このことは先に見た通り，8月18日付の兄姉たちの供述でも述べられていたことである。請求人はこの第Ⅲ期自白に至って初めてこの点に触れた上で，そこにはなかった新たな話を付け加えて，次のように供述している。

　　今年の5月の始めころ（母が長姉NT宅に行っていたとき）吉原の兄さん（姉婿のNK）から「一層のことおふくろはAちゃんを連れて吉原に来て一軒アパートを借りてお前ら3人でそこで生活したらどうだ。お前もそこから通ったらいいだろう。アパートの一軒位なら面倒をみてやるから」との話がありました。それを聞いた私

もアパートを借りるにしても「ぜに」があるわけでもないし，何とかぜにを工面してアパート生活をしようかと考えたのです。

母とAちゃんと請求人の3人で暮らすアパートを借りるというこの話に，母や兄姉の供述にもない初出のものである。実際にこのような話があったのかどうか，ここだけの話ではわからない。この点も後の分析のテーマの1つとなるが，ともあれこうした事情ゆえに「少しはまとまったぜにが欲しかった」ために，専務宅に侵入し，集金した金を入れる甚吉袋から「5万円位盗み出してもわからないだろう」と考えた。これが本件の動機だというのである。

被害者の1人である奥さんとの関係を前提にして「放火」の依頼を受けたという動機（第Ⅰ期）から，この関係が暴露されて専務との関係がもつれたことに発する怨念にも近い思いに発し，うまく話がつかなければ金を脅しとろうという「強盗」的動機（第Ⅱ期）を経て，最後に母と子と3人で一緒に生活できるアパートを借りる金が欲しくてという単純な「窃盗」の動機に落ち着く。これだけ異質な動機が日替わりで供述されるというのは，自白としてもやはり特異だと言わざるを得ない。この供述変遷を，真犯人のごまかしが徐々にばれていく過程だったといえるかどうか，この点が後の分析の大きなテーマとなる。

ともあれ，こうして単純な「窃盗」が犯行動機となることで，その後の犯行筋書の意味づけも変わってくる。凶器を携帯していった目的も，「万が一見つかったときには脅かしてやろう」という，「居直り強盗」的な意味合いのものとなる。いやそれよりも，よくよく知った家に忍び込んで金をとろうというのだから，見つかるというのは最大限避けたい。そのためには通常なら「変装」ということを考える。現に後に見るように，この時から雨合羽の意味が「変装用」に変わる（ただ雨合羽を着て「変装」というのはあまりに中途半端だが）。いずれにせよ凶器の携帯はあくまで「万が一」の話，つまり用心のためということになる。そして現に見つかって4人殺傷という最悪事態に陥って，放火を思いつくというのが，この第Ⅲ期自白での犯行の流れである。

(2) 凶器入手

凶器であるくり小刀の入手について第Ⅰ期，第Ⅱ期では，いずれも何らかの

かたちで奥さんとの関係が背後にあったことになっている。つまり最初は「奥さんからもらった」（9月6日付松本②），次いで「自分が沼津で買ったのを奥さんに預けておいて犯行直前にもらった」（9月6日付岩本①），そしてこの後者を肉付けするかたちで「布地を切るような刃物を奥さんに頼まれ，これを沼津で買って来たが，奥さんにダメと言われて，そのまま店の食堂の引き出しに入れておいたのを犯行に使った」（これが第Ⅱ期，9月7日付岩本）となっていた。しかし，この第Ⅲ期では動機部分に奥さんとの関係が抜けてしまうことで，この凶器入手部分も変更を余儀なくされる。この点について請求人は自白調書のなかでこれまた「嘘」だったと説明している。その嘘の理由は，

> この事件をやった原因が私と奥さんと肉体関係があったと嘘を言ってきた関係で刃物も奥さんと結びつけた方がいいだろうと自分勝手に考えた作った話です。

という。そして真実はどうだったのかというと，

> この刃物を買った目的は沼津の金物屋をみるととても格好がいいというか型がきれいで気に入ったので欲しくなり，中瀬の兄貴（姉婿）がよく木の根っこを拾ってきて色々の形を作っているので場合によっては兄貴にくれてやっても喜ぶだろうし，自分が持っていても何か使いみちがあり無駄にはならないだろう，と思って買ったものです。

このように単純な理由で買ったものならば別に「嘘」をついてまで偽る理由はなかったと思うのだが，ともかく奥さんと関係づけて「嘘」の動機を自白したいきがかりで，ここでも「嘘」をついたのだという。

そしてこの刃物を買った理由も「嘘」なら，その刃物を置いておいた場所も「嘘」だということになる。再び請求人はこう供述する。

> この刃物を店の食堂の自分の引き出しに入れておき，あの事件をやるとき，そこから持ち出したと言ったことも嘘です。奥さんから頼まれて買ったと話した手前，そのように話を作ったのです。事実は，沼津から買ってくると，あの事件をやるまで会社の寮の自分の部屋にある私が使っていたベビータンスの一番上の引き出しにむき出しのまま衣類の横に入れておいたものです。

第Ⅱ期の自白では，奥さんに頼まれた刃物を買って店の方に見せに行ったところ「ダメ」と言われたので，その行動の流れの上で，工場の方にまでは持って帰らず，刃物を見せたその店の従業員用食堂にある自分の引き出しに入れたことになっていた。しかし，第Ⅲ期になって，奥さんとの関係も，奥さんに頼まれたという話もなくなったために，買ってきた刃物を店の方に持っていく理由がない。そこでおのずと買ってきた刃物は工場内の寮の自室のタンスに入れておいたことになる。このような「嘘」をどう考えればよいのか。

　ところで凶器入手に関しては，それを買った時期もこの日の供述で変更される。これについては，9月6日付岩本③で「2月末頃か3月初め頃」としていたのを，「あとで色々考えてみるに，それよりいくらかたったころ」だったという。つまりこれは「思い違い」だったというわけである。しかし，この「思い違い」に気づいた理由については触れていない。前の9月6日付岩本③では，「Aちゃんを私が引き取って浜北の実家に連れていった」ときよりも前だったと記憶の基準まであげていたのだが（Aちゃんを引き取ったのは実際は2月10日頃で，この供述の通りなら刃物購入はこれ以前となるはずで，時期をさらにさかのぼる），この9月8日付岩本では，このAちゃんを引き取った日との関連を抜いてしまって，とにかくもっと遅かったというだけで，今度は「3月中旬ころから3月下旬ころ」までにくり上げる。

　沼津のK刃物店のTMさんは，7月段階ですでに警察の事情聴取を受け，請求人らしき客がくり小刀を買っていったとの情報を提供したことになっていたが，この刃物店が問題の凶器と同種のくり小刀を仕入れたのは早くとも3月20日，店主のTFさんの供述では店頭に並べたのが3月21日（月曜日）だったろうということになっている（TFさん9月13日付検面。この調書日付は自白調書より遅いが，7月14日時点でTMさんへの事情聴取を行なっているところからして，情報そのものはもっと早く入手していた可能性がある）。この刃物店からの情報からすると，先の請求人の供述は明らかにおかしい。

　そのためか，8日付岩本の「3月中旬ころから3月下旬ころ」という供述も，9日付吉村検面では，再び理由を付すことなく「3月末頃か4月初め頃の日曜日」と変更され（実際刃物店の仕入時期から考えて「3月中旬」はあり得ない），さらに取調べの進んだ9月17日岩本②では「ただ今見せてもらったカレンダ

ーによると，3月下旬の日曜日は3月27日，4月上旬の日曜日は4月3日であることが判りました」として，購入日まで特定することになる。

(3) 侵入（殺傷以前）

　動機や凶器の供述内容が変更されたことで，侵入の際の行動にも変更が加えられる。専務宅に侵入したのが6月30日午前1時半頃（したがって行動を起こし始めたのが1時20分頃）というのは，これまでと変わらない。ただ犯行日をこの日にした理由について，これまで月末で給料日前日だったという以外，何も触れられていなかったし，9月8日付岩本も，また9月9日付岩本①，9月9日付吉村検面もこの点に触れていないのだが，その直後の9月9日付岩本②になって，次のような供述が付け加えられている。

　　　6月29日の夜を狙ったいきさつについては既に上げた調書の通りですが（つまり給料日前の集金日にあたっていたということ），それには言い忘れましたが，もうひとつわけがあったのです。どういうことかというと，M子さん（専務の長女）が1週間位前から旅行に行っており，M子さんが不在中，私の部屋に寝泊まりしているSFさんがおばあさんのところの用心棒としておばあさんの方に行って泊まっていました。私の部屋には私一人ですからあの晩事件を私がやっても部屋には誰もいないので見つからないし，自由に出入りができるというようなことからSFさんがいなかったあの晩は，都合がいいとのことでやってしまったようなわけです。

　さらにその後，9月11日付や9月12日付岩本になると，M子さんの旅行中，同室のSFさんがいなかったとの理由で，前日の6月28日にも盗みに入ろうと思ったが「寝過ごして」，結局，6月29日が「最後の機会」と思って，この日に決行したということになる。同室のSFさんがいないというこの点は，請求人のアリバイの問題として，逮捕以前から捜査官に注目されていた点であった。

　また，侵入に際して凶器を携帯し，パジャマの上に雨合羽を着た理由について，先には「油がつかぬように」（第Ⅰ期），「パジャマの上衣がビラビラするので」（第Ⅱ期）となっていたが，9月8日付岩本では「私という人間が多少なりとも判らないようにするための変装用に着て行った」となり，あるいは9

月9日付吉村検面では「パジャマのままだと白っぽくて人目につきやすいとおもったので」となる。工場に住み込みの請求人が当の会社の専務宅に侵入するというのであるから、それこそ見つかればおしまい。その意味では上衣部分のみを「変装」したり「人目につきにくく」したりする程度では中途半端にすぎるのだが、それでもともかく人に知られないようにすることが前提の「変装」だとして、一応の理由づけを与えたことにはなる。

ついで凶器となるくり小刀を持って行った理由について、1つには前述のように「万が一見つかったとき脅かす」ためだというのだが、それ以外に前日および前々日、中庭から屋内に入る進入路を下見した際、中庭と土間通路の間の窓ガラスの一部が割れて代わりにボール紙をはってあったので、それを切って鍵をあければ屋内に入れると思ったのでくり小刀を用意したという話も出てくる（9月8日付岩本、9月12日付岩本、9月12日付吉村など）。

ところで第Ⅱ期には、このくり小刀を店の中の食堂の自分の引き出しの中に入れておいたことになっていたのだが、奥さんとの関係が「嘘」であったことになって、この第Ⅲ期では沼津で3か月前に買ったものを寮の自室のタンスにしまっておいたことになった。そこで夜中に起き上がっていざ犯行に向かおうとしたとき、まずこのくり小刀を取り出し携帯して自室を出て行くことになる。

ここのところで第Ⅱ期の自白で、屋根から中庭に降り立ったところからの侵入経路を思い起こしてほしい。そこではくり小刀が食堂内にあったことになっていたため、いったん勉強部屋から入って、食堂に行き、引き出しからくり小刀を取り出し、それから中庭に引き返し、そこでくり小刀のさやを抜き、雨合羽を脱ぎ、その上で再び屋内に侵入せねばならなかった。しかし、このくり小刀が寮の自室にあって、そこからすでに携帯するなら、このようにいったん店の屋内に入ってから戻り、再び入るという「2度入り」の侵入経路をとる必要はない。

実際、第Ⅲ期最初の9月8日付岩本では、あらかじめくり小刀を携えていたため、中庭に降り立った後、少し開いていた勉強部屋の引き戸から入るだけで、再び中庭に戻って2度入りするという話にはなっていない。この点、供述上で明示はしていないが、勉強部屋に入る前に雨合羽を脱いだ場面について次のよ

うに供述している。

> 雨合羽を店に入るときどうして脱いで入ったかというと，あんなもの（雨合羽のこと）を着て行ったらゴワゴワ音がして店のものに見つかってしまうということと，店に入ったとき，あんなものを着ているときゅうくつというか，体が自由に動けないので自分の体を軽くするために脱いで入ったようなわけです。

つまり，勉強部屋に入る前に「このまま雨合羽を着ていればゴワゴワ音がして見つかるし，きゅうくつで自由に動けない」と思った（つまりそう予測できた）ので，その手前であらかじめ脱いだというのである。ここで供述上，「2度入り」は消えたといってよい。

ところが取調べが検察官に替わった9月9日付吉村検面では，この「2度入り」が違ったかたちで復活する。それによるとくり小刀を「着ていたパジャマのズボンの腹に差し込んで」出かけ，途中三角部屋で雨合羽を着て，裏口のところの木から屋根伝いに中庭に降りて，そのまま勉強部屋から食堂，土間，応接間まで行く。そしてそこから仏壇のある部屋をのぞいたが，仏壇の前にも他のところにも金袋は見えない。そして，

> その時寝室の方や，ピアノのある部屋の方を見ましたが寝室と仏壇のある部屋との境は開いていました。ピアノのある部屋と仏壇のある部屋との境も開いていました。このようにしてしばらく様子をうかがっていましたが，体を動かすと合羽がごわごわ音をたてるので，見つかってはいけないと思って，入って来た道を通って，いったん中庭に出ました。そして土蔵の前のひさしの下にしゃがんでもう一回入ろうかどうしようか考えましたが，やっぱり金が欲しかったので，もう一回入って捜そうと思い，立ち上がってパジャマの腹に差し込んであったナイフを抜いて右手に持ち，さやを合羽のポケットに入れて合羽を脱ぎ，勉強部屋の入口の前にそっとおき，先に入った入口から勉強部屋に入り，先程と同じところを通って応接間に行き，また仏壇のある部屋をのぞいてみました……

雨合羽を着たまま，いったんは応接間まで行ってなかをのぞくのだが，「合羽がごわごわ音をたてるので」そこから中庭に戻って，再び決意を新たに屋内に入ったというのである。9月8日付岩本では「音をたてる」し「自由もきか

ない」と予想して，あらかじめ雨合羽を脱いだと供述しているのに対して，ここでは実際に入ってから現に「音がする」ので中庭に引き返して雨合羽を脱ぐ。微妙な違いのようだが，9月8日付岩本と9月9日付吉村検面とを比べて前者が「1度入り」，後者が「2度入り」になっていることは明らかであろう。そしてこの9月9日付吉村検面の「2度入り」が，9月7日付岩本の「いったん食堂まで入って刃物をとり，専務や奥さんに声をかけようと思った（話に行ったのだから）が，声が出ず，中庭に引き返して，決意を新たに小刀のさやを抜き雨合羽を脱いで再侵入する」と供述したときと，その侵入経路はまったく同じなのである。「2度入り」という不思議な侵入経路が，このように内実がそっくり入れ替わったかたちで，この9月9日付吉村検面から以降，維持されていく。侵入経路についてのこの供述の変転は一見奇妙だが，それだけに供述分析上興味深い。

　ともあれ，こうして勉強部屋の前で雨合羽を脱いで再び屋内に侵入し，応接間から仏壇のある部屋をのぞいて，そこには何もなかったので土間通路に引き返し，そこのテーブルの引き出しからガマ口をとる。そのとき人が起きてくる気配がしたので裏口の方へ逃げるが，結局専務に追い詰められ，取っ組み合いになるということになる。

(4) 4人殺傷

　裏木戸のところで専務と取っ組み合いになって，結局，専務を殴り倒し，くり小刀で刺し殺し，つづいてF子，M男，奥さんの順に刺し殺すという4人殺傷の大筋は第Ⅱ期と変わらない。しかし，ここでも第Ⅱ期自白を何か所か訂正している。

　1つは，第Ⅱ期では「専務を刺してからいったん裏木戸の外に出て考え，再び中をのぞいたとき奥さんがいたので声をかけたところ，奥さんが逃げた。そこで追っかけていって残り3人を殺傷する」ということになっていた。第Ⅲ期9月8日付岩本では，これもまた「嘘」だったということになる。

　　どうしてそのようなことを言ったかというと，専務をやってから次々に残り3人を突き殺したというよりは，いったんやめて，裏口に出て，それからまたやったと

言った方が，どっちみち人殺しをした私が悪いのですが，同じ悪いことをしたことでも一時中止したと言った方が多少なりとも自分のためというか，自分をかばいたいという考えからあのようなことを言ったのです。

4人を続けて刺したというより，1人刺したのち少し間をおいて残り3人を刺したことにした方が，「自分をかばう」ことになるというのだが，4人殺傷を全面自白した人間がはたしてこのような「嘘」を考えるものかどうか。ただいずれにしても，第Ⅱ期自白では奥さんとの肉体関係があり，専務に話をつけにいくという犯行の流れのなかであるから，専務を刺したのち奥さんを見つけて声をかけても不自然だということにはならないかもしれないが，この第Ⅲ期になると単純窃盗が目的で侵入して専務に見つかって刺したというのであるから，第Ⅱ期でのように奥さんを見つけて自分から声をかけるという話にはならない。その意味で，第Ⅱ期自白の筋をここで維持できないことは明らかである。第Ⅲ期自白の流れではあくまで「奥さんに現場を見られた」ので追っかけて刺すという以外にない。
　そうして奥さんを追うとき，

　　　　刃物を右手に持って姉さんを追って行きながら「ぜにだ（金だ）ぜにをよこせ」
　　　と言ったのです。

となる。金目当ての犯行であるから，やはりこうした場面がなくてはならない。第Ⅰ期にはただテーブルの上に置いてあったのをとった。第Ⅱ期には，専務を刺し，奥さんを刺し，M男くんを刺した後，別に要求もしていないのに奥さんが「これを持ってって」と甚吉袋を投げてよこしたことになっていた。これでは奥さんが金を投げてよこした理由が不明である。この理由が第Ⅲ期自白で「ぜにをよこせ」という言葉で語られたのである。
　もっとも，専務を刺した後，それを見ていた奥さんに「ぜにだ，ぜにをよこせ」と言っただけで，その後F子さんもM男くんもすでに刺されたのちに，それを目前にしながら奥さんは「これを持って行って」と金を出したことになっている。「殺さないで」というひとこともなしに，刺されるがままに金袋を投げたというのも迫真性に欠ける。

● 第1部 ● 袴田事件における捜査と自白

　ここでもう1点，奥さんが投げてよこした金袋についての訂正にも注目しなければならない。第Ⅱ期（9月7日付岩本）では，奥さんが投げてよこしたのは「甚吉袋」であったが，第Ⅲ期の9月8日付岩本以降，「白い布袋3ケ」となる。そしてこのうちの2個は裏木戸の近くで落としてしまい，残り1個を専務の体に火を放つ際に開けて，金だけとったことになる。

　その上でまた，この「白い布袋3ケ」の運び方についても変動がある。9月8日付岩本では，奥さんを刺した後，布袋3個を拾うことになるが，それを次のように言う。

　　　拾った布袋3ケは，パジャマの上衣の右左のポケットに1ケずつ入れ，残り1ケは手に持ちました。

これに引き続き9月9日付岩本①でもまったく同じように供述している。ところが9月9日付吉村検面ではここのところが，次のようになっている。

　　　畳の上に落ちていた3つ位の金袋を両手で拾い，それを両手に持って走って裏口まで逃げました。

今度はポケットではなく，両手に持って行ったことになる。どうしてこうなったのか。9月9日付岩本②では訂正の理由が述べられている。

　　　私はパジャマには右左にポケットがあるものとばかり思っていたのでポケットに入れたじゃあないかと思って，そのように話したのですが，本日検事さんの調べを受けた際，よく考えてみると，私のパジャマには胸ポケットだけで，上衣には左右にポケットがないことに気がつきました。ですから，あのときの布袋3ケは4人をやってしまったあとであり，あわをくってたので，ただ逃げようとの考えが頭にあり3ケとも手に持って来たのです。

検察官の調べで，パジャマには胸ポケットが1つしかないことに気づいて，前の警察官への供述を変更したのである。これがはたして請求人自身の自発的な記憶再生によるものなのか。それとも検察官の指摘・追及によるものだったのか。この点も興味深い。それと同時に注目すべきは，この日の供述聴取が，9月9日付岩本①，9月9日付吉村検面，9月9日付岩本②の順序になっていて，

唯一証拠採用された吉村検面調書が警察官調書の間にはさまれているという点である。このことは後の分析で意味をもってくる。

(5) 放　火

　さて4人殺傷が終わった後は，金袋を拾って，裏口からひとまず工場に逃げ帰る。そして工場の中の三角部屋の奥の倉庫に入って考え，結局，火をつけようと思い，そこにあった油をポリ樽に移しかえて持ち出し，殺傷現場にとって返す。4人に油をかけた後，仏壇の近くにあった大型マッチで火をつけ，最後の専務のところでは，手に持っていた袋から金だけ抜き出し，袋はその場に捨て置き，専務に火をつけて，再び裏口から工場に逃げ帰る。この一連の行動の流れは，第Ⅱ期と変わらない。
　しかし，ここにまたこの流れを構成する個々の要素にいくつかの変更が加えられるのだが，ここでは1つだけ指摘しておこう。
　それは，裏木戸を通って工場に逃げ戻る際の，裏木戸の開け方である。この点を第Ⅰ期自白では，「いったん裏木戸を蹴破って」（9月6日付岩本①）というように供述しただけで，裏木戸の状況をまったく考慮していなかったのだが，第Ⅱ期（9月7日付岩本）には「裏木戸の内側の真ん中に一本の棒を横に渡してあるので，そのせん棒を右横に少し動かして，向かって左側の幅の狭い方の戸を蹴飛ばしたら，ちょうど体が通る位隙があいたので」と，カンヌキの状態に触れて具体化している。ただ，これでもまだ裏木戸の構造を十分に意識したものにはなっていなかった。それが，第Ⅲ期の9月9日付岩本②では，次のように供述されている。

> 　裏口の木戸は向かって左側が幅の狭い戸で右側が幅の広い戸です。木戸の真ん中には一本の棒が横に渡してあり，開かないように鍵をしてありました。この横の棒を右に一杯つまり土蔵の方に一杯に横に引いてみたが木戸が開かないので，どうしてあかないだろうと思ってよく見ると，木戸の内側のところに漬物に使う押石位の大きさの石が1ケ置いてあったので，その石を外しました。それでも開かないのでよくよく見たら，木戸の上下に戸が開かないように金具が掛けてあったので，下の金具だけ外して木戸を内側に強く引くとバリッと音がして，とにかく自分の体が通

る位開いたので，そこから出ました。出ると言っても体を横にして木戸にすれすれというか，いっぱいいっぱい位に出られました。

　ここでは9月7日付岩本で触れたカンヌキだけでなく，戸の上下についた金具の鍵にも，下においてあった石にも言及して，この裏木戸の状況をはっきり念頭においている。最初はただ「蹴飛ばして」というだけであったところからすると，ここまで具体化したことを，証拠状況との合致が増したというふうに判断してよいかどうか。それが問題となる。

(6) 事後の始末

　4人の身体に油をかけ火を放って，工場に戻った後の行動については，この第Ⅲ期にさして目立った供述の変遷はない。多少順序の交替はあるが，工場の風呂場に直行し，鏡で顔に血がついていないかを見，ついでC温じょう室に行って樽の下に金を隠し，風呂場に戻って風呂桶の水で手を洗ってから部屋に戻り，左手指の傷の手当をする。その上でパジャマにも血がついているかもしれないと思って素裸になって，風呂場に行ってパジャマ上下とパンツをじゃぶじゃぶ洗ってから，そのまま水の中につけておいた。そうして再び部屋に戻り，裸のまま寝床にすわって考えた。

　その時サイレンが鳴り，隣室のSSさんとMMさんが降りて行ってまもなくSSさんが帰って来て「店が火事だ」と叫び，自室に帰って着替えたらしく，また出て行った。その後，自分もすぐに風呂場に行って，つけてあったパジャマとパンツを手で洗い，しぼって着る。そうして三角部屋の隣の倉庫に入ってしばらく考え，「死にたい」ような気になってそっと海岸へ行く。

　しかし死ぬ気にもなれず，現場の状況が気になったので，火事場に戻り，それから裏口から通路に入ってみたり，土蔵の上にあがったりする。そして土蔵に穴を開ける手伝いをしていたとき，指のばんそうこうがはがれたので，工場2階の事務室でばんそうこうを巻き直し，そののち血をふいた手拭を下水溝に捨てた……となる。

　この経緯を詳述した9月9日付吉村検面は，第Ⅰ期の9月6日付岩本①調書の内容と，右指摘の「手を洗った」時点を除いて，ほぼ同じである。

とった布袋や，その中にあったはずの現金などの行方については，9月9日付吉村検面以降の自白で述べられたところによると，「専務の死体に火を点ける前に，手に持っていた布袋から小銭も含めて現金だけ抜き取り，その他の小切手，領収書の紙，それに布袋本体はその場に捨てた」という。この供述によって布袋本体，小切手2枚，領収書はいずれも火災現場で焼失した可能性が示唆され，その内容に多分の問題を含みながらも，かたちのうえでは一応のところ説明がつけられたことになる。残る問題は現金の行方である。

細かい供述変遷は別として，ごく大雑把にいえば，9月6日の自白転落後，その日のうちに請求人は「この現金をいったんC温じょう室のみそ樽の下に隠し，その後3万円くらいを自分の小遣い銭としてとり，残りの5万円をMFさんに預けた」と供述していたが，この供述は9月9日付岩本①，9月9日付吉村検面で3万円が2万5千円に変更されるなど，一部の変遷を含みながら，かなり詳細なかたちで確定される。

(7) 清水警察署宛の事故郵便物

起訴に至るまでの請求人の自白の流れは以上の通りだが，ここでどうしても触れておかなければならないのは，請求人がとったとされる上記の現金についてその供述内容を文字通り裏づけるかのような証拠品が，自白後に出てきたことである。

9月9日付吉村検面から4日後の9月13日，清水郵便局で，宛先などが不明の事故郵便物のなかから，「シミズケイサツショ」とのみ宛名を書いた現金5万7百円入り封書が発見され，捜査本部に届けられた。金はすべて札で，番号部分が焼け焦げ，千円札2枚には「イワオ」という文字が記されていた。また同封の便箋には「ミソコウバノボクノカバンノナカニシラズニアッタツミトウナ」と書かれていた。この封書をいったい誰がどういう意図で警察に送ったのか。逮捕されて身柄を拘束されていた請求人本人が送ったものでないことだけは確かである。また本物の現金を5万余円も送りつけたところからみて，たんなるイタズラとは考えられない。本件に何らかの重大な関連をもつ人間のしわざであろう。そう考えた警察は，この封書を重大証拠と見なして捜査に乗り出した。

この現金入り封書が届けられた翌日の9月14日，警察はMFさんを逮捕する。その容疑は表向き脅迫事件だったが，これが別件であったことは間違いない。警察はすでに8月22日にMFさん方を家宅捜索して，請求人から預かった盗品など証拠物がないかどうか調べていたし，9月6日以降，請求人の自白では「盗った現金のうち5万円をMFさんに預けた」と名指しの供述がなされていた。そのうえで怪しげな5万余円入りの封書が届けられたのである。これを警察がMFさんに結びつけて考えたのは，それまでの捜査状況から考えてごく自然な流れであったろう。逮捕と同時に，MFさんの実家，彼女がそのころ同棲していたYTさん方の2か所を家宅捜索し，MFさんが使用し得る可能性のある便箋，封筒などとともに，彼女の書いた文字のあるメモ等を押収し，9月16日，その筆跡を，先の現金入り封書や同封の便箋に書いてあった文字などの筆跡と照合すべく，早々に鑑定にまわしている。結果として，筆跡が符合するとの結論を得た。ただし，この鑑定結果については，その後，種々の疑問が提示されている。また一方，MFさん自身も終始一貫して関与を否定した。

(8) まとめ

　さて，こうして第Ⅲ期の自白を整理してみると，これがまた第Ⅱ期からは著しく変遷していることがわかる。行動の順序こそ第Ⅰ期から第Ⅱ期にかけてのように大きく変化していないものの，第Ⅲ期では動機が単純窃盗に変わったことで各供述要素のもつ意味合いが変化し，またそれまで証拠状況とうまく合わなかった部分が修正されたり，あるいは曖昧な部分が詳細化したりしている。

　第Ⅰ期，第Ⅱ期，第Ⅲ期は，わずか3日の間に日替わりで変遷したもので，この間に捜査側の入手した証拠・情報状況に目新しい変化はない（最後にあげた事故郵便物に入っていた現金だけは，自白がほぼ完成された後に発見されたもので，例外的な位置にある）。言い換えればまったく同じ捜査側入手証拠・情報状況に対して，まったく異なる3つの犯行筋書が語られたことになる。

　このように同じ証拠・情報状況に対して，日替わりで3種類の犯行筋書が語られたという事実はいったい何を意味するのであろうか。このことが次の第2部の中心的な課題となる。

第3節　公判中に現われた5点の衣類と確定判決の認定した犯行筋書

　1966年6月30日未明の事件発生から，警察が捜査によって入手してきた証拠・情報の流れを追い，次いで，逮捕された請求人が厳しい取調べのなかで否認から自白に落ち，そこからⅠ→Ⅱ→Ⅲと，文字通り日替わりで3つの異なる犯行筋書が展開されてきたことをみてきた。そうして第Ⅲ期の9月9日付吉村検面の自白で大筋においてほぼ完成し，その後いくつかの補充が加えられていくものの，自白の犯行筋書そのものに大きな変動はない。

　ところが，本件第一審が始まった後に，またもう1つの新たな証拠物が発見されることになる。これによって第Ⅲ期の最終自白内容をそのまま維持できなくなり，第Ⅳの犯行筋書を描かれていく。もっとも請求人は，裁判になってから自白を撤回し，自分はやっていないと主張していたのであるから，この第Ⅳの犯行筋書は，もちろん請求人の自白によるものではない。新たな証拠が発見され，それでもなお請求人が犯人であるとの考えを維持するべく，検察が第Ⅲ期自白の犯行筋書に修正を加え，さらに裁判所が第一審判決において，検察主張の修正犯行筋書をさらに修正したのである。

　こうして検察，裁判所が修正の手を加えたあげくに到達した「第Ⅳの犯行筋書」が，本件の確定判決（第一審判決）において事実と認定されている。その意味で，これがこれ以降の供述分析において直接の検討対象となる。

1. 5点の衣類の発見とその証拠上の疑問

　問題の新証拠が発見されたのは，事件の翌年の1966年8月31日，すでに裁判が始まって9か月あまりが経過していた時点のことである。K味噌工場の1号タンクから味噌を出していた工員が，タンクの底のあたりに南京袋を発見した。その中に鉄紺色ズボン，黒ねずみ色スポーツシャツ，ステテコ，白シャツ，緑色ブリーフという5点の衣類が入っていたのである。このいずれの衣類にもかなりの血液が付着していて，血液型はA型，B型，AB型の3種があった。このことから，明らかに本件犯行に関わる証拠であるように見えた。

　この新証拠が発見されたという知らせに請求人は，これで自分の無実が明か

されると喜んだという。何しろ請求人は事件当時自分が着ていたパジャマに血がついていたとして、そのことを責められ、その説明に窮した挙句に「パジャマを着て犯行を行なった」と自白していたからである。

ところが、検察はあらたに、この5点の衣類こそが実際の犯行時の着衣であり、請求人はこれを着て犯行をやったのだと主張する。つまりパジャマを着て犯行をやったとする先の自白を否定し、公判の最初に行なった冒頭陳述の内容を訂正したのである。このような訂正は異例のことである。

たしかに、発見された5点の衣類が請求人のものであり、それが本件犯行と結びつくことが証明されれば、請求人の有罪は揺るがない。そこで警察・検察はこの5点の衣類が請求人のものであることを証明すべく捜査を重ねた。その結果、発見されたズボンの端布が、請求人の実家に送り返されていた請求人の所持品のなかから見つかったという。このことが間違いなければ、請求人のズボンであることは動かないし、請求人＝有罪の極めて有力な証拠となる。しかしこの点について、その後の裁判のなかでいくつもの疑問が提出された。

1つに、逮捕後に請求人の所持品が実家に送り返されてきたとき、ズボンの端布など見た覚えがないと、請求人の母親は言う。それにもかかわらず5点の衣類発見後に改めて警察が実家の家宅捜索にやってきて、それをタンスの引き出しから捜査員が見つけ出してきたのだという。そのことが母親には合点がいかない。

もう1つの問題は、請求人が発見されたズボンを実際に法廷ではいてみたところ、小さすぎて、太もも部分で引っかかり、まったくはけなかったという点である。検察側は長らく味噌漬けになっていたので生地が縮んだとか、請求人が逮捕後運動不足で太ったためだとか主張するのだが、そのようなかたちで説明がつくものかどうか。

それに、そもそも5点の衣類が本件犯行時に着用されていたものかどうかにも問題がある。それぞれの衣類の血液付着状態が極めて不自然で、たとえばステテコにA型の血液が多量に付いているのに、その上にはいていたズボンにはわずかしか付いていないとか、パンツにはB型の血液が付いているのに、その上のステテコにはまったく付いていないという具合で、実際にこれらを重ねて着ていたとして、血液が上着から下着へと染みたという状態になっていな

い。この点の疑問は極めて深刻なものだが、これがまったく解消されていない。

さらに自白との関係も問題となる。請求人が自白に落ちたのは、パジャマの血の追及に答えられなかったことがきっかけであった。請求人の取調べにあたっていた捜査官たちも、法廷でそのように証言した。しかし、もしこの5点の衣類が真の犯行着衣だったというのなら、請求人はどうしてパジャマの血の追及で自白に落ちることになったのか。またこれが真の犯行着衣で、請求人が真犯人だったとすれば、発見されたとの知らせを聞いたとき、いよいよ真の決定的証拠が見つかったことにショックを受けるべきところ、請求人はむしろこれを大いに喜んだという。真犯人の反応としては明らかにおかしいと言わざるを得ない。こうした重大な疑問がいくつも浮かび上がる。

2. 犯行筋書の修正

こうした疑問を一応おくとして、請求人が犯人で、5点の衣類が犯行着衣だとすれば、請求人の自白した犯行筋書をこのままにはできない。請求人の自白によるこれまでの3つの筋書では、すべてパジャマを着て犯行をやったとされていたのに、その犯行着衣が違っていたとなると、検察側がそれまで依拠してきた第Ⅲ期自白に決定的な修正が加えられなければならない。

請求人はこのときすでに公判において自白を全面撤回して、否認し、無罪を主張していた。その請求人に対して、もちろん新たな自白訂正を望むべくもない。そこで検察は、この段階で異例の冒頭陳述訂正を行なうことになった。ただ、犯行時の着衣がパジャマであったか、5点の衣類であったかは、たんにそこだけを入れ換えてすむ単純な話ではない。この入れ換えによって供述の他の部分にも連動して変更を加えなければならない。

1つは、当初の冒頭陳述では犯行着衣がパジャマであったため、専務宅に侵入するに際して雨合羽を着た理由を「パジャマのままでは白っぽくて人眼につきやすいと思い」（9月9日付吉村検面）としていたのに対して、犯行着衣が黒ねずみ色のスポーツシャツ、鉄紺色のズボンではこの理由が当たらないため、この理由そのものを削除した。ただし、削除したのみで、新たに理由を付け加えていない。その結果、そもそもなぜ雨合羽を着たのかの理由が不明になる。

さらに大きな変更は、5点の衣類からパジャマへの着替えの行為自体に関わ

る点である。検察側の最初の冒頭陳述では，パジャマを着て犯行現場に出向き，4人の殺傷後，工場に帰り，混合油を持ち出して，再び犯行現場に出かけて放火する。そうしてこの＜殺傷－放火＞をすべて終えて，自室に戻り左手中指の怪我の手当てをしてから，

> パジャマにも血がついていたのでパジャマの上下とパンツを脱いで裸になり，脱いだものを持ってまた風呂場へ行き，風呂桶の水の中につけてまた寮の自室に戻った

となっていた。後に詳論することになるが，パジャマの血が肉眼でわからないほどのものだったために，血のついたパジャマを洗ったのではないかという想定で，こうした自白になったと考えられる。

検察は「訂正申立書」で，まず犯行に臨んで5点の衣類を着て出かけ，＜殺傷・放火＞の全犯行を終えて自室に戻り，怪我の手当てをして，ここのところで5点の衣類からパジャマに着替えたのだというふうに訂正した。そして次のように述べている。

> 着衣を脱いでパジャマと着替えたので着衣についた被害者や被告人の血と混合油がパジャマについた。脱いだ着衣を持って下に降り，工場内にあった南京袋にいれて工場の第一号タンクの中に隠した。

第Ⅲ期の自白で，パジャマを脱いで洗ったとしていたところに，5点の衣類からパジャマへの着替えを差し込んだだけなのだが，これならば他の部分を大きく変えなくてもすむ。その意味で最も単純な訂正だった。

これに対して，原第一審判決は「パジャマを着た場所，犯行後のパジャマの後始末の詳細」については自白以外に証拠がないので不明であるとしつつも，犯行の流れ自体にさらに変更を加えて認定した。つまり，4人を殺傷した後，いったん工場に帰って，次にまた放火のために出かける前に着替えをしたのだとした。つまり4人殺傷と放火との間でパジャマに着替えたというのである。原第二審判決も「原判決の認定は肯認できる」として，これを認めた。

このように検察の修正冒頭陳述と裁判所の判決とでは着替えの時点が異なる。このような食い違いが出た理由は，パジャマや5点の衣類への油の付着状況で

あった。冒頭陳述訂正時点では「5点の衣類」の鑑定結果がまだ出ておらず，それらに混合油の付着がないとの事実が判明していなかったのである。それゆえ，修正冒頭陳述は「5点の衣類」に混合油が付着していたとの予断のもとに，その付着混合油が着替えの際パジャマに移行したものと推定していたのである。ところが「5点の衣類」からは混合油は検出されなかった。とすれば，修正冒頭陳述の筋書では不合理で，5点の着衣からパジャマへの着替えは，その時点を犯人が混合油を扱うより前にくり上げねばならない。そうしなければ混合油が「5点の衣類」から検出されず，パジャマから検出されたことが説明できない。

こうして判決は，修正冒頭陳述の筋書にさらに修正を加えて，着替えの時点をくり上げ，工場から混合油を搬出して放火した時にはパジャマを着ていたものと認定することになる。物証と合致させるためにはこの筋書しかなかったのである。

3. 4つの犯行筋書

こうして捜査段階の自白から裁判の認定への全過程を見渡したとき，本件の犯行筋書は時期ごとに大きく分けて，次の4つのバージョンが想定されたことになる（これらを時間軸上に置いて図式化したのが図1-2-1である）。

Ⅰ　第Ⅰ期自白（9月6日）
Ⅱ　第Ⅱ期自白（9月7日）
Ⅲ　第Ⅲ期自白（9月8日以降）→修正前の検察冒頭陳述の犯行筋書
Ⅳ　検察側の修正冒頭陳述の筋書＋原第一審判決での再修正

このⅠ→Ⅱ→Ⅲ→Ⅳの筋書の変遷は，真犯人の真実が徐々に明らかになる過程だったのか，それとも逆に無実の人の真実が次々と遮蔽されていく過程だったのか。端的に言い換えれば「真犯人の嘘がばれる過程」だったのか，「無実の人が嘘に陥り，その上にさらに虚偽が塗り重ねられていく過程」だったのか。そのいずれであったのかを判別することが私たちの供述分析の課題となる。

さて，このようにして本件の捜査の流れと請求人自白の流れを整理してきたところで，この犯行筋書の変遷が請求人＝真犯人の仮説Aのもとで理解でき

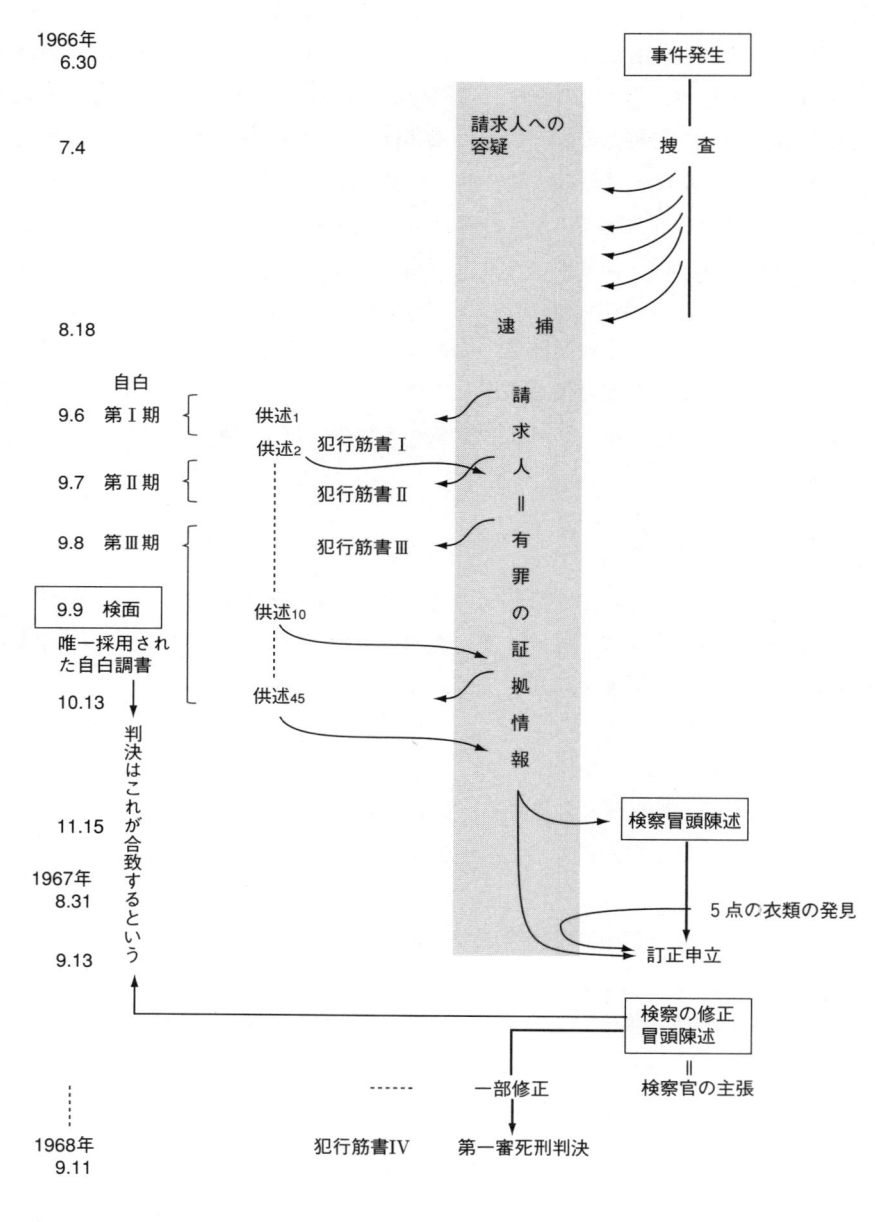

● 第1部 ● 袴田事件における捜査と自白

```
1966年
  6.30                                              事件発生
                              請求人への
                                容疑                  捜査
  7.4
                                                      ↓
                                                  ←
                                                  ←
                                                  ←
                                                  ←
  8.18                          逮 捕

       自白                                        請
  9.6  第Ⅰ期 ┤    供述1           ←              求
                  供述2   犯行筋書Ⅰ →              人
  9.7  第Ⅱ期 ┤          犯行筋書Ⅱ →              ‖
                                                   有
  9.8  第Ⅲ期 ┤          犯行筋書Ⅲ →              罪
                                                   の
  ┌─────┐                                          証
  │9.9 検面│     供述10          →              拠
  └─────┘                                          情
   唯一採用され                                      報
   た自白調書
  10.13     ↓   供述45          →

           判
           決
           は
  11.15    こ                                  検察冒頭陳述
           れ
           が                                       │
  1967年   合                                       ↓    5点の衣類の発見
  8.31    致                                            ←
           す                                      訂正申立
  9.13    る
           と
           い                                   ┌─────┐
           う                                   │検察の修正│
                                                │冒頭陳述 │
                                                └─────┘
                                                    ‖
                                                 検察官の主張
           ┊
           ┊           ------- 一部修正
  1968年            犯行筋書Ⅳ    第一審死刑判決
  9.11
```

図 1-2-1　4つの犯行筋書

第 2 章　請求人の取調べ経過と自白の流れ

るのか，あるいは請求人＝無実の仮説 B に沿わなければ理解できない矛盾を抱えていないかを検討することになる。しかしその前に，後者の仮説 B，つまり請求人が無実であるにもかかわらず，嘘で虚偽自白をしたという可能性が，まず一般論としてどこまであり得るのかを検討しておかなければならない。

第3章　虚偽自白の可能性分析

　本件のように4人もの人を殺傷し放火したといった事件で，もし有罪と認定されれば，死刑を宣告されることはほぼ確実である。とすれば，無実の人が嘘で自白することなどあり得ないのではないかと，多くの人は思うかもしれない。よほどの拷問があったとか，あるいは当人がよほど意志薄弱であったり判断能力が劣っていたりしたのならばともかく，そうでなければ自らを死刑台に送りかねないような嘘を誰がつくだろうというわけである。しかし実のところ，そのような見方はあくまで第三者から見た推測であって，自白を迫られる当事者の立場に立って見たとき，ことはそう単純ではない。その意味で，過去の事例に照らしつつ虚偽自白の心理過程を十分に知っておく必要がある（この点については拙著『自白の研究』北大路書房を参照されたい）。

　実際，無実者の虚偽自白は，一般に思われているよりはるかに頻繁に起こっている。にもかかわらず，これを例外的な異常事態でしかないとか，当事者の異常心理のなせるわざだと思い込んでしまえば，取調べの過程に外形上とくに異常な状態を見出せない限りは，自白の任意性や信用性を安易に認めて，間違った判断を下すことにもなる。

　そこで，取調べのなかで被疑者・被告人が一般にどのような心理状態に陥るのかを検討し，本件取調べにおいて虚偽自白の危険性がなかったかどうかを検討しておかなければならない。

第 1 節　無実の人が虚偽自白に陥る一般的な可能性の検討

1. 虚偽自白は例外的な現象ではない

　虚偽自白の問題はもとよりわが国だけの問題ではない。1994年4月に，日本弁護士連合会に招かれて自白問題のシンポジウムに参加したイギリスのグッドジョンソン（心理学），マッキース（精神医学）の両氏は，

　　実際には無実であるにもかかわらず，重大な犯罪（たとえば殺人罪）について，人は自白してしまうことがある。拷問がなくとも，また精神異常などの精神障害がなくても，人は自白することがあるのだ

と発言し，その実例をいくつも披瀝した。わが国に比べて身柄拘束下での取調べに制約条件の厳しいイギリスですら，虚偽自白の事例がなお後を絶たないというのである。

　グッドジョンソン氏はその著書『取調べ・自白・証言の心理学』（邦訳，酒井書店）のなかでこう書いている。

　　多くの人々は，無実の者が明白に自己の利益に反するのに，敢えて，警察の取調べ中に重大犯罪について自白することはない，と考えていると思われる。その暗黙の前提になっている考えは，人間は常に自己の利益をもたらす方法にしたがって行動するという仮説である。しかし，現実にはこれが妥当しない場合がしばしばある。例えば多くの者は，圧力の下に置かれると，長期的にみた利益よりも即座に得られる利益のために行動する傾向が強いのであり，それは，たとえ目先の利益を追うことが結果的に損失をもたらすとしても変わらないのである。はっきり精神病とか知的障害をもっている人ではないのに，重大な犯罪について虚偽の自白をし，その結果，誤って有罪の認定を受ける人がいることは，悲しい事実である。（訳書319～320頁）

　その上で彼は「このことを明確に認識することが正義を実現するための重要な第一歩である」と説いている。残念ながら，わが国においては，その意味での第一歩をまだ踏み出していないのではないかとの懸念を禁じえない。

● 第1部 ● 袴田事件における捜査と自白

　無実の人間が虚偽で自白をしてしまう事態はよほど例外的なことだという一種の常識の背後には，そうした立場に置かれた人々への想像力を欠いた，いくつかの誤解が潜んでいる。そこで，以下，無実の人が逮捕され，身柄を拘束された上で取調べられる場面を想定して，虚偽自白に至る心理を一般論として見ておく。

　自白過程には，当初否認していた被疑者が「私がやりました」と言って自白に転落する相と，その上で取調官に求められて犯行筋書の自白を展開していく相とに，大きく分けられる。それぞれについて世間一般の誤解を指摘しつつ検討する。

2.「私がやりました」と言って，自白に落ちる過程

　否認を続けるか自白するかの選択の場面を，人はしばしば天秤ばかりの比喩で考える。図1-3-1のように，自白すれば有罪となって刑罰を課せられ，場合によっては死刑に処せられることもある。それだけの重みを跳ね返して，被疑者を自白させるには，よほど取調べの圧力が強くなくてはならない。死刑の予想されるような重大事件で，無実の被疑者が取調べられている場合，図の天秤ばかりの左の皿にのっかった＜自白→死刑＞が上に持ち上がるには，拷問などの例外的な圧力が加わらなければならないというわけである。しかし，その考え方にはいくつかの大きな誤解がある。その誤解を解いてみれば，人が案外，簡単に虚偽の自白に陥ることがわかってくる。

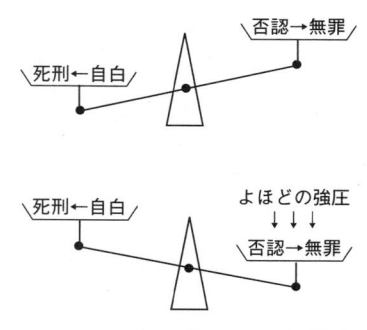

図1-3-1　天秤ばかりの比喩による自白モデル

ここでは，一般に人々がとらわれやすい誤解や錯覚を3つにまとめて指摘する。

(1) 身柄拘束下の取調べの厳しさは，日常を生きる私たちの想像を越えている

法的には，憲法で「何人も，自己に不利益な供述を強要されない」と定められ，「強制，拷問若しくは脅迫による自白又は不当に長く抑留若しくは拘禁された後の自白は，これを証拠とすることができない」と規定されている。しかし法的にそのように規定されているとしても，それが実際の取調べにおいてその通りに実現しているとの保証はない。現に逮捕されて取調べを受けている被疑者が，不利益供述を強要されたかどうか，また強制，拷問，脅迫がなかったかどうかは，リアルタイムでそれを記録する可視化の手立てがなされない限り不明である。本来ならば，取調べの全過程を録音・録画することで，供述の任意性を保証する手立てがとられるべきなのであろうが，それがなされていない現状では，取調室のなかで何が行なわれているか，第三者には知る術がない。

ただ一方で，きっと拷問まがいの強制が行なわれているはずだといった決めつけもまた排しておかねばならない。むしろここで問題にしたいのは，個々の事件の取調べで具体的にどういうことが行なわれているかにかかわらず，現在の判例で合法的と見なされ，供述の任意性が認められている取調べ状況でも，被疑者にとっては十分に厳しく，それゆえに虚偽自白が生起する危険性があるという事実である。

わが国における被疑者への取調べでは，とりわけ重大事件の場合，次のようなことが常態的に見られる。

・身柄を拘束されて，警察の留置場での生活を余儀なくされる。
・留置場での生活は警察の管理下にあって，自由がきかない。
・外部との交通は，せいぜいのところ1日に30分程度の弁護士との接見に限られる。その接見も大きく制約されることがしばしばである。
・取調べで黙秘権はあるが，取調べそのものは嫌でも受忍せねばならない。
・被疑者が警察の留置場にいる限り，捜査官は被疑者を相当自由に取調べの場に引き出すことができる。
・取調べが1日10時間以上に及び，それが連日続くこともある。

- 取調べの場で取調官は，無実の可能性をほとんど考えず，被疑者を犯人として追及する。
- 取調べの場で被疑者は弁明するが，これが容易には通らない。
- 完璧なアリバイなどの無罪証明を被疑者側から提示できるようなことは，一般にはめったにない。
- 簡単に容疑を認めてしまえば別だが，否認が続く限り勾留が解けないことが多い。
- 身柄拘束下での取調べが23日間続行し得る。
- 別件での逮捕を重ねれば，さらに長期間の取調べが続き得る。

　わが国の取調べにおいては，被疑者はおおよそこうした状況下にある。また実際，この程度のことであれば，合法的な取調べと見なされ，そこで自白がなされたとき，その任意性は認められる。

　しかし法的に任意性が認められるとしても，心理学的にみて，この状況下での供述を任意だとか，自発的だということはできない。人間の心理に即していえば，この状況だけで十分に「強制」であるといってよい。いや心理学を持ち出すまでもなく，その圧力は日常的な許容度をはるかに超えたものとなる。

　さらにこの外形的な状況のもとで，実際に取調べを受ける被疑者の立場に身をおいてみたとき，そうした経験のないものにはなかなか認識されにくい厳しさがあることに気づく。以下，その点を列挙する。

身柄を拘束されることの厳しさ

　私たちは日常の生活において，たいていのことを自分で決めるか，意思疎通のできる他者との共同で決めている。それによって自分の生活を自分でコントロールしているとの自律の感覚をもっている。それは，私たちがほとんど物心がつくかつかない頃から，ごく当然のこととしてもっている感覚であるために，ふだんはそのありがたさに気づかない。ところが身柄を拘束されて，自分の生活を自分でコントロールできなくなったとき，人はそこで自己の存在感さえ脅かしかねない不安に陥れられる。

　意志を堅固に持ち続けさえすれば，どんな状況にあっても自分を保つことができるはずだと考える人がいるかもしれないが，それは身柄を押さえられた体験がないために，そこまで想像力が及ばないからにすぎない。自分の身柄を自

分で自由にできないことほど恐ろしいことはない。このことはかつてスタンフォード大学で行なわれた有名な刑務所実験でも実証されたところである（『自白の研究』159頁）。

情報が遮断されることの厳しさ

　私たちは，自分が今どこにどういう状況でいるかを不断に認識しながら，生活している。しかしそれは自由に活動し，周囲の親しい人たちと不断のコミュニケーションを行なうなかで初めて可能なことである。自分がおかれた立場を正しく認識するためには，多様な人と，多様な情報交換ができるコミュニケーション・ネットワークが必須なのである。人はそうした関係の網の目に支えられて生きている。しかし身柄を拘束され，この関係の網の目から1人連れ去られて，それまでの情報源を断たれてしまえば，人は大変な不安にさらされることになる。

　弁護士との接見が多少保証されたとしても，そこでのコミュニケーションは取調官とのコミュニケーションに比べたとき，10分の1，あるいは20分の1，本件などの場合100分の1にも遠く及ばない。しかもその弁護士が，被疑者にとっては多くの場合，初対面の他人なのである。被疑者の存在感を支える，安心の源にはなかなかなれない。これまた心理学的には当然の理である。被疑者にとっては，むしろ始終そばにいる捜査官の方が頼りになるように思える。

対立の厳しさ，一方的に追及されることの厳しさ

　人はときに他者といさかうことはあっても，徹底して対立することは少ない。いや，そのように対立することはあっても，その直接的な対決が何時間も続くなどということは，長い人生のなかでも稀にしか体験しない。対立は当然にして人から安心を奪う。

　もっとも被疑者が確固たる自信をもち，いっさい相手から脅かされるゆえんはないという覚悟をもっていれば，厳しい対決にも耐えられるかもしれない。公安事件などでの確信犯が捜査官を敵として対決姿勢を崩さず，黙秘を貫けるのはそのためであろう。しかし一般の人が自分に心当たりのない事件で逮捕され，取調べられたとき，その種の対決姿勢をとることは難しい。むしろ，警察・検察は本来正義を実現すべき組織であることを信じ，ただ自分を捕らえたことは間違っていると思う。そこで捜査官に理解してもらおうと必死に弁明しよう

とする。それが普通である。しかしその弁明が容易に通ることは少ない。

　結果として長時間にわたる，しかも連日の対立が続く。いや，たんなる対立ではない。日常における対立ならば，通常，一定の対等関係のうえの対立である。立場に多少の上下はあっても，互いにやりあえる相互性がある。ところが取調べの場においては，被疑者はもっぱら尋問される側に立つ。多少は言い返すことができても，そこには圧倒的な力関係の差がある。おまけに取調官の方は2人ないし3人，自分は1人である。被疑者を犯人視して言葉で諭すだけでなく，罵倒する取調官もいる。そうして一方的に尋問され，追及されるなどという場面に，人はそうそう簡単に耐えられるものではない。これだけでも，実はとてつもなく厳しいのである。

弁明しても弁明しても聞き入れられない辛さ

　被疑者・被告人の有罪を立証するのは捜査・訴追側の役割である。それに対して，被疑者が無実を立証する義務はない。ところが現実の取調べにおいては，しばしば被疑者に無実の証明が求められる。犯人でないのだとすれば，アリバイを申し立てられるはずだとか，無実ならばこの金の出入りを説明できるはずだとか，あるいは衣類のこの血痕は何だとか，直接容疑となったところを納得できるかたちで説明することを要求される。そして説明できない限り釈放されないかのように思い込まされる。しかし，そのように説明を求められても説明しきれないことは多い。丸裸の被疑者が，言葉だけで確固たる反証を取調官に示すことは極めて困難である。

　もちろん被疑者には取調べにおいて黙秘権が保障されている。しかし法的に保障されているはずのこの権利を，無実の人は，そのまま行使する気持ちになれない。自分は無実だと思っていればこそ，ちゃんと説明すれば取調官もわかってくれるはずだと思うからである。そうして弁明をくり返す。しかしその弁明が空しくはね返されるとき，やがて無力感に襲われる。いくら言ってもわかってもらえない，しかし取調べの場にだけは連日連れ出され，同じ説明を求められる。その耐え難さはシジフォスのそれにも等しい。

この苦しさがいつまで続くのかの見通しをもてない厳しさ

　以上に列挙した厳しさ，辛さは，どれ1つをとっても，それだけで十分に大変なものだが，実際にはこれらのすべてが加重される。こうした状況を法的に

は強制のない「任意」のものといっても，人間の心理状態としてみたとき，それはおよそ尋常な状態ではない。しかも問題はこれにとどまらない。

　どんな苦しさも，それがいつまでの我慢だとわかっていれば耐えることができる。痔の手術後の痛みは激しいが，丸1日我慢すれば嘘のように痛みが引くと教えられれば，ひたすらその時を待って耐えることができる。しかし末期癌の痛みのようにペインコントロールの域を越えて，その痛みがいつまで続くかわからないとき，人は「もう殺してくれ」と叫び出す。いつ終わるともわからぬ苦痛ほど人にとって厳しいものはない。

　無実の被疑者が逮捕され，取調べの場で弁明しきれないまま，連日苦しい追及を受け続けるとき，被疑者にとって最も厳しいのは，それがいつまで続くかわからないということである。第三者的には，どんなに長くても23日間頑張ればすむということになるのかもしれない。しかしそうした法的な規定を知っている被疑者は多くない。また知っていたとしても，それが心理的にどれくらい長いことか，当事者にしかわからない。いやそれでも，23日たてばどんなことがあっても確実に釈放されるという見通しがあれば，それにすがることができる。ところが実際には，別件再逮捕が重ねられれば，その日数を越えてもなお釈放されず，取調べが続く。あるいは手持ちの証拠の範囲で起訴して，その後なお身柄を拘束したまま取調べが続けられるということすらある。捜査官の方でも，被疑者に対していついつまでで釈放されるというような見込みを与えるようなことはしない。まして23日間が絶対の期限だというかたちで被疑者に伝えることはない。むしろ逆に，自白しなければいつまでも取調べが続くかのような示唆を与えることすらある。

　いつまで続くかわからない苦しみにさらされたとき，多くの人はその苦しみの前に崩れ，その苦しみを回避するためにたいていのことなら引き受けようという気持ちになる。人間というのはそういう弱い存在である。

　ついでながら付言しておけば，結果的に短期間の取調べで落ちた人でも，その落ちる瞬間までは苦しみのなかにいて，その苦しみがいつまで続くかわからぬ恐怖にさらされている。そうだとすれば，短期間で自白したということだけでもって，その自白は真実のものだとはいえない。

　さて，このように見てきたとき，いかに現状で合法とされる取調べであって

も，それが被疑者にとっては大変な重圧として迫ってくるものだということがわかる。無実の容疑で逮捕され取調べられるという体験をもたない第三者は，簡単に「それくらいのことで」と思ってしまいやすいが，けっして「それくらいのこと」ではないのである。この点については，かつて冤罪の被害者になってきた人たちの言葉をしっかり聞き取る作業を私たち自身が重ねていかねばならない。たとえ拷問等の違法な強圧がかけられることはなくとも，身柄を押さえられて取調べを受ける苦しさ，厳しさは，とてつもなく大きい。それは日常生活を何ということなく生きている私たちの想像をはるかに越える。このことを，まずは率直に認めねばなるまい。

(2)「自白すれば死刑になる」というのは遠い先の可能性にすぎない

先の天秤ばかりの比喩に戻っていえば，前項で見てきたことは，天秤の右側にかかった取調べの圧力が想像以上に大きいものだということである。しかしそれでも，自白すれば有罪と認められて死刑になるという重み（左側の皿）を考えれば，いかに取調べの圧力が強かろうと，これが持ち上がることは，普通にはあり得ないと思われるかもしれない。しかしこの自白をすることの重みについて，2つの錯覚があることを指摘しておかねばならない。

第1に，「自白すれば死刑になるかもしれない」というのはたった今のことではなく，将来の可能性にすぎない。自白した途端に13階段を上って絞首刑に掛けられるというのであれば，その重みは絶大だろうが，実際にはそれはあくまで遠い先の可能性にすぎない。それに，その遠い先の可能性が現実のものとなる前には裁判の過程があって，この裁判で本当のことを言えばわかってもらえるだろうという思いもある。とすれば，遠い先の不確かな可能性が被疑者にどれだけの重みになり得るだろうか。それに対して取調べの圧力，そのもとでの苦痛はまさにたった今味わっている苦痛なのである。

私たちは2つの選択肢を前にしたとき「両天秤にかける」という比喩を用いる。そこでは両者を対等な選択肢として並べる。しかし，取調べという事態において天秤の左右にかけられるのは，たった今の苦痛（右）と遠い先の苦痛の可能性（左）であって，本来，同じように並べて比較できるものではない。これを天秤の比喩で考えるのは，明らかに錯覚なのだが，案外，人はこのことに

気づかない。

　ここで，先のグッドジョンソン氏の「多くの者は，圧力の下に置かれると，長期的にみた利益よりも即座に得られる利益のために行動する傾向が強いのであり，それは，たとえ目先の利益を追うことが結果的には損失をもたらすとしても変わらない」という言葉が思い起こされるであろう。人は今の苦悩・苦痛を避けるためであれば，将来に大変な苦痛が予想される場合でも，あえてその将来の苦痛から目をつむってしまうものである。

(3) 無実の人は刑罰に対して現実感を抱きにくい

　自白することの重みにかかわる第2の錯覚は，「自白すれば有罪になって，刑罰を課せられる」ということが，無実の者には十分な実感をもって感じられないということである。このことが一般にはほとんど気づかれていない。

　実際に犯行を犯した真犯人であれば，犯行の記憶が生々しく脳裏に刻まれている。それゆえ，これがばれて有罪になれば刑罰が課せられることを，不可避的に実感せざるを得ない。自分の犯した犯罪と刑罰とがしっかり因果の線で結ばれて，そのことをまさに現実感をもって恐れざるを得ない。まして本件のような4人殺しの事件ともなれば，死刑への恐れはまさに切実であろう。その意味で，真犯人にとって天秤の＜自白→死刑＞の側の重みは，まだ先の可能性にすぎないとはいえ，非常に大きい。

　ところが無実の人間はどうであろう。彼のなかにはもちろん犯行体験の記憶はない。ただ間違われて逮捕され，取調べられているだけである。そうだとすれば，根っこのところで，どうしてその自分が刑罰にかけられるだろうかと思ってしまう。何しろ自分はやっていないのである。嘘で自白をしたとしても，それだけで間違って自分が罰せられるとか，まして死刑になるとは考えられない。端的にいえば，「なぜやってもいない私が死刑になったりするだろう」という思いが心の底に深く根を下ろしているのである。もちろん，自白してしまえば理屈のうえで刑罰にかけられる可能性が出てくる。それくらいのことは考えるであろう。しかし，やはり現実感がもてない。それに，ここで自白してもただちに有罪者となるわけではなく，あくまで有罪認定は裁判でなされるのだ。とすれば，やっていない自分がそこまで有罪者に間違われてしまうことはない

はずだ。裁判でしっかり無実を主張すれば大丈夫ではないか。そう思うのはごく自然なことであろう。

　これはたんなる推量ではない。かつて冤罪で虚偽の自白をしてしまった多くの人々が，刑罰に対して実感をもてなかったことを述懐している。これは人間の心理として自然なことである。真犯人は刑罰に対して現実的な恐れを実感する。しかし無実者は刑罰の可能性を頭で考えることはできても，それを真犯人のようには実感できない。無実者にとっては，そもそも逮捕され取調べられているということ自体が，極めて非現実的なことなのである。このように刑罰に実感をもてないとすれば，前項の要因と重なって，無実者にとって＜自白→死刑＞の側の重みはさらに小さくなる。

　さて，このようにしてごく大雑把に，
・無実の人が身柄拘束下で取調べを受ける厳しさは，私たちの想像を越えている。
・「自白すれば死刑になるかもしれない」というのは，無実の人にとって遠い先の可能性にすぎない。
・無実の人は刑罰に対して現実感を抱きにくい。

という3つの点に気づいただけでも，無実の人の虚偽自白がさらに十分にあり得ることがわかってくるであろう。現にその種の虚偽自白の事例は戦後わが国でも枚挙にいとまがない。つまり無実の被疑者のおかれた心理学的状況の分析からも，また現実の事例からも，無実者の虚偽自白がけっして例外的なものでないことが明らかになってくる。

3.「私が～というふうにやりました」と言って，犯行筋書を展開する過程

　無実者の虚偽自白について，一般には，もう1つ大きな誤解がある。もし被疑者・被告人が無実であるとすれば，取調べの苦しさに負けて「私がやりました」とまでは言えたとしても，その後「～というふうにやりました」と言って犯行筋書を語るのは，無実である以上，やはり無理ではないか，そう考えてしまう人が多い。そこで犯行筋書まで詳しく語った自白調書があれば，それはやはり被疑者・被告人が真犯人で，当の犯罪に関与していたからではないかと思ってしまう。あるいはそうでなければ，取調官が犯行筋書を諸証拠から勝手に再構

成し，それを被疑者・被告人にそのまま飲み込ませて，調書にとり，強引に署名・指印させたのではないかというデッチ上げ論が，ときに展開される。たしかに現実にそうした例がないとはいえない。しかし過去の諸事例を見てみれば，虚偽自白の多くは，そのような完全なデッチ上げによるものではない。

(1) 犯人になったつもりで語る，悲しい嘘の心境

　実は，被疑者・被告人自身はその虚偽自白の構成に，いわば主体的に参加している。いや，そうせざるを得ない心境に追いやられている。このこともまた一般にはあまり知られていない。

　考えてみれば取調官の側にしても，相手を無実と知った上で，犯行筋書まで自分の側で組み立てて押しつけるなどということは，簡単にできるものではない。たいていの場合，取調官は，やはり逮捕した被疑者を真実犯人と信じて取調べ，追及のなかで「私がやりました」と言わせ，その「真犯人」に犯行のストーリーを語らせようとする。そのなかで被疑者は，現に犯行のストーリーを語り始める。一見不思議なことに思えるかもしれないが，当人の立場に立ってみれば，実は不思議でもなんでもない。

　身柄拘束下の取調べのなかで，前節に見たように，いつまで続くかわからない苦悩に負けて「私がやりました」と自白してしまう。被疑者がそうして「私がやりました」と認めれば，取調官は意を強くして，当然，次には「じゃあ，どうやったんだ」と犯行筋書の自白を求めることになる。どうやったんだと問われても，無実の被疑者にはわからない。だからといって「わかりません」ですむ状況ではない。取調官の方では被疑者を真犯人と思って取調べ，やっと落として，真犯人であるとの確信を強めたばかりなのである。犯人である以上，自分で犯行のストーリーを語れるはずだと，勢いこんで迫ってくる。ここで「わかりません」と言って，いったん否認に戻る被疑者もいるが，そうすれば先の苦しみが再来するだけである。となれば，自分が何らかのかたちで犯行ストーリーを語り出すしかない。被疑者はそういう心境に陥る。

　端的に言えば，被疑者は犯人になったつもりでストーリーを考え始めるのである。「私がやりました」と，嘘でも自白してしまった被疑者に残された道は，心理的にほとんどこれしかない。また現実にも，過去の冤罪事例を精査してみ

れば，無実の被疑者は追い詰められた末に「犯人になろう」としたり，「犯人になったつもり」で考えたり，「犯人ならばどうしただろうか」と想像をめぐらしたりする。そうして犯行筋書を語っていくのである。(『自白の研究』第10章を参照)。

　間違って逮捕される被疑者は，多くの場合，事件の周辺の人間である。それゆえ逮捕以前にすでに事件の概要はもちろん，現場の様子や事件のときの状況などもよく知っている。それに加えて逮捕までの間，新聞などのマスコミ情報や近隣の噂情報を入手しているし，さらに逮捕後の取調べで，証拠を突きつけられて取調べられる。それゆえ自白に落ちる頃には犯行のストーリーを自分なりに想像できるところまで来ているのが一般である。そうしていよいよ自白に落ちて「どうやったんだ」と聞かれたとき，無実の被疑者でも犯人としておおよそのストーリーを語ることができるのである。

(2) 犯行筋書の構成——犯行の体験をもたないものどうしが顔を突き合わせて

　無実の人が，やっていない犯行を語るのは，もちろん容易なことではない。犯行筋書を語るに足る素材はおおよそつかんでいても，それらをうまくつなぎ合わせて一本の矛盾のないストーリーに組み立てるのは，よほどの構成力をもっている推理作家でも難しい。そこで自白に落ちて後，最初に考えて語り出したストーリーをいったんは調書に録取しても，ただちに他の証拠との矛盾やストーリーとしての不自然さが見えてきて，修正を余儀なくされる。もともとが架空で構成したものであるから，不審に思った取調官から問いただされれば，簡単にぐらついてしまう。そのために真犯人の自白としては理解に苦しむような，奇妙な変転に満ちた自白調書が積み上げられていく。

　すべてを自分がやったと言いながら，犯行筋書の個々の部分で辻褄の合わない供述をくり返すので，取調官の方でも変だとは思うかもしれない。しかし何しろ被疑者がやっと自白して，その筋書まで語ろうとしているのである。まだ何か隠しているからこんな煮え切らない供述の変遷をくり返しているのだろうと思いつつ，取調官はとにかく本人の口から真実を語らせようと，他の証拠と突き合わせながら，尋問を重ねていくことになる。

　考えてみれば，虚偽自白の場面というのは奇妙な場面である。真犯人から自

白を聴取する場合は、犯行の実際を体験として記憶している体験者（真犯人）に対して取調官が尋問する。取調官は、このとき捜査の結果として犯罪の証拠を一定程度握っていても、もちろん犯行の体験そのものについてはあくまで非体験者である。つまりここでは体験者の体験を非体験者が聞くという構図にある。これに対して、間違って無実の人間を捕まえ、取調べて自白をとり、犯行筋書を語らせようとした場合、その場面は、犯行のことを自らの体験として知らない被疑者（非体験者）に対して、同じく証拠は一定程度握っていても犯行そのものは知らない取調官（非体験者）が尋問するというものになる。つまり犯行の実際を自らの体験として知らない非体験者どうしが、顔を突き合わせて、一方は犯人に扮する以外にないところに追いやられ、他方は相手を犯人に扮させているとも知らずに真犯人だと思い込んで追及するということになる。そうして犯行の実際を知らないものどうしが一緒になって、その犯行態様を組み立てようとするのである。奇妙ではあるが、虚偽自白の多くはこうした構図のなかで生まれてくる。

　無実の人の虚偽自白は、このようにして、追及に合わせて筋書を想像－構成する被疑者と、手持ちの証拠とそれによる事件仮説の構成によって追及し、意図せずして事件のヒントを与えていく取調官との共同の産物ということになる。

　このことは、たんなる主観的な推測に基づくものではない。無実の人が虚偽自白に落ちた前例はそれこそ膨大にあるし、そうした虚偽自白例を精査すれば、必然的に行き着かざるを得ない帰結である。もっとも虚偽自白のあり得るケースとしては、ａ捜査側が完全にデッチ上げて、自白調書を作文する、ｂ被疑者の側で自ら名乗り出て、まったく自発的に虚偽の自白を申し立てる、ｃ上に述べてきたように、虚偽自白が被疑者－尋問者の相互作用によって作られる、という３つがあるが、このうちのａ、ｂについては、とりあえず本件では論外において差し支えない。問題になるのは、ｃの被疑者－尋問者の相互作用の産物として虚偽自白が生まれた可能性である。本件供述を具体的に分析する以前のところで、本件にもまずこのような可能性がなかったかどうか、このことを検討しておかなければならない。

　本節では、本件を離れて一般論として、無実の人の虚偽自白が例外的なほど希少なものかどうか、もしそうではないとすればそれはどのようなメカニズム

において生じるのかを見た。その結果，法を逸脱するほどの例外的な強圧がなくとも，また被疑者・被告人が例外的なほど意志薄弱，判断力薄弱でなくとも，今日わが国で「合法」的とされる取調べの状況下で，虚偽自白が取られる可能性はけっして小さくないことが示された。人間というのは弱いものである。その弱さへの想像力を十分にもつことが，誤判を防ぐための必須要件であることを，私たちは肝に銘じておかねばならない。

こうして虚偽自白が例外的でないとの確認の上に立ったとき，自白の供述分析に対して，それだけ厳格な科学的態度で臨まなければならない。つまり被疑者・被告人を犯人とする仮説 A に符合する証拠を拾い上げていくだけでなく，逆に被疑者・被告人を無実とする仮説 B を明確に棄却できるかどうかの視点を常に意識しておく必要がある。虚偽自白は例外的でしかないと思い込んでいれば，任意性・信用性の判断が甘くなるし，自白が安易に仮説 A の有力証拠にされていく。本件の確定判決がはたしてそういうものになっていなかったかどうか。

第 2 節　本件における取調べ状況と虚偽自白の可能性

本件の場合，請求人に対する取調べ状況はいかなるものであったのか。前節で指摘した虚偽自白の一般的な危険性を免れるだけの条件を備えていたかどうか。それが，ここでの検討課題である。

1. 司法警察員による取調べの状況

請求人逮捕後の取調べについては，いわば密室状況であるため，現実にどういうことがそこで行なわれたか，テープ録音でも残されていない限り，これを明確に示すことはできない。この取調べ状況については，一方に警察官たちが公判廷で行なった証言があり，他方に請求人が公判廷で述べ，また上申書等でしたためた主張がある。しかしここで，その両当事者の主張を取り上げて，どちらに信用性があるかを問うことはしない。客観的な裏づけを欠いている状況では，いずれにせよ水掛け論に終わる危険性が大きいからである。むしろここ

では，両当事者の間で争いのない外形的状況を確認することで，虚偽自白を避け得る条件が整っていたかどうかを検討するにとどめる。

(1) 確定判決の認定した取調べ状況
　確定判決が司法警察員の公判廷証言をもとに，自白に至るまでの請求人の取調べ状況を認定したところを見てみる。
自白に至るまでの取調べ時間
　まず，逮捕から自白の日までの司法警察員による取調べ時間を整理してみよう（表1-3-1）。
　逮捕から自白の日まで20日間に及び，連日，1日平均12時間の取調べがなされ，その間，身内などに相談したり，助言を得たりすることはもちろんいっさいできず，弁護人の接見もこの間で3回，計37分という状況であった。請求人がいかに孤立無援であったかが歴然としている。また身柄は清水警察署に留置・勾留され，警察の監視下にあった。
取調べ内容
　この20日間の取調べ内容について，確定判決は次のように認定している。

　　　また，右の取調の内容をみると，とくに8月20日頃からは，司法警察員は，主として（イ）被告人のパジャマの血，（ロ）アリバイ，（ハ）被告人の左手中指の傷，（ニ）工場の溝から発見された手拭の血，（ホ）凶器の5点について，被告人に供述を求めたのであるが，被告人は，これに対して殆ど答えようとしなかったため，司法警察員は9月5日までは，……連日執拗に右5点の追及に終始した……。

このように請求人が否認している間，「連日執拗に……追及に終始した」ことを認めている。さらに自白に落ちる時の取調べについても，次のように述べている。

　　　とくに，被告人がはじめて本件犯行を自白した9月6日の司法警察員松本義男の取調の状況についてみると，同日は，まず松本義男が午前8時40分頃から，被告人を取調べたが，松本義男は，終始黙秘している被告人に対して，「パジャマの血が付着した原因および場所」と「アリバイ」に関して，供述を求め，約1時間にわ

● 第 1 部 ● 袴田事件における捜査と自白

表 1-3-1　逮捕から自白の日までの取調べ時間

日付	回数と時間	取調べ形態	弁護人接見時間
8月18日	6時40分～12時0分	任意取調べ	
	13時0分～19時32分	任意取調べ→逮捕	
	20時30分～22時5分	取調べ	
	（計　13時間27分）		
19日	3回　計　10時間30分	取調べ	
20日	3回　計　7時間23分＊	取調べ	
21日	2回　計　6時間5分＊	取調べ	
22日	6回　計　12時間11分	取調べ	弁護人接見　7分
23日	3回　計　12時間50分	取調べ	
24日	3回　計　12時間7分	取調べ	
25日	4回　計　12時間25分	取調べ	
26日	3回　計　12時間26分	取調べ	
27日	3回　計　13時間17分	取調べ	
28日	3回　計　12時間32分	取調べ	弁護人接見　15分
29日	5回　計　7時間19分	取調べ	
30日	4回　計　12時間47分	取調べ	
31日	3回　計　9時間32分＊	取調べ	
9月 1日	3回　計　13時間18分	取調べ	
2日	4回　計　9時間15分＊	取調べ	
3日	2回　計　9時間50分＊	取調べ	弁護人接見　15分
4日	3回　計　16時間20分	取調べ	
5日	3回　計　12時間50分	取調べ	
6日	3回　計　14時間40分	取調べ→自白	

（年はいずれも1966年である。＊印の日は，これに加えて検察官の取調べがあった）

たって，「ちゃんとはっきりすべきではないか」，「はっきりするのが人の道ではないか」と諭したり，「はっきりした態度で，本当の気持で話をしなければならない」等と繰り返し説得したこと，および右のような取調をするに当って，当時松本義男は被疑者がはっきりしたくないと言っているときでも人としてはっきりするのが当然だと思っていたこと，被告人は右のような取調の結果午前10時頃になって初めて本件犯行を自白するに至った……。

　こうした事実を認定した上で，確定判決は司法警察員による28通の員面調

書のすべてを任意性のないものとして証拠排除した。そこには次のように述べられている。

> このような実態をもつ本件司法警察員の被告人に対する9月6日，被告人が自白するまでの取調は，——外部と遮断された密室での取調自体のもつ雰囲気の特殊性をもあわせ考慮すると——被告人の自由な意思決定に対して強制的・威圧的な影響を与える性質のものであるといわざるをえない。

確定判決は，司法警察員による取調べ状況が「強制的・威圧的な影響を与える性質」のものであったと認めている。翻って言えば，そこには虚偽自白に至る危険性をはらんでいたことを認めたことにもなる。ただ，その上で確定判決は，請求人の自白が結果的に真犯人による自白であったとの認定を下すことになるのだが，ここではその論点に立ち入らない。たしかに取調べ状況の強制性・威圧性は，一方で確定判決が結果的に含意しているように，真犯人の自白を引き出す可能性をもつ。しかし同時に，他方でそれは無実の人間を虚偽自白に陥れてしまう危険性をも含む。ここではとりあえず，このことを確認しておく。

(2) 取調べ時の警察の姿勢

確定判決が司法警察員の取調べ状況に強制性・威圧性を認めたことに加えて，当時の警察の取調べ姿勢に関しては，静岡県警が本件の捜査過程を振り返った内部文書の『捜査記録』が参考になる。この文書には，請求人否認段階の取調べについて，先にも一部引用したが，次のようなことが記載されている。

> 8月29日静岡市内の本県警察芙蓉荘において本部長，刑事部長，捜一，鑑識両課長をはじめ清水署長，刑事課長，取調官による検討会を開催し，取調官から取調べの経過を報告させ，今後の対策を検討した結果，袴田の取調べは情理だけでは自供に追い込むことは困難であるから取調官は確固たる信念を持って，犯人は袴田以外にはない，犯人は袴田に絶対間違いないということを強く袴田に印象づけることにつとめる。これは取調べの経過その他から袴田を事件後50日間泳がせてあったため，警察の手のうちや，新聞記者との会見などから犯人は自分ではないという自己暗示にかかっていることが考えられたので，この自己暗示をとり除くためには，前述の

ように犯人だという印象を植付ける必要があると考えられたからである。

　警察自身の記録によるこの文書は，被疑者＝無実の可能性を配慮するどころか，逆にそれをあらかじめ封鎖するかたちで，「犯人は袴田以外にはない」と断定し，そのことを袴田本人に印象づけようしたことを，直截に述べている。
　被疑者逮捕による取調べは，本来，被疑者＝犯人とする仮説を検証するための手続きの1つであって，そこでは同時に，被疑者＝無実とする反対仮説を常に念頭においておくのが筋というべきである。つまり取調べ場面にも推定無罪の原則を当てはめて，この反対仮説の可能性をしっかり押さえておけば，それだけ無実の人間を虚偽の自白に追いやる危険性は小さくなる。しかし現実の取調べにおいて，被疑者＝無実の仮説が真剣に問われることはやはり少ないように思われる。
　前節でみたように，無実の者の虚偽自白は例外的なものといえず，また現実に本件の取調べ姿勢が反対仮説を考慮しない，上記引用のような決めつけ的なものであり，しかもその取調べ状況が強制的・威圧的であったとすれば，無実の者が虚偽自白に陥っていく危険性はけっして小さくなかった。

2. 唯一証拠採用された9月9日付吉村検面調書は，司法警察員の取調べの強制性・威圧性の影響を免れ得ているのか

　確定判決は45通の自白調書のうち員面調書28通を任意性に欠けるとの理由で証拠から排除し，残り17通の検面調書のうち16通は，9月9日の起訴後の被告人に対する取調べの結果によるもので，「任意捜査としての被告人の取調」であるとの保証がないので適正手続きに欠けるとして，これを証拠から排除した。ただ，残り1通の9月9日付吉村検面調書ついては，起訴前の被疑者段階の取調べによるものであって手続き上適正であり，かつその前後の司法警察員による取調べの強制性・威圧性の影響は免れているとして，その証拠能力を認めた。
　請求人に対する取調べの任意性については本鑑定の関与するところではないので，それには触れない。しかし，唯一証拠採用された9月9日付吉村検面調書が，司法警察員の取調べの強制性・威圧性の影響を免れ得ていたかどうかは，

そこに無実の者による虚偽自白の危険性がなかったかどうかの問題に絡んで，心理学的に重要な論点が絡んでいる。それゆえこの点については論及を避けることはできない。

(1) 確定判決の認定

確定判決は「被告人の司法警察員に対する供述調書の任意性に疑いがあるとすれば右供述調書（9月9日付吉村検面調書のこと）の任意性にも疑いがあるのではないか，との疑問が生まれるので，その点について検討する」として，結果的に次のような理由をあげて，その任意性を認めている。

> （逮捕から9月9日までの間に検察官吉村英三は，8回にわたって請求人の取調べを行なっているが），右取調に際しては検察事務官を立会せただけで司法警察員を立会せたことはないこと，とくに9月8日の取調の際には，すでに被告人は司法警察員に対して自白していたので，「警察と検察庁はちがうのだから警察の調べに対して述べたことにはこだわらなくてもいい」旨注意して取調を行ったが，これに対して被告人は「私がやりました」と述べたこと，9月8日及び9月9日の取調に際して，司法警察員作成の自白調書を参考に取調べたのではなく，またこれを取調の際机の上に置いていたのでもないこと等の事実が認められる。
>
> これらの事実に照らすと，検察官吉村英三の被告人に対する9月9日の取調に対して，前記司法警察員の被告人に対する取調が強い影響を及ぼしたものとは認められない。従って，この点から，右供述調書の任意性に疑いあり，ということはできない。
>
> また，証人吉村英三の当公判廷の供述によっても，被告人のいうごとく同人が被告人を取調べる際大声でどなったり，机の上を叩きつけたり等したり，また，「自供しない限り2年でも3年でも勾留するぞ」とか，「警察で認めたのに，なぜ検事に対して認めないのか」などと言った事実も認められない。

請求人と検察官吉村英三との間でどのようなやりとりがなされたかは，録音テープなどの客観的証拠が残されていない以上，軽々に一方の主張をいれることはできない。その点，確定判決がいかなる根拠をもって検察官の法廷証言を真としたのかについて疑問を禁じ得ないが，その点は触れない。

問題は，取調べの場では，検察官も請求人にとっては取調官の1人として登

● 第1部 ● 袴田事件における捜査と自白

場しているということである。そうだとすると請求人にとって，この検察官による取調べと警察官による取調べとが判然と区別されたかどうか。むしろ一体の取調べとしてとらえられてはいなかったか。もし請求人が無実だったとしたとき，はたして一方には屈しても，他方には自由に否認できるような状況だったかどうか。そのことが問題である。

検察官吉村英三が取調べに入った日時は，次の通りである。

　　8月20日　19時頃から2時間
　　　21日　14時頃から1時間
　　　31日　19時頃から2時間
　9月 2日　19時頃から2時間
　　　 3日　19時頃から2時間
　　　 8日　18時頃から3時間
　　　 9日　14時頃から5時間　　19時30分から2時間

警察官による取調べの合間をぬって検察官の取調べが行なわれたことは，先の警察官による取調べ日時の表1-3-1と照らし合わせれば明らかである。しかも取調べ場所は同じ清水警察署の取調室である。さらにいえば問題の9月9日は勾留期限のぎりぎりであり，検察官としても起訴するか否かを決意せざるを得ないという切迫した状況にあった。警察官にはすでに自白をしていたところからして，起訴に持ち込む方向で取調べに臨んだであろうことは想像に難くない。こうした事実を前にして，検察官の取調べが警察官の取調べ時の強制・威圧の影響を免れているといえるためには，そのことを証するよほど積極的な理由が示されねばなるまい。残念ながらそのような理由は提示されていない。

確定判決がいうように，検察官吉村英三が「警察と検察庁とはちがうのだから警察の調べに対して述べたことにはこだわらなくてもいい」旨注意したというのが本当だとしても，検察官が請求人＝無実の可能性を明確に意識して取調べたとの証拠はないし，「本当はやってないんじゃないか」といった確かめを行なったとの言質もない。検察官のこの証言にしても「警察の調べに対して述べたことにはこだわらなくてもいい」というのは，請求人を犯人とする点にまで疑いをはさんだということではなく，警察で述べた犯行筋書にはこだわらなくてもよいとの趣旨にとどまる可能性を多分に含んでいる。実際，吉村英三検

察官が，上の主張以上に請求人＝無実の可能性を意識的に探ったとの証拠は，どこにも存在しない。

　以上に見た限りでは，警察の取調べと検察の取調べが，請求人にとって一体のものとして受け取られた可能性を排除できない。警察と検察の立場上の違いやそれぞれの取調官個人の特性の違いは認識していたであろうが，その程度で一方には強制・威圧に屈し，他方には強制・威圧を離れて任意に供述できるというふうにはなるまい。それだけの差異が生じるためには，取調官の取調べ姿勢によほどの違いがなければならない。そうした取調べ姿勢の明確な違いが証明されない限り，請求人の９月９日付吉村検面調書の自白のみが特別に虚偽自白を避け得る状況で聴取されたものであったと断定するわけにはいかない。したがって，この検察官の取調べ状況が虚偽自白の危険性をクリアしているとの保証はない。

(2) 検察官の取調べが自白撤回の機会になり得るか

　無実の人が，苦悩のなかでいったん自白に陥ったときには，それを撤回するについても自白に陥ったときと同様の大きな心理的転回が必要である。取調官が警察官から検察官に変わったくらいで，簡単に自白撤回できるものではない。その点を確定判決はどこまで意識していたであろうか（自白撤回については『自白の研究』第12章を参照）。

　かつて日本弁護士連合会が全国の弁護士に対して冤罪についての調査を行なったことがある（「日弁連第24回人権擁護大会・シンポジュウム基調報告書」1981年）。そこから誤起訴事件（つまり第一審で無罪の出た事件）と逆転無罪事件（第二審あるいは第三審で無罪の出た事件）の計253件を取り出して，そこでの自白およびその撤回状況を見てみる（表1-3-2）。

表1-3-2　自白とその撤回

	件数	自白のあるもの	自白撤回されたもの	撤回の時期		
				警察	検察	公判
誤起訴事件	143件	90件(63%)	70件(78%)	2件(3%)	2件(3%)	67件(96%)
逆転無罪事件	110件	68件(62%)	52件(76%)	3件(6%)	5件(7%)	47件(90%)

この種の事件で虚偽自白が6割を越え，そのうち8割近くはその後自白を撤回している。ほとんどが公判段階になってからの撤回で，警察や検察の段階での自白撤回は3〜7％にとどまる。しかも警察での撤回と検察での撤回にはほとんど差がない。裏返して言えば，警察の捜査段階で自白を始めれば，ほとんどが検察でも自白を維持する。警察に比べて検察で自白撤回しやすくなる傾向は認められない。このことは警察の取調べと検察の取調べとが，一般にも一体をなしていることを表わしている。警察・検察を含めて捜査段階で取調官との間に自白的関係を結べば，容易なことではその関係はほどけない。というのも，自白というのはただ言葉の上だけのことではなく，取調べの場で「犯人に扮する」という特異な人間関係であって，その関係は身柄が釈放され，あるいは拘置所に移されて取調官との人間関係から解放されて初めて，ようやく解消するのが一般だからである。公判段階になって自白を撤回する例が多いのはそのためである。

　そうしてみると，検察官の取調べが自白撤回の機会になるというのは，およそ一般的なことではない。とすれば，本件請求人が無実だったとしても，確定判決が認定した程度の理由で自白撤回できた可能性はむしろ小さいと言わざるを得ない。その点，今少し虚偽自白の実態をシビアに見ることが必要であろう。

(3) 第二審判決の認定について

　ついでながら第二審判決のこの点の判断についても，簡単に触れておく。第二審判決にはこうある。

> 　被告人は原審公判では，検察官が「2年でも3年でも言うまでは出さない」「君の体は僕が預かっている，刑事たちも僕の指示で動いているんだ」というので，警察とは別のこわさがあったというが，被告人はそのころ弁護人と3回接見し，延長された勾留の切れる期限も知っていたのに，弁護人にそのようなことを訴えた形跡はなく，延長期間の切れる前に自白していること，被告人のいうところでも，検察官からは脅されたとか，乱暴されたとかいうことはなかったこと（原審第22回公判供述)，被告人は自白すれば極刑に処せられるかもしれないと知りながら，その後も一貫して捜査官に自白しつづけ，一度もこれを翻そうとしていないこと等の事情

も認められる。これらの事情に徴すれば，原審が起訴後の検察官調書の証拠能力を否定したのは，公正手続の保障という点に主眼をおいた結果と思われるばかりでなく，かりに司法警察員の取調に被告人に威圧を与えるような不当な点があったとしても，これが検察官の取調のさいにも強く影響しているとは認められない。

　この認定がいかに虚偽自白の実態についての洞察を欠いたものであるかは，前節で見たところと照らせば明らかである。たとえば「自白すれば極刑に処せられるかもしれないと知りながら，その後も一貫して捜査官に自白しつづけ，一度もこれを翻そうとしていない」ところから自白の任意性を認めているが，そこでは，たった今味わっている苦痛と将来予想される苦痛とを対等に比べられないという要因，また無実であれば，たとえ重い刑罰が予想されても，そのことに現実感をもてないという要因が，まったく看過されている。

　また，この判決の指摘するように，たしかに弁護人との接見が3回なされてはいるが，それは合計にしてわずか37分でしかなかった。このわずかな時間の接見が，連日平均12時間に及ぶ取調べに比べてどれだけの力をもち得たのか。判決はこの点を十分考慮したのであろうか。

　さらに，勾留延長の期限がもう少しで切れると知っていたというが，これはあくまで法手続き上のことにすぎない。請求人がその期限をどう認識していたか，あるいはどう認識させられていたかはわからない。何があってもあと数日頑張れば釈放だと知っていれば，無実の人はもちろん，真犯人でも自白はするまい。しかし虚偽自白はそうした時間的見通しを奪われるなかでこそ生じるのである。結果論で，あと何日頑張れば期限切れになっていたはずだから，それを知っていて虚偽自白することはあり得ないなどというのは，明らかに時間の逆行的な錯誤である。被疑者はたいてい，自分がいつ釈放されるかは取調官の判断で決まると思い込まされている。自分の頑張り次第で釈放が決まるというほど現状は甘くないし，被疑者もまたそのことを思い知らされている。そうしてみれば，この種の議論は，刑事訴訟の仕事に関わる第三者のものであって，取調べられている被疑者・被告人当人のものではない。このような第三者的な状況論をいくら積み重ねても，結局は，虚偽自白の危険性を排除したことにはならない。

本章で問題にしてきたのは，請求人の自白が虚偽であるかどうかという点ではなく，その取調べ状況が無実者を虚偽自白に陥れるような危険性を侵していないかどうかである。この点，確定判決と第二審判決の認定を心理学的に検討した結果として，本件請求人の取調べ状況はその危険性を十分クリアしていると認めがたく，また唯一任意性を認められ証拠能力を与えられた9月9日付吉村検面調書もまた，他の44通の供述調書に比して特段に虚偽自白の危険性をクリアしているとは認めがたい。

3. 取調べ状況についての請求人の特異なる回想

　請求人は裁判の過程で，本件の取調べ状況を回想し，これを上申書のかたちで裁判所に提出している。そこには取調官たちがいかに強圧的であったか，取調べがいかに厳しいものであったかが，縷々述べられている。ただ，そういう主張は無実の人だけでなく，真犯人がいったん自白したのち怖くなって否認に転じたときでも，自白した理由を偽るために言い繕いとしてなし得るもので，これをそのまま鵜呑みにすることはできない。しかし，ここに1つ注目すべき点がある。それは，請求人自身が自分の体験した取調べ場面をどういう構図のもとにとらえていたのかという点である。

　請求人が真犯人であれば，取調べ場をどうとらえるであろうか。真犯人ならば問題となる4人殺傷放火の惨劇を記憶に刻み，自分の犯行であることが発覚しはしまいかと恐れていたはずである。そうしていよいよ逮捕されたとき，これからの取調べにおびえつつ，最初はどうにか否認で頑張っても，取調官がどういう証拠を握っているのか，何を知っているのか，不安につきまとわれる。そうして弁明に窮していよいよ自白を余儀なくされたとき，とうとうばれてしまったことへの敗北感に襲われる。そこでは取調官は，重要な証拠情報を握って，自分を追い詰め，落とした有能な捜査官であり，そして自分はその当の犯罪を自ら行なった体験者なのである。たとえ後に自白を撤回して，否認に転じても，その取調べの構図は記憶から容易に消えない。そこのところで真犯人が虚偽自白の弁明として言えるのは，せいぜいのところ取調官によって陥れられ，むりやりに自白させられたのだというくらいのことであろう。

　ところが，本件請求人がその主張のなかで語る取調べ時の構図は，これとは

第3章 虚偽自白の可能性分析

まるで異なっている。たとえば請求人は，次のように書いている。

> （自白のなかにある種々の矛盾や欠落を指摘したうえで），この他にも本件犯罪の重要な部分は，不法にも本事件の真相を知らない者が無茶苦茶に推測しデッチ上げた事実は，各物証と調書の食違いを見れば明白である。（請求人上告趣意書　1丁裏）

真犯人が正しく取調官の追及で自白に落ちたものならば，的確な証拠の突きつけによって落ちたわけであって，その自白内容はかなりの程度信用できるはずだし，真犯人ならそのことを意識せざるを得ない。その真犯人が再度の否認後に無実者に扮して，かつての取調べ状況について問われ，「なぜ自白したのか」と聞かれたとすれば，ごく常識的な虚偽自白の理論にしたがって，「暴力的，強圧的な自白の強要のために，取調官の言いなりになった」のだと，取調べの不当性を強調したくなるはずである。ところが請求人は，本件の自白を「本事件の真相を知らない者が無茶苦茶に推測し……」と言う。ここで「本件の真相を知らない者」というのは，取調官である以上に，請求人自身のことを指す。真犯人がはたしてこのような弁明を思いつくものかどうか。

あるいは，こうも書いている。

> 任意性有りとしたデッチ上げ調書の内容さえ検討すれば，誰にも分るように，本件の真相を知らない者が集まって，その者たちの頭の中から生み出された机上の空論であることは明らかである。（請求人上告趣意書　22丁裏）

ここでも「真相を知らない者が集まって……」と表現している。この「真相を知らない者」というのは，取調官たちを指すと同時に，その時の被疑者本人をも指す。つまり，犯人に扮した請求人自身を含め，取調官たちもまた真相を知らない。供述調書は「その者たちの頭の中から生み出された」ものだというのである。さらに，次のようなくだりもある。

> （凶器のくり小刀の尖端が欠けていた事実について）被告人の調書には尖端が欠けていたなどという記載はない。そこで問題は，調書を取った調官である彼等と被告人が本件に於て誰を刺したときに刃物の尖端が欠けたかということを知らなかった，即ち犯人ではない者同士が集まって調書をデッチ上げ虚構した所為で調書の内

95

容に右くり小刀の尖端が，いつどこで欠けたかということの様子が明記されていないのであります。（請求人上告趣意書　65丁表）

　ここで請求人は，「被告人」自身を含めて「犯人ではない者同士が集まって……」と明記している。もし請求人が真犯人であれば，取調べの場の構図は，犯人である自分が，有力証拠を握った取調官に取調べられるというかたちになったはずで，そのなかで自白に落ちたのである。その真犯人が再び否認に転じたとき，その元の構図から離れて，虚構でここにいうように「（自分も含めて）犯人でない者同士が集まって……」といった構図をイメージできるかどうか。無実の人の虚偽自白を知悉している者ならばともかく，そうでない者にとって，それはおよそ不可能なことである。

　本章第1節で述べたように，無実の人間を間違って捕まえてきて取調べ，苦しくなったその被疑者が犯人になってしまうとき，そこでは結局のところ被疑者と取調官たち，つまりいずれも「事件の真相を知らない者どうし」が，あれやこれやと推測をめぐらして，その相互作用のなかで自白ができあがる。請求人のこの上告趣意書の表現は，たくまずしてそうした取調べの構図の記憶を語っているのである。

　請求人のこの上告趣意書の表現だけでもって，請求人が無実であるとまでいえるわけではない。しかし，このような弁明を真犯人がなし得るかどうかと考えれば，これが無罪方向への有力な示唆を含んでいることは否定できない。

　本章第1節で見たように，無実の人の虚偽自白は世間で思われているほど例外的なものではない。拷問のような暴力的な圧力がなくとも，また本人の側に特別な脆弱さがなくとも，取調官の側が強固な思い込みをもっているだけで，虚偽自白をもたらしかねない事態は比較的に容易に生じる。そして現に第2節で見たように，本件の請求人の取調べ状況のなかには，虚偽自白をもたらしかねない危険要因が少なからずあった。請求人が取調べ状況について語った特異な回想をここで合わせ考えたとき，請求人を真犯人とする仮説Aに対して，請求人を無実とする仮説Bを少なくとも対等な可能性として考えておく必要があることは確かである。

第2部
自白の供述分析

　一般には，刑事取調べにおける虚偽自白は例外的な事態だという見方が強く，この先入見のもとでは，自白した被疑者が無実である可能性が最初から過小視されがちである。現に，本件第二審判決でも「自白すれば極刑に処されるかもしれないと知りながら，その後も一貫して捜査官に自白しつづけ，一度もこれを翻そうとしていないこと」をもって自白の任意性を認め，信用性を認めている。しかし，虚偽自白がどのようにして起こるかについて十分な心理学的認識をもってみれば，このような判断を簡単に下すことはできない。

　第1部において，本件取調べが虚偽自白の危険性を十分にクリアしたものになっていたかどうかを検討した結果，残念ながら，その危険性がクリアされているとはいいがたいとの結論を避けることはできなかった。これによって請求人が真犯人であるという仮説（仮説A）と，請求人が無実で自白は虚偽であるという仮説（仮説B）とが，少なくとも対等な仮説として立ち得ることが明らかにされた。第2部では，この準備と地ならしの上で，仮説Aと仮説Bを文字通り対等に，つまりどちらをも過小視せずに見て，このいずれの仮説が請求人の自白調書45通総体をよりよく説明するかを心理学的に分析する。そこには大きく3つの論点がある。

　まず，請求人がその自白において犯行筋書を大きく変遷させた事実に着目し，仮説Aを真実としたとき「嘘」と言わざるを得ない自白内容を取り出して，この嘘を真犯人のものとして理解できるかどうかを分析する。第1章をこの「変遷分析」つまり「嘘分析」にあてる。

　次に，もし請求人が無実であれば，当然，犯行の現実を知らない。そこで請求人の自白内容のなかに，この犯行の現実に対する無知を露呈するような徴憑がないかどうかを検討する。第2章をこの「無知の暴露分析」にあてる。

　さらに請求人が真犯人ならば，その自白には，真犯人でなければ知りようのない秘密の暴露があってしかるべきである。逆に，請求人が無実であれば，その自白内容は，それぞれの時点で取調官が把握している証拠・情報から誘導できる範囲を超えることはない。この点を検討する「誘導可能性分析」を第3章で行なう。

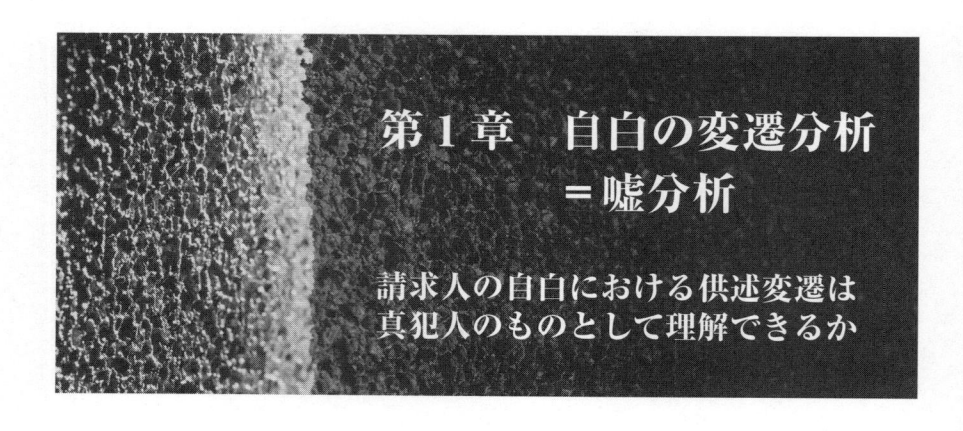

第1章　自白の変遷分析
＝嘘分析

請求人の自白における供述変遷は真犯人のものとして理解できるか

　確定判決は，自白調書のうち9月9日付吉村検面調書を除く44通を証拠から排除したが，これらの排除された自白調書もまた偽の調書ではなく，真正の調書であって，請求人自身の関与のもとに現実に行なわれた取調べ結果の記録であることに争いはない。それゆえ任意性等の理由で有罪証拠たる能力は排除されたとしても，それらがなお請求人の当時の認識状況をうかがう心理学的資料であることに変わりはない。そこで心理学の視点に立つ供述分析においては，証拠として採用された1通を含め，請求人の自白調書45通のすべてを分析対象とすることが求められる。

　かくして請求人の自白調書を全体として改めて見たとき，そこに極めて大きな供述変遷があることに注目せざるを得ない。とりわけ問題となるのは，初期の自白調書（9月6日～9日）において，文字通り日替わりで犯行筋書が大きく変遷した事実である。この供述変遷には，請求人を真犯人として見る仮説Aに立ったとき，たんなる間違いという域を越えて，「嘘」と言わざるを得ない変更点がたくさん含まれている。それらを，真犯人が自白後についた嘘として理解できるものかどうか。あるいは請求人を無実とする仮説Bに立てば，その自白自体が嘘であり，その嘘を取調官把握の証拠・情報と照らし合わせて，次々と展開させていったことになる。そのようなものとして請求人の供述変遷を理解できるかどうか。こうした点について分析を加えるのが，ここでの「変遷分析」ないし「嘘分析」である。

　さて，ここで請求人を真犯人とする仮説Aと請求人を無実をする仮説Bを

第1章　自白の変遷分析＝嘘分析——請求人の自白における供述変遷は真犯人のものとして理解できるか

対照させて，そのいずれが請求人の供述変遷をよりよく説明できるのかを検討することになるのだが，その前に，今少しこの仮説を具体的に明示しておかなければならない。

請求人を無実とする仮説Bの場合は，問題の犯行事実についてまったく白紙だったところから出発して，取調官の追及にヒントを得つつ，「もし自分が犯人だったらどうやっただろうか」と考えながら犯行筋書を構成していかざるを得ない。そうした過程を仮説Bとして想定することになる。それに対して，請求人を真犯人とする仮説Aについては，同じくこの犯行をやったとしても，どのようにやったのかについて，いくつかの可能性があり得る。請求人が自白調書に残した犯行筋書だけでも，前に見た通り，自白に落ちた9月6日の犯行筋書Ⅰ，翌7日の犯行筋書Ⅱ，さらに翌8日，9日以降の犯行筋書Ⅲがあり，そして5点の衣類の発見後，検察が修正し，裁判所が修正を加えて最終的に認定した犯行筋書Ⅳがある。これら4つはいずれも異なる仮説となり得るのだが，これらの犯行筋書の展開過程を見てみれば，それぞれ前の犯行筋書の矛盾を解消するかたちで進展し，とりあえず本件の証拠と最も整合的なものとして犯行筋書Ⅳが構成されてきた。それゆえここで供述変遷を分析する上で最も検討にふさわしい仮説は，確定判決が事実として認定した犯行筋書Ⅳを内容とするものであろう。以下，これを仮説Aとして，請求人を無実とする仮説Bと比較対照する。

さて，もしこの仮説Aが正しいとすれば，請求人は，事件の日6月30日未明，確定判決の認定した通りの犯行筋書Ⅳを自ら実行し，これを体験の記憶として脳裏に刻んだことになる。そしてこの犯行筋書Ⅳを脳裏に刻んだ請求人が，8月18日に本件容疑で逮捕され，その後の取調べで長く否認してきたものの，9月6日にとうとう自白に落ち，そこから犯行筋書Ⅰを語り，次の日に犯行筋書Ⅱを語り，さらに次の日に犯行筋書Ⅲを語ったということになる。このように請求人の自白が日替わりで変遷した過程を時間の順に追ってみれば，まず最初に犯行筋書Ⅳが脳裏にあり，ついでこれがⅠ，Ⅱ，Ⅲというかたちで供述されていったことになる。これを一覧表にしたのが表2-1-1である。

そこに見られる通り，犯行筋書ⅣとⅠ，Ⅱ，Ⅲの間には幾多の食い違いが存在する。もちろんたとえ真犯人であったとしても，見間違い，記憶間違い，言

99

● 第2部 ● 自白の供述分析

もし確定判決の認定した通りの
犯行を行なっていたとすれば……
↓

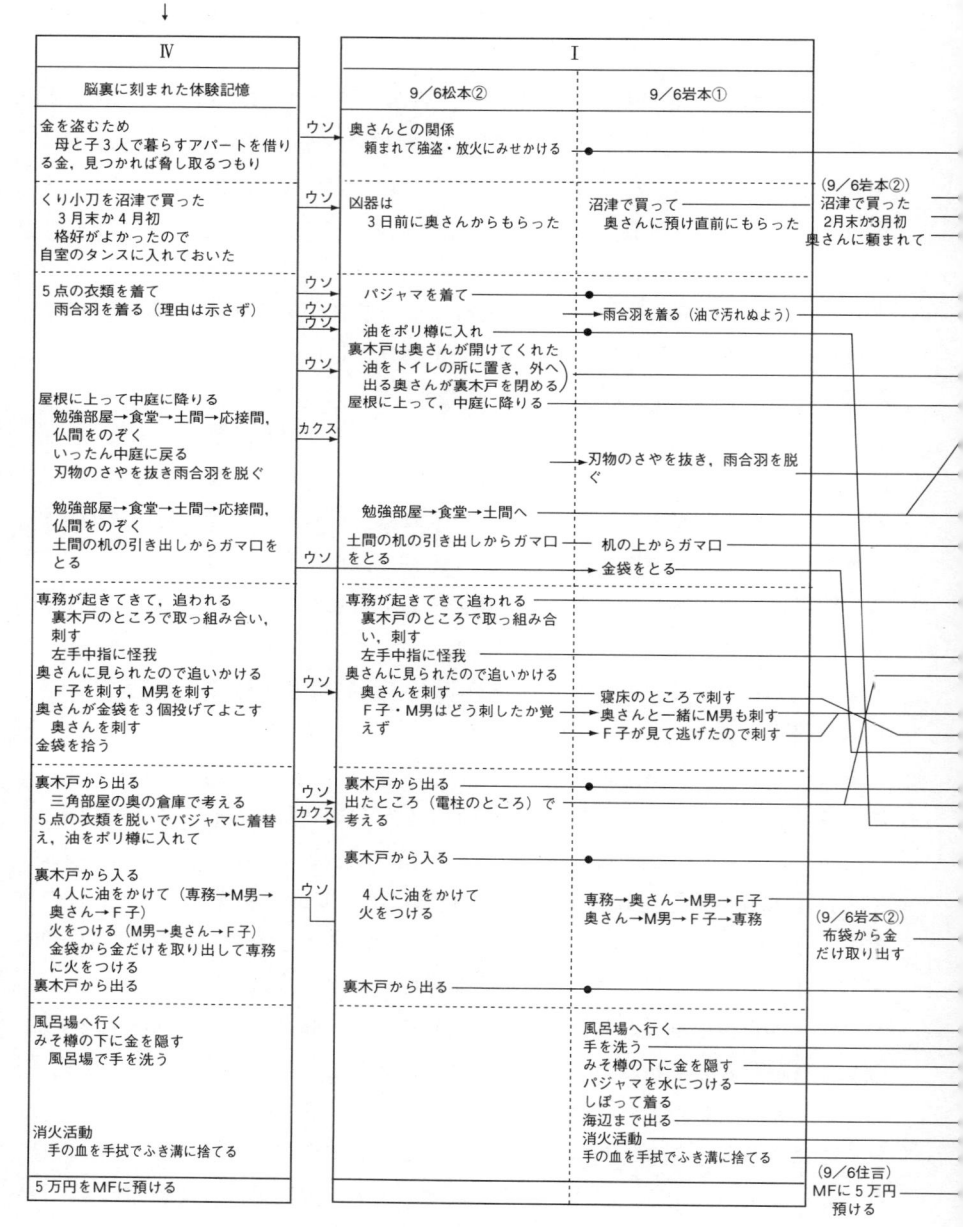

IV		I	
脳裏に刻まれた体験記憶		9/6松本②	9/6岩本①
金を盗むため 母と子3人で暮らすアパートを借りる金、見つかれば脅し取るつもり	ウソ	奥さんとの関係 頼まれて強盗・放火にみせかける	
くり小刀を沼津で買った 3月末か4月初 格好がよかったので 自室のタンスに入れておいた	ウソ	凶器は 3日前に奥さんからもらった	沼津で買って 奥さんに預け直前にもらった
5点の衣類を着て 雨合羽を着る（理由は示さず）	ウソ ウソ ウソ	パジャマを着て 油をポリ樽に入れ 裏木戸は奥さんが開けてくれた 油をトイレの所に置き、外へ 出る奥さんが裏木戸を閉める	雨合羽を着る（油で汚れぬよう）
屋根に上って中庭に降りる 勉強部屋→食堂→土間→応接間、 仏間をのぞく いったん中庭に戻る 刃物のさやを抜き雨合羽を脱ぐ	カクス	屋根に上って、中庭に降りる	刃物のさやを抜き、雨合羽を脱ぐ
勉強部屋→食堂→土間→応接間、 仏間をのぞく 土間の机の引き出しからガマ口をとる	ウソ	勉強部屋→食堂→土間へ 土間の机の引き出しからガマ口をとる	机の上からガマ口 金袋をとる
専務が起きてきて、追われる 裏木戸のところで取っ組み合い、刺す 左手中指に怪我 奥さんに見られたので追いかける F子を刺す、M男を刺す 奥さんが金袋を3個投げてよこす 奥さんを刺す 金袋を拾う	ウソ	専務が起きてきて追われる 裏木戸のところで取っ組み合い、刺す 左手中指に怪我 奥さんに見られたので追いかける 奥さんを刺す F子・M男はどう刺したか覚えず	寝床のところで刺す 奥さんと一緒にM男も刺す F子が見て逃げたので刺す
裏木戸から出る 三角部屋の奥の倉庫で考える 5点の衣類を脱いでパジャマに着替え、油をポリ樽に入れて	ウソ カクス	裏木戸から出る 出たところ（電柱のところ）で考える	
裏木戸から入る 4人に油をかけて（専務→M男→奥さん→F子） 火をつける（M男→奥さん→F子） 金袋から金だけ取り出して専務に火をつける 裏木戸から出る	ウソ	裏木戸から入る 4人に油をかけて 火をつける 裏木戸から出る	専務→奥さん→M男→F子 奥さん→M男→F子→専務
風呂場へ行く みそ樽の下に金を隠す 風呂場で手を洗う			風呂場へ行く 手を洗う みそ樽の下に金を隠す パジャマを水につける しぼって着る 海辺まで出る
消火活動 手の血を手拭でふき溝に捨てる		消火活動 手の血を手拭でふき溝に捨てる	消火活動 手の血を手拭でふき溝に捨てる
5万円をMFに預ける			

(9/6岩本②)
沼津で買った
2月末か3月初
奥さんに頼まれて

(9/6岩本②)
布袋から金
だけ取り出す

(9/6住言)
MFに5万円
預ける

第1章 自白の変遷分析＝嘘分析──請求人の自白における供述変遷は真犯人のものとして理解できるか

表2-1-1 請求人の自白がかたまるまでの供述変遷

──と●は前の内容と同じ、○は言及していないが前の内容と同じと思われることを示す。
→は前の内容が変わった、×は前の内容がなくなったことを示す。

	II	III		それ以降
	9／7岩本	9／8岩本・9／9岩本①	9／9吉村	
	奥さんとの関係	金を盗むため	●	
	専務に関係を疑われ、話をつけに行く。クビになるようなら金を脅し取るつもり	→母と子と3人で暮らすアパートを借りる金、見つかれば脅し取るつもり	●	
	●	3月中旬〜下旬	→3月末か4月初	
食堂の自分の引き出しの中に入れていた（9／6岩本③）		→格好がよかったので→自室のタンスに入れて置いた	●	
	パジャマを着て	パジャマを着て	●	
	雨合羽を着る（パジャマの裾がビラビラするので）	雨合羽を着る（変装のため）	（パジャマが白っぽくて目立つので）	
	×			
	屋根に上って中庭に降りる	屋根に上って中庭に降りる	●	こ
	勉強部屋→食堂	× …………	→勉強部屋→食堂→土間→応接間、仏間をのぞくいったん中庭に戻る	れ
	引き出しから刃物を取り出していったん中庭に戻る			以
	刃物のさやを抜き、雨合羽を脱ぐ（暑かったので）	刃物のさやを抜き、雨合羽を脱ぐ（ゴワゴワ音、きゅうくつ）	（ゴワゴワ音がするので）	降
	勉強部屋→食堂→土間へ		→勉強部屋→食堂→土間→応接間、仏間をのぞく	は
	机の上からガマ口をとる	○	→土間の机の引き出しからガマ口をとる	ぼ
	専務が起きてきて追われる	専務が起きてきて追われる	●	同
	裏木戸のところで取っ組み合い、刺す	裏木戸のところで取っ組み合い、刺す		じ
	左手中指に怪我	左手中指に怪我	●	
	裏木戸から出て考える	×		
	奥さんを見て、声をかけ、追いかける	奥さんに見られたので追いかける	●	
	F子を刺す、M男を刺す	F子を刺す、M男を刺す	●	
	奥さんが甚吉袋を投げてよこす奥さんを刺す	奥さんが金袋を3個投げてよこす奥さんを刺す	●	
	甚吉袋を拾う	金袋を拾う		
	裏木戸から出る	裏木戸から出る	●	
	三角部屋の奥の倉庫で考える	三角部屋の奥の倉庫で考える	●	
	油をポリ樽に入れて	油をポリ樽に入れて		
	裏木戸から入る	裏木戸から入る		
	専務→F子→M男→奥さんに油をかける	○	→専務→M男→奥さん→F子	
	奥さん、M男→F子と火をつけ、	○	→M男→奥さん→F子	
	甚吉袋から金だけを取り出して	→金袋から金だけを取り出して	●	
	専務に火をつける			
	裏木戸から出る	裏木戸から出る	●	
	風呂場へ行く	○	●風呂場へ行く	
	みそ樽の下に金を隠す	みそ樽の下に金を隠す	→手を洗う	

101

い間違いはあって，そのために自白内容に種々の食い違いが生じることはあり得る。しかし請求人の自白の変動のなかには，たんなる間違いだとはとてもいえない大きな食い違いが少なからずある。これが間違いでないとすれば，結局，それは真犯人の意識的な嘘ということにならざるを得ない。

　表 2-1-2 は，表 2-1-1 をもとにして，「嘘」だという以外にない歴然たる食い違いを，大きく5つの供述領域に分類したものである。その領域それぞれのなかに，実にさまざまな嘘が見出される。犯行筋書のほとんどすべてにおいて，しかも筋書の中心部分をなす重要部分において重大な変遷があることがわかる。請求人はなにゆえこのように大量の嘘をつかなければならなかったのか。まさにこの点が本章の問題の焦点である。

　請求人は最初の自白Ⅰ（9月6日）の時点で，問われていた4人の殺傷も放火も，また金銭の強奪も，すべてを「私がやりました」と認め，自白した。それは内容的に全面自白だったといってよい。ところがその上で語った犯行筋書に大量の嘘が混じっているのである。請求人がなぜそのような大量の嘘をつかねばならなかったのか。そのことを真犯人の嘘として理解できるかどうか。

　この「変遷分析」は，内容的に事実上「嘘分析」といった方がふさわしく，これを行なうについては，まず「嘘」とはどういうものであるかの理論的な前提の確認が必要である。

　そこで最初に，第1節でこの嘘の理論を押さえ，その上で問題となる各供述領域について，以下の順序で分析を加えることにする。

・犯行着衣と着替えの嘘（第2節）
・犯行動機の嘘（第3節）
・凶器と屋内の移動に関わる嘘（第4節）
・4人の殺傷と放火に関わる嘘（第5節）
・裏木戸からの出入りに関わる嘘（第6節）

第1章　自白の変遷分析＝嘘分析――請求人の自白における供述変遷は真犯人のものとして理解できるか

表 2-1-2　犯行筋書を真としたときの嘘の分布

		Ⅳ　確定判決の認定	Ⅰ 9月6日松本調書 同日岩本調書	Ⅱ　7日岩本調書	Ⅲ　8,9日岩本調書 9日吉村調書
着衣と着替え	着衣	5点の衣類を着て上に雨合羽	パジャマを着て上に雨合羽	パジャマを着て上に雨合羽	パジャマを着て上に雨合羽
	着替え	4人殺害後工場に戻り、5点の衣類をパジャマに着替え、油を持ち込む	工場に戻らず 着替えなし	工場に戻り油を持ち込む 着替えなし	工場に戻り油を持ち込む 着替えなし
動機と侵入方法	動機	実母と子と暮らすアパートを借りるための金が欲しくて、盗みに入った	専務の奥さんとの関係で放火・強盗に見せかけることを頼まれて	専務の奥さんとの関係がばれそうで、話をつけに行こうとして	実母と子と暮らすアパートを借りるための金が欲しくて、盗みに入った
	侵入方法	屋根から中庭へ	裏木戸を奥さんが開けてくれて 油を持って入る	屋根から中庭へ	屋根から中庭へ
凶器と屋内移動	凶器	3月末～4月初めに沼津で買って自室のタンスの中に入れていた	3日前に奥さんに貰った→沼津で買って奥さんに預け直前に奥さんからもらった	2月末～3月初めに沼津で買って食堂の引き出しに入れていた	3月末～4月初めに沼津で買って自室のタンスの中に入れていた
	屋内の移動	勉強部屋から食堂、土間へ、のぞいっていったん中庭に戻る小刀をさやから抜き勉強部屋から再侵入	中庭で小刀をさやから抜き、勉強部屋から侵入	勉強部屋から食堂へ、小刀をとって、いったん中庭に戻る小刀をさやから抜き勉強部屋から再侵入	6日の筋書に戻る ↓ 7日の筋書にまた戻る
殺傷と放火	殺害の順序	専務と格闘、刺す 次いでF子 M男 最後に奥さんを刺す	専務と格闘、刺す 次いで奥さん あと覚えず ↓ 奥さん・M男 最後にF子	専務と格闘、刺す 次いでF子 M男 最後に奥さんを刺す	専務と格闘、刺す 次いでF子 M男 最後に奥さんを刺す
	油かけ	専務 M男 奥さん F子　の順に	専務 奥さん M男 F子　の順に	専務 F子 M男 奥さん　の順に	専務 M男 奥さん F子　の順に
	放火	M男 奥さん F子 専務　の順に	奥さん M男 F子 専務　の順に	奥さん M男 F子 専務　の順に	M男 奥さん F子 専務　の順に
裏木戸出入り	裏木戸の出入り	カンヌキを引き、石をのけ、下の掛け金をはずして、戸の下を引っ張って出た	戸をけ破って出た	カンヌキを引き、戸を蹴飛ばして、すき間から出た	カンヌキを引き、石をのけ、下の掛け金をはずして、戸の下を引っ張って出た

　　　　はⅣを真とすると嘘になる部分

第 1 節　嘘の理論

　嘘という現象について，まずその心理学的な意味をあらかじめ確認しておく。実のところ「嘘」とひとくちに言っても，さまざまな場面における，さまざまな種類の嘘があるのだが，ここで問題となるのは，とりあえず真に自分が行なった行為を何らかの理由でごまかし，隠そうとする嘘である。この種のものに限定して，嘘の現象のありようを整理しておく。

1．嘘とは何か

①嘘は間違いではない

　「嘘」とは虚偽である。しかし，たった今述べたように，それは意図せざる虚偽，つまりいわゆる間違いとは区別せねばならない。供述者の記憶違い，表現の間違い，あるいは知覚上の間違いなどは，「嘘」に入らない。嘘とは，虚偽であることを「意図した虚偽」である。ただ，虚偽が「意図した虚偽」であるか，「意図せざる虚偽」であるかは，必ずしも判然としないことがあって，供述分析においてこの区別が問題となることも少なくない。しかし本件の「犯行着衣」などについては，およそ間違いようのない歴然としたもので，これが意図的な虚偽であることは明らかであろう。第 2 節以下に取り上げる嘘は，いずれも同様に，基本的に意図的な虚偽であることを疑えないものである。

②嘘には理由がある

　「意図した虚偽」，つまり「嘘」には必ず意識的な理由がある。たとえば，罪を免れようとしてつく嘘，相手の追及をかわそうとしてつく嘘，あるいは自分の恥をさらしたくないための嘘，自分を誇示し目立たせるための嘘，身内をかばうための嘘……。なんであれ，理由はある。

　「虚言癖」があるといわれる人の嘘にさえ，まったく理由のない嘘は原則的にないというべきである。人は「嘘つき」だから嘘をつくのではない。むしろ種々の理由があってしばしば嘘をつくから，「嘘つき」とよばれるにすぎない。それに，当然のことながら，「嘘つき」だからといって，いつも嘘をつくわけではない。あらゆることに嘘をついていたのでは，生きていくことさえ不可能

第1章　自白の変遷分析＝嘘分析——請求人の自白における供述変遷は真犯人のものとして理解できるか

になる。

　また逆に，「正直」な人がいつも本当のことを言うとは限らない。この世に生きている限り，一度も嘘をついたことがないという人はいないはずである。とすれば，供述分析において大事なことは，供述者が「嘘つき」であるか「正直」であるかではなく，いついかなる時に，いかなる理由で嘘をついたのかという点である。

　嘘には理由があるというこの単純な命題が，供述分析の上では極めて重要な原理となる。つまり，嘘の理由を分析することによって初めて，供述の流れを一貫したものとして理解できるからである。

③嘘は空想的な作り話ではない

　このように理由をもってつく「嘘」は，たんなる「作り話」ではない。現実とまったくかけ離れたところで，想像力のおもむくままに作り上げた「作り話」や「ほら話」とは違って，いわゆる嘘は，自分の現実体験を偽り，相手に嘘を真実と思い込ませ，相手を納得させなければならない。したがって，その嘘のなかには，相手の知っている情報をうまく整合的に組み込んでいかなければならない。嘘は，架空の物語とは違って，まさに現実を説明するものなのである。その意味で，嘘はある種の現実性をもたなければならない。

　嘘をこのように定義した上で，そこからさらに嘘の派生的な結果が広がってくる。その点をさらに見る。

④嘘は単発では終わらない

　嘘は現実を説明する。ただし現実を正しく説明するのではなく，あえてその現実を偽って説明する。しかも嘘はそれでもって相手を納得させようとする。人が日常生活のなかでつく嘘は，多くの場合，単発で終わって，さしたる追及もなく，そのまま受け入れられる。ところが場合によっては，納得してくれない相手から執拗な追及を受けることがある。そのとき嘘は，追及の手に応じたかたちで，次々と新たな嘘を展開していかなければならない。

　実際，刑事捜査などにおいては，やったことを「やらない」と言っただけではすまず，厳しい究明が行なわれる以上，単発的な嘘でことが終わることはない。やったことを「やらない」と言い通そうとするならば，「とにかくやらない」と言い張るだけでなく，「どういうふうにやっていないのか」を語らなければ

ならない（たとえば，問題の犯行時間帯にはまったく別のところでまったく別のことをしていたことを説明するとか）。つまり，嘘をつき通そうとするならば，「どういうふうに」というところまで含めて，虚偽を次々構築していくことになる。

⑤嘘は階層的な構成をなす

このように，嘘は1つの嘘で終わらない。必ず，嘘はその上にさらに嘘を重ねなければつき通せない。1つの嘘を本当らしくみせるために，第2の嘘，第3の嘘，第4の嘘が必要となる。逆にいえば，第4の嘘は第3の嘘を正当化するため，第3の嘘は第2の嘘を正当化するため，そして第2の嘘は最初の嘘を正当化するためのものである。つまり，これらの嘘の連鎖は，ただ並列されたものではなく，一種の階層性を帯びる。したがって第1の嘘がばれれば，もはや第2，第3，第4の嘘は維持される必要性を失う。また，第2の嘘がばれれば，第3，第4の嘘は崩れるが，第1の嘘まで直接これによって崩れることはなく，この第1の嘘をなお守ろうとするならば，崩れた第2の嘘に代わる嘘が言い立てられることになる。

2. 小さな具体例

ここで1つ単純な例をあげることにしよう。子どもが母親のいない隙に，冷蔵庫の中にあったショートケーキを食べてしまったとしよう。冷蔵庫にしまっておいたはずのケーキがないことに気づいた母親は，子どもに「知らないか」と問う。子どもは「知らない」と答える。もちろん，子どもは自分が隠れて食べたことを忘れたわけではない。ちゃんとわかった上で，意識的に嘘をついているのである（①）。子どもがこういう嘘をつくのは，おそらく，母親に叱られたくないという理由のためである（②）。しかし，他にケーキをとって食べたりする人がいないことを知っている母親は，この嘘に納得できず，「あなたが食べたんでしょう。正直に言いなさい」と詰問する。ここで子どもが自分の嘘をつき通そうとするならば，自分の潔白を示すべく，第2の嘘をつかなければならない（④）。たとえば，「自分も外へ遊びに行って帰ってみたら，なくなっていた」とか「近所の○○君がさっき来たときに，こっそり食べたかもしれない」とか，ともかく自分の嘘が嘘でないかのように，何らかのストーリーを

組み立てなければならない。しかも，「犬のジョンが食べていた」などという，ありそうにない荒唐無稽な作り話では駄目で，相手を納得させるだけの現実味をもっていなければいけない（③）。しかし，これでもなお母親が納得せず，「外へ遊びに行っていたと言うけど，どこへ行っていたの」と詰問を続ければ，子どもの方では，「××君のところ」というように，また第3の嘘を重ねなければならなくなる。さらに「××君ところに何をしに行ったの」と聞かれれば「漫画を読みに」といったふうに第4の嘘をつかなければならない。こうして，相手の詰問に従って，嘘を次々と重ね，嘘の階層ができあがる（⑤）。他方，この嘘の山の一角が崩れれば，それによってその嘘の上に重ねられた嘘も崩れる。たとえば，この2人が話しているときに，たまたま××君がやってきて「××君のところへ行った」という第3の嘘がばれてしまえば，当然「漫画を読みに行った」という第4の嘘もばれることになる。ただし，これだけでは「ショートケーキのことは知らない」という第1の嘘までばれることはない。母親は「なぜそんな嘘をついたのか」と，さらに厳しく糾問するかもしれないが，「自分が食べたのではない」という第1の嘘は，まだ論理的に崩れていない。子どもは，そこで「××君のところへ行った」というのとは違う別の嘘をついて，言い逃れる可能性が残されている。

　この単純な例から，これまで述べてきた「嘘の特性」を理解していただけたと思う。最後にこれらの特性を集約する意味もこめて，あと2点，嘘の重要な特性をあげておかなければならない。

3. 嘘の論理的性格

⑥嘘は仮説演繹である

　相手の詰問から逃れて嘘をつき通すためには，実は，かなりの論理力が必要である。嘘とは，現実と異なる架空の出来事を，いわば仮説的に設定して，それがあたかも現実の出来事であったかのように工作することである。したがって，現実の出来事の流れとは別に，話の筋を論理的に構成しなければならなくなる。嘘を積み上げていけばいくほど，論理力が要求されるようになる所以である。

　たとえば，Aさんのことをよく知っている人が「Aさんという人は知らない。

会ったこともない」という嘘をついたとしよう。この嘘を通そうとすれば，その人が男であるか女であるか，眼鏡をかけているかいないか，頭が禿げているかいないかも「知らない」ということになる。つまり実際にAさんとは何度も会ってその人の様子をよく知っているという現実を横において，「会ったこともない」という仮定の上で，それならばその人が男で，眼鏡をかけていて，禿げているということも「知らない」はずだ，という仮説演繹をしなければならない。おそらく，この程度の嘘であれば，大人には仮説演繹も難しくない。しかし，子どもの嘘などは，案外こういうところで破綻してしまう。

　先の盗み食いの子どもの場合，たとえば母親が一計を案じて「あのケーキは4日前に貰ったものだけど，大丈夫だったかしら」と言ったとしよう。このとき子どもがしっかり嘘をつき通そうとするならば，母親のこの言葉は無視しなければならない。自分は「食べていない」ことになっているのだから，現実には食べておいしかったことを知っていても，その自分の体験的事実はないかのごとくに無視せねばならないのである。ところが，小さい子どもは，こういう簡単な偽計に引っ掛かって，「大丈夫だったよ。おいしかったもの」などと答えたりする。ここで子どもに要求されることは，「食べていない」という嘘をついている以上，「食べていないから，大丈夫とも大丈夫でないともわからない」という論理的演繹を行なうことなのである。

　このように嘘は，現実体験を離れて構成される仮説演繹である。それゆえ，逆に嘘がばれていくのは，架空のストーリー構成が，相手の確認した情報と矛盾したり，あるいは論理的な演繹に徹しきれず，つい自分の現実体験が露出してしまったりする場合である。

⑦嘘は現実を下敷きにして構成される

　嘘が嘘である限り，それは現実体験から離れて仮説演繹されねばならないのだが，他方，現実体験を完全に無視することもできない。嘘は作り話と違って，白紙に絵を描くようなものではない。したがって自分の現実体験のうち，相手に対して隠しておきたい中心部分の嘘（中核の嘘）から始まって，そこから付随する嘘（連動の嘘）がいくつか連なるが，その嘘の連鎖に絡むことのない部分については，現実体験どおり本当のことをいうのが普通である。差し支えのない部分まで嘘をつく理由はないし，そこまで嘘をつくと現実味が失せる。そ

第1章　自白の変遷分析＝嘘分析——請求人の自白における供述変遷は真犯人のものとして理解できるか

れにまったく架空の話にしてしまったのでは，いったんついた嘘を頭に刻んでそれを一貫させるのも困難になる。

　たとえば，デパートに買い物に行くと言って出かけ，男友達とデートし，一緒に買い物した後，2人で飲みにでも行って，帰りが遅くなった娘がいたとしよう。帰ってから親に詰問されたとき娘が，その日の一連の行動のうち男友達のことだけは親に隠したかったとすれば，買い物に行ったデパートで高校時代の旧友にばったり出会って食事をしたといったふうな嘘をついてもよい。そこのところで，買い物は男友達と2人でしたのに1人でしたかのように言い，旧友との出会いは想像的に作り上げ，食事をしたのが飲み屋では具合が悪ければ無難なお店にすり替える。しかし一連の行動のすべてをそっくり別のものに入れ替える必要はないし，またそっくり入れ替えた筋書を考え出すのも容易ではない。そんなふうに架空ですべてをデッチ上げると一貫しないし，ばれやすくもなる。そうしてみると，男友達とデートして飲みに行ったということを偽る「中核の嘘」から，買い物の様子や行った飲み屋など，いくつか「連動した嘘」をつかなければならないが，それ以外の差し支えのない部分については現実の通りに言う。たとえばデパートで買った品物，あるいは迷って諦めた品，そこで見た珍しいもの，あるいは夜の繁華街のにぎわいの様子，タクシーの混み具合い……差し支えのない現実は，その現実のまま語った方が嘘でも現実味が増す。そのように嘘は，白紙の上に空想で描くものではなく，むしろ現実そのものを下敷きにして，その上に構成するものなのである。

　このことをわかりやすく図で説明しよう。図2-1-1に見るように，イ～リの一連の行動を実際に行なったとする。そのうち相手がすでに知っている行動がハ，ヘ，リとすれば，これは動かせない。その上で，どうしても知られたくない行動の中核イがあるとすれば，まずそのイを第1に偽る（中核の嘘），そこから連動してロ，ホをロ'，ホ'に偽らねばならない（連動の嘘）。しかし，残りのニ，ト，チは嘘と無関連だとすればそのままにする。そこで，結果的に図の点線で結んだイ'－ロ'－ハ－ニ－ホ'－ヘ－ト－チ－リという嘘ができあがる。これがもとのイ～リの現実体験を踏まえ，それを下敷きにしてできたものであることは明らかである。

　以上①～⑦までの特性は，実際にあることをやってしまった人が，その真実

● 第2部 ● 自白の供述分析

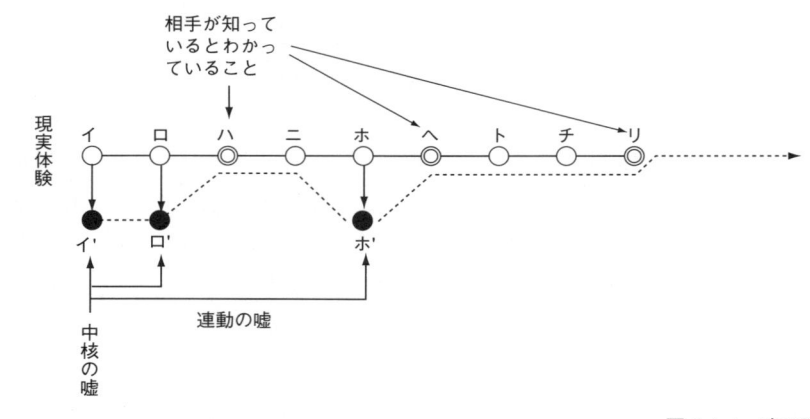

図中ラベル: 相手が知っているとわかっていること / 現実体験 / イ ロ ハ ニ ホ ヘ ト チ リ / イ' ロ' ホ' / 中核の嘘 / 連動の嘘

―――― 図 2-1-1　嘘の連動

を隠すためにつく嘘に見られるものである。ここで誤解なきようあえて断っておきたいことは，これらはいずれも，「嘘」というものはこういう特性をもちやすいといった，たんなる傾向性ではなく，むしろ「嘘」というものの本質的規定だということである。つまり，この規定からはみ出す嘘は原則的にあり得ない。そういうものとして「嘘分析」の前提とする。

4. 真犯人の自白に混じる嘘と無実の人の自白の嘘

本件の供述分析において問題となるのは，「真犯人の自白に混じる嘘」と「無実の人の自白の嘘」の判別である。

たとえば被疑者が真犯人であるとして，その真犯人の自白に，証拠状況に照らして明らかに嘘があると判明することがある。つまり「私がやりました」という自白自体は真実なのだが，証拠状況に照らしたとき，自白内容の一部について「嘘である」と判断せざるを得ない部分が出てくる。それを嘘と判断するのは第三者から見たいわば「論理の流れ」においてである。他方，被疑者（真犯人）当人の側からすれば，犯行の全体を自白しつつも，この点については「嘘をつかねばならない」と考える「心理の流れ」がある。つまり真犯人の自白に混じる嘘については，第三者から見て「論理の流れ」として「嘘であるはずだ」という論理と，被疑者本人の「心理の流れ」として「嘘をつかざるを得ない」

という心理とがうまく合致する。平たく言えば，外から見て嘘だとわかるものについては，被疑者の側には嘘をつかなければならない理由が必ずある。このことは，前項に見た嘘の理論から当然にして要請されることである。

他方，無実の人の自白の嘘となると，事情はまったく異なってくる。無実の人である限り犯行の現実を知らない。したがって，無実の人が取調べの追及に負けて否認を堅持できず自白に落ちたときは，第1部第3章で見たように，「自分が犯人になったつもりで」，取調官から追及されている証拠状況に合わせ，犯行ストーリーを自ら想像して構成する以外にない。それもまた「嘘」ではあるが，この場合は，そもそも犯行筋書の全体が嘘なのである。そして，そのように想像で犯行筋書を構成しようとするとき，与えられた証拠状況にできるだけ合わせ，取調官からの追及に応じてできるだけ整合的になるように努めなければならない。しかし真実の体験者でない以上，そこにはやはり限界があって，証拠状況との種々の食い違いや不整合が出てくる。これを外から見れば，「論理の流れ」からして嘘だと判断せざるを得ない。その点では真犯人の自白に混じる嘘と変わりはない。しかし無実の被疑者の側から見れば，これは嘘で犯行筋書を考えたものの，想像が及ばず，証拠状況との食い違いが出たというにすぎない。つまり嘘をつき通そうとして通しきれず間違った，いわば「嘘の間違い」なのである。間違いであるがゆえに，そこには当人の心理の流れに即した「嘘の理由」がない。それは，真犯人の自白のなかの嘘には心理の流れに即した「嘘の理由」があるのと明らかに対照的である。

このように2つの嘘はおよそ相反する心理過程をたどる。供述分析の課題は，この両者を判別することにある。このことを確認した上で，以下，請求人の自白にみられる供述変遷が，真犯人の嘘として理解できるかどうかについて，分析・検討することにしよう。

第2節　犯行着衣と着替えの嘘

1.　犯行着衣を偽る理由はあったのか

確定判決の考え（仮説A）に立ったとき，嘘だと言わざるを得ない最大の

● 第 2 部 ● 自白の供述分析

問題は犯行着衣である。確定判決では犯行着衣は後に味噌タンクから発見された5点の衣類とされているから，それに基づく仮説Aによる限り，請求人が「パジャマを着て犯行を行なった」とする自白は嘘としかいいようがない。これを勘違いとか，記憶間違い，言い間違いなどということはできない。しかし請求人が真犯人であったとすれば，なぜこの犯行着衣について嘘をつかねばならなかったのか。

(1) 確定判決の認定

確定判決はこの点を次のように説明している。

> 右供述の当時（9月9日），未だ5点の衣類が発見されず，パジャマだけであったため，まず検察官が，被告人は犯行（殺傷）の際にパジャマを着用していたものだという推測のもとに，被告人に対してパジャマの血液等についての説明を求めたため被告人は，5点の着衣が未だ発見されていないのを幸いに，検察官の推測に便乗したような形で，右のような供述をするに至ったものと認められる。

本当の犯行着衣が「発見されていないのを幸いに，検察官の推測に便乗した」というのである。念のために言っておけば，上の判決引用の部分は，9月9日付吉村検面の場面について述べたもので，ここだけを読めば，一見，請求人がすでに本件犯行を認め，自白した上で，犯行時の着衣を追及されて「パジャマ」だと供述したかのように読める。そのように，もし請求人が別の要因ですでに自白に落ちていて，その上で取調官から「パジャマの血」の追及を受けたというのならば，それに「便乗して」，その部分だけを偽ったということがあり得なくはないかもしれない。しかし請求人の現実の自白過程はそうではない。

9月9日の検察官取調べの3日前の9月6日に，請求人は司法警察員松本義男に対して最初に自白に落ちていた。そのときの追及過程を，確定判決もまた次のように認めている。

> 松本義男は，終始黙秘している被告人に対して，「パジャマの血が付着した原因および場所」と「アリバイ」に関して，供述を求め，約1時間にわたって，「ちゃんとはっきりすべきではないか」，「はっきりするのが人の道ではないか」と諭した

第1章 自白の変遷分析＝嘘分析——請求人の自白における供述変遷は真犯人のものとして理解できるか

り，「はっきりした態度で，本当の気持で話をしなければならない」等と繰り返し説得した……。

そして請求人は，まさにこのパジャマの血の追及をきっかけにして自白に落ちたのである。しかしそうだとするとおかしなことになる。

請求人が真犯人で，実際に犯行筋書IVで本件をやっていたとする。そうだとすれば請求人にとって突きつけられて最も困るのは，血だらけの5点の犯行着衣である。パジャマの血の方は肉眼ではよくわからない程度のものであることは，請求人自身が知っている。何しろ5点の犯行着衣の方は処分したのである。目で見て血がついていればこのパジャマも当然同じように処分しなければならなかったはずである。パジャマは請求人が事件後も着ており，目の前で押収されていった。目で見てわかるほどの血がついていないことはわかっている。

そのパジャマに血がついているといって責められたのだが，真犯人にしてみれば，それは捜査側がまだ問題の犯行着衣を掌握していない証拠となる。肝心な物はまだ見つかっていないのである。そういう状況で，「（本当の）着衣が未だ発見されていないのを幸いに，検察官（捜査官）の推測に便乗した」などということはあり得ない。

請求人はパジャマの血で自白に落ちたのである。もし請求人が真犯人であるとすれば，お門違いの証拠を突きつけられて自白をしたということになる。それがどうして「便乗」などという話になるであろうか。文字通りの意味で「着衣が未だ発見されていないのを幸いに……」というのなら，「だから否認を維持した」ということになるはずの文脈である。

(2) 遡行的な論理と順行的な心理

犯行着衣の嘘を真犯人の嘘として理解することは難しい。これはたんなる言葉の修辞ですませられるような問題ではない。

取調べの場において請求人は，そのとき把握されていた一定の証拠状況のもとに取調官の追及を受け，自白に落ちた。そうして犯行の筋書を語ることを求められて，虚偽を織り混ぜながらI，II，IIIの筋書を自白したのだが，犯行着衣はパジャマのまま変更はない。これは，その時点で取調官が把握していた証

拠状況と矛盾しない。ところがその後，当初の証拠状況とはまったく矛盾する新証拠「5点の衣類」が発見された。その上で請求人が真犯人であるとの点には揺らぎがないとすれば，この新証拠を考慮に入れる限り，それまでとは違った犯行筋書IVを新たに想定せざるを得ない。とすれば，取調べ時の自白の犯行筋書には，犯行着衣の虚偽があったということになる。しかも，その虚偽はたんなる「間違い」とはいえない歴然たる虚偽で，意識的な「嘘」だという以外にない。新証拠が出てきた上で，なお請求人＝真犯人との仮説は揺るがないとの前提に立つ限り，これは1つの論理的帰結である。つまりこれは，時間の軸の上で，新証拠発見の時点からさかのぼって以前の自白を評価して初めて明らかになった，遡行的な論理の帰結である。

これに対して，人間の「心理」というものは必ず時間の流れに沿って順行的に動く。もし上の遡行的な論理の帰結が正しいとすれば，この時点で被疑者であった請求人の側に，これに沿った順行的な心理の流れがなければならない。つまり，その時点で嘘を言わなければならない心理的理由がなければならない。供述分析のメスを加えなければならないのは，この点にある。

請求人が自白に落ちた場面に，もう一度焦点を合わせてみよう。当時担当取調官であった松本義男は，そのとき追及した最大のポイントが「パジャマについた血」であったことを認め，法廷で次のように証言している（第一審24回公判）。

> 当日の自供に入るまでのあなたの方の尋問の要点といいますか，それはどういうところにありましたか。
> ——当時は袴田が使っておりました，袴田自身のパジャマについておりましたA型の血液はどこでついたものかと，どうしてついているんだということ，科学的に検査されておっていまははっきりしておるんだから，その点をはっきりしなさいというのが主でありました。
> 油なんかはどうですか，
> ——油の点も触れたかもしれませんが，当日は時間も短かったので，そのことを調べたと思います。
> 主として血液ですね。

第1章　自白の変遷分析＝嘘分析——請求人の自白における供述変遷は真犯人のものとして理解できるか

　　——はい。

　本人は最初はどうだったのですか。それを認めていましたか。

　　——袴田は終始黙っておったように記憶しております。

　そうすると10時10分ころですか，本人が自供をはじめたのは，どういうような形といいますか，態度ではじめましたか。

　　——取調べに入りまして，じゅんじゅんとした今申し上げました血液はなぜついたかを調べていき，ちゃんとはっきりすべきではないかという点について諭しておりますと，おおよそ10時ころではなかったかと思いますけれども，そのころに頭をやや前のほうにうなだれたような形で私の話を聞いておったわけですが，顔をあげまして，何かものを言いたいような態度を示しました。そこで私は，これは何か話をしてくれるものと思いまして，話をすることがあったら話をしたまえと言いましたけれども，そのときは顔をあげたのみで，頭をななめに下げてしまいました。そこで私は説得しまして，よく話をするようにということを本人に言っておりましたところが，それから時間的な事はわかりませんが，間もなく袴田は，自分のひざの上に両手を開いてついて，私の話を聞いておったわけでありますが，その両方の手を握りしめまして，こぶしを作って顔をあげて，ぽろぽろと涙をこぼして，申し訳ありません。私がやりました，うちのことはよろしくお願いします，というように断片的でありましたが申しました。

　請求人が真犯人で，筋書Ⅳの通り5点の衣類を着て犯行を行なったのだとすれば，その記憶は請求人の脳裏に刻まれている。その上で請求人は否認し，取調官は「パジャマの血」を証拠として突きつけて自白を迫ってくる。しかしその証拠は請求人にとってお門違いのものでしかない。真の証拠状況を知っている真犯人ならば，この間違った証拠の追及に「便乗して」，否認から自白に転落するなどというのは，心理の流れとして考えられない。

　確定判決は，現在の証拠から遡行的にさかのぼり，犯行着衣をパジャマとして自白したのは論理的に「嘘だったはずだ」と考えた。しかし論理的に見て嘘としか説明できないものがあったとすれば，それは同時に心理の流れとして嘘として了解されるのでなければならない。それは嘘の理論からの当然の要請で

ある。確定判決もまたそのことを一応意識はしたのであろう。だからこそ、そこに「検察官の推測に便乗した」という理由を持ち込んだのである。しかし、それがはたして被疑者の順行的な「心理の流れ」に十分即したものといえるだろうか。むしろそれは、請求人＝真犯人という最初の仮説Aを疑うことなく、そこを前提に遡行的に立てた文章上のレトリックにすぎない。

以上の分析の結果からいえば、間違った犯行着衣の追及で自白に落ちたというこの1点の事実だけからでも、まずは仮説Aを疑うのが合理的な態度というべきである。

2. 犯行着衣の嘘から連動する嘘

さらにいえば、犯行時の着衣がパジャマであったか、5点の衣類であったかは、たんにそこだけを入れ換えてすむ単純な供述要素ではない。この入れ換えによって他の供述要素も連動して変更を加えなければならない。前節「嘘の理論」の④で見たように、嘘は、これを貫徹しようとする限り、必ず他の嘘を連動的に引き出す。本件自白の場合も、「パジャマ」で犯行を行なったというのが嘘だというだけで事はすまない。では、この嘘はもとの真実の犯行の流れのどこをどう隠した嘘であったのか。また、そこから他にどのような嘘を連動させることになったのか。図2-1-2を見ながら説明しよう。

(1) 上に雨合羽を着た理由

「5点の衣類」が発見されて2週間後に検察官が提出した「冒頭陳述訂正申立書」では、当初の冒頭陳述の犯行筋書のうち、犯行着衣部分を差し替えただけでなく、それに連動していくつか訂正を加えている。

1つは、犯行現場の中庭にあった雨合羽についてである。この雨合羽のポケットには、のちに凶器と目されることになるくり小刀のさやが入っていたために、本件犯行に関わって、犯人が身にまとっていたのではないかと考えられていた。そして請求人は自白において、その想定を受け入れたかたちで、犯行に臨んでパジャマの上に雨合羽を着たと供述していた。

当初の冒頭陳述では、犯行着衣はパジャマで、それゆえ専務宅に侵入するに際して雨合羽を着た理由を「パジャマのままでは白っぽくて人目につきやすい

第1章　自白の変遷分析＝嘘分析──請求人の自白における供述変遷は真犯人のものとして理解できるか

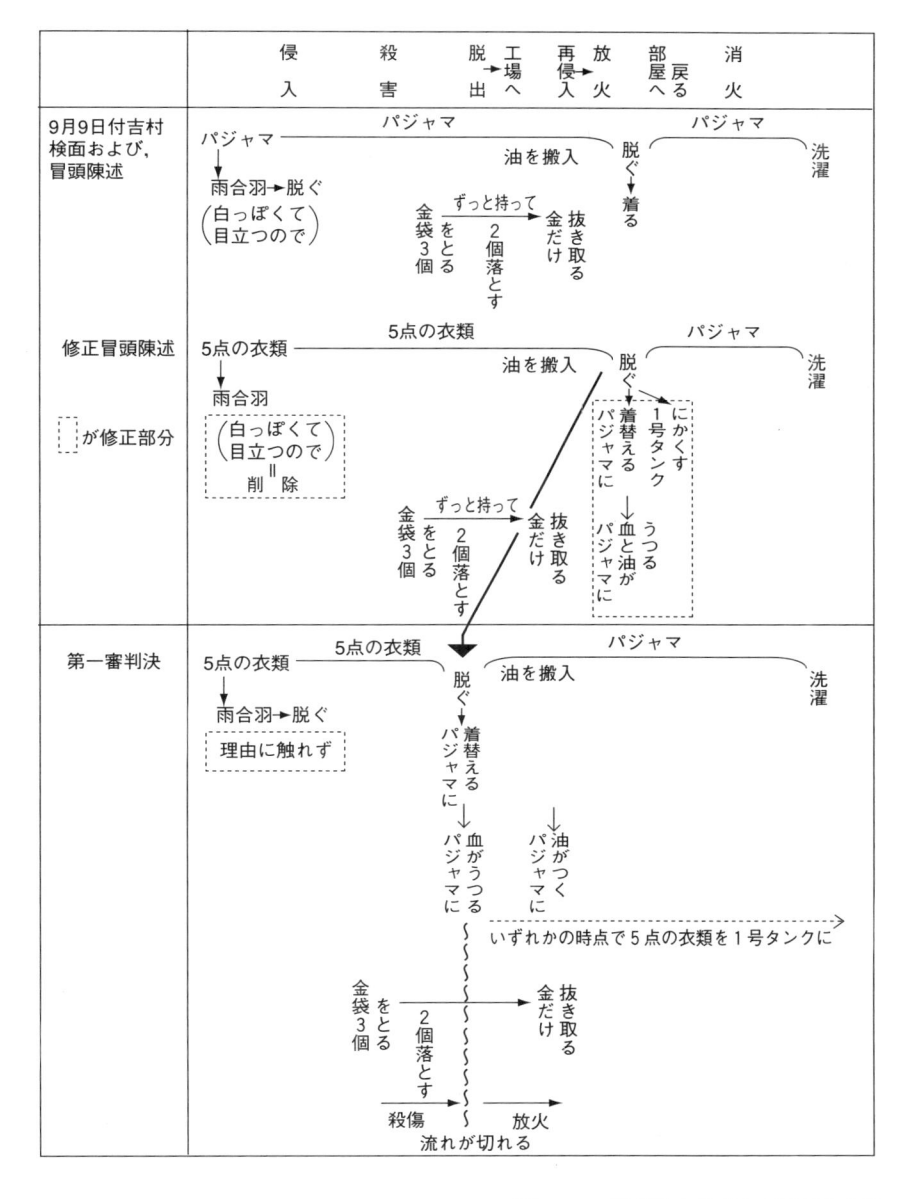

	侵入	殺害	脱出→工場へ	再侵入	放火	部屋へ戻る	消火
9月9日付吉村検面および，冒頭陳述	パジャマ ↓ 雨合羽→脱ぐ （白っぽくて目立つので）	パジャマ	油を搬入　金袋3個をとる　ずっと持って2個落とす　金だけ抜き取る		脱ぐ↓着る	パジャマ	洗濯
修正冒頭陳述 ［　］が修正部分	5点の衣類 ↓ 雨合羽 （白っぽくて目立つので）＝削除	5点の衣類	油を搬入　金袋3個をとる　ずっと持って2個落とす　金だけ抜き取る	脱ぐ↓着替えるパジャマに	にかくす1号タンク↓血と油がうつるパジャマに	パジャマ	洗濯
第一審判決	5点の衣類 ↓ 雨合羽→脱ぐ 理由に触れず	5点の衣類	油を搬入	脱ぐ↓着替えるパジャマに↓血がうつるパジャマに　金袋3個をとる　2個落とす　殺傷　流れが切れる	↓油がつくパジャマに　金だけ抜き取る　放火　いずれかの時点で5点の衣類を1号タンクに →	パジャマ	洗濯

図 2-1-2　犯行着衣の嘘から連動する嘘

と思い……」としていた。これは9月9日付吉村検面で供述された自白による。ところが，5点の衣類が犯行着衣だとすれば，上に着ていたのは黒ねずみ色のスポーツシャツ，鉄紺色のズボンとなるから，この理由が当たらない。そこで冒頭陳述訂正申立書では，この理由そのものが削除され，そもそもなんのために雨合羽を着たのかがわからない犯行筋書になってしまった。このことは確定判決においても同じである。

　ちなみに雨合羽を着た理由が，それまでどう供述されていたかを見ると，初期の自白Ⅰ，Ⅱ，Ⅲから，その時どきの犯行筋書に合わせるかのように転々と変わっていた。

　「パジャマに油がつくと困る」（9月6日付岩本①）
　「パジャマの上衣の裾がビラビラするので」（9月6日付岩本①，9月7日付岩本）
　「変装用に」（9月8日付岩本）
　「パジャマのままでは白っぽくて人目につきやすい」（9月9日付吉村検面）

　そうして5点の衣類が発見された後，冒頭陳述訂正や確定判決では雨合羽を身につけた理由そのものが削除されることになったのである。さらに第二審で，検察官は「雨合羽で体の線を隠そうと考えた」のではないかとの推測を主張し，これを受けて判決も，そう考えて「不合理ではない」と認定することになる。しかしこれは何らの証拠によるものでもない。

　雨合羽を上に着たというのは，現場に残された証拠状況から想定されたことだったとはいえ，こんなふうに犯行筋書により，また新たに発見された証拠物によって，着た理由が転々としてしまうことに，根本的な問題があると言わざるを得ない。請求人がこのように供述を転々とさせる理由を，仮説Aのもとで，真犯人としての順行的な「心理の流れ」として了解できるであろうか。むしろ仮説Bのもと，無実の人が犯行筋書の変遷，把握証拠との整合性に応じて，遡行的に考え出した理屈だと考える方がよほど順当であろう。

(2) 着替えをした時点

　次に指摘したいのはもう1つの訂正点，つまりいつ5点の衣類からパジャマに着替えたのかに関わる点である。火災が起こった後，消火の現場で請求人が

第1章 自白の変遷分析＝嘘分析——請求人の自白における供述変遷は真犯人のものとして理解できるか

パジャマ姿でいたことは争いのない事実である。だからこそ，当初，このパジャマが犯行の着衣とされていた。

検察側の最初の冒頭陳述では，9月9日付吉村検面に依拠して，4人の殺傷後，工場に帰り，混合油を持ち出して，再び犯行現場に出かけて放火する，この＜殺傷－放火＞をすべて終えて，自室に戻り，左手中指の怪我の手当をしてから，それまで着ていたパジャマを脱いだことにしていた。つまり，

> パジャマにも血がついていたのでパジャマの上下とパンツを脱いで裸になり，脱いだものを持ってまた風呂場へ行き，風呂桶の水の中につけてまた寮の自室に戻った

というわけである。そして5点の衣類が発見され，これを真の犯行着衣と見なしたことで，検察の「訂正申立書」では，このパジャマを脱いだという場面に，そのまま5点の衣類への着替えを挿入することになった。つまり上記引用部分を削除し，次の文章に差し替えた。

> （同じように＜殺傷－放火＞の全犯行を終えてのち，自室に戻って怪我の手当をしてから）着衣を脱いでパジャマと着替えたので，着衣についた被害者や被告人の血と混合油がパジャマについた。脱いだ着衣を持って下に降り，工場内にあった南京袋にいれて工場の第一号タンクの中に隠した。

このように「訂正申立書」では，着替えは＜殺傷－放火＞の犯行のすべてが終わってからのこととされた。

ところが原第一審の確定判決は，「パジャマを着た場所，犯行後のパジャマの後始末の詳細」について，自白以外に証拠がないので不明であるとしつつも，着替え時点を移動させて事実を認定している。つまり犯行の流れ自体を，

<table>
<tr><td>＜殺傷＞</td><td>4人殺傷後，工場に帰った</td></tr>
<tr><td>＜着替え＞</td><td>工場内で衣類（5点の衣類）を脱いでパジャマに着替えた</td></tr>
<tr><td>＜放火＞</td><td>工場内から油を持ちだし，再び裏口から専務宅に入り，4人の体にそれぞれ油をふりかけて，マッチで点火して火を放った</td></tr>
</table>

という順序で描いた。つまり4人殺傷を終え，次の放火に向かうその間にパジ

ャマに着替えたというのである。原第二審判決もこの筋書を維持して「犯人は被害者を刺切傷したのち被告人のパジャマに着替えて工場内の混合油を運び放火おyonだもの（但し，いつどのようにして着替えたかは不明である）との原判決の認定は肯認できる」と言う。

　このように修正冒頭陳述と裁判所の判決とで着替えの時点が食い違う。このような食い違いが出たのは，冒頭陳述訂正の時点では「5点の衣類」の鑑定結果がまだ出ておらず，その後鑑定によってこの衣類に混合油の付着がないことが明らかになったためであると思われる。

　修正冒頭陳述は「5点の衣類」に混合油が付着していたとの予断のもとに，その付着混合油が着替えの際パジャマに移行したものと推定していたのに，「5点の衣類」からは混合油は検出されなかった。そこで4人殺害時には「5点の衣類」を着ていたが，その後パジャマに着替えて混合油を運び，放火したということにせざるを得なかったのである。

　こうして確定判決は，9月9日付吉村検面の請求人自白の筋書も，またこの自白によって検察が立てた冒頭陳述の筋書も，さらに「5点の衣類」発見によって検察が行なった修正冒頭陳述の筋書をも否定して，着替えの時点を放火の前にくり上げ，工場から混合油を搬出して放火したときにはパジャマを着ていたものと認定することになる。物証と合致させるためにはこの筋書しかなかったのである。こうした論の進め方が「遡行的論理」によるものであることは明らかである。

　もしこの裁判所の認定が真実だとすれば，請求人は犯行着衣の嘘だけでなく，それに加えて着替えの時点についても嘘をついたことになる。しかし，いったいどうしてそのような嘘をつく必要があったのか。すでに「4人を殺して火をつけた」と認めてすべてを自白してしまっている被疑者の心理の流れとして，この嘘はあり得ることなのか。先の言い方を借りるなら，新証拠から帰結する遡行的論理は，被疑者のたどる順行的な心理の流れと合致するのか。このことが問題とならねばならないのだが，確定判決はこの問題にいっさい触れていない。

　遡行的論理によって証拠状況に合致する犯行筋書を構成できたとしても，ではなぜそれ以前に請求人がその点の嘘を重ねなければならなかったのか。その

第1章　自白の変遷分析＝嘘分析——請求人の自白における供述変遷は真犯人のものとして理解できるか

「心理の流れ」を了解的に示せないならば，当の犯行筋書自体が恣意的な構成物である可能性を強く示唆することになる。

（3）着替えと奪った金の所持

　さらに，着替えの時点がくり上げられれば，これに連動してもう1つ大きな問題が出てくる。

　9月9日付吉村検面と冒頭陳述では＜殺傷－放火＞をほぼ連続した犯行として，それが終わった時点で犯行着衣の着替え（とはいってもここでは同じパジャマを脱いで水につけ，それを再び着るという着替えだが）を行なって，そののち消火活動を行なうという流れであり，「5点の衣類」発見後の修正冒頭陳述ではその着替えの時点を変えないまま，＜殺傷－放火＞の全体を「5点の衣類」で行ない，その後パジャマに着替え，それから消火活動に赴くということになっていた。実際，＜殺傷－放火＞を一連の犯行と考えれば，着替えがその間にくることは考えにくい。血だらけになって工場に帰ってきて，そこから続いて放火を考え，混合油を持って再び血の海の現場に戻るのであれば，犯行はまだ終わっていない。その中途の時点で血のついていない衣類に着替えようなどと思う可能性は小さい。修正後の冒頭陳述がなお9月9日付吉村検面の自白によりつつ，放火後の着替えという流れで考えたのは，やはり犯行すべてが終わってから着替えたとの想定を引き継いだためであろう。5点の衣類を鑑定する以前の証拠状況からはそのように推論するのが自然であった。しかし鑑定によって5点の着衣に混合油の付着はないとの結果が出た後は，その証拠状況からしてこの推論は許されない。そこで論理的に着替えは混合油による放火以前でなければならない。これが確定判決の描いた筋書である。

　ところが，もし犯行がそのような筋書で行なわれたものだとすれば，殺傷現場から奪ってきた金袋の扱いがおかしなことになってくる。

　9月9日付吉村検面自白でも，検察の冒頭陳述でも，さらには原第一審の確定判決でも，4人殺傷の際，金袋を3つ奪い，逃走中に2つを落とし，残り1つを工場内に持ち帰ったことになっている。そして9月9日付吉村検面では，殺傷の後に工場に帰って，どうしようと考えてただちに放火行為に移り，その際金袋は手に持ったまま，再び犯行現場に戻り，4人に混合油をかけて放火，

最後の専務に火をつける前に金袋から金だけを取り出して，領収書や小切手は袋とともに捨てたことになっていた。つまりそうして専務に火を放ったとき，領収書や小切手はその場で焼失したとの含みになっていた。

　この筋書自体にも疑問はある。というのも，石油缶から混合油を味噌用の8リットルのポリ樽に移し，これを両手で抱えて運んだというのだが，ポリ樽には取っ手がないので抱える以外にない。にもかかわらず，そのとき邪魔になるはずの金袋を終始手に持っていたという。それ自体が不自然である。

　ただ，それでも＜殺傷－放火＞が一連の流れでなされたものならば，これはまだ許せるかもしれない。しかし判決のように＜殺傷－放火＞が2段階をなし，その間に自室で着替えをしたのだとすれば，話は違ってくる。下着からパンツまですべてを着替えたというのであるから，その際，金袋をいったん手から放したはずである。これまでの筋書を維持するならば，この着替えを終わった後で，わざわざ再び金袋を持って現場に出かけたことになる。金を奪ったままどこかに逃げようというのなら，それを身につけておかねばなるまいが，自分の起居している工場の自室にいったん逃げ戻って，再び別目的で現場に向かい，その後また帰ってくるのである。とすれば着替えの際，いったん手から放した金袋を，どうして再びつかんで「放火」に行くことになるのか。その行動には理由がない。

　これまでの犯行筋書では，殺傷現場で金袋3個を取ってから，次に放火のときに手に残っていた金袋1個を破って現金だけ取り出すことになっていたのだが，この行為の流れが「着替え」によって切断されれば，明らかに不自然な筋書になってしまう。

　ここでもまた証拠物からの遡行的論理と，犯人の心理の流れが大きくずれる結果を見ることになる。実のところ，事件後紛失していた3つの金袋について，2つは専務宅の裏口近くで見つかったが，残りの1つは，中にあった現金も，現金と一緒に入っていたはずの小切手2枚と領収書1枚も，そしてその袋自体も発見されていない。このことを説明するためにはこれを放火現場に捨てたことにすればすむ。逆にもし殺傷現場から持ち帰って，これを再び放火現場に持って行き，そこで捨てたのでなければ，これらの物の紛失が何らかの別のかたちで改めて説明されねばならないことになる。その意味で9月9日付吉村検面

の筋書は証拠状況を説明する1つの論理的可能性を示すものであった。しかし，着替え時点の移動によって，これが犯行者の心理の流れと合致しないものとなってしまったのである。

(4)「嘘であるはずだ」という遡行的論理と「嘘をつこうとする」という順行的心理が合致しない

さて，5点の衣類が発見され，これを犯行着衣だと認定したことで，それまでの犯行筋書が修正されたのだが，それも犯行着衣をパジャマから5点の衣類に入れ換えるだけではすまない。それまで仕上がっていた犯行筋書に1点の変更を加えることで，前後の筋書に波紋を引き起こし，いくつもの矛盾を生み出す。この矛盾を繕うには数々の連動した修正を重ねなければならない。逆にいえば，請求人＝真犯人がもし犯行着衣について嘘をついていたとすれば，そこから連動して，さらにいくつもの嘘をついたことになる。ところが，確定判決はまるで犯行着衣を入れ換えるだけですむかのように，この連動するはずの修正点に踏み込んで分析を加えていない。そもそもこの嘘がいったいどういう嘘であったのかにメスを入れることなく，ただ「嘘だ」というだけでは，自白と他の証拠との食い違いを文字面で恣意的に繕ったにすぎない。

これまで見てきた論点を，ここで改めて振り返って，まとめておこう。確定判決の認定した通り請求人が5点の衣類を着て本件犯行を行なったものとすれば，請求人は9月9日付吉村検面において次の嘘をついたことになる。

①犯行着衣が「5点の衣類」だったのに，「パジャマ」と偽った。

②専務宅に侵入するとき雨合羽を着たのは「パジャマのままでは白っぽくて人目につきやすいと思った」からではなく，それ以外の理由によるのに，それを偽った。

③犯行着衣を脱いで着替えた時点は「殺傷行為と放火行為の間」なのに，「殺傷－放火のすべてが終わってから」だと偽った。

それだけでなく，確定判決認定の筋書は証拠に合うかたちで組まれたものの，結果として次のような不自然・不合理な流れを生み出した。

④自室で着替えるとき金袋を手から離したはずで，そこで放火を思い立って再び現場に行くとき，金袋を持って行くことは考えられないのに，金袋を

● 第2部 ● 自白の供述分析

放火現場にも持って行き，放火する際に，中の現金のみを取ったという。

最後の④は，①②③のように自白と犯行筋書Ⅳとが直接的に合致しないという意味での「嘘」ではないが，人の自然な行動を前提にして推論すれば，やはり「嘘」だと言わざるを得ない質のものである。

確定判決は，犯行着衣がパジャマではなく5点の衣類だったと認定した。この仮説による限り，まず犯行着衣の点は請求人の嘘だということにならざるを得ず（①），そこから連動した②③もまた嘘ということになる。これは論理上の問題である。しかし請求人がそういう嘘をついたとして，なぜそのような「嘘をつこうとする」心理になったのか。請求人が真犯人である限りは，その理由が了解されるのでなければならない。ところが確定判決は，この連動的な嘘②③については，「嘘」だとの言及も，あるいは認識すら示さず，ましてその理由にも触れようとしていない。唯一①の嘘については，文章の上で「検察官の推測に便乗して」というふうに「理由づけ」らしき表現をしているのだが，それも先に見たように本当の意味で「理由づけ」になっているといえない。

このことを図解すれば，図2-1-3 のようになる。5点の衣類の発見後，なお請求人を真犯人として仮説Aに立つ限り，そこからさかのぼって請求人の自白には①②③の3つの嘘があったと言わざるを得ない。しかしこれらが「嘘であるはず」という遡行的な論理の流れと，「嘘をつこうとする」順行的な心理の流れが合致しない。その上そこには1つ，④の見逃せない不自然，不合理がひそんでいる。

「嘘には理由がある」という単純にして，しかし重要な心理学の原則に照らしたとき，ここには請求人を真犯人とする仮説Aに対して合理的な疑いを生じさせる，看過できない事情があるといわなければならない。

では，請求人は無実であるとする仮説Bに立ったとして，9月9日付吉村検面のような犯行筋書が，無実の人の嘘の自白として成り立ち得るだろうか。この問題は，供述の変遷に着目したここでの嘘分析の域を超えており，のちに第3章において誘導問題として取り上げる。

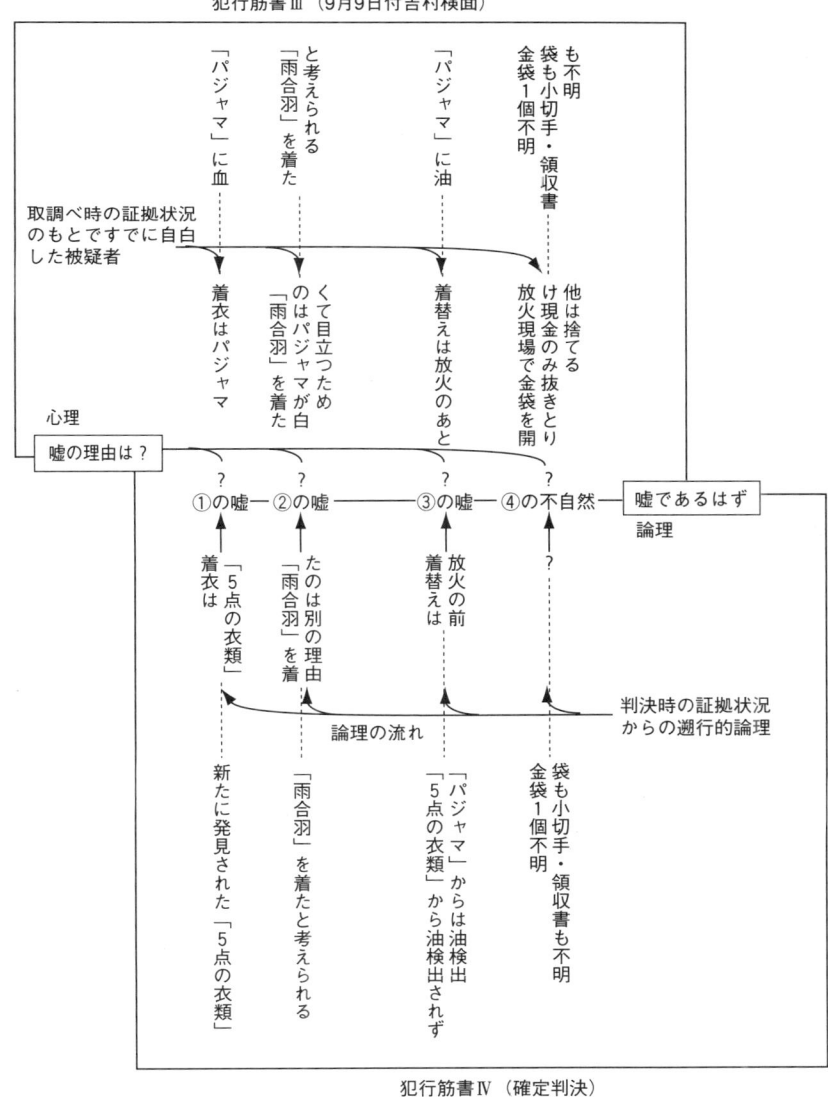

第1章　自白の変遷分析＝嘘分析——請求人の自白における供述変遷は真犯人のものとして理解できるか

犯行筋書Ⅲ（9月9日付吉村検面）

- 「パジャマ」に血 → 着衣はパジャマ
- 「雨合羽」を着たと考えられる → 目立たなくて「雨合羽」が白いのはパジャマ
- 「パジャマ」に油 → 着替えは放火のあと
- 袋も小切手・領収書も不明 金袋1個不明 → 現金のみ抜きとり他は捨て 放火現場で金袋を開け

取調べ時の証拠状況のもとですでに自白した被疑者

心理　嘘の理由は？

①の嘘　②の嘘　③の嘘　④の不自然

論理　嘘であるはず

- ①：着衣は「5点の衣類」
- ②：「雨合羽」を着たのは別の理由
- ③：放火の前　着替えは
- ④：？

論理の流れ

判決時の証拠状況からの遡行的論理

- 新たに発見された「5点の衣類」
- 「雨合羽」を着たと考えられる
- 「パジャマ」からは油検出 「5点の衣類」から油検出されず
- 袋も小切手・領収書も不明 金袋1個不明

犯行筋書Ⅳ（確定判決）

図 2-1-3　4つの嘘の心理と論理の不一致

125

● 第2部 ● 自白の供述分析

第3節　犯行動機の嘘

1．問題の所在

　原第一審の確定判決は，9月9日付吉村検面によりながら，本件犯行の動機を次のように要約している。

> 母と子どもと3人一緒に住むためのアパートの敷金，権利金にする金が欲しかった。月末になると，集金した金を袋に入れて専務が家に持って行き，仏壇の前辺りにおいてあるのを見たことがあるので，これを窃ろうという気になった。

　一家4人を皆殺しにして放火するという大事件からみると，あまりにささやかな動機でアンバランスに見えるが，そのことは一応おくとして，問題はこの動機供述に信用性を認めることができるかどうかである。論点は2つある。
　1つは，確定判決が認めた動機供述は証拠能力を認めた唯一の自白調書9月9日付吉村検面によっているが，この供述に至るまでのところで動機供述は大きく変遷している。この供述変遷の問題である。もう1つは，確定判決が信用できると判断した上記の動機供述には，それを裏づける証拠があるのかという点である。それぞれの問題点についてまず簡単に触れておく。

(1) 9月9日付吉村検面の犯行動機に至るまでの供述変遷

　確定判決は，請求人の9月9日付吉村検面のみを証拠として採用し，それ以外の調書をすべて証拠から排除したために，問題の動機供述に至るまでの供述変遷過程を結果的に無視することになった。しかし供述分析の視点からは，その過程こそが重要であり，これを看過することはできない。先に行なった供述変遷の整理によりつつ，9月9日付吉村検面に至るまでの動機供述を要約すると次のようになる。

　Ⅰ　（9月6日付松本②，同日付岩本①）　以前から肉体関係にあった奥さんから，家を新築したいのでと頼まれて，強盗，放火に見せかけようとした。
　Ⅱ　（9月7日付岩本）　奥さんとの肉体関係が専務にばれたので，話に行って，クビになるようなら金を脅しとろうと思った。

第1章　自白の変遷分析＝嘘分析──請求人の自白における供述変遷は真犯人のものとして理解できるか

Ⅲ　（9月8日付岩本，9月9日付吉村検面）　Ａちゃんを実家で預かってもらってから実家の母と兄嫁との間がしっくりいかず，いっそアパートを一軒借りて母とＡちゃんの3人で暮らそうと思い，少しまとまった金がほしかった。

　自白が始まった9月6日から，7日，8日と，実に犯行動機の自白内容は三転して，最後の8日で初めて「アパートを借りるための金」を目当てに侵入して，見つかったために一家4人を殺傷，放火することになったという筋書となる。そしてこれが9月9日付吉村検面の自白につながるのである。

　この供述変遷を見るとき，そこまでの供述は「任意性が認められない」から単純に無視してよいということにならない。たとえ任意性が認められないにせよ，取調官が追及し，請求人が語った言葉ではある。とすれば，この供述がいったい何を意味するものだったのかを考えざるを得まい。6日，7日の供述では，専務の奥さんと「肉体関係があった」との話の上で，奥さんに強盗に見せかけて放火するように頼まれたと言い（6日），あるいは奥さんとの関係が専務にばれそうになったので談判に行こうとしたと言いながら（7日），8日以降は，奥さんとの関係そのものを否定して，「アパートを借りるためのまとまった金がほしくて」という話になるのだから，これらの動機供述は互いにまったく異なる。これを記憶間違いとか言い間違いと考える余地はない。それゆえ確定判決が認定したように最後の動機が真実ならば，前2つの供述は「嘘」だといわなければならない。この嘘をどのように考えればよいのか。

(2)　9月9日付吉村検面の動機供述を裏づける証拠

　確定判決は，この9月9日付吉村検面の供述内容は信用できるとして，その根拠を検察官の提示した諸証拠に求めている。その主たるものは，請求人の家族の供述で，それによれば請求人が住み込みの工場からアパートへ移って，請求人と実母，そして息子のＡちゃんの3人で生活してはどうかという話が，家族の間で交わされていたという。これがその通りならば，たしかに上記の動機は一定の裏づけを得たことになる。しかしここにも問題はあった。

　まず1つに，請求人の家族からこの供述を得た点について，その聴取過程に見逃すことのできない変遷がある。確定判決が認定したのは，「請求人と実母

と息子の3人で暮らすアパートのため」という話なのだが，そのような供述が出てくる以前には，「請求人を誰かと結婚させて，その相手と息子と3人で暮らすアパートのため」という，内容的にまったく異なる供述が出ていたのである。

また1つに，請求人の家族状況において，このような動機の話が現実的なものであり得たかどうかにも疑問がある。請求人は，事件当時1歳8か月の息子Aちゃんを浜北の実家の母に預けて，自分1人味噌工場に住み込みで働いていた。子煩悩の請求人は休みの日には実家に帰って，Aちゃんと遊び，可愛がっていたというから，請求人がAちゃんと一緒に暮らしたいと思っていたことは間違いない。しかし母と一緒に3人で暮らすという話が現実的なものだったかどうか。実を言えば，請求人の母は実家で請求人の兄の家族とともに暮らしていたのだが，事件の少し前の5月に夫（請求人の父）が病気で倒れ，その看護にあたっていた。母が夫の世話を嫁に任せて，自分1人家を出て請求人たちと暮らすことなど，およそ考えられるものではなかったという。

9月9日付吉村検面に供述された動機が，家族の供述によって裏づけられるものだったかどうか，その動機内容が請求人の家族状況から見て現実的なものであったかどうかという疑問は，その信用性の認定の上で無視できない問題となる。

以下に，まず請求人の動機供述の変遷について論じ，その後で身内の供述の問題について検討することにする。

2. 仮説Aのもとで犯行動機の嘘を理解できるか

請求人の犯行動機に関わる供述は，前記のように，

　　Ⅰ（9月6日）→Ⅱ（9月7日）→Ⅲ（9月8日，9日）

と日替わりで変遷した。しかもその変遷はいずれも大きく，意識的な嘘と言わざるを得ない。現に請求人もその供述のなかで，犯行動機を訂正するつど，それぞれ先の供述は「嘘だった」と認めている。裏返して言えば，「嘘だった」との供述を録取した取調官もまた，これをたんなる間違いなどではなく，嘘だと認めざるを得なかったということである。しかしすでに9月6日時点で，強盗・殺人・放火という本件犯行の本体をすべて認めた請求人が，なぜ動機についてのみ嘘をつかなければならなかったのか。この嘘は，請求人＝真犯人の仮

第 1 章　自白の変遷分析＝嘘分析——請求人の自白における供述変遷は真犯人のものとして理解できるか

説 A のもとで理解可能なのか。

（1）請求人＝真犯人の仮説 A のもとで「犯行動機の嘘」を理解できるという主張

　確定判決は，請求人の 45 通の自白調書のうち 1 通しか証拠採用せず，結果として証拠上は供述変遷がいっさい問題とならず，犯行動機の嘘の問題も議論の俎上にあがることはなかった。これ自体，供述分析の視点からは，はなはだ問題だと言わざるを得ないのだが，ともあれ確定判決はこの点に触れていないために検討対象にならない。

　ここで検討の対象とできるのは，上告審段階に検察側が行なった次のような指摘である。

　　　犯罪者の一般的心理及び被告人の性格，ことにその嘘言癖に鑑みると，この点はなんら異とするには当らないし，このことをもって自白の任意性，真実性を疑う理由とすることも失当と言わざるをえない。（昭和 55 年 9 月 22 日付弁論要旨）

　検察官はここで「犯罪者の一般的心理」と「被告人の性格，ことにその嘘言癖」を指摘し，これでもって「犯行動機」の嘘を説明しようとしている。しかし，はたしてこれは根拠のある説明なのかどうか。検察官はこの 2 点をさらに具体化して論じている。

　まず「被告人の性格，ことにその嘘言癖」について，請求人の周辺からふだんの行状を聞き出して，あれこれと嘘をついたことがあったとの供述を集め，「被告人には嘘言癖があったことが認定される」と言う。しかし過去に「嘘をついた事実」があったからといって，これを「嘘言癖」というのは飛躍にすぎる。そのように過去の嘘を並べて，だから嘘言癖というのなら，嘘言癖でない人間を探すことの方が難しかろう。

　また請求人が嘘をついた事実があったとしても，その「嘘」に理由がなくてよいということにはならない。第 1 部の基本的前提でも公理として述べたが，人間の言動にはすべて意味がある。嘘にしても同じである。意味，理由のない「嘘」というものは，そもそも嘘の定義に反する。空想的な作り話ならともかく，現実世界で周囲の他者との一定の緊張関係のなかで紡ぎ出される嘘が，何らの

意味・理由をもたないと考えることは，心理学的にはおよそ不合理である。それゆえ「被告人の性格」「その嘘言癖」をもち出しても，「犯行動機」の嘘を説明したことにはならない。

実際，上告審の検察官自身，「嘘言癖」をもち出して，それだけで本件自白のなかにある「犯行動機の嘘」を説明できるとは思っていなかったらしく，これに加えて「犯罪者の一般的心理」をもち出し，次のように指摘する。

> いかなる犯罪者にも，いささかでも犯情をよく認められたいと願う心情があり，事実の大筋を自白した後においてさえ，動機や行為の付随事情等，確証のない部分については，多かれ少なかれ，虚偽の有利な事実を述べ，不利な事実を秘匿したがる傾向が認められ，重罪事件の犯人には特にそれが著しいことは，刑事司法の運営に携わる者の常識である。

一般論としてみれば，それなりに説得的な論ではある。しかし問題は，この一般論が本件の犯行動機の嘘に当てはまるかどうかである。上記引用に引き続いて，検察官は次のように言う。

> 被告人が逮捕・勾留された後，容易に言い逃れのできない証拠を突きつけられ，遂に，殺害・放火の事実を認めた後においても，元来，動機は物証の裏付けに乏しい内心的事実で，かつ，本件において，相手方は既に死亡しているところでもあり，事案の重大性をおもんぱかった被告人が，その嘘言癖に加えるのに，生来の陰険で図太い性格から，被害者の一人である奥さんから放火を依頼されたとか，同女との情交関係があった云々等嘘言を交えて真相の一部を秘匿し，刑責の軽減を図ったとしても，これを不審とするには当らないのである（被告人は，自己が本件の真犯人と認定された場合，死刑に処せられる場合もあると覚悟していたことは後述するとおりであり，いささかでも刑責を軽減したいと焦慮したのは当然である。なお，被告人自身も，前述のような意図で虚偽を述べた旨捜査官に供述した事実がある）。

この最後に指摘している「被告人自身……供述した事実がある」というのは，自白3日目の9月8日付岩本で次のように供述していることを指している。

> どうしてあのような嘘を言ったのかというと，それはあんな事件をやってしまい

どうにもならないが，せめて，自分の身をかばおう，立場を有利にしようと思って，とんでもない嘘を言ってしまいました。私と奥さんは全く肉体関係とか交際した関係はありません。自分の身をかばうために事実ないことを最初からあるようにお話したので，今更引っ込みがつかなくなり，二度までも嘘のことを言ったのです。肉体関係は全くなかった奥さんに対しても，私は自分がいい子になろうと思って奥さんをだしにしたことは，死んだ奥さんにも申し訳無いと思います。

さて，検察官の主張にせよ，この供述にある請求人本人の言い訳にせよ，言葉面だけ読めば，一見，それなりに了解できるように見える。しかし，実際に請求人がついたことになる「嘘」の具体的な内容を見てみると，これを容易に肯んずるわけにはいかない。

(2) 刑責の軽減になり得る嘘であったか

問題は，どのような犯行動機が真犯人にとって有利なのか，また不利なのかである。それは多分に本人の主観性によるかもしれないが，だからといって，本人が「こう言った方が有利だと思った」と供述したとの事実をとり出して，本人が言っているのだから，と納得するわけにはいかない。実際，請求人が変転させた犯行動機を改めて並べて見てみる。

Ⅰ　肉体関係にあった奥さんに頼まれて，強盗・放火にみせかけようとした
Ⅱ　奥さんとの肉体関係が専務にばれそうになったので，話をつけようと思った
Ⅲ　母と子と3人で暮らすアパートを借りる金がほしかった

この3つの動機を比較して，その罪（あるいは責任）の軽重の度合を判定せよといわれたとき，人はこのうちどれを一番重いと思うだろうか。

動機以外の部分については，それぞれ内容の違いこそあれ，Ⅰ，Ⅱ，Ⅲともに強盗・殺人・放火のすべての犯行を認めていて，この点に差異はない。検察官が主張するように，犯罪者には「多かれ少なかれ，虚偽の有利な事実を述べ，不利な事実を秘匿したがる傾向」があるとして，3つの犯行動機のうち，いったいどれが有利で，どれが不利なのだろうか。

検察官主張には「被害者の一人である奥さんから放火を依頼されたとか，同

女と情交関係があった云々等，嘘言を交えて真相の一部を秘匿し，刑責の軽減を図ったとしても，これを不審とするには当らない」とある。しかしそこで真とされるⅢの犯行動機は，Ⅰ，Ⅱに比べて「秘匿する」に値するものなのか。Ⅰ，Ⅱを打ち出すことでもって，Ⅲよりも「刑責の軽減を図る」ことができるのか。検察官の上の主張は，文章上のレトリックとしてその体裁を整えてはいるが，その中身を請求人の3つの犯行動機に具体的に当てはめたとき，それは極めて形式的で，空疎に見える。

　実際，世間の非難という意味では，Ⅰ，Ⅱの動機の方がむしろ責任は重いように見える。何しろ「自分が勤めている会社の専務の妻と不倫の関係があった」上での動機なのである。一方，これによって隠そうとしたことになるⅢの動機は，「母と子の3人で暮らすアパートを借りる金がほしかった」という極めて小市民的なもので，およそ世間の指弾を受ける類のものではない。刑法上の刑責に差はないにしても，情状から見れば，奥さんとの不倫関係を認めたⅠ，Ⅱの動機の方が重い。とすると，先に引用した検察官の主張は逆転する。

　もっとも検察官自身，この犯行動機の自白の変転を前にして，その軽重の差のなさに苦慮したことは間違いない。右に引用した弁論部分の最後でわざわざ括弧書きにして「被告人は，自己が本件の真犯人と認定された場合，死刑に処せられる場合もあると覚悟していたことは後述する通りであり，いささかでも刑責を軽減したいと焦慮したのは当然である」と付記している。つまり検察官もまた，この3つの犯行動機の軽重の差異があったとして，それが「いささか」でしかないことを暗に認めている。

　しかし，いずれにせよ，これまで分析してきたところから見て，真犯人の心理としてⅢの犯行動機を偽ってⅠ，Ⅱの嘘を供述することで「いささかでも刑責を軽減」できると思えたであろうか。死刑になるかもしれない，死刑にだけはなりたくないと思った真犯人が，強盗・殺人・放火の全犯行を認めた上で，その動機部分のみを取り上げて，第三者的に見て「いささか」の軽重の差異も感じられないような，いや，それどころかその軽重が逆転しかねないような犯行動機の嘘をつかねばならないと「焦慮」するであろうか。

(3) 自己防衛しようとするような弁明が含まれているのか

　犯行動機を偽って刑責を軽減しようというのなら，少なくとも自己防衛的なかたちで「自分は悪くないんだ」との主張が供述のなかに盛り込まれなければなるまい。しかしⅠ，Ⅱの犯行動機の自白のなかに，そうした自己防衛の主張を認めることができない。

　第Ⅰ期の9月6日付岩本①では，動機を供述するすぐ前で，全面的な反省悔悟の気持を次のように語っている。

> 　K味噌の事件は私がやりました。本当に申し訳ないことをしたと思っています。今までの取調べで，嘘を云って来ましたが，実はあの事件を私がやってしまい，考えてみても余りにも恐ろしいことをやり，死んでおわびしようと何回か考えてみましたが，人間というものは，なかなか死にきれるものではありません。そのために私が殺してしまった4人の仏様が毎晩のように私のところに来て私は死ぬ程つらい思いをして来ました。
>
> 　私がやってしまったこの事件をいつまでも隠し通せるものでなく，それによって尚更苦しむことを考えると，この際なにもかも正直に申し上げて4人の仏様に謝って法の裁きにより罪の償いをして一日も早くすっきりした気持になりたいとの考えで，この事件を申し上げる気になりました。

　このように改悛の情をこめて供述した上で，奥さんとの関係を告白し，その奥さんに頼まれて放火を偽装しようとしたのだという。もしここで奥さんを共犯者として，犯行の一部を奥さんに押しつけようとしたのならば，請求人はたしかにこれによって自分の刑責を軽くしようとしたといえるかもしれない。しかしⅠの自白をよく読んでみれば，そこでの奥さんの関与は，屋内に侵入しようとするきっかけを提供しただけであって，強盗・殺人・放火の犯行本体には何ら関わらない。それに請求人の自白の文言には，「奥さんのせいだ」と責任を押しつけ，自分を守ろうとする含みは見られない。

　そして，このⅠの自白を撤回してⅡの動機を新たに語ったときには，前のⅠの動機が嘘だったと告白した後，次のように言う。

> 　4人まで殺して油をかけ，燃やしてしまいながら警察に来てまで嘘を言ったりし

て4人の仏様に申し訳ないと思っています。昨晩留置場でいろいろと考えてみて，それでは仏様にも申し訳ないし，私の良心が許しません。嘘を言って通せるものでなく，正直に話して早く片付けてもらおうと思って事実ありのままのことを話す気になったのです。

こうして改めて語ったⅡの動機では，Ⅰでの共犯的ニュアンスもなくなり，奥さんや専務を責めたり，責任の一端を他に押しつける含みをもった主張はここでもまったく見られない。その上で第Ⅲ期になって，先に引用したように，再々度「死んだ奥さんにも申し訳ないと思います」と言い，「事実は事実として隠してもしようがないので本当のことを申し上げます」と言って，Ⅱの動機をさらに訂正している。たしかにそこでは，先に引用した通り，「せめて，自分の身をかばおう，立場を有利にしようと思って」とか，「自分の身をかばうために事実ないことを最初からあるように話したので，今更引っ込みがつかなくなり，二度までも嘘のことを言った」とか，あるいは「肉体関係は全くなかった奥さんに対しても，私は自分がいい子になろうと思って奥さんをだしにした」とか供述したことになっているのだが，奥さんと肉体関係があったと嘘をついたことで，いったいどこが「自分の身をかばい」，どこが「自分の立場を有利にし」，どこが「自分がいい子になる」ことになったのか，具体的にはどこにも述べられていない。すべてが言葉面だけである。

(4) そもそも何に対する動機であったか

さらに根本に立ち返って言えば，Ⅰ，Ⅱ，Ⅲの自白で犯行動機として云々されてきたのは，実のところ，＜強盗・殺人・放火＞の実行行為本体に直接連結する動機ではない。

奥さんに頼まれて強盗・放火に見せかけるためにという犯行筋書Ⅰにおいては，たしかに動機として「家を建て替えるための擬装」として「放火」に触れられてはいるが，筋書上で結果として行なわれた「放火」の実行行為は，「自己の犯痕を隠すための隠蔽工作」であって，形は同じでも内実はまったく異なる。つまりこの動機は，たかだか屋内に侵入する端緒にすぎず，その後の＜強盗・殺人・放火＞と筋書上つながってはいない。

第1章　自白の変遷分析＝嘘分析——請求人の自白における供述変遷は真犯人のものとして理解できるか

　奥さんとの関係がばれて，話しに行くというⅡの動機についても同じである。この動機が言及しているのもまた住居侵入までである。クビになるなら金を脅しとろうという強盗的な含みは付随的なものにすぎないし，実際の犯行に直結する動機ではない。

　そしてさらにⅢの動機についても，実行行為につながっているのは，金がほしくて住居侵入し，屋内を物色したというところまでである。見つかれば脅して金を強取するつもりだったとは言うが，それも付随的であり，＜殺人－放火＞の中心部分は，犯行筋書上明らかに意図せざる結果にすぎない。

　そうしてみると，自白のなかで述べられた3つの犯行動機は，いずれも犯行本体と直接つながらない。それは犯行本体を偶発的な結果とする犯行の，最初のきっかけになる端緒的な動機にとどまる。そのようにたんに初発のきっかけにすぎない動機について嘘を言い，これを変転させねばならない理由が，重大な実行行為を行ない，これを認めてしまっている真犯人にはたしてあっただろうか。

　仮説Ａが正しいとすれば，真犯人は「アパートを借りる金ほしさ」で侵入して本件犯行を犯すに至ったことになる。その真犯人が，責任を問われるべき犯行の全体を認めた上で，その犯行にとりかかるきっかけになった端緒的動機について「肉体関係にあった奥さんに頼まれて」とか，「奥さんとの関係がばれて話をしに」とかいった嘘をつく理由はない。また「理由なき嘘」だということで請求人の「嘘言癖」に訴えようとするのは，根拠をもたない主張であるばかりでなく，人間の言動には必ず理由があるとの厳然たる経験則を無視するものであり，合理的な事実認定からの姑息な逸脱でしかない。

　さらにこの端緒的な動機の変転は，その後に続く犯行筋書にも関わる。端緒の部分についてつまらぬ嘘をつくことで，その後の筋書全体を偽らねばならない。その連動的な嘘を重ねること自体が，大変に面倒なことである。犯行本体のすべてを自分がやったと認めてしまった真犯人が，そこまでする理由が見つからない。この点の検討を次項で行なうことにしよう。

3. 動機の嘘から連動する犯行筋書の嘘は仮説Ａのもとで理解できるか

　嘘は単発で終わらない。嘘を一貫させようとする限り，端緒となる嘘からさ

らにいくつかの嘘を連動させねばならない。このことは先の「嘘の理論」ですでに見たところである。犯行動機の嘘も，当然ながら，そこから筋書の上での嘘を連動させずにはおかない。前項ではⅠ，Ⅱの犯行動機の嘘がそもそも真犯人の嘘として納得し得るものかどうかを検討したのだが，ここではさらにその延長上に登場する連動の嘘に分析を加えて，これを仮説Aのもとでの真犯人の嘘と考えることができるかどうか検討する。

(1) Ⅰ，Ⅱにおける連動の嘘

確定判決が犯行動機として認定したⅢ（ないしⅣ）が正しいとすれば，まず「奥さんに頼まれて強盗・放火に見せかけた」とのⅠの犯行筋書には，大きく次の3点の嘘が連動していたことになる。

① このⅠの動機のもとで語られる「放火」は，もちろんあらかじめ計画された放火であって，ⅢやⅣでの「放火」のように予定外の殺傷の後，これを隠蔽するための結果的放火ではない。そこから必然的に連動するのは放火のための油を搬入する時期である。これがⅠにおいては放火目的の侵入であるから油の搬入が侵入時点で最初から行なわれたことになる。この点，犯行筋書Ⅳで，殺傷後工場に戻り，着衣を着替えた後に油搬入を行なったとされるのとは明らかに食い違う。これが連動の嘘の第一である。

② 「奥さんからの依頼による」との筋書によって，裏口からの侵入については「行くと，すでに奥さんが裏木戸を開けてくれていた」，行ってしばらく待つと「奥さんが来て，開けてくれた」（9月6日付岩本②）ので，そこから油を搬入したとなっていた点である。しかもこのⅠの筋書では，油を現場屋内に搬入した上で，請求人はわざわざいったん裏口を出て，奥さんが裏木戸を閉め，鍵をかけてから，再び屋根に上がって，屋根伝いに中庭に降りるという複雑な侵入経路をたどることになる。これもⅢないしⅣの筋書に照らして明らかに嘘だということになる。

③ 4人殺傷後，裏木戸を出て，そのすぐそばの電柱で考えた後，再侵入して，すでに搬入していた油を4人にかけ，火を放ったとの供述である。ⅢないしⅣでは殺傷後，工場まで戻って三角部屋の奥の倉庫で考えたことになるのだが，その点が変更されている。これまた筋書上の大きな食い違いである。

第1章　自白の変遷分析＝嘘分析──請求人の自白における供述変遷は真犯人のものとして理解できるか

ついでⅡにおいては、「奥さんとの関係が専務にばれそうになったので話をしに出かけ、クビになるようなら脅して金をとろうと思った」という動機に変更され、その後の犯行筋書がⅠとはまったく異なってくる。ここでは、放火を第一目的とする動機が撤回されたために、「あらかじめ油を搬入しておく」との筋書も変更され、その結果、上のⅠの3つの連動的嘘はほぼ修正されて、ⅢやⅣに近いものとなる。それだけ筋書上の嘘を連動させたところは少なくなるのだが、一方でそのために現場状況との矛盾が目立つ点が出てくる。

以下、Ⅰ、Ⅱにおける連動の嘘について、個々に立ち入って検討する。

(2) Ⅰの3つの連動的嘘を仮説Aのもとで構成することは難しい

請求人がⅢないしⅣの筋書の犯行を行なったとの仮説Aのもとで見たとき、上に指摘したⅠの3つの連動的嘘は一体どういう嘘だったことになるだろうか。

この3つの嘘を筋書のなかに位置づけるべく、Ⅲ・Ⅳの筋書とⅠの筋書とを対照させてみる（図2-1-4）。この図では両者の食い違いの部分を①、②、③で示している。請求人＝真犯人は、図の左側の犯行の流れを記憶として脳裏に刻んでいて、その上で右側①②③の嘘を重ねたことになる。つまり、油を工場から現場へ搬入した時期が、実際は殺傷後だとはっきり知った上で、これを犯行の最初にやったことだと偽り（①の嘘）、その際、実際は裏木戸の下部をこじあけて単独で侵入したのに、それを裏木戸は奥さんが開け閉めしてくれたと偽り（②の嘘）、そして4人殺傷の後、本当は工場までいったん戻って倉庫内で考え、着替えまでして油を搬入し、放火行為に移ったのに、そこのところを裏口を出たところで少し考えた後、そのまま再侵入して、すでに搬入していた油で放火したと偽ったことになる（③の嘘）。どの嘘も刑責の軽重に関わる嘘ではなく、もっぱら犯行動機の嘘のゆえに、その一貫性を保とうとして連動的に引き出されたものである。

このように、請求人が仮説Aの通り、犯行筋書ⅢないしⅣのように犯行を犯していたのならば、すでに脳裏には図の左側に描いた犯行筋書の記憶を刻んでいて、その上に重ねて嘘の筋書を描かなければならない。つまり前に嘘の理論において説いたように「嘘は現実を下敷きにして構成される」。これはけっして容易なことではない。

Ⅲ・Ⅳの筋書 （請求人の脳裏に刻まれた記憶）	Ⅰの筋書 （自白転回後の最初の筋書）
金をとる目的で現場へ	奥さんに頼まれ放火する目的で現場へ
	①→油の搬入
	②→奥さんが裏口を開けてくれる 　　いったん外へ出て奥さんが裏口を閉める
屋根に上り，屋根づたいに侵入 殺　傷	屋根に上り，屋根づたいに侵入 殺　傷
工場に戻り考える	③→外へ出て，裏口のところで考える
着替え	
油の搬入 裏木戸の下部をこじあけ	
放　火	放　火

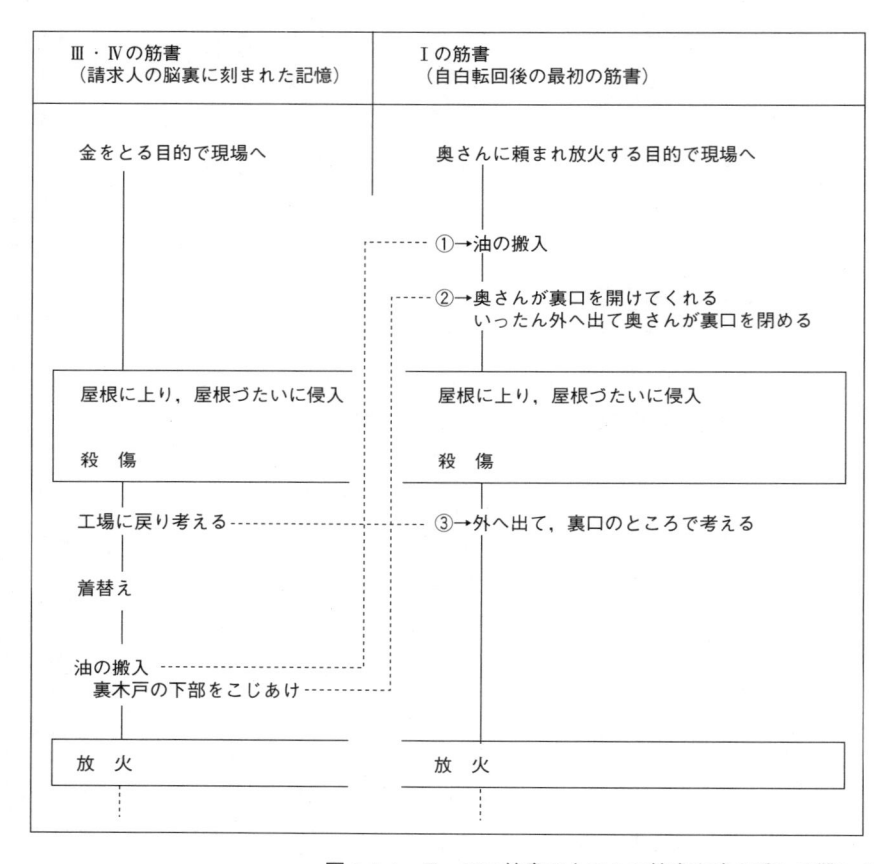

図 2-1-4　Ⅲ・Ⅳの筋書の上にⅠの筋書を嘘を重ねる難しさ

（3）仮説Bのもと，白紙からⅠの筋書を構成するのは容易である

　一方，もしこの図の左側部分が白紙であったなら（つまり仮説Bのもとで白紙から犯行筋書を考えたのなら），取調べ時の証拠状況に合わせてⅠのような嘘の筋書を考え出すのはさして難しいことではない。

　まず本件は4人殺傷の大事件であるがゆえに，背後に怨恨が考えられる状況だったし，請求人は30歳過ぎの独り身で，身近にいた専務の奥さんと関係があったのではないかとの勘ぐりも，当時の捜査側の想定として十分あり得た。実際，請求人は法廷において，奥さんとの関係については取調官の側から強く

第1章　自白の変遷分析＝嘘分析——請求人の自白における供述変遷は真犯人のものとして理解できるか

示唆があったと述べている。

　また当時の証拠状況からすると,「油の搬入」をどのようにやったかが問題であった。本件火災が混合油による放火であることは早くから判明していた。ただ,その混合油の出所がなかなか明らかにならず,鑑定によってこれが工場内の三角部屋近辺に置いてあった「釣り船用混合油12リットル缶」のうち5.65リットルであると特定したのは(ただし,その鑑定結果自体には公判で種々の疑問が提出されている),請求人逮捕の直前であった。当時の捜査情報によれば,工場内にあったこの石油缶は事件前日までまだ使用されておらず,事件後の検証で初めて「5.65リットル」の使用が確認されており,これを使用した者がいたとすれば事件当夜しかあり得ないものと考えられていた。請求人を逮捕した後,取調官がこの想定のもとにこの油の出所を追及したであろうことは間違いない。そして自白転落後の9月6日付松本②調書で,請求人は,「放火目的で油を搬入した」ことを認めた。そうして「工場にあった釣り船用混合油」を「ポリ樽」に入れて現場に搬入したことを前提にすれば,そこから後は,白紙の上に絵を描くように,おのずと先の3つの連動的な嘘が出てくる。

　第一に,放火が事後的な証拠隠滅を目的としたものではなく,事件そのものの当初の主要目的であったとすれば,油はあらかじめ準備し,搬入しておかねばならない(図の①)。

　そこから「奥さんが裏木戸を開けてくれた」との第二の供述が帰結する(図の②)。実際,取っ手のない8キロ入りのポリ樽に8分目の油を入れ,両手でこれを抱えて運んだことになっているのだが,そうして油をチャプチャプこぼしながら線路を渡り,裏口にやって来た場面を想像してみればよい。深夜で裏木戸は閉まっている。何も持っていなければ屋根に上がって屋根伝いに侵入することもできようが,まさかポリ樽を抱えたまま侵入するなどという芸当はできない。とすれば,内側から誰かがカンヌキをはずし,鍵をはずして開けてくれたのでなければならない。それが放火を依頼した奥さんだということになる。実際,先に引用した9月6日付松本②では,請求人が行くとすでに「裏木戸が開けてありました」と供述されており,続いてとられた9月6日付岩本①では,あらかじめ奥さんから「夜中の1時半ころ,私が裏口を開けておくから,油を持って入ってきてちょうだい」と言われていたので,申し合わせた時刻に行く

と，奥さんはまだ来ておらず，「5分位待つと裏木戸があがり，奥さんが中から首を出しました」となる。いずれにせよ，このように内側から開けてもらわないとポリ樽での油搬入は不可能である。

また油搬入後，ただちに犯行に移ってもよさそうに思うのだが，奇妙にも請求人はいったん裏口から出て，奥さんが裏木戸を閉め，鍵をかけてから，わざわざ屋根伝いの侵入をする。「強盗に見せかける」ということが動機の一部としてあったからであろうが，他方でこうすることで事件後裏木戸が閉まっていたとの状況と合致する（下部が開いていたかどうかが，後に法廷で論争されることになるのだが，いずれにせよ全開状況でなかった点について争いはない）。

放火が最初の目的としてあったとの嘘から，油を事前に搬入しておいたとの第一の連動の嘘が導かれ，この第一の連動の嘘から，裏木戸は奥さんが開けて，油搬入後，再び閉めたとの第二の連動の嘘が結果した。

そして，次の第三の連動の嘘もここに由来する（図の③）。4人殺傷という大変な犯行を犯した後，犯人は現場を離れる。しかし，それが第Ⅰ期自白では「裏木戸の戸を蹴飛ばして裏に出ました」（9月6日付松本②）とした上で，「そこで考えてみる」。9月6日付岩本①では，考えた位置をさらにはっきり「裏口のそばの電柱のところで少し考えました」と供述している。ⅢないしⅣの筋書でのように，工場には戻らない。ⅢないしⅣの筋書では工場に戻らなければ油の搬入ができないのだが，Ⅰでは油は事前に搬入ずみなのである。

Ⅰの筋書で，殺傷後奪った金を持って裏口を出た後，その裏口のところで「少し考えてみた」と供述することには理由がある。というのも，事件直後の検証結果から，裏口近くに専務宅から奪われた金袋2個が落ちていたことがわかっていたからである。取調べにおいて，殺傷後あわてて現場から離れ，外に出た犯人が金袋を落としたとの想定で追及が進められたことは十分に考えられる。油の搬入が事前に行なわれていたという，この時期の筋書と，金袋が落ちていた位置の情報とから，「裏口のそばの電柱のところで少し考えた」上で再び侵入して放火したとの第三の連動の嘘が出てきたであろうことは容易に想像がつく。

こうして見れば，当時の捜査情報を念頭に白紙から考えてみれば，ごく自然

第1章　自白の変遷分析＝嘘分析——請求人の自白における供述変遷は真犯人のものとして理解できるか

に第Ⅰ期自白の犯行筋書が浮かび上がる。つまり犯行の動機を「放火」におき，それを工場から持ち出した油と結びつけ，そこから出発して，その後の筋書を演繹構成することで，そこに3つの連動の嘘は出てくる。

(4) 第Ⅰ期の連動の嘘は第Ⅱ期でどのように修正されたか

　第Ⅱ期になって犯行動機が「奥さんから頼まれての放火」から「奥さんとの関係がばれそうになって，話をしに」というところへ変わる。このことによって第Ⅰ期での「放火目的」の話が消え，放火については「証拠隠滅のための放火」に収まる。そこで，前項で見た3つの連動の嘘がすべて訂正され，その結果，形の上では仮説Aの犯行筋書Ⅲ・Ⅳに一歩近づく。しかし，問題はⅢ・Ⅳの筋書へのこの接近が，はたして請求人＝真犯人の真実の記憶への接近であるのか，それとも第Ⅰ期の動機自白のもとでの連動的嘘が，動機自白の変更によって，再び連動的に訂正されただけなのかという点にある。言い換えれば，第Ⅰ期から第Ⅱ期へのこの変遷は，真犯人の嘘がばれて真実を供述せざるを得なくなった結果なのか，それとも無実の被疑者の架空の自白があるものから別のものへと，ただ変転しただけなのか。

　第Ⅰ期での第1の連動的を嘘については，
　　（Ⅰ）事前に工場から油を搬入した
　　　　↓
　　（Ⅱ）殺傷後，事後的に放火を思いついて，工場から油を搬入した
というふうに変わる。第Ⅱ期の動機で第Ⅰ期の「目的としての放火」が消えた以上，この変遷は必然である。そして結果的には，これがⅢ・Ⅳの筋書に一致することになる。しかしこのことをもって請求人がこの時点で，自らの真の記憶を語るようになったといえるのか，それともただたんに論理的にいって第Ⅱ期の動機のもとでは第Ⅰ期の筋書が成立し得ないがゆえに，動機訂正に応じていわば連動的に訂正されただけなのか。この点について調書上には何一つ触れられていない。＜事前の油搬入→事後の油搬入＞という，これだけ大きな供述変遷があったにもかかわらず，訂正の理由はもとより，訂正したというそのこと自体さえ，供述上には指摘されていない。

　実際，工場で油を石油缶からポリ樽に移す場面の供述を，第Ⅰ期，第Ⅱ期そ

れぞれについて見てみると，この場面そのものが，文脈にいっさい関わらないかのごとくに，ほとんど同じように供述されている。おまけに第Ⅱ期の9月7日付岩本調書には，わざわざ「昨日話したように」と付記さえしている。ある犯行要素自体が文脈を離れて定型化した形で再現し，しかもその文脈が大きく変遷した事実には供述上まったく触れていないのである。

　もちろん文脈を変えても「油を移す」という犯行要素そのものは変わらず，第Ⅰ期，第Ⅱ期いずれも，記憶に基づいて忠実に供述したということはあり得るかもしれない。しかし，まるでモザイクのはめはずしのようにある文脈から別の文脈へと犯行要素の供述が移動するのをみると，請求人が第Ⅱ期の時点で取調官の追及を受けて真実記憶に立ち戻ったというより，むしろ動機自白の変遷にともなって，筋書を再び連動的に変遷せざるを得なかっただけなのではないのかとの疑いが濃い。つまり当の被疑者（請求人）にとって自己の体験に照らしての記憶再生が問題ではなく，筋書構成における論理的な辻褄合わせが問題であった可能性が多分にうかがわれる。

　次に第二の連動的嘘について見よう。第Ⅰ期では，事前に油を搬入すべく，裏口へ行った犯人は，奥さんの協力を得たことになっていた。ところが第Ⅱ期では，4人を殺傷した後に油を搬入しなければならないのだが，木戸の閉まった裏口から単独で侵入することはできない。そこで，次のように変更される。

　　（Ⅰ）奥さんに裏木戸を開けてもらい，油搬入後，再度閉めてもらった
　　　　　↓
　　（Ⅱ）（詳細に触れず）ただ「ポリ樽を両手にもって裏口から入る」とのみ供述する

　これまた「奥さんとの結託」の話が消えた以上やむを得ない訂正である。ここでも「単独で裏口から油を搬入した」となった点は，その外形だけで見ると，Ⅲ・Ⅳの筋書と一致する。しかしこれをもって，請求人の記憶からの供述といえるかどうか。もし真の記憶からの供述ならば，この裏口からの侵入状況がもっと具体的に供述されてしかるべきではないか。何しろ前日（第Ⅰ期）の自白においては，閉まった裏木戸から単独では入れない事実があって，それゆえにこそ「奥さんに開けてもらった」との嘘を連動させねばならなかったのである。ところが，単独侵入が前提となったこの第Ⅱ期の供述では，「ポリ樽を両手に

第 1 章　自白の変遷分析＝嘘分析——請求人の自白における供述変遷は真犯人のものとして理解できるか

持って裏口から店に入り……」というひとことですませてしまっている。この裏木戸の出入りについては法廷でも「上部の鍵をかけたまま出入りできるかどうか」，激しく論議が交わされたところで，「ポリ樽を両手に持って」すんなり入れるような状況でなかったことは明らかである。とすれば，この裏口出入りに関する供述もまた，はなはだ奇妙というしかない。

この点が第Ⅲ期の9月9日付吉村検面で次のように変更される。

> ……専務の家の裏口まで行き，ポリ樽を置いて，手で戸を押し開けて，先にポリ樽を通路の中に入れてから，自分も通路の中に入り……

こうした入り方が可能かどうかはともかく，ここでようやく木戸の状況を考慮した供述になっている。供述を聴取した取調官の姿勢や能力によって，こうした違いが出てきたとの可能性もある。しかしそれにしても，第Ⅰ期（9月6日）に嘘をついて，侵入の仕方を偽った被疑者が，第Ⅱ期（9月7日）にその嘘がばれ，それを訂正した上でなお曖昧な供述をして，さらに第Ⅲ期（9月8日，9日）になってこれを修正した詳細を供述するという経緯には，やはり問題を感じてしかるべきであろう。何しろ，このあたりの供述は刑責の軽重にも，あるいは被疑者本人の羞恥や恐れにも，何ひとつ関わらない部分だからである。裏木戸からの出入りについての供述全般の変遷については，後の第6節で別に取り上げる。

最後に第三の連動的嘘について見る。第Ⅱ期になって「油の搬入」が殺傷後になったため，4人を殺傷したあと裏口から出た犯人はどうしても工場まで帰らねばならない。そこでこの部分は，次のように変遷する。

（Ⅰ）（4人殺傷後）裏木戸を蹴破って裏に出て，裏口のそばの電柱のところで少し考え，「油を持って行ったことに気付き」放火しようと考えて，再び屋内に侵入する……。

　　　↓

（Ⅱ）（4人殺傷後）裏口から出て工場に戻り三角部屋の隣りの倉庫の中に入って，そこで「油をかけて焼いてしまえば誰がやったか分らずに済むだろう」と考えて，石油缶から油をポリ樽に移して，放火すべく再び屋内に侵入する。

この訂正によって結果的に，Ⅲ・Ⅳの筋書に一致することになる。しかしここでもまた，これを真犯人が真の記憶に立ち戻った結果といえるかどうか。むしろ第Ⅰ期の犯行動機のもとで構成された虚構が第Ⅱ期の動機供述の訂正によって矛盾をきたし，そのままでは成立し得なくなったため変転を余儀なくされたにすぎないのではないか。

　実際，「工場にいったん戻って考え，そこで放火を思いついて，油を搬入し，放火した」とのⅢ・Ⅳの筋書が真実であるなら，嘘をつくにしてもこれが下敷きにならざるを得ないところ，第Ⅰ期自白においては，「いったん工場に戻った」とのこの下敷きを無視して，「裏口の電柱のところで考えた」ことになる。この点，裏口の外に金袋が2個落ちていたとの捜査情報に引きずられたものであることは間違いない。ところが第Ⅱ期には，この筋書が成立しないとなるとただちにそれが撤回され，撤回の事実にもその理由にも言及しない。こうした過程に，嘘から真実への過程を見ることができるのだろうか。

　以上を総じて見ると，第Ⅰ期には，奥さんの依頼のもとで放火が犯行の当初目的となったために，犯行筋書本体に複雑な3つの嘘を連動させねばならなかったところ，これが第Ⅱ期にはこの犯行動機を変更したことであっさりひっくり返されて，この3つの連動的嘘が再び連動的に（つまり筋書上の論理的必然性に導かれて）取り下げられることになった。しかもその訂正の理由はまったく触れられていない。こうした過程からは，「嘘がばれて真実に近づく過程」より，むしろ「白紙の上で論理的に構成される虚構の変転」が浮かび上ってくる。

4.「母と子と3人でアパートを借りる金」のためという犯行動機を裏づける身内の供述

　確定判決は本件犯行動機として，第Ⅲ期の9月9日付吉村検面によって「母と子と3人でアパートを借りる金」をとるためだったと認定し，このことは請求人の実姉NTさん，その夫（姉婿）NKさんの供述によって裏づけられるという。たしかにこの2人の供述調書のなかには，「母と子と3人でアパートを借りる」という話があったとの供述があって，この点の「合致」が確定判決の認定した犯行動機を裏づけるように見える。しかしこの供述の聴取過程を時間の順に追ってみるとそこに1つの問題が見えてくる。

第1章　自白の変遷分析＝嘘分析——請求人の自白における供述変遷は真犯人のものとして理解できるか

(1) 身内からの供述聴取過程

　請求人の身内の人たちからの供述聴取については，これまでその全体を時間的経過に沿って整理するという作業が行なわれてこなかった。原第一審，第二審判決にも，あるいは検察官の主張，弁護人の主張にもこの点の問題意識は欠如していた。しかし，問題の「合致」の内実を検討するためには，その時間的経過に沿った整理が不可欠である。実際，実姉NTさん，姉婿NKさんを含む身内5人の供述（延べ12通）を時間順に並べて見てみると，そこには見逃すことのできない変遷過程が浮かび上がってくる。

　原第一審の確定判決が認定したところによれば，「昭和41年3月から5月頃にかけて，被告人，同人の実姉（NTさん），母等との間で，アパートへでも移って被告人ら親子3人で生活してはという話が交わされた」という。ここで「3月から5月頃にかけて」というのは，請求人の母（HTさん）がAちゃんを連れて浜北の家から浜松の三女宅（HHさん）に気晴らしに出かけ，そこに10日あまりいて，次に吉原の長女（NTさん）方へ訪れ，5月10日まで滞在し，それから再び浜松の三女方へ戻り，数日後父（HTさんの夫）が倒れて浜北の家に帰った，その期間をさすものと思われる。その年の2月からAちゃんを実家に引き取って育てていた母は，そのAちゃんのことで長男の嫁とうまくいかず，4月の初め頃から娘たちの家へ気晴らしに出掛けたのである。その約1か月の間，請求人は母に連れられて，姉宅に行っていたAちゃんを訪れ，2人の姉の家へおのおの2回ずつ行って泊ったという。このとき請求人とその母や姉，姉婿たちとの間で交わされた話が，上の引用のようなかたちで問題にされることになったのである。

　しかし，実際のところ事件から2か月あまり前のこの時期に，請求人と身内の人たちとの間でどういう話が交わされていたのか。確定判決は「アパートへでも移って被告人ら親子3人で生活してはという話が交わされた」と確定的に述べているが，この身内の人たちの供述には奇妙な変遷がある。

　この点に直接，間接に関わる身内の供述調書は，員面，検面と合わせて12通開示されている。これらを聴取時期別に分類すると次の3つの群に分けられる。

　A：請求人の逮捕の日の8月18日付員面

実母HTさん，実兄HSさん，実姉HHさん，実姉NTさん，姉婿NKさん

B：請求人が「アパートを借りるための金目当て」との動機を自白した9月8日の翌日9月9日付員面。
実母HTさん，実姉NTさん

C：起訴後，9月16日に吉村検察官が清水警察署に呼び出して聴取した検面
実母HTさん，実兄HSさん，実姉HHさん，実姉NTさん，姉婿NKさん

以上12通のうち，原第一審判決が犯行動機に関わる証拠としてその証拠標目にあげたのは，実姉NTさん，姉婿NKさんの2人の供述だけだが，「アパートを借りる話」については，この2人に加えて実母HTさんの供述も触れているので，この3人の供述調書計8通について，その供述の流れを整理してみる。

まず最初のA群（つまり逮捕当日の8月18日付員面）についてみると，実姉NTさんの供述も姉婿NKさんの供述も，そして実母HTさんの供述も「アパート」の件にはいっさい触れていない。

他方で，C群（つまり起訴後の9月16日付の検面）は，実姉NTさん，姉婿NKさん，そして実母HTさんの供述のいずれもが，検察官主張の犯行動機に合致する供述を行なっている。いや，「合致」するというだけでなく，この時の事情聴取が，請求人の動機自白の裏づけを目的していたことは明らかで，この調書の内容は3人ともこの点にのみ当てられて，他のことにはまったく触れていない。たとえば実姉NTさんの供述調書にはこうある。

> 巌が4月24日に私の家に来たとき，六畳の居間で母が巌に「嫁に気がねしてこうして遊びに来ているよりは，こちらに家でも借りて，お前の嫁が決まるまでAちゃんとお前と一緒に暮らしたいが，お前も適当な家を見つけて，こちらから会社に通ったらどうか」という主旨のことをいいました。そこで私も巌に「こちらなら借家はいっぱいあるよ。しかし，通うには不便だから清水で家を見つけたらどうかね」といってやりました。これに対して，巌は別にいやだともそうするともはっきりした返事はしないで黙っていました。

また姉婿NKさんは，請求人が自分の家に来たこの4月24日には出張で不

第 1 章　自白の変遷分析＝嘘分析——請求人の自白における供述変遷は真犯人のものとして理解できるか

在だったが，翌週の 4 月 30 日〜5 月 1 日に再度請求人がやってきた時のこととして次のように供述している。

> 巌の母が私の家に来て，嫁に気がねして実家にいるよりも，こちらで家を見つけて巌の子どもや巌と一緒に住みたいという話をしていたので，私は巌に「おふくろさんがこちらに家を見つけて，子どもやあんたと一緒に住みたいという話だが，それならあんたもこちらに家を借りて，おふくろさんや子どもと一緒に住んで，こちらから会社に通ったらどうか」という主旨の話をしました。すると巌は「会社の近くを捜してみて適当なところがなかったら，こちらで適当なところを捜して欲しい」という返事をしておりました。しかし，まだおふくろさんからも巌からもはっきりしたことを頼まれなかったので具体的に私の方でアパートや家を探してやったことはありません。

なお，原第一審判決には証拠としてあげられていないが，母の HT さんからも上記 2 通の供述に沿う供述が聴取されている。

> （長女 NT さんの家に行っていた）その間に巌が日曜日に 2 回 NT の家に来ました。1 回目の日曜日に来たときだったと思いますが，私は巌に「こちらに家を一軒みつけて，A ちゃんやお前と一緒に住みたい」という話をしました。それに対して巌はそうするとも，いやだともはっきりした返事はしないで，考えておくというような態度でした。2 回目に来たときだったと思いますが，NT の主人からも巌に「こちらで家を借りて会社に通ったらどうか。もし不便なら今の会社をやめて，こちらで働いたらどうか。働くところはあるから世話をしてやってもよい」というような話をしていたのを聞いた記憶があります。これに対して巌は別になにも返事はしなかったと思います。

このように姉の NT さん，姉婿の NK さん，母の HT さんのこの日の供述は，多少の違いはあれ，3 人とも「母と請求人と A ちゃんとがアパートないし借家で一緒に暮らしたら」という話があったとする点で同一で，これが請求人の 9 月 9 日付吉村検面の動機自白と「合致」する。その限りで原第一審判決の判示は妥当であるように見える。

もっとも，そもそもこの程度の曖昧な話が本件のような犯行につながるもの

かどうか。殺傷・放火はもとより，深夜に侵入しての窃盗という犯罪行為にさえつながるとは思えない漠然とした話である。およそ犯罪につながる切迫感はない。事件から2か月余りも前に，はっきりしない不確定な話があっただけで，それ以降，話を具体的な行動に移してアパート探しをしたとか，あるいは請求人自身の口から再度このことが語られたとかいった状況がいっさいないなかでは，これを犯行動機と認定するについて，やはり根拠薄弱と言わざるを得ない。

ただ，ここで問題としたいのは，その点ではない。問題は，先のA群8月18日付員面調書と，上のC群9月16日付検面調書との中間，起訴当日の9月9日に実母HTさんと実姉NTさんから聴取されたB群の員面調書である。これはおそらく請求人が9月8日の自白で，動機としてアパートの件を初めて供述したのを受けて聴取されたものと考えられる。この員面調書には，後の9月16日付吉村検面と微妙だが決定的に食い違う供述が書きとめられている。まず実母HTさんの供述から見る。

> （請求人が息子のAちゃんを非常にかわいがっていたとの話のあと）本当にAちゃんがかわいくてたまらないといった様子をみているので，「なんとか家でもあったら，厳に良い嫁でも貰ってやって，親子と一緒に住ませてやりたい」と思っていましたので，「浜松のアパートじゃ段々が多くて危ないが，富士の方じゃ広々として，Aちゃんを育てるにゃ良いね。どこか家がないかとねえ」と，姉婿NK，実姉NT，厳のいるところで誰に言うともなく話しました。すると，姉婿NKが少し酒を呑んでいましたが，「家ぐらいあるよ。五千円も出しゃあ，良い借家がある。ここからなら電車もバスもあるで通うのは楽だ。もしそれがいやならスクーターぐらい俺がなんとかしてやるで，それで通っても良いじゃないか」といってあげました。

「親子3人で生活するアパート」という点は同じでも，ここでいう「親子3人」は請求人に嫁をもらって，その夫婦とAちゃんの3人という意味であって，母と請求人とAちゃんが一緒に生活するということではない。

また，姉のNTさんもこの母の供述と同じ趣旨の供述を行なっている。

> （家に来た母が請求人とAちゃんのことを心配して，請求人に早く嫁を探してやらなければならないとか，請求人の話だと犬を可愛がる良い娘がいるらしい。その

第1章 自白の変遷分析＝嘘分析——請求人の自白における供述変遷は真犯人のものとして理解できるか

娘が来てくれればいいのだが，といったことを言っていたと供述したあと）「その娘と，どこか近い所に借家でもあれば借りて，厳らを住ませればそれが一番いい」というようなことを言うていました。母はその娘（犬を可愛がる女）と一緒にさせて清水市かその近くに住ませたいという気持は充分あったと推測されました。それが母親としての気持だと私は思います。

　このように9月9日付の実母 HT さん，実姉 NT さんの員面は，9月16日付吉村検面と明らかに異なる。このことをどう考えればよいのであろうか。
　もとより上記引用からも読み取れる通り，これが「母」と「嫁」とを書き間違えたというようなケアレスミスでないことは明らかである。上の2つの供述はいずれも，その文脈全体からして「嫁をもらう」ことを前提にした話になっている。さらにこの調書を聴取した日付は同じだが，実母 HT さん，実姉 NT さんから事情聴取した捜査官はそれぞれ異なるし，聴取した場所も実母 HT さんは浜北市の家の近くの駐在所，実姉 NT さんは彼女自身の吉原市の自宅である。たんなる思い違いのケアレスミスでないことは，このことからも明らかであろう。
　ところが，確定判決は，この9月9日付の供述にはまったく触れていない。その証拠標目には実姉 NT さんの9月9日付員面が挙示されていることからして，その存在は認知していたはずだが，内容には触れず，9月16日付吉村検面のみを取り出して，請求人の9月9日付吉村検面の自白と「合致」すると判定したのである。員面調書より検面調書の方が信用できるとの判断で，員面調書の方を排除したのであろうか。しかし，「アパートを借りる金ほしさの犯行」だと認定しながら，このアパートに住む予定の人間が異なるという，この大きな食い違いを認識していれば，容易にはこれを信用できなかったはずである。

(2) 供述変遷のよって来たる起源

　「親子3人で生活するアパートを借りるため」と，文字面は同じになっても，その親子3人の構成が「母・請求人・A ちゃん」であるか，「嫁・請求人・A ちゃん」であるかで，動機形成の流れはまったく異なってくる。なぜこのように食い違った供述が，わずか一週間の間に同一の2人からとられることになっ

● 第 2 部 ● 自白の供述分析

たのか。

　ここで請求人の自白過程と，上で問題にした身内の供述過程を，その時間の流れに沿って整理してみよう。

　これまで触れなかったが，請求人の逮捕の日 8 月 18 日に事情聴取を受けた身内の者たちは，その供述のなかで請求人の「嫁候補」に言及している。実姉 NT さんは，母から聞いた話として，請求人に「いい女の子がある」ということ，母が 10 日あまり居て 5 月 1 日に請求人と一緒に帰る際，清水の駅で「その女の人と待合せを約束してあった」らしく，請求人が「一緒に帰りたい」旨，母に言っていたとの話を供述している。また，現に帰りに清水駅で「その女の人と逢って帰った」との手紙を母からもらったとも述べている。その姉婿の NK さんも，義母である HT さんから請求人に「嫁の話がある」と聞いて，請求人に「前みたいなことのないようによくよく調べて確かめてからにする方がいい」と忠告したと供述している。

　請求人が前妻と別れ，A ちゃんを実家の母のもとに預かってもらって厄介をかけている最中のことであるから，新しい「嫁」の話が出るのはごく自然なことだし，周囲の身内がいろいろ心配するのも十分あり得ることである。この「嫁の話」の対象が請求人のかつての同僚 MF さんだと想定されていたことは，本件の諸証拠から明らかである。

　本件捜査の初期，早々に請求人に容疑を向け，7 月 4 日には重要参考人として任意出頭を求めて以降，逮捕の 8 月 18 日までの間，捜査員は連日連夜被告人周辺を張り込み，外出の折には必ず尾行したとの事実が，静岡県警本部の『捜査記録』に記されている。また，この間，当然請求人の周辺の人間関係も洗っていたはずで，「(事件の年の) 4 月，会社のレクレーションで，愛知県犬山に旅行したとき，旅館で袴田は MF さんと同じ布団に寝た事実もあり，両者の仲は相当進んでいたものと思われた」(同『捜査記録』) との情報も早くから入手していた。ただし，現実に請求人と MF さんとの関係がどの程度のものであったかは不明である。上の犬山の旅館での話も，同僚の同席した場所で，ふざけて布団に入ったものにすぎないとの反証が弁護側からなされている。それはともかく，捜査側情報として 2 人の仲が重要な意味をもったことは明らかである。

第1章　自白の変遷分析＝嘘分析──請求人の自白における供述変遷は真犯人のものとして理解できるか

　また，8月7日には請求人がMFさん宅に訪れていることが明らかにされている。この時にも捜査員が尾行しているはずで，MFさんは不在だったが妹のMYさんが応対していたことが確かめられている（MYさんの9月23日付検面）。ただ，この点について，請求人自身はのちに，捜査官がMFさんにも，本件に関わっていろいろ事情を聞いているらしいとの話を聞いて，そのことをMFさん本人に確かめに行ったのだと主張している。

　ともあれ，請求人を逮捕した時点で，請求人とMFさんとが深い仲にあって，そのことが本件と絡んでいるのではないかとの想定が捜査本部のなかに強くあったことは間違いない。現に，逮捕から4日目の8月22日，警察はMFさん方の家宅捜索に踏み切っている。その時の捜索の目的は「被害全品，凶器，包装紙，混合油類ならびにその容器，血痕または混合油類付着の手袋，衣類，はき物，手拭，タオル，布片，紙片，通信文書，日記，メモ類，金銭出納簿，預金通帳，領収書，請求書」となっている。この記載から明らかなように，捜査本部はMFさんに対してほとんど共犯関係に近いほどの深いコミットメントを想定していたことになる（ただしこの捜索で押収された物はない）。

　こうして逮捕後請求人の取調べが進行して9月6日になって自白が出る。そしてその犯行動機が「奥さんとの関係を前提にした強盗・放火の見せかけ」，同じ前提の上で「専務に話をつけに行き，クビになりそうなら金を脅しとるため」と二転した後，奥さんとの関係を否定したところで新たに登場したのが「親子3人で住むためのアパートを借りる金ほしさ」の強盗の動機であった。この動機が供述されたのは9月8日付岩本調書であるが，そこには先に見たように，請求人と母と息子Aちゃんという「親子3人」が一緒に住むという話が明記されている。

　ここに奇妙な入れ違いが生じている。この新たな犯行動機が自白される以前のところで，請求人とMFさんとを結ぶ線が強く出ていた。現に請求人が「奪った金のうち5万円をMFさんに預けた」との自白も，9月6日段階ですでにとられていた。とすると，請求人が「親子3人で暮らすためのアパート」と言い出したとき，これまでの流れからして請求人とMFさんの線の上に息子のAちゃんを入れ，「嫁（MFさん）をもらって，Aちゃんと親子3人で暮らす」との想定が，捜査官たちの抱く1つの仮説として浮かび上がってくることは自

● 第2部 ● 自白の供述分析

然である。このように考えたとき初めて，9月9日の日，2人の捜査官がそれぞれ，1人は浜北市の実母HTさんのもとへ，1人は吉原市の実姉NTさんのもとへ赴いて，両者がともに「嫁・請求人・Aちゃんの親子3人で生活させる」との供述を聴取することになった経緯が理解できる。この供述調書には当時の担当捜査官たちの想定が強く作用したと考えざるを得ない。

　しかし，9月9日に実母HTさん，実姉NTさんから聴取した供述は，この時限りで維持できない運命にあった。第一に，請求人とMFさんとの仲はさして深くないとの現実があった。実際，MFさんは本件の起こったすぐ後の7月7日，別の男性と見合いして婚約を決めていた。とすれば，MFさんを嫁にもらって，Aちゃんと一緒に生活するという話はあり得ない。9月8日員面で請求人が「アパートを借りるための金」を動機として語った際，それを「おふくろとAちゃん」との3人の生活のためだとしたのは，その意味で当然だった。当時の請求人の状況からして嫁をもらって息子Aちゃんと3人で生活するという筋書は，母との同居以上に非現実的だったのである。そして9月9日付検面で吉村英三検事は，8日員面の動機自白を確認することになる。ところが，皮肉なことに，この同日，上にみたように，本件捜査本部の2人の警察官がこの検面と矛盾する供述を，実母HTさん，実姉NTさんからとっていた。吉村英三検事がこの2通の9月9日付員面をどう受けとめたのかはわからないが，それから1週間後，この吉村検事自身が清水警察署に実母HTさん，実姉NTさん，姉婿NKさんらを呼び出し，「アパートを借りる」話に焦点を合わせて，母・請求人・Aちゃんの3人が一緒に生活するためのアパートを借りる話があったとの供述を改めて録取した。この検面調書は，1週間前の員面調書と供述内容が食い違っていることにいっさい触れず，したがって，その供述変遷の理由にも目をつむったままである。

　証拠上表面に浮かび上がってくるのは捜査の流れの一部にすぎない。したがって，その全容を具体的なかたちで押さえることは不可能である。しかし，図2-1-5に整理したようなかたちで，時間の流れの上に浮かび上がった各証拠をつないでみると，「アパート」を借りるという想定筋書の上で「嫁・請求人・Aちゃんの3人」と「母・請求人・Aちゃんの3人」という相対立する2つの流れが見えてくる。そしてこの想定された筋書に沿って身内の供述が大きく

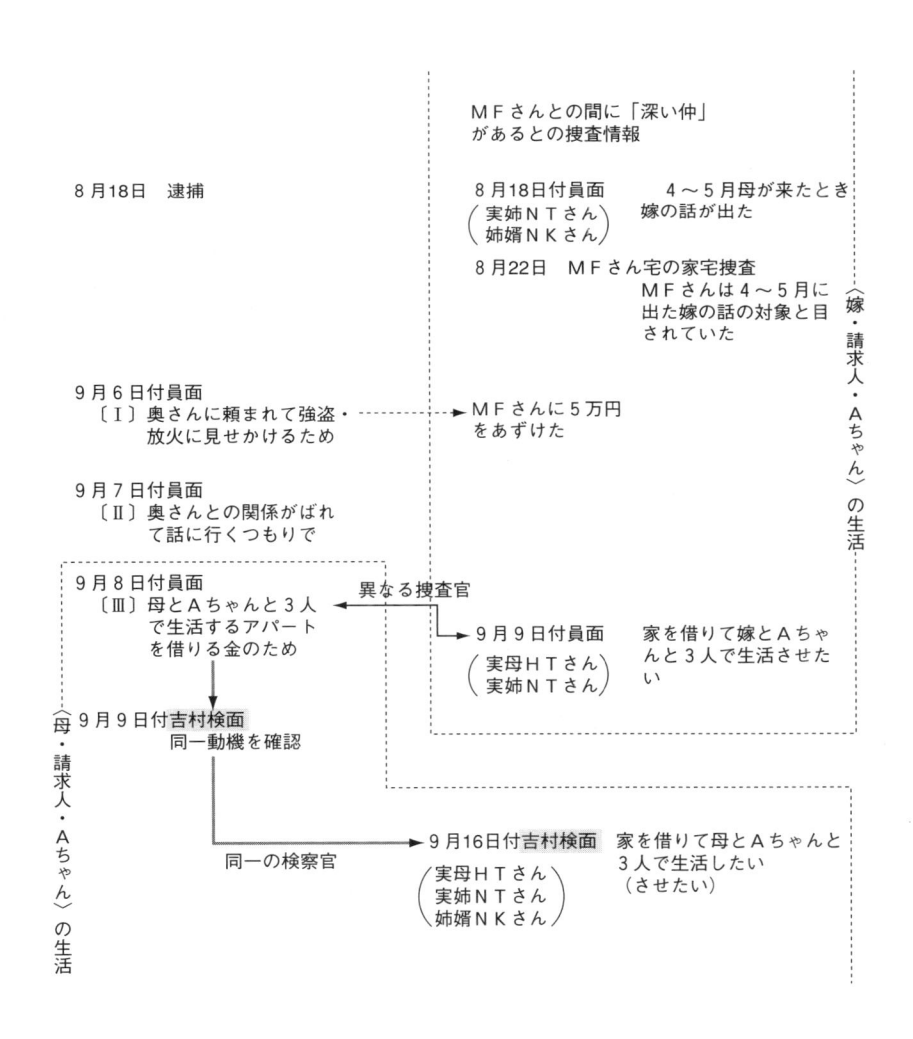

第1章　自白の変遷分析＝嘘分析——請求人の自白における供述変遷は真犯人のものとして理解できるか

```
                                  ＭＦさんとの間に「深い仲」
                                  があるとの捜査情報

8月18日　逮捕              8月18日付員面        4〜5月母が来たとき
                          ( 実姉ＮＴさん )       嫁の話が出た
                            姉婿ＮＫさん
                          8月22日　ＭＦさん宅の家宅捜査
                                  ＭＦさんは4〜5月に      〈
                                  出た嫁の話の対象と目    嫁
                                  されていた              ・
                                                        請
                                                        求
9月6日付員面                                              人
 〔Ⅰ〕奥さんに頼まれて強盗・‥‥‥‥‥▶ＭＦさんに5万円   ・
    放火に見せかけるため              をあずけた          Ａ
                                                        ち
9月7日付員面                                              ゃ
 〔Ⅱ〕奥さんとの関係がばれ                                  ん
    て話に行くつもりで                                    〉
                          異なる捜査官                    の
┌─────────────────┐                                     生
│9月8日付員面                                            活
│ 〔Ⅲ〕母とＡちゃんと3人  │◀─┐
│    で生活するアパート   │  └─▶9月9日付員面       家を借りて嫁とＡ
│    を借りる金のため     │       ( 実母ＨＴさん )    ちゃんと3人で生
〈│                       │         実姉ＮＴさん      活させたい
母│9月9日付吉村検面        │
・│ 同一動機を確認         │
請│                       │
求│           同一の検察官 │       ┌─▶9月16日付吉村検面  家を借りて母とＡちゃんと
人│                       └───────┘   ( 実母ＨＴさん )     3人で生活したい
・│                                     実姉ＮＴさん      （させたい）
Ａ└─────────────────┘         姉婿ＮＫさん
ち
ゃ
ん
〉
の
生
活
```

図2-1-5　「親子3人の生活」という供述の起源

変遷している。この供述事実からすれば，確定判決のように時間の流れを無視して供述の一部のみをつまみ食い的に取り上げ，これをもって請求人の自白と合致するなどと断定することはできない。

　「合致」するとされた一方の請求人自白が6日，7日，8日と三転してようやく9日で固められ，他方の身内の供述が9月9日付員面2通と9月16日付吉村検面3通とで食い違う。この時間的経過のなかでの変遷を無視して，それぞれ最終の請求人自白と最終の身内供述とが「合致」するからといって，これで自白の信用性が確認されたということにはならない。むしろそこには尋問者たる捜査官の想定が供述者たる請求人の供述のなかに流れ込み，またその供述を受けて，その想定に従って身内供述の変遷が促されるという相互連関の過程を見るのが自然であろう。

　とりわけ「合致」するとされた請求人自白と身内供述が，同じ吉村英三検事の媒介を経て聴取された事実は軽視できない。9月16日段階で事情聴取を受けた身内の立場を考えてみると，自分の息子であり，弟であり，あるいは義弟である請求人が4人殺しの重大犯行をすでに自白し，内心でいくら請求人を信じようと思ってもどうしようもない心境であったろうし，マスコミで犯人として書き立てられていた状況でそれに逆らうだけの根拠もない。そうしたなかで請求人が，「母と息子と3人で暮らすアパートを借りるために金が欲しかった」と自白していたと聞かされたとき，そんなことはなかったと反論できる気持になれただろうか。1週間前の供述とまったく食い違う供述をして，その訂正の理由はおろか，訂正の事実そのものにさえ触れ得なかったところに，身内の人たちの心情を見るのは困難ではない。

　しかし，そうした解釈にこれ以上立ち入ることは控えておこう。ただ確定判決が，請求人自白および身内供述の聴取過程を全体として分析する作業を怠って，その一部のみを取り上げ，時間のファクターを無視したまま単純に両者の「合致」を認めたことの問題は小さくない。

第4節　凶器に関わる嘘

次に問題にしなければならないのは，凶器とされた「くり小刀」の購入およびその置き場所についての供述である。この点は，強盗・殺人・放火という犯行本体に直接関わらない周辺的な部分である。にもかかわらず自白期ごとに二転三転している。

1. 凶器に関わる供述の変遷

（1）供述変遷の概要

図2-1-6にこの変遷を一覧にした。ここで右端に記したものが，原第一審の確定判決が事実として認定した9月9日付吉村検面の内容である。これによれば，

> 事件から3カ月ほど前の3月末から4月初めころ，ブラブラ沼津に行ったさい，たまたま入った刃物店でくり小刀を見て気に入ったので購入した。これを寮に持ち帰り自室のベビータンスの引き出しにしまっておいた。そして6月30日未明，本件犯行にかかるべくベビータンスからくり小刀を取り出しこれを携帯して現場に向かった。

請求人を真犯人とするこの仮説Aのもとでは，請求人はこの供述内容を自分の記憶として持っていたことになる。ところが第Ⅰ期，第Ⅱ期の自白はこれとずいぶん違う供述がなされている。

とりわけ第Ⅰ期のなかには，この「くり小刀」に触れた調書が3つあって（9月6日付松本②，9月6日付岩本①，9月6日付岩本③），それぞれ供述内容が異なっている。最初はただ「3日前に奥さんからもらっていた」としていたものが「自分が買って奥さんにあずけていたのを直前にもらった」となり，さらには「別のことで奥さんに頼まれて自分が買ってきたものを，店の食堂の引き出しに入れておいた」というふうになる。同じ1日にめまぐるしく供述が変転している。

第Ⅱ期にはくり小刀の入手に直接触れた供述はないのだが，前後の脈絡は第Ⅰ期の最後の調書（9月6日付岩本③）の内容を前提にして，犯行に及ぶ際，

● 第2部 ● 自白の供述分析

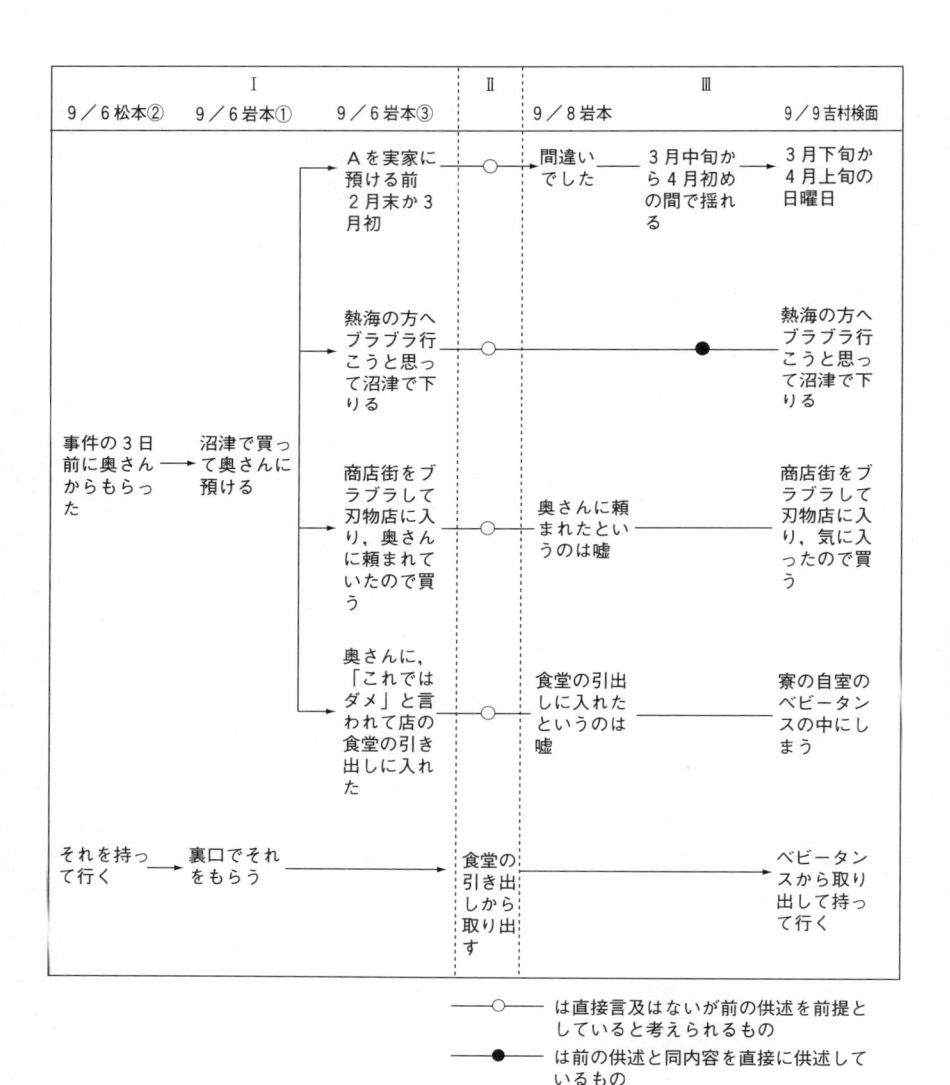

	I			II	III		
	9/6松本②	9/6岩本①	9/6岩本③		9/8岩本		9/9吉村検面
			Aを実家に預ける前2月末か3月初	○	間違いでした	3月中旬から4月初めの間で揺れる	3月下旬から4月上旬の日曜日
			熱海の方へブラブラ行こうと思って沼津で下りる	○		●	熱海の方へブラブラ行こうと思って沼津で下りる
	事件の3日前に奥さんからもらった	沼津で買って奥さんに預ける	商店街をブラブラして刃物店に入り，奥さんに頼まれていたので買う	○	奥さんに頼まれたというのは嘘		商店街をブラブラして刃物店に入り，気に入ったので買う
			奥さんに，「これではダメ」と言われて店の食堂の引き出しに入れた	○	食堂の引出しに入れたというのは嘘		寮の自室のベビータンスの中にしまう
	それを持って行く	裏口でそれをもらう			食堂の引き出しから取り出す		ベビータンスから取り出して持って行く

──○── は直接言及はないが前の供述を前提としていると考えられるもの
──●── は前の供述と同内容を直接に供述しているもの

図2-1-6　くり小刀の供述変遷

第1章　自白の変遷分析＝嘘分析――請求人の自白における供述変遷は真犯人のものとして理解できるか

現場で「店の食堂の引き出しに入れておいたのを取り出す」という話につながっていく。ここでは「奥さんとの関係」を前提にした犯行動機が底流にある。

第Ⅲ期になると，この「奥さんとの関係」を前提にした犯行動機が撤回されたのに連動して，くり小刀の供述も大きく変遷する。くり小刀を購入したのも「奥さんに頼まれていた」というところから「あてなく刃物店に入って，気に入ったので」というところへ変化するし，買ったくり小刀の処置についても「お店の食堂の引き出しに入れていた」から，「自室のベビータンスの中にしまっておいた」へ変化する。これらの供述変遷はたんなる間違いとはいえないもので，この供述者が真犯人ならば，それらは意識的な「嘘」だということになる。

＜強盗・殺人・放火＞という本件の中心部分について，請求人は9月6日の自白転落以降，これを全面的に認めてきたにもかかわらず，その枝葉の部分についてここでも「嘘」が目立つ。一見些細なことのように見えるが，供述の真偽は，案外，細部にこそ明確に表われる。その意味で詳細にまで踏み込んで分析・検討する必要がある。

(2) 第Ⅰ期の3調書の供述変遷

4人殺傷を全面的に認めた請求人は，その際用いた凶器を「くり小刀」だと自白し，この点は終始一貫しているのだが，このくり小刀をどこからどう手に入れ，それをどこに置いていたかについて供述がくるくる変わる。まず自白へ転落した9月6日に見られた供述変遷を追ってみる。

9月6日付松本②

（奥さんから家を焼いてくれと頼まれた）6月26日奥さんからもらったさやに入ったナイフを持って（犯行現場へ）行きました。

9月6日付岩本①

（現場へ油を運び込んで，いったん裏口から外に出る前に）奥さんから，私が沼津で買って来た刃物を，さやに納めたまんま受取り，裏口から線路の方に出ました。

そしてさらに同じ日，9月6日付岩本③調書では，くり小刀購入とその後の処置について11丁にわたって調書がとられ，図面4枚が添付されて，これに

● 第2部 ● 自白の供述分析

よって9月6日付岩本①にあった「私が沼津で買って来た」との供述部分が,「奥さんに布地を切るナイフを買って来てほしいと頼まれていたので,ブラブラ沼津に行ったとき刃物店から買った」というふうに詳しく肉付けされる。その上でこの「買ってきた刃物」をその後どうしたのかについて,次のように修正している。

  9月6日付岩本③

   （私が買ってきた刃物を奥さんに見せると）「これじゃあねえ。M男くんでも見ると困るから,あんたが持っててちょうだい」と言ったので,店の食堂の自分のひき出しの中に入れておきました。

この9月6日最後の供述も,翌々日9月8日には変更されるのだが,ここでは上の3通の調書に限って,その「嘘」の分析を行なう。

いま請求人がⅢ・Ⅳの筋書を「真」として,脳裏にその体験記憶を刻んでいるとする。その請求人が強盗・殺人・放火を全面自白し,しかも殺人の凶器は捜査官が検証によって採取した「くり小刀」だと認めた。その上でくり小刀の入手経路や犯行までの置き場所についてⅢ・Ⅳの記憶通りの供述をせずに,あえて「嘘」を言わねばならない理由があるだろうか。実際,凶器を奥さんからもらったとしても,犯人が持っていたものを携帯して行ったとしても,それでもって殺傷行為をやったという事実に変わりがない。そんな些細なことを偽っても意味があるようにはみえない。

ただ,その上で1つ検討しておかねばならないことは,前節で分析した犯行動機の嘘に関わっての問題である。つまり犯行動機の嘘に連動した結果として,くり小刀入手に関しても奥さんに関連させて「嘘」をつかざるを得なかった可能性がないかどうかである。この点を検討してみよう。

「奥さんとの関係」を前提にして犯行筋書を考えたとき,なるほど凶器のくり小刀入手に関しても奥さんが絡んでいた可能性が出てくる。つまり奥さんとの関係の上での犯行なので,

  放火を頼まれたときくり小刀をもらった（9月6日付松本②）

というのは考えやすいし,また取調べ以前のところですでに請求人らしき人物

第1章　自白の変遷分析＝嘘分析——請求人の自白における供述変遷は真犯人のものとして理解できるか

が沼津のK刃物店でくり小刀を買ったとの聞き込み情報を得ていた事実からすると，その追及をここに重ねることによって，

> 私が沼津で買っていたくり小刀を奥さんにあずけ，これを犯行直前に奥さんからもらった（9月6日付岩本①）

という話もあり得る。また買った時期が事件よりも数か月前との捜査情報があったとすれば，沼津でくり小刀を買った理由が本件と関わっていたとは考えにくく，したがってこの点を聞かれて，

> 奥さんから布地を切るナイフを買って来てほしいと言われていた（9月6日付岩本③）

と，適当な理由づけを考え出すこともできるし，さらには買って来てから数か月間くり小刀をどこに置いていたのかと追及されて，

> 奥さんに見せたがダメと言われ，お店の食堂の引き出しに入れておいた（9月6日付岩本③）

というのも，上の筋書の延長上では無理がない。こうして「奥さんとの関係」という動機の線上でなされた第Ⅰ期のくり小刀入手経路の供述は，一見，それなりに納得できる。

　しかし，ここで注意しなければならないのは，「嘘の理論」で見たように，嘘は現実を下敷きにして描かれることである。なるほど「奥さんとの関係」という犯行動機を前提に，くり小刀入手の筋書を描けば，9月6日の3通の供述がいずれもその線上に出てき得るかもしれない。しかしそれは，実のところ，この供述を行なう当人が頭のなかを真白にして，その白紙の上に筋書を描くとしたらこうなるだろうというものでしかない。頭のなかにすでにⅢ・Ⅳの筋書を現実の記憶として描き込んでいる人が，その上に，第Ⅰ期自白に見るような筋書を容易に描き得るものであろうか。

　実際，請求人がⅢ・Ⅳにある通り「3月末から4月初めにかけての日曜日，沼津でこれを買って自室のベビータンスに入れていた」のが事実だったとしてみよう。その請求人が取調べの場に引き出されて，犯行を自白し，犯行に用い

た凶器は仏壇の間に捨ててあったくり小刀だと認めて，その上で「そのくり小刀はどうしたのだ」と尋問されたとき，「自室のベビータンスにおいてあった自分のくり小刀を持って行った」事実を隠す理由があるだろうか。たとえ「奥さんとの関係」を犯行動機にしていたとしても，「自分のくり小刀を持って行った」事実をそのまま供述して何ら差し支えはないし，その点をあえて「奥さんに3日前にもらった」だの，「奥さんにあずけていたものを直前にもらった」だの偽っても，有利になるようなことは何もない。

強盗・殺人・放火の大犯罪を認めた請求人が，どうでもよい抹消部分について，どうして現実の記憶を押し殺し，瑣末な「嘘」を3度にわたって重ねなければならなかったのか。真犯人の嘘としてはおよそ理解できない。

9月6日，自白へ転落したその日にくり返されたくり小刀に関するこの供述変遷は，むしろ脳裏に何ら犯行の現実が刻まれていない白紙の上だからこそ，「奥さんとの関係」を前提に構成され，再構成され，再々構成されたのではなかったか。

(3) 第Ⅰ期→第Ⅲ期への供述変遷

第Ⅰ期で二転三転したくり小刀の供述が，第Ⅲ期9月8日に再び変転する。その変転は3点にわたる。第一は，沼津の刃物店で買った時期が後にずれたことである。この点は供述上，「嘘」というより「間違い」として処理されている。第二は，9月6日付岩本③でくり小刀を買った目的として「奥さんから布地を切るとき使うナイフを買うよう頼まれていた」と供述していたものが「奥さんとは無関係で，ただ格好がよくて気に入ったので」という供述に変化する。この点は前の供述が「嘘でした」と明記されている。第三は，買ったくり小刀の置き場所として9月6日付岩本③では「お店の食堂の引き出し」としていたものが「工場内の寮の自室にあるベビータンスの中」へと変更される。これも9月8日付岩本の供述のなかで先のものが「嘘でした」と明言されている。

第一の「くり小刀を買った時期」の変遷については，供述時からすれば半年も前のことであるから，記憶の間違いということもあり得るのだが，実際にはその供述変遷の背景として，くり小刀を売ったとされる刃物店の人たちからの供述情報とのすり合わせがあったことが，その捜査状況からうかがわれる。つ

第1章　自白の変遷分析＝嘘分析──請求人の自白における供述変遷は真犯人のものとして理解できるか

まり売ったとされるお店の人たちの供述と販売時期を合わせるためには，請求人の供述を変更せざるを得なかったという事情がある。ただ，この点は本題からずれるので，これ以上触れない。

ここで取り上げたいのは，第二の「くり小刀を買った理由」の供述と，これに連動して変遷する「くり小刀の置き場所」の供述である。この２点については，いずれも供述の変遷の後，先の供述は「嘘でした」と調書上に明記している。

まず「くり小刀を買った理由」の供述変遷から見る。第Ⅰ期（９月６日）の最終調書では，くり小刀は本件と無関係に，奥さんに頼まれて買ってきたものだと供述していた。しかし，第Ⅲ期になって「奥さんとの関係」が撤回されたために，連動してくり小刀を買った理由も変更される。９月８日付岩本には次のように供述されている。

> 刃物を買った目的ですが，今までの調べで，奥さんから布地を切るとき使う切れそうなナイフがあったら買ってきてくれと頼まれたので買って来たと申上げましたが，あれは嘘です。奥さんから頼まれもしないのに，どうしてあのようなことを云ったのかというと，この事件をやった原因が私と奥さんと肉体関係があったと嘘を云って来た関係で刃物も奥さんと結びつけた方がいいだろうと自分で勝手に考えて作った話です。刃物を買いにいったいきさつまでごまかしてお手数をかけたりして申し訳ありません。

ここで請求人は「嘘」を認め，その上で「（動機の嘘との関係で）刃物も奥さんと結びつけた方がいいだろうと」と思って勝手に考えて作ったのだと説明している。「嘘」と認め，「嘘の理由」まであげている点で，一応訂正の体裁は整っている。しかし，これまたたんなる修辞である可能性を否定できない。先に指摘したように，請求人が本件とは無関係に買って持っていたものならば，そのこと隠して嘘を言う理由は少しもない。実際，上の引用に続けて，くり小刀を買った「真」の理由として，次のように供述している。

> この刃物を買った目的は沼津の金物屋をみるととても格好がいいというか型がきれいで気に入ったので欲しくなり，中瀬の兄貴がよく木の根っこを拾ってきて色々の形を作っているので場合によっては兄貴にくれてやっても喜ぶだろうし，自分が

●第2部● 自白の供述分析

持っていても何か使いみちがあり無駄にはならないだろう，と思って買ったものです。

この理由自体には何らやましいものはなく，これを隠そうという気になるものではない。他方，ではくり小刀の購入を積極的に「奥さんとの関係」に結びつけるメリットがあったのかというと，それも考えがたい。とすれば，請求人にとってこれは自らの刑責と関わらないたんなる作り話ということになる。奇しくも上の供述引用部分でも「自分勝手に考えて作った話です」と述べている。しかし脳裏に現実の記憶があったならば，こうした「作り話」をする必要はまったくなく，記憶のままに供述してよかったはずである。こうした「作り話」をしたこと自体が，請求人の記憶がこの点について「白紙」だったことを端的に物語っているのではないか。そして実際，第Ⅲ期に「奥さんとの関係」が撤回されると同時に，この「作り話」もまた簡単に撤回されている。

「くり小刀の置き場所」の供述が連動して変遷している点も，仮説Aで説明するのは難しい。9月9日付吉村検面の筋書通り，3か月前に自分で買って「工場2階（寮）の自室のベビータンスの中」に置いておいたのならば，それまでなぜ「専務宅の食堂の自分の引き出し」に入れておいたなどと言うことになったのか。このことを述べた9月6日付岩本③の供述は，こんなふうになっていた。

　　（くり小刀を買って帰った日の翌日，お店に味噌を持っていったとき）調度奥さんがいたので，みそを渡すとき「小刀を買って来たが」というと「そうかね，悪いけえ持って来て」というので寮に帰り自分のボストンバックの中からくり小刀を出して奥さんのところに行き「これです」と云って見せると「これじゃあねえM男くんでも見ると困るから，あんたが持っててちょうだい」と言ったので店の食堂の自分のひき出しの中に入れておきました。

「自室のベビータンス」に入れておいたのが「真」なら，どうしてこのように具体的で詳細な嘘をつかなければならなかったのか。この「嘘」にも，それをつかなければならない理由がない。請求人が真犯人として，自分で買って来たくり小刀を自室のベビータンスに入れていたというのが「真」ならば，差し支えのない限り，脳裏に刻んだその記憶をそのまま供述するのが自然であるし，そう供述して差し支えのある事情はいっさいなかったのである。

第1章　自白の変遷分析＝嘘分析——請求人の自白における供述変遷は真犯人のものとして理解できるか

(4) まとめ

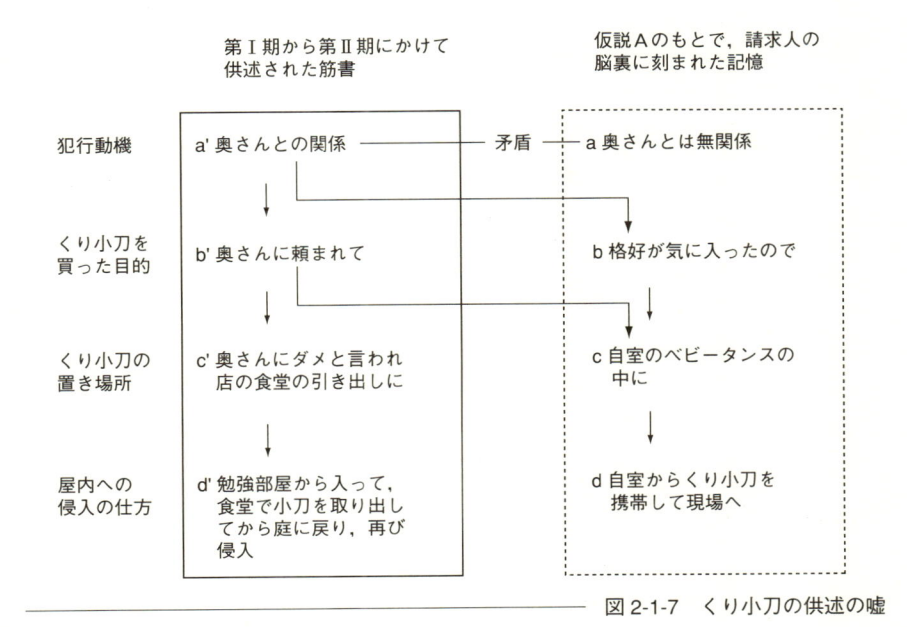

　話が少々煩雑になったので，このあたりのことを図にしてみると図2-1-7のようになる。第Ⅰ期から第Ⅱ期にかけてくり小刀に関わる請求人の供述の筋書は，実線で囲んだような流れになっていて，このいずれもが仮説Aに照らせば「嘘」でなければならない。本当の動機を偽って「奥さんとの関係」を動機とし（a'），それゆえに「奥さんに頼まれてくり小刀を買った」のだと偽り（b'），さらに「奥さんにダメと言われたので店の食堂の引き出しに入れておいた」と偽り（c'），さらに犯行時には「いったん食堂までいってくり小刀を取り出してから庭に戻る」という複雑な嘘をつく（d'）。a'→b'→c'→d' と，この4つの「嘘」が連ねられたというわけである。しかしこれは「奥さんとの関係」を前提にすればおのずと論理的に演繹されるものかというとそうではない。「奥さんとの関係」を動機としておいた上で（a'），くり小刀購入についてはそれと無関係に「格好が気にいったので」買い（b），「自室のベビータンスの中に」入れておいた（c），それで犯行時にこれを取り出し現場に出向いた（d）との「真」（仮説Aのもとでの）の記憶を語ることもできた（図中，a'→b→c→d）。

	第Ⅰ期から第Ⅱ期にかけて供述された筋書		仮説Aのもとで，請求人の脳裏に刻まれた記憶
犯行動機	a' 奥さんとの関係	——矛盾——	a 奥さんとは無関係
くり小刀を買った目的	b' 奥さんに頼まれて		b 格好が気に入ったので
くり小刀の置き場所	c' 奥さんにダメと言われ店の食堂の引き出しに		c 自室のベビータンスの中に
屋内への侵入の仕方	d' 勉強部屋から入って，食堂で小刀を取り出してから庭に戻り，再び侵入		d 自室からくり小刀を携帯して現場へ

図 2-1-7　くり小刀の供述の嘘

あるいは「奥さんとの関係」を動機としておき（a'），その上で「奥さんに頼まれて」くり小刀を買ったとの嘘を言った（b'）としても，その上で奥さんにダメと言われて「自室のベビータンスの中に」入れておいた（c），それを犯行の際に取り出して携帯して現場に出向いた（d）とすることも可能であった（図中，a'→b'→c→d）。

a'→b'→c'→d' というように「嘘」（というより作り話）を4重に重ねる以外に，a'→b→c→d，a'→b'→c→d の可能性がある。いや可能性があるというにとどまらず，「嘘は現実を下敷きにして構成される」ものであることを考慮すれば，後二者に不都合がない限り，真犯人の供述としてこちらの方がよほど自然であろう。仮説Aに立ってみる限り，a'→b'→c'→d' の供述は嘘でしかないのだが，犯人はここで犯行動機は除いて，くり小刀に関する限りで「真」の供述（b→c→d）をしてもいっこうに不都合がない。にもかかわらず，あえて「真」の記憶に目をつむり，作り話を重ねたということになる。全面自白してしまっている請求人が，今さらどうしてそのようなところで，些細な，しかし複雑な嘘をつかねばならないのであろうか。

他方，仮説Bに沿って請求人の脳裏がくり小刀に関して白紙であったと考えれば，「奥さんとの関係」が動機として供述された後は，それに引きずられてその後の筋書がa'→b'→c'→d' と構成されていくのは極めて自然なものと考えられる。また，こうして構成された「作り話」が，「奥さんとの関係」が動機からはずれることによって，「嘘」だったとして訂正されることになるのも十分に了解できるところである。

2. 屋内に侵入する仕方の嘘

くり小刀の供述については，実はもう1点，そこから連動して奇妙な供述がある。これについても触れておかなければならない。

先に見たように第I期の9月6日付岩本③で，請求人は「奥さんに頼まれてくり小刀を買ってきたが，これではダメと言われて，食堂の自分の引き出しに入れておいた」との供述をしていた。これを受けて，第II期の犯行筋書は現場への侵入状況が大きく左右されている。実際，犯行にとりかかるとき，凶器が自室にあるか，お店（現場の専務宅）の食堂にあるかによって筋書は当然にし

第1章　自白の変遷分析＝嘘分析──請求人の自白における供述変遷は真犯人のものとして理解できるか

て変わるからである。そしてこの供述の連動が，さらには第Ⅲ期自白の筋書にも波及していく。

(1) くり小刀の置き場所の嘘から連動した犯行筋書上の嘘

　問題は，9月6日付岩本③において「沼津で買ってきたくり小刀を，お店の食堂の自分の引き出しに入れておいた」と供述したところに発する。この供述は第Ⅲ期の9月8日付岩本で「嘘でした」と撤回されることになるのだが，その前の9月7日付岩本の自白（第Ⅱ期）ではこの供述が前提となって犯行筋書が組まれている。そこに焦点を当てて考えてみる。この時点では次の2つの条件が満たすべき前提となる。

　a　請求人の供述によれば，凶器のくり小刀を沼津で買って奥さんに見せ「ダメ」と言われたので，お店の食堂の自分の引き出しに入れておいた。
　b　事件後の現場検証によれば，中庭の勉強部屋入口引き戸の前には，従業員に支給していた雨合羽上衣が落ちていて，その雨合羽の右ポケットから，くり小刀のさやが発見された。

この2つの条件のうち条件bから，雨合羽およびそのポケットのくり小刀のさやが本件と関連しているとすれば，「犯人は雨合羽を着，くり小刀を携帯して中庭から勉強部屋に入る前にくり小刀のさやを抜いてポケットに入れ，雨合羽を脱いだ」との筋書が出てくる。これが真実を射当てているのか（仮説A），それともそうした推理がなり立つがゆえに，その推理に沿った追及がなされ，それに沿って供述がなされたにすぎないのか（仮説B）。そのいずれかは不明として，とにかく請求人の調書にはこの推理と合致する筋書が録取されている。たとえば9月6日付岩本①にはこうある。

　　（屋根伝いに）中庭に降りると中庭を通り勉強部屋の一番右側の硝子戸のところから家の中に入りましたが入る前に入ったところの近くの中庭に，着て行った雨合羽を抜き捨てました。そのときさやに納めてあった刃物の中身を抜いて右手に持ちました。

　　刃物のさやは雨合羽の左ポケットに入れておきました。

　この供述中「雨合羽の左ポケット」となっている点は，証拠と合わず，後に

修正されていくのだが，それはさておき,「勉強部屋の硝子戸から屋内に侵入する前に，くり小刀のさやを抜き，雨合羽を脱いだ」との供述が記されている。条件 b を本件犯人の行為の結果と考える限り，これは動かせない供述要素となる。現に，この供述要素そのものは 45 通の調書のなかで一度も揺らいでいない。ただその供述要素の前後の文脈は一定ではない。

　この同じ供述要素を組み込んでの最初の供述変更が行なわれるのが，翌 9 月 7 日付岩本である。ここでは「くり小刀はお店の食堂の自分の引き出しに入れた」との先の条件 a が前提となる。とするならば，専務宅の敷地に侵入し，中庭から屋内（お店）に入るとき，犯人はまだくり小刀を手にしていない。つまり，くり小刀をいったん食堂の引き出しから取り出してこなければ，条件 b を満たす状況が整わない。そこで中庭から屋内に入って，食堂でくり小刀を取り出して，いったん中庭に戻った後, 再び入るという「2 度入り」の事態が生まれる。9 月 7 日付岩本を見てみよう。

　　　（屋根伝いに）中庭に降りて，どこか家の中に入るところはないかと思って，みると，どこもみんな締っていましたが，勉強部屋に向かって一番右側の硝子戸が五寸位あいていたので，その戸を体が入る位にあけて，ゴム草履をはいたま〃家の中に入りました〔著者注：1 度目の入り〕。それは，家の中の様子をみながら食堂の引き出しの中に沼津で買って来た刃物が入れてあるのでそれを持とう思ったので取あえず入ったのです。勉強部屋から食堂のところの硝子戸をあけて食堂に入り，食堂の自分の引出しから刃物一本を取出して一旦中庭に出ました。それは，みんな，寝静っていて専務か姉さんを起そうと思ってみたもののいざその場になるとなかなか声が出ず中庭に出たのです。中庭に出て，お倉のひさしの下のところでやろうかどうしようか考えてみたが，腹を決めて，ここまで来たのでよし入ろうと決心して，最初に入った勉強部屋の硝子戸のところに行きました〔著者注：2 度目の入り〕。勉強部屋に入るについて着ていた雨合羽を脱ぎましたが，そのときさやだけ合羽の右だか左だかよく覚えていませんポケットに入れました。

　この 9 月 7 日付岩本調書には手書きの図面も添付されている（図 2-1-8）。この図面に請求人は侵入の順路を書き込んでいる。順路を追えば，裏木戸の横の木から屋根に上がり，中庭に降りて，中庭から勉強部屋に入り，食堂まで行っ

第1章　自白の変遷分析＝嘘分析──請求人の自白における供述変遷は真犯人のものとして理解できるか

て，そこにおいてあるくり小刀を取りに入り，いったん中庭に戻って，今度はくり小刀のさやを抜き雨合羽を脱いで入る流れが見える（図中この部分を太線でなぞっている）。ここでも「くり小刀のさやを抜いて雨合羽を脱ぐ」という供述要素そのものは維持されるが，この筋書ではそれが「2度入り」という文脈のなかにはめ込まれている。

先の条件 ab がともに真実であるならば，この「2度入り」は論理的にこれしかあり得ない唯一の筋書ということになる。ところが，このうちの条件 a の方は第Ⅲ期 9月 8日付岩本で，「奥さんとの関係」が消えると同時にあっさり「嘘でした」として撤回される。

仮説 A のもとで，

　　　条件 a × 条件 b → 2度入り

となるのは必然的な結果であったところ，条件 a が撤回されたとなると，「2

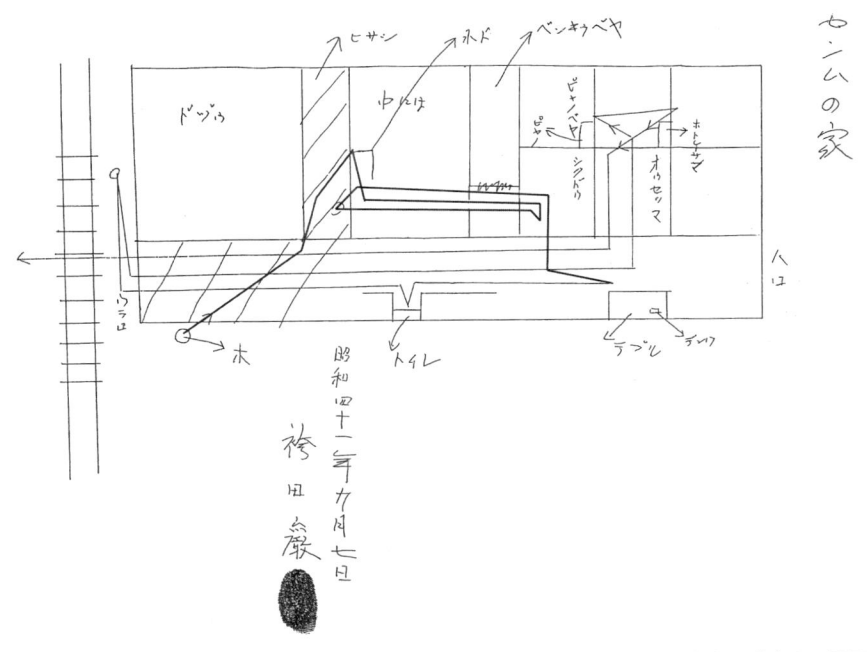

図 2-1-8　9月 7日付調書に添付された請求人の手書きの図面
図中の太線部分は 2度入りを示すために著者がなぞったもの。

度入り」の供述も撤回されるのが道理である。そして実際，その後に来る9月8日付岩本では，明示的ではないが，ほぼ「2度入り」を撤回したといってよい内容になっている。

　この9月8日付岩本は筋書全体を通しで供述したのではなく，前回までの供述を訂正したり，要所要所を補充した中身になっているために，「雨合羽を脱ぐ」前後の脈絡は必ずしも明確ではないのだが，ともあれそこにはこうある。

> （雨合羽を変装用に着て現場に行ったと述べたあと）それなら，雨合羽を店に入るときどうして脱いで入ったかというと，あんなもの（雨合羽のこと）を着て行ったらゴワゴワ音がして店のものに見つかってしまうということと，店に入ったとき，あんなものを着ているときゅうくつというか，体が自由に動けないので自分の体を軽くするために脱いで入ったようなわけです。

　前日の「2度入り」を否定して「間違いでした」とか「嘘でした」とは言っていないのだが，上の供述が「2度入り」を想定したものでないことは，文脈から見て明らかである。「あんなもの（雨合羽のこと）を着て行ったらゴワゴワ音がして店のものに見つかってしまう」という言い方は仮定法で，「実際にはそうしていないのだが，もしそうすれば」という趣旨であるし，その後ろの「店に入ったとき，あんなものを着ていると…」というのも同じである。つまり上の供述は「雨合羽を着ては屋内に入らなかった」ことを含意しているものといってよい。したがって，9月7日付岩本の供述のうち「くり小刀を食堂の引き出しにおいていた」と述べたのが「嘘」だったと認めた以上，そこでは「2度入り」も自動的に消えたものと考えるべきであろう。

　ところが，このように9月8日時点で消えたはずの「2度入り」が，取調官が検察官に変わった9月9日付吉村検面のなかに，その中身を変えたかたちで再登場する。問題の場面は次のように供述されている。

> （屋根伝いに中庭に降りて）あたりを見廻したところ中庭に面した勉強部屋の右端ガラス戸が少し開いていたので，そのガラス戸をこっそり開けて勉強部屋に入り，その奥の食堂との境のガラス戸を開けて食堂に入り，そこから土間に出ました。そして，土間をこっそり歩いて応接間に入り応接間で寝室の気配をうかがいましたが，

起きてくる様子がなかったので応接間と仏壇のある部屋との境の障子をこっそり開けて部屋の中をのぞきましたが仏壇の前にも他のところにも金袋は見えませんでした。その時寝室の方や，ピアノのある部屋の方を見ましたが寝室と仏壇のある部屋との境は開いていました。ピアノのある部屋と仏壇のある部屋との境も開いていました。このようにしてしばらく様子をうかがっていましたが，体を動かすと合羽が，ごわごわ音をたてるので，見つかってはいけないと思って，入って来た道を通って，いったん中庭に出ました。そして土蔵の前のひさしの下にしゃがんでもう一回入ろうかどうしようか考えましたが，やっぱり金が欲しかったので，もう一回入って捜そうと思い，立ちあがってパジャマの腹に差し込んであったナイフを抜いて右手に持ち，さやを合羽のポケットに入れて合羽を脱ぎ勉強部屋の入口の前にそっとおき，先に入った入口から勉強部屋に入り，先程と同じところを通って応接間に行き，また仏壇のある部屋をのぞいてみましたが，なにもなかったので……（あと土間の物色へ移る）。

供述の細部は別にして，請求人の動きのみを見ると，これは歴然たる「2度入り」である。最初は雨合羽を着たまま，くり小刀のさやも抜かずに入り，しかし「体を動かすと合羽が，ごわごわ音をたてるので，みつかってはいけないと思って」いったん中庭に戻り，そこから2度目に改めてくり小刀のさやを抜き，雨合羽を脱ぎ捨てて入るということになっている。

9月7日付岩本の供述で「お店の食堂の自分の引き出しに入れておいたくり小刀をまず取って来て，犯行に及んだ」と述べていたのが「嘘でした」として翌9月8日付岩本で消えたはずの「2度入り」が，いったいどうして復活することになったのか。それもまったく同じものが復活したというのではない。「2度入り」の構図そのものは同じなのだが，その構図を埋める具体的内容が異なる。なぜこのように奇妙なことが起こったのか。

(2)「2度入り」供述の分析

この部分の供述変遷を図にして整理しておく（図2-1-9）。請求人の供述には2つの種類の「2度入り」筋書がある。行動の構図は同じだが，2度入りになった理由が異なる。つまり「2度入り」1では「雨合羽を着たまま屋内に入り，

● 第2部 ● 自白の供述分析

食堂においていたくり小刀をとって，いったん中庭に出てから，そこでくり小刀のさやを抜き，雨合羽を脱ぎ，再び家屋内に入った」(9月7日付岩本) のに対して，「2度入り」2では「雨合羽を着たまま屋内に入り，金袋を探すが，雨合羽がごわごわ音をたてるので，いったん中庭に出てから，そこでくり小刀のさやを抜き，雨合羽を脱ぎ，再び家屋内に入った」(9月9日付吉村検面) という。それぞれを単独で読めば，それなりに理屈の通った流れになっているのだが，問題はこの供述変遷をどのように考えればよいかである。

　この問題を解くために，ここでも2つの仮説を検討しなければならない。1つは仮説Aのもと，請求人を真犯人として後者の「2度入り」2が真実だとするものである。原第一審の確定判決には，この「2度入り」について表向き認めた文言はないのだが，これを否定する文言もない。したがって基本的に9月9日付吉村検面の内容，つまり「2度入り」2を前提においているものと考えなければならない。もう1つは，仮説Bのもと請求人は無実で，取調官から追及されるまま，自分なりに犯行筋書を想像で語ったけれども，それがうまく

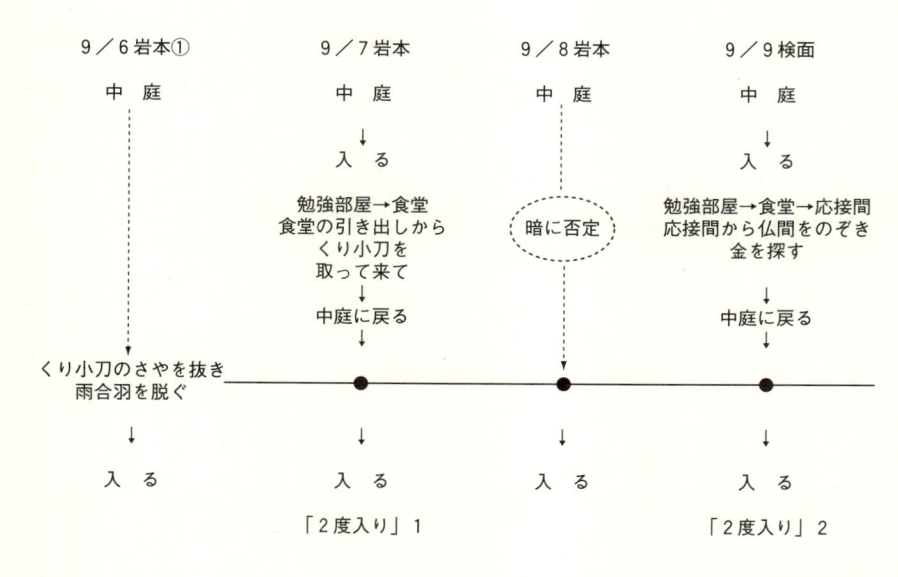

9/6岩本①	9/7岩本	9/8岩本	9/9検面
中庭	中庭	中庭	中庭
↓	↓	↓	↓
	入る	入る	入る
	勉強部屋→食堂 食堂の引き出しから くり小刀を 取って来て ↓ 中庭に戻る	暗に否定	勉強部屋→食堂→応接間 応接間から仏間をのぞき 金を探す ↓ 中庭に戻る
くり小刀のさやを抜き 雨合羽を脱ぐ	●	●	●
↓	↓	↓	↓
入る	入る	入る	入る
	「2度入り」1		「2度入り」2

図2-1-9 「2度入り」供述の変遷

第1章　自白の変遷分析＝嘘分析──請求人の自白における供述変遷は真犯人のものとして理解できるか

いかず，犯行筋書が転々とした結果として2種類の「2度入り」ができてしまったというものである。このいずれの仮説が「2度入り」の供述変遷をよりよく説明するのか。1つずつ検討しよう。

①仮説Aのもと，「2度入り」2を「1度入り」で偽ることはあり得るか

　ここでの供述変遷は，最初「1度入り」から始まって，「2度入り」1，そして「2度入り」2へと進んでいるのだが，もし仮説Aが正しいのならば，請求人の脳裏には，体験記憶としてまず「2度入り」2があって，その上で最初「1度入り」で供述し，ついで「2度入り」1の嘘をついたということになる。しかしこのような嘘はあり得るのか。

　まず「2度入り」2が事実だとして，その上で「1度入り」を供述することがあり得るかどうか。これについては，現実問題としてあり得ないとはいえない。たしかに「2度入り」を「1度入り」と偽ったとしても，全面自白している請求人にとって何の利益もない。それゆえこの点で嘘をつく積極的理由はない。しかし，屋内への侵入状況そのものは本件犯行の周辺部分であって，証拠を説明する上で「勉強部屋の硝子戸から屋内に侵入する前に，くり小刀のさやを抜き，雨合羽を脱いだ」との犯行要素は欠かせないとしても，「2度入り」は証拠と無関係であるがゆえに，追及が向けられなかったとも考えられるし，請求人の側でもあえて言う必要はなかったとも考えられる。

　こう考えれば，「1度入り」の供述は，嘘の理由の点からは理解が難しいが，請求人＝真犯人が適当に取捨して供述した結果として，あり得ないことではない。

②仮説Aのもと，「2度入り」2を「2度入り」1で偽ることはあり得るか

　次に，「2度入り」2が事実で，請求人はこれを記憶に刻んでいるのに，偽って「2度入り」1の嘘をつくということはあり得るだろうか。もし請求人が「2度入り」2を脳裏に刻んでいて，その上で9月7日付岩本で「2度入り」1を意識的に虚偽構成したとすれば，その心理過程は次のようにならなければならない。

　a　まず「2度入り」2の記憶のうち「2度入った」という形だけを，真実として自白することを選ぶ。
　b　その上で，この構図を埋める中身については「お店の食堂の自分の引き

出しにおいていたくり小刀を取りに入った」という嘘をあえて構成して供述する。
　c　さらにb過程の布石として，前日9月6日に，「2度入り」に連動的につながる嘘，つまり「くり小刀をお店の食堂の自分の引き出しに入れておいた」との嘘を用意しておく。

　このa，b，cがあって初めて，9月7日付岩本の「2度入り」1の嘘を意識的につくことができる。しかしその一つひとつを検討してみると，そこにはいくつかの思考の倒錯がある。

　第一に，aに見るように「2度入り」のかたちだけを認める理由がない。まず「2度入り」を示すような客観的な証拠状況は存在しない。たとえば目撃者などがいて「2度入り」が証拠によって確定していたのであれば，その「2度入り」のかたちだけは先に認めて，その説明のために虚構でいろいろ理由を構成することもあり得るかもしれない。しかし，証拠上「2度入り」でなければならない事情はどこにもない。

　第二に，もし「2度入り」のかたちだけは認めなければならない事情があったとしても，bに見るように，「2度入り」の中身まで偽らなければならない理由がない。そもそも「2度入り」1であれ「2度入り」2であれ，罪の軽重にはまったく関わらないのであるから，こんなところで苦労して嘘を立てる理由はない。

　第三に，たとえその心理的理由があったとしても，供述変遷の経過を見れば，この嘘の構成自体が逆行的で，およそ不可能というべきである。「2度入り」2を実際に行なった人の立場で考えてみよう。その人は9月7日付岩本の取調べで，頭のなかに「2度入り」2の記憶があるにもかかわらず，その具体的な内容を偽って「2度入り」1の供述を虚偽構成し，さらにその前提として，前日の9月6日付岩本③には，「奥さんに頼まれてくり小刀を買い，ダメと言われて，お店の食堂の自分の引き出しに入れておいた」という虚構を用意していたということになる。それによって初めて「2度入り」1における「食堂にまで入って，いったん戻る」理由づけが用意できるのである。つまり9月7日に「2度入り」のかたちだけは正直に自白したとして，その中身を「2度入り」1のように虚偽構成するために，前日の時点で，「くり小刀の置き場所を食堂の引き出しと

第1章　自白の変遷分析＝嘘分析──請求人の自白における供述変遷は真犯人のものとして理解できるか

する」という嘘の布石を置いておいたことになる。しかし，そのようにあらかじめ嘘の布石をおいて，2段階で虚構構成するなどということは，よほどの状況がなければあり得ないし，またそのような必要性はまったくない。では，そうした布石としてではなく，「くり小刀の置き場所」そのものを「食堂の引き出し」にしなければならないような理由が，別に独自にあったかというと，前に分析した通り，これもまたあったとはいえない。

こうして見れば，仮説Aのもとで，請求人が「2度入り」2を体験記憶として脳裏に刻んでいて，そこを偽って「2度入り」1の虚偽構成することはあり得ないといわなければならない。

③仮説Bのもとでこの供述変遷はあり得るか

では，9月7日付岩本と9月9日付吉村検面とが，その内容を異にしながら「2度入り」のかたちのみ一致するようになったのはどうしてなのか。次に仮説Bに立って，無実の請求人が自白に落ち，白紙から虚偽構成した結果として，この供述変遷を理解できるかどうかを検討する。請求人は9月6日に強盗・殺人・放火のすべてを認めた全面自白に落ちたが，請求人が無実であるとすれば，犯行筋書については体験記憶がない以上，白紙から虚偽構成する以外にない。そうして最初は「1度入り」，ついで「2度入り」1，そしてこれをいったん暗に否定して，結局は「2度入り」2となるという供述変遷が，あり得るかどうか。

まず9月6日から9月8日までの供述過程を追ってみよう。すでに分析したところとかなり重複するが，全体としてまとめてみよう。

請求人が逮捕から19日間否認を通してきたが，いよいよ耐え切れずに「私がやりました」と自白する（9月6日付松本①）。そこで取調官から動機を追及される。一家4人殺しという大事件で，当初捜査陣の間では何らかの怨恨や痴情関係が疑われていたこともあって，その追及のなかで請求人が犯行動機として「奥さんとの関係」が供述することは十分あり得た（9月6日付松本②）。また凶器は現場に落ちていたくり小刀だと想定されたことで，このくり小刀はどうしたのだとの追及を受け，それに対して請求人が，動機として語った「奥さんとの関係」を念頭に，「奥さんからもらった」と供述するのは自然である（9月6日付松本③）。しかし一方で，捜査の結果，請求人らしい人物が沼津の刃物店でくり小刀を買ったとの情報があって，これを請求人に追及したと考えら

れる。そこで「沼津で買って預けておいたものを直前にもらった」（9月6日付岩本①）と供述した。この時点で「2度入り」の話が出る余地はなく，ここはあくまで「1度入り」である。

ところが，くり小刀を買った時期を追及され，それが3か月ほど前の3月のことだという情報を聞いて，「3か月ほど前，奥さんに頼まれて沼津で買った」と供述し，何に使おうとして買ったのだと言われて，本件のことがまだ念頭にない，ずいぶん前のことだったので，「布地を切るナイフを買って来てほしいと頼まれた」のだと供述する（9月6日付岩本③）。これもまた十分に想像で語れる中身である。さらには，買ってきてから3か月もの間くり小刀はどこにあったのかと追及されて「奥さんにダメだと言われて，お店の食堂の自分の引き出しに入れておいた」（9月6日付岩本③）というのも想像の範囲内にある供述である。

このようにしてくり小刀の置き場所を供述した上で，翌日の9月7日，奥さんに頼まれて放火するという犯行筋書Ⅰが撤回され，現場への侵入からすべて単独で行なわなければならないことになって，請求人はあらためて，犯行にあたって凶器のくり小刀をどうしたのだと追及を受けることになる。そこで「お店の食堂の自分の引き出しに入れておいた」という前日の供述を前提にし，また中庭にあった雨合羽にくり小刀のさやが入っていたとの情報を念頭におけば，「雨合羽を着て，いったん食堂まで入ってくり小刀を取り出し，中庭に戻って，くり小刀のさやを抜き雨合羽を脱いで再び入った」（9月7日付岩本）という「2度入り」1の供述がおのずと出てくることになる。

ところが翌日の9月8日，奥さんとの関係を前提としていた犯行筋書Ⅰ，Ⅱが撤回され，「奥さんとの関係は嘘」だったと認めたことで，くり小刀の入手経路もまた供述を変更せざるを得なくなる。つまり奥さんに頼まれて買ったという話は嘘だったとして取り下げられ，今度は単独で「くり小刀は格好が気に入ったので」買ったという話になり，置いていた場所も「食堂の引き出し」である必要がなくなって，改めて「くり小刀は自室のベビータンスに」入れておいたと供述し，「食堂の引き出しから取り出したというのは嘘」であったということになる（9月8日付岩本）。

ここで「2度入り」の筋書は必然性を失い，いったん消えたかに見えること

になる。こうして見ると，少なくとも9月6日から9月8日付岩本の供述に至るまでの過程については，本件について体験記憶のない人でも，自白へと転落して「犯人に扮する」ことを引き受けてしまえば，十分に考え得るものであることが理解できる。

その上で9月9日付吉村検面で「2度入り」が再び登場する。これについては，やはり9月7日付岩本の「2度入り」1が下敷きになったと考える以外にない。実際，「2度入り」のかたちを下敷きに，なぜ「2度入り」するのかの理由を後付けで考えれば，「2度入り」2の筋書は容易に描ける。

(3) 9月9日付吉村検面の「2度入り」2の意味するもの

先に見たように，真犯人が「2度入り」2の記憶を刻み込んでいて，その「2度入り」の形式だけを維持して，内容をすり替え，「2度入り」1を虚偽構成することはあり得ないのだが，その逆は十分あり得る。つまり前項で整理したように，白紙の上にいったん「2度入り」1の筋書を構成した後，その筋書が他の供述要素（動機など）の変更によって破綻したとしても，もとが白紙であるがゆえに，虚構であれ1度描き込まれた筋書は何らかの影響力を残す。実際，先に供述した虚構の筋書が崩れても，被疑者がなお自白を維持する以上は，別の何らかの犯行筋書を考えざるを得ない。そもそも無実の人が想像で犯行筋書を構成していくことは容易な作業ではない。その容易ならざる作業をこなす上で，いったん考えた筋書が崩れてそこを考えなおさなければならないとき，崩れた筋書の断片でも，使える範囲で使おうとする。「2度入り」1の内容は，犯行動機などの供述変遷によって維持できなくなったが，「2度入り」そのものがそれによって破綻したわけではなく，違う内容を盛り込めば利用可能なのである。そう考えたとき，9月9日付吉村検面の取調べで，前々日の9月7日付岩本調書に引きずられた可能性は小さくない。それにまた，この可能性を強める要因がいくつかある。

第一に，9月7日付岩本の「2度入り」1の筋書は動機の供述変遷によって明らかに破綻したのだが，9月8日付岩本の調書上はその点が曖昧にすまされている。つまり「2度入り」1の筋書は，供述の流れからして当然撤回されたはずなのだが，調書上具体的な文言によって明示的に撤回，訂正されてはいな

い。この点，9月6日～8日にかけてこの供述変遷につきあってきた取調官岩本広夫は承知していたはずである。ところが9月8日付岩本の暗示的撤回を受けて，次に犯行全体の供述を録取したのは9月9日付吉村検面の吉村英三検事であった。この時「2度入り」の形式だけが，請求人本人によってか，警察官から引き継いだ検察官自身の思い込みに引きずられてか，何らかのかたちで残存した可能性がある。

第二に，9月7日付岩本調書には3枚の図面が添付されていて，その1枚が「センムの家」の中をどう動いたかの犯行経路を描いた前出の図 2-1-8 であった。そこには屋根伝いに中庭に降り立ったあと「2度入り」した経路がはっきり描かれていた。最初の「2度入り」1の筋書の撤回・訂正が曖昧にされたまま，この図面のみが一人歩きした危険性がなかったかどうか。図面が一人歩きすれば，「2度入り」はその具体的内実とは別に，犯行の経路として，形式だけが引き継がれていくことになる。

そして第三に，最初の「2度入り」1から「2度入り」2への曲がり角となった9月8日付岩本で「雨合羽を脱いだ理由」としてあげられたものが，脈絡をすり替えたかたちで9月9日付吉村検面に引き継がれていることも注目に値する。9月8日付岩本のその部分を再度引用して示す。

> 店に入るときどうして脱いで入ったかというと，あんなもの（雨合羽のこと）を着て行ったらゴワゴワ音がして店のものに見つかってしまうということと，店に入ったとき，あんなものを着ているときゅうくつというか，体が自由に動けないので自分の体を軽くするために脱いで入ったようなわけです。

ここで「あんなものを着て行ったらゴワゴワ音がして……」とか「あんなものを着ているときゅうくつというか……」と供述しているのが仮定法的な用法であって，実際にその雨合羽を「着て入った結果，ゴワゴワ音がして」とか「実際きゅうくつだった」とかいった現実体験を語ったものでないことは先に指摘した（168頁）。ところが9月9日付吉村検面では，雨合羽を脱いだ理由として，まったく同じ理由をあげながら，そこでは仮定法的に「～したら～なるので」ではなく，「実際にした結果～だった」のでというかたちで理由づけがなされている。これもまた再び引用しよう。

第 1 章　自白の変遷分析＝嘘分析——請求人の自白における供述変遷は真犯人のものとして理解できるか

（中庭から勉強部屋を通って侵入し応接間から仏壇の間をのぞいているとき）このようにしてしばらく様子をうかがっていましたが，体を動かすと合羽がごわごわ音をたてるので，みつかってはいけないと思って，入って来た道を通って，いったん中庭に出ました（その後2度目の侵入の際くり小刀のさやを抜き雨合羽を脱ぐ）。

　9月8日付岩本では「2度入り」を事実上否定したなかで，「雨合羽を着て行けばゴワゴワ音がして見つかるだろうから」という理由で勉強部屋の戸から入る前に脱ぐ。ところが9月9日付吉村検面では「雨合羽を着たまま屋内に入って応接間まで行って様子をうかがったが，雨合羽がゴワゴワ音を立てるので，いったん中庭に出て」，再度侵入するとき勉強部屋の戸の前で脱ぐ。このように雨合羽を脱ぐ理由が微妙に，しかし明確にずれている。ここのところに「2度入り」の撤回・訂正を曖昧にしたままの9月8日付岩本調書の内容を，9月9日付吉村検面が引きずっている形跡を認めることができる。

　因みに雨合羽を脱いだ理由としては，それまで
　　9月6日付岩本①——触れず
　　9月7日付岩本——「一寸暑く感じたので」
としていて，「ゴワゴワ音がする」という理由をあげたのはこの9月8日付岩本が初めてであり，9月9日付吉村検面がその影響を受けた可能性は高い。

　9月9日付吉村検面に語られた犯行筋書全体のなかで見たとき，中庭から屋内に侵入する際「2度入り」したなどという供述要素は，犯行の全体の流れにも無関係であり，捜査官が入手している証拠・情報にも関わらないという意味で，どのように語られても差し支えがない，いわば余剰部分である。そこにおいて「1度入り」→「2度入り」1→「2度入り」2という供述変遷があり，しかもそれが犯行動機という供述の中心部分の変遷に連動している。さらには「2度入り」2の理由としてあげられた「雨合羽がゴワゴワ音を立てる」という部分が，9月8日付岩本から意味をずらして引き継がれている。この事実を見れば，9月9日付吉村検面の「2度入り」2は9月7日付岩本の「2度入り」1を下敷きに，それに引きずられて誘導された結果であると考えるのが順当である。

(4) 9月9日付吉村検面が前後の員面と独立ではないこと

　上の結論に加えて1つ付言しておかねばならないことがある。それは，原第一審で唯一証拠採用された9月9日付吉村検面調書が，前後の員面調書からどこまで独立しているかの問題に関わる。原第一審判決の該当判示部分を再度引用する。

> 　　（検察官の）右取調に際しては検察事務官を立会わせただけで司法警察員を立会わせたことはないこと，とくに9月8日の取調の際には，すでに被告人は司法警察員に対して自白していたので，「警察と検察庁はちがうのだから警察の調べに対して述べたことにはこだわらなくてもいい」旨注意して取調を行ったが，これに対して被告人は「私がやりました」と述べたこと，9月8日及び9月9日の取調に際して，司法警察員作成の自白調書を参考に取調べたのではなく，またこれを取調の際机の上に置いていたのでもないこと等の事実が認められる。

　この判示の根拠は取調べ検事である吉村英三の法廷証言だけで，それ以外にこれを証明するものはない。それゆえこの判示は，検事が嘘を言うはずがないというレベルの話であって，この証言それ自体から信用性の有無を云々することは，本来できるものではない。

　司法警察員岩本広夫と吉村英三検事が録取した供述調書を照合させて見たとき，むしろそこには相互の影響関係が強くうかがわれる。前項に見たように，「2度入り」1から「2度入り」2へとかたちだけが維持され，内容がすり替えられたのは，請求人の手書きの「2度入り」の図があって，それが下敷きになった可能性を否定できないし，また「2度入り」2に盛り込まれた理由部分が，9月8日付岩本から引き継がれた可能性もまた否定できない。いや，たとえその図を見ることがなかったとしても，請求人の記憶には「2度入り」1を供述したことが刻まれていたはずで，その供述の記憶が下敷きになった可能性は排除できない。ここで検察官が員面調書を参考にして同趣旨の供述をとるべく直接的に誘導したといいたいわけではない。しかし，たとえ検察官が員面調書からの情報をいっさい遮断したかたちで取調べを行なったとしても，少なくとも取調べられた被疑者は同じ被疑者なのである。ある司法警察員の取調べやそこでの供述が，別の取調官（ここでは検察官）の取調べの場に何らかの影響を与

えないことの方が不思議である。

　上記引用の判示の趣旨は，請求人が無実ならば，検事から「警察と検察庁はちがうのだから警察の調べに対して述べたことにはこだわらなくていい」という注意を受けた程度で，自白を撤回してしかるべきであるかのように言う。しかし，被疑者が虚偽自白に陥落する心理は，それくらいで拭い去られるような単純なものではない。

　取調べ検察官が主観的にどう思って調べたかということが問題なのではない。その検察官の録取した供述調書のなかに，それ以前の員面調書の存在なくしてはあり得ない供述が刻まれているということが問題なのである。「2度入り」供述は，その意味で重要な意味をもつ。判決が，すべての員面調書の任意性を否定し，これを証拠から排除しながら，9月9日付吉村検面だけは警察官の取調べの影響を断ち切ったものとして，その証拠能力を認めたのは，この「2度入り」の供述変遷の分析結果から見ても，やはり問題だったといわなければならない。

第5節　4人の殺傷と放火

　4人の殺傷・放火は本件の中心的な犯行場面である。くり小刀でもって4人に合計40数か所の刺傷を加えて，殺し，あるいは瀕死の状態にした上で，それぞれに油を撒いて火を放ったというのである。それは想像を絶する凄惨さだったはずである。この一連の犯行を行なった犯人にとって，周辺的な些細な状況はともかく，殺傷・放火の中心部分については記憶に刻まれていると考えるのが自然である。現に，確定判決が基本的に「真」と見なした9月9日付吉村検面調書には，請求人が専務に見つかって追いつめられて，裏木戸近くで刺し殺してから，F子さん，M男くん，そして最後に奥さんを突き刺すまでの殺傷場面，そののち油をかけて火を放つ放火場面が詳細に供述されている。

　ところが，この9月9日付吉村検面以前に請求人が4人殺傷・放火場面について供述したところを見ると，ここにまた大きな供述変遷がある。記憶違いなど真犯人の錯誤と考え得るものも含まれているが，およそそうは解釈できない

大きな変遷が少なくない。以下，殺傷の場面と放火の場面に分けて検討する。

1. 殺傷場面の供述変遷と嘘

(1) 4人殺傷の順序

　勉強部屋から屋内に侵入した請求人が専務に気づかれて追われ，裏木戸に追いつめられて格闘になり，専務を殺傷するという最初の場面は，初期自白から一貫している。ところがそれ以降の3人の殺傷場面は，その殺傷順序そのものが変動する。この点の供述変遷の過程をまず確認しておこう。

めまぐるしい供述変遷の事実

　仮説Aの検討のため，ここでも9月9日付吉村検面の供述から見てみる。これを要約すれば，その筋書は大きく次の7要素に分けられる。

　①専務に見つかって裏木戸まで追いつめられ，格闘のすえ刺し殺す。

　②その時奥さんが来ていたので，「ぜにだ」と言ったところ，悲鳴をあげて奥へ逃げる。その後を追う。

　③追って行って仏壇の間に入ったところ，ピアノの部屋からF子さんが出て来たので，飛びかかって何回もめちゃくちゃに刺した。

　④そして後ろを振り向いたところ，M男くんと奥さんが立っていたので，M男くんに飛びかかったところ，M男くんは後ずさりして寝室の方へ逃げた。寝室入口付近で胸を刺し，さらに追うと，かやの上に倒れた。

　⑤M男くんが倒れる少し前に，奥さんが寝室の奥から布の袋（金袋）を3つ投げつけてよこした。

　⑥金袋には目もくれず，倒れたM男くんを刺した。

　⑦M男くんに駆け寄ってきた奥さんをめちゃくちゃに刺した。

　もし確定判決の認めた仮説Aが真実であれば，請求人は4人殺傷場面のこれら①〜⑦の要素を，この順序で体験記憶として脳裏に刻んでいたはずである。ところが，これらの要素それぞれが，それ以前の供述でどうなっていたかを見てみると，ずいぶんと変動がある。どの自白調書でも最初にくるのは①の専務との格闘－殺傷であるので，これを別として，それ以降に焦点をあてて見てみよう。

第1章　自白の変遷分析＝嘘分析——請求人の自白における供述変遷は真犯人のものとして理解できるか

9月6日付松本②　この自白調書は犯行筋書を語った最初のものである。そこには次のように供述されている。

> （専務を刺し殺したあと）そのとき後ろを見ると奥さんが自分の方を見ていたので自分も見られたと思って奥さんを追って行き夢中で奥さんを刺しました。それは裏切られたということもありました。その時は無我夢中で，自分にかえったときはすでに，奥さんが倒れておりました。F子さん，M男くんはどのようにして刺したか覚えていません。

　専務を刺し殺したところを奥さんに見られて，追いかけていく。そこはⅢの筋書，つまり9月9日付吉村検面と同じだが，その後がすっかり異なる。Ⅲでは奥さんを刺すのが最後なのに，ここでは奥さんを追って行ったその延長上で，まず奥さんを刺したことになる。おまけに後のF子さん，M男くんについては「覚えていない」というのである。つまりⅢの筋書では，①〜⑦の供述要素および4人の殺傷順序でいえば，

　　　　①—②—③—④—⑤—⑥—⑦
　　　　専務──→F子────→M男→奥さん

となるべきところ，ここでは

　　　　①—②—⑦……（③〜⑥不明）
　　　　専務──→奥さん→　？？？

というものでしかない。

9月6日付岩本①　同じ第Ⅰ期の2通目の自白調書では，上の1通目で奥さんについて「無我夢中で，自分にかえったとき…倒れていました」となっていた部分が，具体的に供述される。

> （専務を刺し殺したあと）私をみたとたん奥さんはキャーと悲鳴（ひな）って寝床の方に飛んで逃げました。私も専務をやってしまったことが奥さんに見つかってしまったので，どうにもならないと思い，追掛けて行き奥さんは寝床の近くで馬乗りになって，持っていたナイフで目茶苦茶に刺してしまいました。私が奥さんを追って行ったときに既にM男くんが奥さんのところに立っていました。奥さんを一，二回刺しているとき，そばにいたM男くんも刺しています。奥さんもM男くんも同

じ寝床のところで目茶苦茶に刺してしまいましたが、そのときは、F子さんも起きていましたが私を見て逃げたのでピアノのあった部屋の付近で同じようにナイフで何回か突刺しました。

先には、奥さんについて具体的に語れなかったところを、ここでは「馬乗りになって……」と供述し、またM男くんとF子さんについては、先にはどのようにして刺したか覚えていないと述べていたのに、ここでM男くんを奥さんと同時並行的に刺し、F子さんは最後に刺したという。前回の「覚えていません」との供述は、事実上撤回されたかたちになっている。先の番号で記せば、

    ①―②―⑦――④（⑥）―③（⑤には触れず）
    専務――→奥さん→M男――→F子

となる。前の9月6日付松本②に比べれば詳細・具体化してはいるが、Ⅲとはなお筋書が異なる。

9月7日付岩本（要約）　第Ⅱ期での殺傷場面供述は次のようになる。

 （専務を刺し殺した①あと）いったん裏木戸から出て考え、なかをのぞくと奥さんがいた。声をかけると逃げたので奥さんを追って（②）応接間から仏壇の間に入ると、F子さんが立っていた。そこで「みんな敵だ、みんなやってしまおう」という気になって、F子さんを追うとピアノの部屋のところで倒れたので夢中になって何回か刺す（③）。次にM男くんが仏壇の間に立っていたので飛びかかったところ寝室の方に逃げた。追って行くと胸を刺し、かやの上に倒れたところを何回か刺した（④⑥）。そのとき奥さんが「これを持ってって」と言って甚吉袋を投げてよこした（⑤）。甚吉袋はそのままにして、奥さんにとびかかって夢中でめちゃくちゃに刺したら、かやの上のM男くんの近くに倒れた（⑦）。

この供述で、第Ⅰ期（9月6日の2通）から流れがまた大きく変わり、

    ①―（外へ）―②―③―④―⑥―⑤―⑦
    専務　　　　――→F子→M男→奥さん

となって、殺傷順序がようやくⅢの筋書に合致することになる。
もう1点注目すべきは、奥さんが金の袋を投げてよこしたとの話（⑤）が、

第1章　自白の変遷分析＝嘘分析──請求人の自白における供述変遷は真犯人のものとして理解できるか

ここで初めて入ることである。しかし，その金の袋がⅢでのように「布小袋3個」ではなく「甚吉袋1個」であったこと，投げてよこしたのがM男くんを刺した後であることなど，まだⅢとの食い違いは残っている。これが次の9月8日付岩本で訂正されて，ここからⅢの筋書が語られていくことになる。

　本件犯行の中心である4人殺傷について，このように3日間の間にこれだけ大きな供述変遷がみられた。仮説Aによれば，真犯人が9月6日の全面自白後，なお犯行筋書について「嘘」をついていたところ，取調官のさらなる追及によって一つひとつ「嘘」がばれて，真実があらわになる過程だったということになるのだが，はたしてそのように見ることができるかどうか。

殺傷場面の供述変遷は真犯人の嘘がばれていった過程か

　上にまとめたのは殺傷順序に焦点を当てた供述変遷で，これを内容にわたって細かく見ていけば，さらに多くの変遷があるのだが，そのすべてを個々に取り上げることはできない。そこで供述変遷の大きな方向性についてのみ検討する。

　1つは，請求人が最初の犯行筋書である9月6日付松本②で，具体的に供述できたのは専務の殺傷のみで，奥さんについては「無我夢中」でしかなく，F子さん，M男くんについて「覚えていない」と供述した点である。あまりに残忍な犯行だったので，真犯人としても思い出すのを避けたいという心情がはたらいた，つまり自らの残虐行為の想起回避ともとれなくはない。「専務一家を殺したのは私です」（9月6日付松本①）と犯行をすべて認めてしまっていた犯人が，上のような「嘘」をつく理由としては，これくらいしか考えられない。

　しかし，そのような想起回避の気持ちがはたらいていたとして，具体的な殺傷場面はともかく，殺傷の順序まで偽る必要があっただろうか。9月6日付松本②では「（専務を殺すところを）見られたと思って奥さんを追って行き夢中で奥さんを刺しました」と言い，次の9月6日付岩本①ではその場面をさらに詳しく語って「追いかけて行き奥さんは寝床近くで馬乗りになって，持っていたナイフで目茶苦茶に刺してしまいました」と供述している。奥さんを最後ではなく，2番目に刺したと偽ってメリットになることは何一つない。想起回避の気持ちがはたらいていたとしても，①〜⑦の犯行要素を記憶として刻み，専務→F子→M男→奥さんの順で刺したと知っている犯人が，その順序を変え

て供述する理由はない。

　くり返し述べてきたように，嘘はいつも現実を下敷きにして語られる。犯行の流れを脳裏に刻んでしまっている犯人ならば，その現実の記憶を無視して供述することはできない。当の嘘でもってよほど大きな利害が絡んでくるのならばともかく，ここでの供述変遷など，すでに全面自白している以上，どういう順序で語ったとて利害得失に関係はない。その意味で，請求人の第Ⅰ期の供述変遷は，真犯人の嘘として理解するのが難しい。

　これに対して，請求人が無実だという仮説Bに立てばどうであろうか。この場合，請求人の脳裏には犯行の現実はなく，白紙である。その白紙の上で「私がやりました」と認めて，犯行筋書を語り出す場面を想定したとき，第Ⅰ期自白の曖昧さも，また専務の次に奥さんを刺したとの順序も，了解の範囲のなかに入ってくる。

　無実の人間であっても，身近に起った大犯罪に無関心でいることはできない。まして自分が容疑者になっていることを知れば，嫌でも関心を注がざるを得ない。現場は自分のふだんの生活空間に属していて，よく知っているし，事件後の事情聴取のなかで周辺から種々の情報を得，新聞やテレビの報道にも触れ，さらには逮捕後の取調べではさらに多くの事件情報を得ているはずである。そうして厳しい取調べに耐えかねて，いよいよ犯行を自らのものと認めたとき，自分の体験ではなくとも，犯行筋書をそれなりに語れるだけの材料はすでに手にしている。ただ自白に落ちた無実の人にとってそれは平静ではいられない大変な事態である。そんななかで「どうやったのか」と犯行筋書を追及されても，すぐさま語り出すことは難しい。取調官の追及に主導されつつ，ごく曖昧にしか答えられないのはやむを得ない。第Ⅰ期自白の「無我夢中で」とか「覚えていません」との供述は，その結果として理解することが十分に可能である。

　また殺傷順序として，専務が最初に来るであろうことは，取調官も予想したところであり，犯人役を引き受けた被疑者にも容易に想像し得たことである。1つには，専務だけは屋内ではなく，侵入経路である裏木戸の近くで倒れていた。それに，専務は一家4人のなかで最も体力に恵まれ（柔道2段だった），血気盛んな壮年の男性であった。この専務を最初に刺したとするストーリーが最も自然である。そして専務を刺したのち残り3人に殺傷行為が及ぶとすれば，

第1章　自白の変遷分析＝嘘分析——請求人の自白における供述変遷は真犯人のものとして理解できるか

　深夜起き出して暴漢を追った主人を気遣い，奥さんが現場を見に行って犯人に見つかったとするのが，想像しやすい流れであろう。現にここまでの流れは，請求人の自白において変遷はなく一貫している。問題はそこからである。
　奥さんが犯人に見つかって追われ，寝室の方へ逃げる。犯人はその後を追って行く。とすれば，次に奥さんを追いつめ刺し殺すというところにつながる。それが最も考えやすい。専務→奥さんの順序は，こうして容易に構成できる。ここでいったん

　　　専務→奥さん……あとは覚えず（9月6日付松本②）

との供述が出てきたとして，残り2人の順序を考えるとすれば，奥さんはM男くんと抱き合うようにして死んでいた事実からして，奥さんの次はM男くんと考えるのも，これまた自然である。そうして

　　　専務→奥さん→M男→F子（9月6日付岩本①）

という2つ目の殺傷順序ができあがる。この順序は無実の人の白紙の頭のなかでも，このようにして構成し得る。
　ところがこの殺傷順序では不都合な事情がある。問題は，本件で「金袋の金を奪われた」という事実に関わっている。本件容疑の＜強盗・殺人・放火＞のうち＜殺人・放火＞については第Ⅰ期から一応現場状況を意識した全面自白にはなっていたのだが，金を奪った＜強盗＞に関する部分が，第Ⅰ期では捜査側入手の証拠・情報を意識したものにはなっていない。
　第一に，動機の部分で「強盗に入ったように見せかけて」（9月6日付松本②）とか，奥さんの依頼どおりにすることで「多少なりとも金が入ることが分ったので」（9月6日付岩本①）とか供述されているのみで，金を強取するその動機はそこに含まれていない。
　第二に，屋内に侵入して後の行動でも「金をとる」に絡んだ部分としては，

9月6日付松本②
　　土間通路の机の抽出しからがま口を一ケ持ち出し…

9月6日付岩本①
　　（土間通路の）テーブルの上に金の入っている白い布袋と，長さ拾糎位い幅七糎位の，ナイロンで出来ているがま口一ケがあることが分り，それを手に持つ……

とあるのみである。ここでいう「がま口一ケ」は，専務の死体近くに発見されたもので，それに触れたのはそれでよしとして，問題となるのは金袋の金である。この供述では「土間通路のテーブルの上に金の入っている白い布袋」があったというのだが，この点は後のⅢの筋書と異なるし，また現場状況とも食い違っている。

　事件後の現場検証や事情聴取によると，ふだん集金担当者が集めてきた金は，地区担当ごとに白い布の金袋に入れる。事件前日はそうした金袋8個を，印鑑などを入れた布袋1個と一緒に甚吉袋に入れて，専務が事務所から自宅（お店）に持ち帰って，八畳間寝室の奥の夜具入れにしまっていた。事件後の検証では，当の甚吉袋はその夜具入れの中に焼け残っていたのだが，その中にあったはずの金の入った布袋8個のうち3個がなくなっていて，うちの2個は裏口外の線路近くに落ちているのを発見された。こうした証拠状況が，上の第Ⅰ期自白ではまったく言及されていない。真犯人としてそのことがわかっていながら，あえて言及を避けたという可能性も論理的にはあるが，そうだとしてもこれまた「理由なき嘘」でしかない。というのも「金をとった」ということ自体はすでに認め，それをC温じょう室の樽の下に隠したとか，その後一部をMFさんに預けたといったことは詳しく供述しているからである（9月6日付岩本②，9月6日付住吉）。とった金のその後の処理については詳しく供述していながら，その金を入手した方法がおよそ現場状況と食い違うというのは奇妙なことである。もしⅢの筋書のように金袋3個を「奥さんから投げてよこしてもらった」のだとすれば，これをあえて隠す理由はない。

　「金の強取」について，甚吉袋の中の8個の金袋のうち3個が奪われていたとの事実を意識した供述になっていくのは，第Ⅱ期（9月7日付岩本）からであり，そこで初めて「奥さんに投げてよこしてもらった」との供述が出てくる。ただし，投げてよこしてもらったものが，「白い布袋3個」（Ⅲでの内容）でなく「甚吉袋」となっている点が証拠状況と明らかに矛盾するのだが，これについては後にまた取り上げて論じることになる（第2部第2章第1節）。

　その点はともあれ，ここで問題にしなければならないのは，「金を投げてよこして」くれたのが奥さんだとされた点にある。専務が刺し殺された後，お店の集金袋を入れた甚吉袋の所在を知っていて，それを取り出せるのは奥さんで

第1章　自白の変遷分析＝嘘分析──請求人の自白における供述変遷は真犯人のものとして理解できるか

ある。F子さんやM男くんにも可能性はあるが，子どもがそうするのはちょっと考えにくい。もちろん，ただの住み込み工員でしかない請求人には，甚吉袋の在り処がわからないし，奥の夜具入れには物色した痕跡がない。とすれば，奥さんが甚吉袋の中の金袋を取り出して投げてよこしたとの筋書が最も自然である。

　しかし，そうだとするとおかしなことになる。犯人が奥さんに見られて後を追い，寝室まで行って，「寝床の近くで馬乗りになって，持っていたナイフで目茶苦茶に刺した」（9月6日付岩本①）のだとすれば，奥さんが奥の夜具入れの甚吉袋から金袋を取り出す機会がない。そこで「奥さんが投げてよこした」という筋書を想定するならば，専務に続いてそのまま奥さんを刺し殺したというのでは困る。そのために奥さんの殺傷順序が後に廻されることになったのではないか。

　これはあくまで推論である。しかし金袋への追及が意識的になされた第Ⅱ期に，この殺傷順序が訂正されたことの意味は小さくない。そこに連動的関係を見るのは自然なことであるし，上に見たような筋書の再構成があったと考える以外に，この供述変遷の流れを読み解くことは難しい。

　さらに言えば，9月7日付岩本では殺傷順序をこのように訂正しておきながら，訂正したというその事実を供述調書中にいっさい触れていない。先にも見たように，犯行動機や凶器入手の訂正については「前回の供述は嘘でした」との弁解がつけられていた。ところが，この殺傷順序の訂正については何らの弁解もなく，いわば黙って訂正しているのである。いや実際のところ，「嘘でした」と言ってしまえば，今度は嘘の理由が問題になるし，そこのところで行き詰まってしまうことは明らかである。他の供述変遷については「いくらかなりとも自分のためになる」と思ったとか，「自分をかばうつもりであのような嘘を言ってしまった」とか，形式的な弁解がなされているが，この殺傷順序の「嘘」については，そうした弁明がおよそ空々しい。この嘘が「自分のため」にも「自分をかばうこと」にもならないことは明らかだし，しかもそれは犯行の最も中心的な部分の嘘である。そのような嘘をつかなければならない理由は，どこにも見つからない。

　こうして見れば，9月7日付岩本調書で殺傷順序の供述が訂正され，仮説A，

● 第2部 ● 自白の供述分析

つまり第Ⅲ期の筋書に近づいたからといって，これを真犯人の「嘘」がばれていく過程だとはいえない。むしろ逆に，＜強盗・殺人・放火＞という犯行全体を説明しようとすれば9月6日付調書での＜専務→奥さん→M男→F子＞の順序では具合が悪く，論理的に変更を余儀なくされた事情がうかがわれる。

以上の分析から見て，仮説Aにはあまりに無理が多い。そこではいくつも理由のない嘘，理由のない嘘撤回を想定せねばならない。それに対して仮説Bのもとでは，「犯人になる」ことを引き受けざるを得なかった被疑者が，突きつけられた証拠・情報から想像し得る筋書を構成し（そこには取調官の側からのヒント・誘導の過程も含まれる），不都合な点が出るつど訂正・再構成していったとの流れが，容易に見てとれる。

(2) 殺傷の態様についての供述変遷
専務の殺傷場面の供述

専務を刺し殺した場面については，「土間で机などを物色中に専務が起きてきて，逃げ出すが裏木戸のところに追いつめられ，そこで格闘となって，結果的に刺し殺してしまった」という大筋の流れが，最初からほぼ一貫している。ただ，その流れをなす個々の部分にはいくつか疑問点がある。

専務に気づかれて追われ裏木戸に追いつめられた場面を，9月9日付吉村検面は次のように供述している。

> そこで私はかっとなり，やってしまおゝ という気になり右手に持ったナイフを振り上げました。すると専務は左手で私の手首をつかまえ，後に押しつけ右手でナイフをもぎ取ろうとしてきたので，私はもぎ取られまいとして左手をナイフの下の方にかけたところ，中指がちかっと感じました。
>
> それから専務の力が強くてナイフをもぎ取られそうになったので右手をナイフから離し，右手の拳骨で専務のあごの辺りを一ぱつなぐりました。すると専務はよろよろとなってしりもちをつき，私もなぐった勢いで右ひざをついてしまいました。それから専務が落としたナイフを拾って振り上げ専務の胸の辺りを何回もめちゃくちゃに突き刺しました。

具体的で詳細な供述で，一見，信用性があるように見えるし，確定判決もこ

第1章　自白の変遷分析＝嘘分析──請求人の自白における供述変遷は真犯人のものとして理解できるか

れを事実と認定しているのだが，一方でこれを無実の人の供述と考えたとしても，矛盾はない。実際この供述は，無実の人が取調官の追及に合わせて想像で語り得る範囲を超えてはいない。むしろ逆に，想像で語ったからこそ語れたと思われる部分が，ここには含まれている。

　この場面は，専務に追いつめられ，凶器をもって刺し殺そうと，まさにやるかやられるかの必死の場面である。そこのところで，個々一つひとつの行為のやりとりが記憶として正確に刻み込まれるかどうか。たとえば，「私はもぎ取られまいとして左手をナイフの下の方にかけたところ，中指がちかっと感じました」というのだが，このようなことを人はどこまで記憶にとどめ得るのだろうか。もちろん腕をざっくり切られたとか，顔を怪我して血が目に流れ込んでなどというように，その時の振る舞いを左右するほどのものならば，記憶に残ってしかるべきであろう。しかしこの「中指がちかっと感じました」というのは，明らかに請求人の左手中指の傷を意識したもので，それは中指の1センチほどの傷でしかなく，その後の行動にまったく影響を与えていない。この程度ならば，何かに必死になっている場面では，その時まったく意識化せず，後で気がついてみると怪我をしていたという方が一般であろう。それを明確に，また詳細に語っているところに，むしろ体験者であるということへの疑いが浮かぶ。

　中指のこの傷は，先にも述べたように，請求人に容疑が向けられた最初のきっかけであった。とすれば，たとえ請求人が無実であっても，自白転落後，犯行筋書にこの点の追及を受けて，言及しなければならなかったはずの要素である。上記の供述はそうしたものとして理解できる可能性が小さくない。

　また，上記引用の検面供述を念頭において，それ以前の9月6日付松本②，9月6日付岩本①，9月7日付岩本の当該部分を読み比べると，そこに微細だが無視できない変遷があることに気づく。

　　9月6日付松本②
　　　そこで専務ともみ合ったが専務に自分の刃物をとられてしまったので自分は右手で専務の手（「顔」あるいは「顎」の間違い？）を殴って専務をその場に倒して，刃物をとり返しました。そのあと専務を夢中で刺しました。

● 第2部 ● 自白の供述分析

9月6日付岩本①

（ナイフを持った右手を専務におさえられ，ナイフを取られそうになったので，左手で取られないようにしたとき）左手にチカッと刃物が当り瞬間的に痛みを感じたのでそのま、専務を押し返すと，そのはずみで専務はころけてしまい，ナイフも私の手から離れたので，専務がころけると同時にナイフを拾って倒れている専務が起きかかったとき右手に持ったナイフで専務の胸，首あたりを目茶苦茶に刺してしまいました。専務はそのま、動かなくなりました。

9月7日付岩本

右手を専務につかまれたまんま押し返そうとしたがそれが出来ないので刃物を離す瞬間ボクシングでいうストレートパンチを一発専務のあごにくれたのです。そうしたら専務はうしろによろけるようにして尻もちをついて倒れた。いわゆるボクシングでよくいうダウンをしてしまったのです。ストレートパンチをあごに入れると同時に専務はダウンし，私は右ひざをついたのです。ダウンと同時に専務は刃物を落としたので私が右手ですぐ拾いました。専務は裏口からすぐのところの表に向って右側に顔をお倉の方に向けて尻もちをついたのです。それで私は刃物を右手に持ち専務の胸から首にかけてところかまわず目茶苦茶に刺したというか突いたのです。

9月9日付吉村検面では，「専務の力が強くてナイフをもぎ取られそうになったので，右手をナイフから離し，右手の拳骨で専務のあごの辺りを一ぱつ殴りました」となっているのだが，これを「（くり小刀を）とられてしまったので，右手で殴った」（9月6日付松本②）と供述したり，あるいはパンチでダウンさせたのではなく「押し返したらはずみで倒れた」（9月6日付岩本①）と供述したりで，微妙に食い違っている。この供述の揺れを，真犯人の記憶間違いと考える余地もあるが，一方で無実者の想像的供述ゆえの変動だという可能性も小さくない。

F子さんの殺傷場面の供述

残りの3人についても，先に見た殺傷順序だけでなく，殺傷場面そのものにそれぞれ変遷がある。この点を簡単に整理しておく。

第1章　自白の変遷分析＝嘘分析──請求人の自白における供述変遷は真犯人のものとして理解できるか

　確定判決で2人目に殺傷されたとされるF子さんについては，最初「覚えていません」（9月6日付松本②）としていたものが，次には「私を見て逃げたのでピアノのあった部屋の付近で同じようにナイフで何回か突刺しました」（9月6日付岩本①）となった。ここでは，F子さんが立っているところを刺したのか，倒れたところを刺したのか明示されていないのだが，この点がそれ以降，取調官によって揺れる。

　　9月7日付岩本（9月8日付岩本も同内容）
　　　（ピアノの部屋と仏壇間の境あたりに）あおむけになって倒れてしまいました。これで私はF子さんの右側に行き，横から刃物で首とかおっぱい（乳）の近所を目茶苦茶に夢中になって何回か刺しました。

　　9月9日付吉村検面
　　　飛びかかって胸を刺したところ，ピアノの部屋との境目辺りにあおむけに倒れたので横からしゃがんで胸や首の辺りを何回もめちゃくちゃに突き刺しました。

　倒れてから刺したのか（9月7日付岩本，9月8日付岩本），刺して倒れた後めちゃくちゃに刺したのか（9月9日付吉村検面）の間で揺れている。この点，その後の9月12日付吉村検面，9月13日付岩本の調書でもなお揺れが続いている。

　　9月12日付吉村検面
　　　左のピアノのある部屋からF子さんが出て来て立っていたので追いかけたところF子さんはピアノのある部屋の方にあとずさりしていきました。それから胸の辺りを一回刺したところあおむけに倒れた様に思いますが，あおむけに倒れてから刺したのだったかもしれません。夢中だったのではっきりしたことは憶えていません。

　この検面供述では「あおむけに倒れてから刺したのだったかもしれません」と付言されているが，これが先の9月7日，8日の員面と9月9日の検面の違いを意識したものであることは間違いない。そして「はっきりしたことは憶えていません」と言いながら，「胸の辺りを一回刺したところあおむけに倒れた」との筋書に重きをおいて，9月9日付吉村検面との一貫性を保とうとしている。

● 第2部 ● 自白の供述分析

ところが翌日の9月13日付岩本の員面調書では，先の9月7日，8日の員面を維持している。

　9月13日付岩本
　　刃物を右手に持ってF子さんのところに近寄るとF子さんはピアノのある部屋の方にあとざりをしてピアノの横あたりにひっくり返りました。F子さんがあおむけに倒れたところを右側に行き，夢中になって首とか胸，おっぱいの附近を続けざまに何回も刺しました。

些細なようだが，相前後してとられた供述が，取調官が検察官吉村であるか，司法警察員岩本であるかによって，一方は「胸を一回刺して倒れた」（検面）方向で，他方は「あとずさりして倒れたところを刺した」（員面）方向で揺れているところに，取調官の側の誘導の力を見ざるを得ない。何しろ供述した被疑者は同じなのである。その同じ被疑者の供述が取調官ごとに揺れるとすれば，その揺れの原因は取調官の側にあるという以外にない。

M男くんの殺傷場面の供述

　3人目に殺傷したことになるM男くんについても，最初は「覚えていません」（9月6日付松本②）となっていたが，それが次の調書では「（奥さんを1，2回刺しているとき）そばにいたM男くんも刺しています。奥さんもM男くんも同じ寝床のところで目茶苦茶に刺しています」（9月6日付岩本①）となり，その後，その部分が詳細化する。

　9月7日付岩本（9月8日付岩本も同内容）
　　（M男くんを追って八畳間寝室へ）その部屋にはかやを吊ってありました。M男くんはかやから勿論出ておりほとけさんのある部屋と奥の部屋の境あたりで，M男くんに飛掛るとM男くんは両手をあげて構えるような格好で，ちょうど猫が，かじるようにして，私に向って来たので，右手に持った刃物でM男くんの胸のあたりを突き刺しました。M男くんが私をかじるようにしてやって来たのでM男くんの腕にも一発や二発は刃物が刺ったと思います。私とM男くんともみあっているうちに吊ってあるかやのつり手のどこがはずれたか分かりませんが，とにかくかやが落ちてしまいましたので，M男くんをやったのは落ちたかやの上です。何回胸を

第1章　自白の変遷分析＝嘘分析──請求人の自白における供述変遷は真犯人のものとして理解できるか

刺したか分かりませんが，かやの上に倒れたのでやめたのです。

9月9日付吉村検面
　　（奥さんとM男くんの二人が立っていたのでM男くんにとびかかるとM男くんが寝室の方へあとずさりして逃げたので追う）私は寝室の入口附近でM男くんの胸の辺りをナイフで突き刺しました。M男くんは私にむかって両手をのばしてかじる様にして向って来ましたが，私に刺されて防ぐ様にして両手を上げて後にさがりました。それを追いかけて私は胸の辺りを何回も刺したのでM男くんはつってあった後のかやを踏みながら後ずさりして倒れ，かやのつり手が切れたのでかやの上に倒れてしまいました。

　最初は「覚えていません」としか言わず，次いで「（奥さんと一緒に）目茶苦茶に刺した」と言い，その後，かやの上での殺傷をずいぶん詳しく語るようになる。しかもその殺傷の仕方はM男くんの傷の位置，とりわけ手の傷を意識したものになっている。これが真実を思い出す過程であったのか，それとも取調官の追及に誘導されたものであったのか，断定はできないが，これまで分析してきたところと合わせ勘案すれば，この過程もまた仮説Bと矛盾しない。

奥さんの殺傷場面の供述
　最初は専務を殺傷する場面を見られて，追いかけ，「無我夢中で，自分に帰ったときはすでに，奥さんが倒れておりました」（9月6日付松本②）と供述していたものが，ついで，「追掛けて行き，奥さんは寝床近くで馬乗りになって，持っていたナイフで目茶苦茶に刺してしまいました」（9月6日付岩本①）となって，これがまたそののち詳細化する。

　　9月7日付岩本
　　（甚吉袋を投げてよこしたあと，それをそのままにして）奥さんに飛掛りました。奥さんもみんなと同じように胸から首のあたりを夢中になって目茶目茶に刺したらちょうどM男くんの倒れた近くのところにM男くんと同じように頭を土間の方に足を西の方にして倒れたのです。倒れたとき残っていた一ケ所のかやの吊手が取れました。ですから奥さんもM男くんもひとつかやの上に倒れたのです。

● 第2部 ● 自白の供述分析

9月8日付岩本

　（金袋を投げてよこしたあと）そのようにして奥さんはM男くんのところに来て、かばうようにしたのでM男くんを倒してから奥さんにかかりました。奥さんの右か左かよく分かりませんが、とにかく横腹のとこら辺りと思いますが、後ろの方から刺したり、胸を刺したりしてやってしまいました。倒れた状況は昨日話したとおりです。

9月9日付吉村検面

　すると奥さんは、金を投げてよこしたあとすぐ倒れたM男くんのところにかけ寄ったので私はナイフで奥さんを、めちゃくちゃに何回も突き刺しました。

　ここでもF子さん、M男くんの殺傷場面と同様、曖昧から具体へと大きく変遷している。最初極めて曖昧で「気がついたら倒れていた」というものでしかなかったのに、次いで「馬乗りになって刺した」ことになり、次には「馬乗り」という態様は消えて、とにかくかやの上のM男くんのすぐ近くで目茶苦茶に刺したことが強調されることになる。

　4人の殺傷場面の供述を上のように整理しただけで、それ以上の突っ込んだ分析は控えておこう。実際、表面上の供述から読みとれるところは限られている。ただ、その上でこれらの供述変遷はいずれも仮説Aのもとで「真犯人の嘘がばれる過程」としてよりも、仮説Bの「無実人が白紙の上で虚構を変転、具体化している過程」として読む方が易しい。とくに前項で見た、殺傷順序の供述変遷と合わせ考えれば、仮説Bの可能性が強く浮かび上がる。

2. 放火場面の供述変遷

　仮説Aでは、請求人は4人殺傷の後、工場から油をポリ樽に入れて搬入し、4人に油をかけて火を放つことになる。確定判決はこの場面を「三角部屋横においてあった石油缶から混合油を持ち出し、再び裏口から専務方に入り、専務、奥さん、M男くん、F子さんの体にそれぞれ混合油をふりかけて、マッチで点火した」と、ごく外形的な筋書の認定をしている。この場面を語った供述についても、前項の殺傷場面と同様にいくつもの問題がある。まず9月6日から始まる自白について、その供述の変遷ぶりを見ることから始めよう。

第1章　自白の変遷分析＝嘘分析──請求人の自白における供述変遷は真犯人のものとして理解できるか

（1）放火についての供述の変遷

最初の9月6日付松本②はごく簡単である。

>　（4人殺傷後，裏口の外で少し考えて）そこで考えて見ると，どうにもしようがなかったので，その時油が持ってきてあったので4人の体に油をかけて専務の枕元にあった大きなマッチで火をつけて裏木戸から逃げてきました。

ここでは油をかけた順序も火をつけた順序も示さず，4人ひとまとめの供述でしかない。9月6日付岩本①になるとこれが明示されてくる。

>　それでポリ樽に入れてあった油を，最初専務にかけ，次に奥さん，M男くん，F子さんという具合に次々に油を掛けて歩きました。それから奥さんの寝床のところに銀行でくれるようなマッチ箱一箱があったのでそのマッチを使って奥さんのところから火をつけました。次にM男くん，F子さんという順序で火をつけ，最後は裏木戸のところに頭を線路の方向に向けて，あおむけに倒れていた専務に火をつけました。火をつけるときは4人とも死んでいたようでした。

翌日9月7日付岩本では，上の供述の油をかける順序を変えて，次のようになる。

>　両手に持って裏口から店に入り専務，F子さん，M男くん，奥さん，という順序で油を掛けました。それからほとけさんのある部屋のほとけさんの隅当りに，銀行でよくくれる長四角のマッチ箱があったので，そのマッチを使い奥さんから火をつけました。そのマッチの柚（じく）は普通のマッチより太かったような記憶です。マッチの頭は何色か分かりませんが白っぽいようでした。次にM男くん，F子さん，一番最後につけたのが専務です。

専務に火をつける前に，ここで金の袋から金だけをつかみ出すという話が出てくるが，この点についてはすでに分析したので（第2部第1章第2節），ここでは触れない。

9月8日付岩本には放火場面への言及はなく，9月9日付岩本①は，

>　ガソリンをポリ樽に入れて店に持って行き，4人にかけた状況，順序，それから

● 第2部 ● 自白の供述分析

> 火をつけた順序は今迄申上げたとおりです。

と，9月7日付岩本の供述をそのまま維持している。ここまで岩本広夫の録取した員面調書が続いた後，次の9月9日付吉村検面調書で，また微妙な変遷が出てくる。

> （裏口から油を搬入して）倒れて居る専務にガソリンをかけ，それから奥の寝室に行ってM男くんと奥さんにガソリンをかけ，最後にF子さんにガソリンをかけました。そしてからのポリ樽はその附近に投げすてました。それからマッチがないかと思って附近を捜したところ，仏壇の横の畳の上に銀行でくれる様な大きなマッチ箱があったので，そのマッチ箱を開けて最初にM男くんと奥さんの死体にマッチをすって火のついたマッチ棒を投げつけたところ，ぼっと燃えあがったので，今度はF子さんの死体のそばに行ってマッチに火をつけ，そのマッチ棒をF子さんの死体に投げつけて火をつけ，それから通路の方に行きました。（専務の死体のところで金袋から金のみ取り出して）それからマッチをすって専務の死体の上に投げて火をつけ，裏口の戸を引張って体が出る位開けて外に出ました。

この検面調書では，死体がほぼ同一場所にあったM男くんと奥さんについて，油をかけるのも火をつけるのも2人同時としている。しかし，同日，その直後にとられた9月9日付岩本②では，この検面のようにM男くんと奥さんを同時とせずに，

> それから三角部屋から油をポリ樽に入れて持って行き専務，奥さん，M男くん，F子さんという具合に油をかけ，次に奥さん，M男くん，F子さん，専務の順序にマッチで火をつけたことは今まで申上げたとおりです。

と供述している。同じく岩本広夫がとった9月7日付岩本，9月9日付岩本①と比べると，奥さんとM男くんに油をかける順序が逆になっている。この供述のあと，9月12日付吉村検面，9月14日付岩本などで，油をかける場面，放火の場面が詳細に語られることになるが，基本的な部分に変遷はない。

各調書の供述を漫然と並べて見ても，その変遷の様子がわかりにくいので，「油をかけ」「火をつける」順序に限定して，その供述変遷をまとめてみよう（図

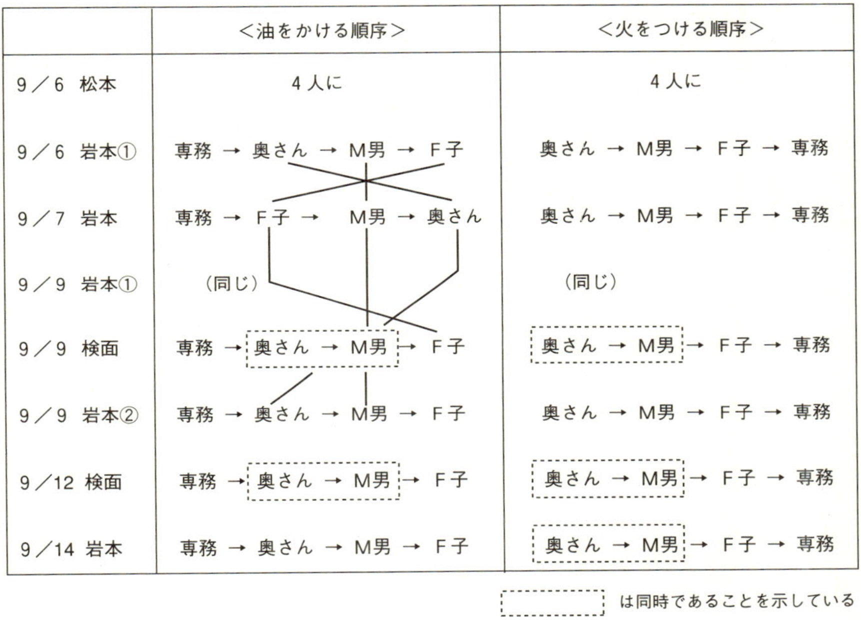

第1章　自白の変遷分析＝嘘分析——請求人の自白における供述変遷は真犯人のものとして理解できるか

	＜油をかける順序＞	＜火をつける順序＞
9／6　松本	4人に	4人に
9／6　岩本①	専務 → 奥さん → M男 → F子	奥さん → M男 → F子 → 専務
9／7　岩本	専務 → F子 → M男 → 奥さん	奥さん → M男 → F子 → 専務
9／9　岩本①	（同じ）	（同じ）
9／9　検面	専務 → 奥さん → M男 → F子	奥さん → M男 → F子 → 専務
9／9　岩本②	専務 → 奥さん → M男 → F子	奥さん → M男 → F子 → 専務
9／12　検面	専務 → 奥さん → M男 → F子	奥さん → M男 → F子 → 専務
9／14　岩本	専務 → 奥さん → M男 → F子	奥さん → M男 → F子 → 専務

[........] は同時であることを示している

図 2-1-10　油をかける順序，火をつける順序の供述変遷

2-1-10）。

　奥さんとM男くんは同一場所に倒れていたことを勘案して両者の順序を無視すると，「油をかけた順序」については，9月7日付岩本と9月9日付岩本①だけが他と食い違うが，「火をつけた順序」については一貫している。

　殺傷の順序と違って，油をかけた順序というのはおよそ劇的場面とはいいがたく，その意味で犯人の記憶錯誤があっておかしくはないかもしれない。その限りでは，自白転落のすぐ後（第Ⅰ期，第Ⅱ期）では順序供述が曖昧で，かつ変遷があったものが，その後の第Ⅲ期に安定するようになる過程を，真犯人の記憶喚起がなされたと見るべきなのか，それとも無実の人の供述の整合化があったと見るべきなのかを断ずることは難しい。

　ただ，この部分の供述について1点，触れておかなければならない点がある。それは油をかけ，火をつけた回数が3回なのか，4回なのかという点である。

　4人の遺体が発見された位置を見れば，専務は1人で裏木戸近くの通路に倒

れており，F子さんも1人で仏壇の間とピアノの間の敷居にまたがるようにして倒れており，そして奥さんとM男くんは八畳間寝室で抱き合うように倒れていた。とすると殺傷されて倒れているのは4人だが，油をかけ火をつけるのは3か所である。吉村英三の聴取した9月9日付吉村検面，9月12日付吉村検面は明確にこの点が意識された供述になっている。とくに9月12日付吉村検面には，油のかけ方について，

　　3カ所とも大体平均して同じ様にかけたと思います。

と言い，火のつけ方についても，

　　それからマッチで火をつけるときは3ケ所とも一本で火がついたと思います。

と言って，「3カ所」であることを明記している。ところが，岩本広夫の聴取した9月6日付員面，9月7日付員面，9月9日付員面①では，その順序は別として，油のかけ方についても火のつけ方についても「4カ所」別々のものとして供述している。そして最後の9月14日付岩本において，油をかけたのを相変わらず「4カ所」（つまり奥さんとM男くんには別々に一かけずつした）と供述しているが，火をつけたところについては，まず奥さんに火をつけたとしながら，

　　奥さんには，マッチの軸一本で間にあいました。M男くんと奥さんは，ひとつところに抱くようにして倒れていたので，奥さんに火がつくと同時にM男くんにも火がつきました。

と供述することになる。これを9月6日付岩本①や9月7日付岩本などと比べれば歴然とするが，少なくとも初期の自白では奥さんとM男くんがほとんど一体になって倒れていたことが，意識されていない。請求人が犯人なら，自分の殺傷した相手がどこにどういう状態で倒れていたかを記憶に刻んでいるはずである。とすれば奥さんとM男くんの状態についても記憶から洩れるはずはなく，油をかけ，火をつける場面の供述に際して，この記憶を再現せずにはおけない。その点で検面調書はよしとして，それ以前の岩本聴取の員面調書は（9月9日付吉村検面の直後の同日付岩本②でさえ），どういうわけで4人別々に

第1章　自白の変遷分析＝嘘分析──請求人の自白における供述変遷は真犯人のものとして理解できるか

油をかけ，火をつけたということになったのか。

　犯行現場を記憶している真犯人なら間違いようがない。またこの点は刑責の軽重に関わることがなく，「嘘」をつかなければならない理由もない。また取調官が誰であるかによって供述が異なる事実にも注目しなければならない。

　4人殺傷事件であるから，放火場面で油をかけるのも4人，火をつけるのも4人，そのように形式的，抽象的に想定して供述させて矛盾に気づかないのは，取調官自身が事件そのものを生のものとして体験していない第三者であるからだろう。もちろんもう少し現場を生々しく想像しようと努めるならば，この程度の想像は難しくなかったはずである。現に検察官の場合には，これが可能であったわけで，最初から油をかけるのも火をつけるのも，奥さんとM男くんについて一体と見なした。しかし検察官の前に取調べに入って，この点に限らず多くの論点を合わせ供述させねばならない立場にあった司法警察員岩本広夫には，そうした余裕を十分にもち得なかったのかもしれない。

　取調官側の事情はともかくとして，請求人が真犯人として犯行体験の記憶を刻んでいたならば，想像の難易の問題としてではなく，まさに生の記憶の問題として彼に迫っていたはずで，取調官の想定に関わりなく，油をかけ火をつける場面について最初から的確な供述をしていたはずである。それが取調官によって左右され，検面調書をとられた後の9月9日付岩本②でさえ，なお司法警察員の思い込みに左右され続けたところに，請求人の記憶がこの点について白紙でしかなかった可能性が示唆されている。

　請求人は犯行の現場を生の体験として自らのうちに刻み込むことがなかった。だからこそ，この放火場面について，最初ごく曖昧にしか供述できず，しかも油をかける順序を変遷させ，さらには奥さんとM男くんの一体性を思い描いたものとはいえぬ供述をくり返すことになったのではなかったか。

(2) 殺傷された4人の状態についての供述

　最後に，放火場面の供述について，もう1点指摘しておかねばならないことがある。それは供述の変遷に関わる問題ではなく，逆にむしろ供述としては一貫しているが，他の証拠状態と照らしてみたとき，本当にこれでよいのかと思わざるを得ない点である。

● 第2部 ● 自白の供述分析

　事件後の4人の焼死体の解剖所見によれば，専務を除いて他の3人は，いずれも気管中にすすが認められ，放火時点でなお生存していたことが確認され，死因は失血に加えて火傷を合併したものと鑑定されている。つまり4人に油をかけ，火を放ったときには3人はまだ生きていたことになる。生きて焼かれる人間が，少しも反応せずにじっと動かず焼かれるものかどうか。これは重大な疑問と言うべきであろう。とりわけF子さんの場合には血中に一酸化炭素が確められる状態で，死因に一酸化炭素中毒が認定されている。それだけ長く生存していたことがうかがわれる。それに次の第2章第3節で後述する通り，F子さんの場合，刺されて血を流した位置，油をかけられていた位置，そして死体で発見された位置が大きくずれているとの可能性を濃厚に疑わせる証拠状況がある。つまり，刺された後，油をかけられ，焼かれたF子さんは部屋のなかをかなり動いた形跡があるのである。
　ところがこの3人に油をかけ，火をつけたという請求人の供述には，3人が生きていたことをうかがわせる様子はまったくみられない。たとえば，

　　9月6日付岩本①
　　　火をつけるときは4人とも死んでいたようでした。

　　9月9日付吉村検面
　　　……最初にM男くんと奥さんの死体にマッチをすって火のついたマッチ棒を投げつけたところぽっと燃えあがったので，今度はF子さんの死体のそばに行ってマッチに火をつけ，そのマッチ棒をF子さんの死体に投げつけて火をつけ……。

　　9月14日付岩本
　　　4人に油をかけたときには，4人とも死んでいるように見えました。

　放火場面が詳しく供述された9月12日付吉村検面でも，奥さん，M男くん，F子さんに油をかけ火を放つ場面は次のようになっている。

　　それから奥に行きM男くんと奥さんの体にも同じ様にして，足元の方に立って上半身にかけたと思います。それからF子さんにかけましたが，この時も足元の方に立って，上半身にかけたと思います。3ヶ所とも大体平均して同じ様にかけたと

第1章　自白の変遷分析＝嘘分析──請求人の自白における供述変遷は真犯人のものとして理解できるか

思います。からのポリ樽は最後にかけたＦ子さんの辺りに捨てたと思いますが夢中だったのではっきりしたことはわかりません。それからマッチで火をつけるときは３カ所とも一本で火がついたと思いますがマッチ箱を開けたとき中のマッチ棒がこぼれ落ちたかどうかわかりません。あわてゝいたので，こぼれ落ちたことがあったかもしれません。マッチ棒の頭の色は憶えていません。マッチ箱はぎっしりつまっていたのか，がさがさしていたのか憶えていませんが，沢山入っていた様な記憶があります。火をつけたとき，すぐぼーと燃えあがりましたが，私の体や顔に熱い感じは受けなかったので火は私の方にこなかったと思います。

　ここから読みとれるように，請求人本人の動きや用いたマッチの様子などは細かく供述されているが，当の被害者の側の様子は少しも供述されていない。たとえ死んでいたとしても，その死体の様子こそが犯人の目には最も強く印象づけられるはずであるにもかかわらず，供述中には死体の姿勢とか形相とか，血の流れている様子とかに触れた言葉がまったく見受けられない。ましてその被害者がまだ息があり，火を放たれたとき形相が変わり，身体がわずかでも動いたりすればどうであろうか。それを犯人が見逃すことができるかどうか。
　同じことは，放火場面だけでなく，殺傷場面にもあるはずである。生きた人間を殺傷するという激しいやりとりの場面で，請求人の供述は犯人としての自分の行動についてやたら詳しいにもかかわらず，刺し殺されていく人間の生の表情や姿勢がほとんど伝わってこない。またそこで請求人が受けたとされる感情も「無我夢中」とか「夢中」という常套句が頻用されるだけで，まったく迫真性に欠ける。それはたんに供述を録取する取調官の文章表現力に帰することのできない問題である。
　人間の記憶は，ある場面のなかで自分がどうしたのかという自分の能動的動作よりも，むしろその自分の動作によって相手からどのように反応され，どのような表情を返されたのかという受動の側面に強く印象づけられる。炎が炎自身を照らせないように，目は目自身を見ることはできない。つまり人間は自分自身を直接見ることに疎く，むしろ他者を通して自分を知る。これを敷衍していうならば，人は自分のすることより，むしろ相手からされることに心動かされ，これをより強く自らの心に刻印する。供述も，それが真である限り，そこ

には自分のする行動以上に，相手からされた行動，相手が自分に見せた姿勢や表情がより豊かに語られていなければならない。本件請求人の語る供述を通読してみれば，そこには被害者たる4人がほとんど人形のようにしか語られていないことに，改めて驚く。

なるほど専務との格闘場面やM男くんの抵抗場面に，請求人が相手から受けた反撃などが一部語られてはいる。しかし，それさえも請求人の身体の傷や被害者の受傷状況を説明すべく供述されたもので，機械的な印象しか与えない。死にものぐるいで闘う者の顔，自分の一撃のもとに殺されゆく者の表情は，どこにも語られていない。

このようなことは文章上の問題，あるいは主観的な印象の問題と解されやすい。しかしこの主観的印象を，前述の放火場面の供述で，3人がまるで完全なる死者であるかのごとく，身動きもせず焼かれていくように描かれていることと重ね合わせて見たとき，請求人の供述の迫真性欠如にある大きな原因があることを疑わずにはおれない。つまり請求人はこの4人の死者たちの死にゆく現場を見なかったのではないか，と。

第6節　裏木戸からの出入りに関わる嘘

確定判決によると，4人殺傷後，奥さんが投げてよこした金袋3個を拾って，「その後，いったん裏口の扉から脱出した」。さらにそののち工場内でパジャマに着替えて，混合油をポリ樽に移し，「再び裏口から専務宅に入り，専務，奥さん，M男くん，F子さんの体に混合油をふりかけて，マッチで点火して火を放った」。放火の後は，もう一度裏口を通って工場に戻ることになる。とすれば，4人殺傷後だけでも裏口を3度通ったことになる。

このように認定したことについて，判決は次の4点の根拠をあげている。なお裏木戸を内側から見た復元図を掲げておく（図2-1-11）。

①9月9日付吉村検面調書によれば，請求人は裏木戸のカンヌキを動かし，戸の下にあった鍵をはずして，戸の下の方を押し開いて，そこから出入りしたと供述していること。

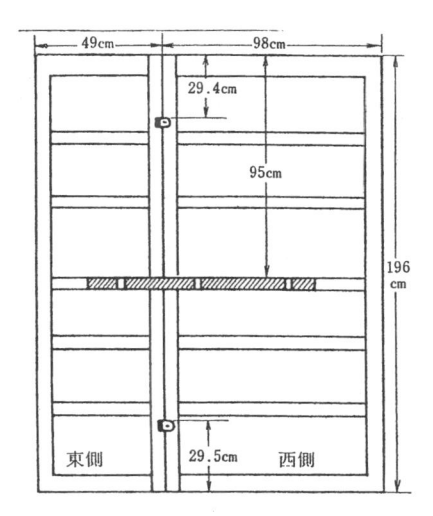

第1章　自白の変遷分析＝嘘分析——請求人の自白における供述変遷は真犯人のものとして理解できるか

図2-1-11　裏木戸の復元図

②焼け残った裏木戸の検証の結果，上の掛け金はかけたままの状態で鍵座と一緒に内側通路，扉から2メートルのところに落ちており，下の掛け金は鍵座のみ残っていて雌鍵部分はなかったところから，上の掛け金をかけたまま，下の掛け金をはずして出入りしたと考えられ，これが①の供述と合致すること。

③火災現場の目撃者の証言から，火災発生直後は裏木戸に隙間があって，そこから火が見えたが，そののち裏木戸を開扉した人たちの証言によれば，扉は閉まっていて，蹴って開けたところ，内側に焼け落ちた瓦や壁土が30センチほどあった。そこから考えてみると，初め開いていた扉が瓦や壁土によって閉まったことが認められ，この点も①の供述と合致すること。

④警察官が現場裏木戸と同様のものを作って再現実験したところ，①の供述の通りのやり方で裏木戸通過が可能であったこと。

この根拠のうち②③④については，実際にその通りであったかどうか，法廷で議論され，また確定後の再審請求審段階でも論じられている。ただ，この点は供述分析の対象外の問題であるので，ここでは①の供述に焦点をあてて分析する。

● 第2部 ● 自白の供述分析

　分析に入る前に，1つ前提的に確認しておかねばならないことがある。それは，①の供述と②④の客観的状況の検証・確認との時間的前後関係である。確定判決は，証拠として採用した北条節次の9月20日付実況見分調書，同月26日付捜査報告書によって「扉の状況の見分がなされたのが9月16日であり，脱出可否についての実験がなされたのが9月15日であるのに対して，被告人の供述がなされたのは9月9日であるので，この点に関する供述はかなり信用性が高いということができる」と判示している。つまり上①②④について，①が先で，次いで②④が確認されたので，一種の「秘密の暴露」性をもつものとして信用性が高いというのである。

　しかし事件後の捜査の過程を考えれば，この判決の①→②④の前後関係の認定には疑問がある。事件発生は①の供述があった9月9日から2か月余りも前の6月30日である。この事件直後から3日間にわたって現場検証が行なわれ，そこでは犯人の侵入脱出路として，当時，店の前のシャッター，裏口の木戸，それから裏口の屋根伝いの3つのルートが考えられていた。したがって事件直後の検証において裏木戸およびその付近の状況については十二分の捜査が尽くされたとみるのが当然であろう。2か月余りたった後に，請求人が供述したところに基づいて実況見分したら，その通りだったといった主張を，そのまま信じることはできない。その点，原第二審判決は，原第一審の確定判決の判示に疑問を投げかけている。

1. 裏木戸状況についての供述の変遷

　さて請求人が自白して以降，その供述のなかで裏木戸の状況，ないし裏口からの出入状況に触れた部分を以下に引用する。

> 9月6日付松本②
> 　殺してから夢中で裏木戸の方に逃げましたが裏木戸が締っていて出られませんので，左側の裏木戸の戸をけとばして裏に出ました。そこで考えて見ると，どうにもしようがなかったので，その時油が持ってきてあったので4人の体に油をかけて専務の枕元にあった大きなマッチで火をつけて裏木戸から逃げてきました。

第1章　自白の変遷分析＝嘘分析——請求人の自白における供述変遷は真犯人のものとして理解できるか

9月6日付岩本①

　このようにして4人を刺してしまいましたが，4人とも動かなくなり一旦裏木戸を蹴破って裏に出て…中略…

　（裏口近くで考えているうちに，放火しよう）という考えがおきて，又裏口から店に入りました。…中略…（放火したあと）火をつけると家の中は見ずにそのま、工場の風呂場に戻りました。

9月7日付岩本

　（専務に見つかって裏木戸まで逃げ）裏木戸の鍵になってる木の棒を動かしてあけようとしたがあきませんでした。

　（専務を殺したあと）専務が動かなくなったので裏木戸の内側の眞中に一本の棒を横に渡してあるので，そのせん棒を右横に少し動かして向って左側の幅の狭い方の戸を蹴飛したら，ちょうど体が通る位隙があいたので，そこから線路の方に出たのです。…中略…

　（線路のところで少し考えてから内をのぞくと奥さんがいたので）裏木戸の隙間から私が「奥さん」と声を掛けると，奥さんは私を見るとキャアーと悲鳴をあげて奥の座敷の方に逃げてしまいました。…中略…

　（奥さんのあとを追い，3人を殺傷してから）そのま、裏口から出て工場の三角部屋の隣りの倉庫の中に入りそこで色々と考えました。…中略…

　（放火しようと油をポリ樽にうつし）両手に持って裏口から店に入り…中略…

　（放火をすませたあと）裏口から出て来たのです。そのま、工場の風呂場に入り……

9月9日付岩本①

　（4人殺傷後）裏口の木戸のところにいきました。裏口の木戸は向かって左側が幅の狭い戸で右側が幅の広い戸です。木戸の真ん中には一本の棒が横に渡してあり，開かないように鍵をしてありました。この横の棒を右に一杯つまり土蔵の方に一杯に横に引いてみたが木戸が開かないので，どうして開かないんだろうと思ってよく見ると，木戸の内側のところに漬物に使う押石位の大きさの石が1ケ置いてあったので，その石を外しました。それでも開かないので，よくよく見たら，木戸の上下に戸が開かないように金具が掛けてあったので，下の金具だけ外して木戸を内側に

強く引くとバリッと音がして、とにかく自分の体が通る位開いたので、そこから出ました。出ると言っても体を横にして木戸にすれすれというか、いっぱいいっぱい位に出られました。…中略…

（放火を考え）ガソリンをポリ樽に入れて店に持って行き…中略…

（放火をしてから）それで裏口から前と同じような要領で出て来たのです。

9月9日付吉村検面

（専務に見つかって裏木戸まで逃げ）そこで私は裏口の戸をがたがたやって裏口から逃げようとしましたが、戸が開かないので追いつめられてしまい、とうとう往生してしまいました。…中略…

（4人の殺傷ののち、金袋を拾って）それを両手に持って走って裏口まで逃げました。そして金袋を下に置いて、戸が開かない様にさし込んである棒を右によせて戸を内側に引っぱって開け様としましたが開かないので下を見たところ戸が開かない様に石が置いてあったのでそれを手でどけて、さらに戸の下の方についていた、がちゃんと引っかけるようになっている鍵を開けて、戸を引っ張ったところ、上の方は開きませんでしたが、下の方が体が出入出来る位開いたので、金袋を拾って、そこから外に出ました。…中略…

（放火を考えてポリ樽に油を入れ）それを両手で持って、くぐり戸から門の外に出て、人が居ないことを確かめてから、走って線路を横断して専務の家の裏口まで行き、ポリ樽を置いて、手で戸を押し開けて、先にポリ樽を通路の中に入れてから自分も通路の中に入り…中略…

（放火してから）裏口の戸を引張って体が出る位開けて外に出ました…後略…

これ以降、9月11日付岩本、9月12日付岩本、9月12日付吉村検面、9月13日付岩本、9月14日付岩本にも、この裏木戸からの出入りについて供述があるが、供述変遷としては9月9日付吉村検面までで、それ以降大きな変遷はない。

そこで9月9日付吉村検面までの5通の調書について、この点の供述変遷を図にまとめた（図2-1-12）。横軸は、供述調書の聴取日時の順に、縦軸は、犯行筋書のなかで裏木戸を抜ける3回の出入り（9月7日付岩本では5回）をその順に並べている。こうして見ると、ここでも曖昧で漠然と述べていた供述が、

第1章　自白の変遷分析＝嘘分析——請求人の自白における供述変遷は真犯人のものとして理解できるか

Ⅳの筋書	9／6松本②	9／6岩本①	9／7岩本	9／9岩本①	9／9吉村検面
裏木戸まで逃げて			カンヌキを引くが開かず		戸をがたがたやるが開かず
4人殺傷　┌専務殺傷			・カンヌキを引く狭い方の戸をけとばしたらすき間ができたので出る ・すき間から奥さんに声をかけ入って追う		
└外に出る	裏木戸の左側の戸を蹴飛ばして出る	裏木戸を蹴破って出る	＿＿＿＿＿	カンヌキを引く石をのける上下の下の金具だけはずす強く引くとバリッと音がして，体が通るくらい開く	カンヌキを引く石をのける下についていた鍵をはずす引っぱると下の方が体が通るくらい開く
着替え油をポリ樽に　　再び入る	＿＿＿＿＿	＿＿＿＿＿	＿＿＿＿＿	＿＿＿＿＿	手で戸を押し開けてポリ樽を入れてから自分も入る
放火　　再び出る	＿＿＿＿＿	＿＿＿＿＿	＿＿＿＿＿	前と同じ要領で出た	戸を引っぱって体が入るくらい開けてあったのでそこから出る

＿＿＿＿＿＝たんに「出た」「入った」というのみで，入り方，出方については実質的にふれていないもの

図 2-1-12　裏木戸についての供述の変遷

時間を追うにつれて具体化，詳細化していることがよくわかる。

2. 仮説Aのもとで供述変遷を理解できるか

　請求人の9月9日付吉村検面が真実の体験に基づいた供述だとして，それまでの供述内容が理解できるかどうかが問題となる。焦点となるのは，次の2点である。

　(1) 9月6日，7日の供述の曖昧さ。とりわけ4人殺傷後（ないし7日については専務殺傷後）裏口の外へ出るのに裏木戸「蹴破って」あるいは「蹴飛ばして」出たとしている点。また油をポリ樽で運び入れるという特異状況については，9月9日付岩本①時点までまったく具体化していない点。

　(2) 9月9日の供述で，裏木戸の施錠状況が具体的に述べられ，カンヌキ，上下の掛け金，石について詳細な供述がなされていく点。

　以下，この2点について焦点をあてて分析する。

(1) 9月6日，7日の供述の曖昧さ

　裏木戸には扉の真中あたりにカンヌキがかけられ，扉の上下にそれぞれ掛け金がついていた。検察の主張や確定判決の認定では，このうちカンヌキと下の掛け金をはずし，扉をひっぱって，そこにできた下の隙間から出入りしたことになっている。もしこういう強引な出入りの仕方が現実に行なわれたものとすれば，これが当人の記憶のなかにしっかり刻み込まれることは間違いない。しかも，それが1度ではない。3度にわたってくり返されているのである。ところが初期の自白ではこの点に触れていない。

　9月6日付松本②では，4人殺傷後の脱出について「戸をけとばして裏に出ました」というだけで，2回の「入り」と「出」についてはその態様にはまったく触れていない。この調書は，最初に犯行筋書を語った計4丁しかない短いもので，簡単な供述でもやむを得ないかもしれない。しかし次の9月6日付岩本①は38丁にわたる調書であるにもかかわらず，まったく同様に「裏木戸を蹴破って裏に出て……」という供述にとどまっており，あと2回の「入り」と「出」についても何ら具体的なことは語っていない。さらに9月7日付岩本も45丁というさらに長大な調書なのだが，ここでは専務に裏木戸まで追い詰められた

第1章　自白の変遷分析＝嘘分析——請求人の自白における供述変遷は真犯人のものとして理解できるか

とき，カンヌキがしまっていて「開けようとしたが開きませんでした」と，初めてカンヌキに言及し，また専務殺傷後に脱出するためにカンヌキを動かしたと供述したものの，出方については相変わらず「蹴飛したら，ちょうど体が通る位隙があいたので，そこから線路の方に出た」となる。そしてあと4回の出入り（この調書では専務殺傷後いったん外に出たことになっているので，2回多い）については具体的な言及がない。

　この曖昧さをどう理解すればよいのか。侵入脱出の仕方は自白聴取上，重要な論点であったはずである。もし9月9日付吉村検面の供述内容が請求人の体験記憶として刻まれているのだとすれば，全面自白の当初から，それが出てしかるべきところ，この段階では漠然とした供述しか出ていない。

　もっともこの9月6日，7日時点では他の重要論点が未だ十分に出ていなかったために，「出入り」の問題に焦点を当てきれなかったとの事情も考えられなくはない。しかし，それにしても一応この「出入り」が概括的にであれ，供述されてはいる。そこのところで9月6日付松本②，9月6日付岩本①，9月7日付岩本の3通がいずれも「蹴飛ばして」「蹴破って」としか供述できていないのである。

　裏木戸は観音開きで通路側に（つまり家の内側に）扉が開くようになっている。人が家の内側から外に出ようとするとき，扉は手前に引かなければ開かない。これを家の内側から「蹴飛ばして」出ることはできない。また「蹴破って」文字通り扉が破れたならともかく，そういう状況はない以上，これも不可能である。9月9日付吉村検面の筋書で実際に犯行を犯した人間なら，裏木戸の扉は下の隙に手をかけて強く引っ張ったのでなければならない。「蹴飛ばす」にせよ「蹴破る」にせよ，それは身体をこごめず立ったままの姿勢で，足でもって扉を蹴るという行為である。カンヌキを引き，身をこごめて下の掛け金をはずし，身をこごめたまま扉の下に手をかけて引っ張るという9月9日付吉村検面の態様とあまりに違っている。一方は「足」で他方は「手」で，一方は「立って」他方は「身をこごめて」，そして何より一方は「蹴って外へ向けて力をかけ」，他方は正反対に「引っ張って内に向かって力をかける」。これをたんに真犯人の間違いだといってすませられない。

　では，「間違い」でなければ「嘘」なのか。しかしこれを真犯人の「嘘」と

考えることも，また難しい。刑責に関わる余地をいささかももたないこうした部分について「嘘」をつく理由が見えない。

そうしてみると，これをいったいどう理解すればいいのか。真犯人がでたらめを言った可能性がないとはいえない。少なくとも可能性としては否定できない。しかしその可能性よりもはるかに高い可能性をもつのは，請求人が実は裏木戸出入りのことを何も知らなかった，つまり本件についてまったくの白紙であったという可能性である。請求人が無実で，何も知らなかったとしても，すでに自白し，犯人になってしまった以上，「知らない」ではもはやすまない。自白してしまえばまさに「犯人として供述する」ほかない。そのとき，人は取調官からの追及内容を含めて，自分の知り得た情報の限りで思いついたことを供述することにならざるを得ない。

9月6日付松本②，9月6日付岩本①，9月7日岩本の3調書は「出入り」に関してごく曖昧なかたちでしか答えられず，しかも「蹴飛ばして出た」などという供述の背景には，真犯人の間違いや嘘でなく，むしろ無実の人間の苦しい思いつきがうかがわれる。

とりわけ放火のために油をポリ樽に入れて，裏木戸から内側に入る場面についてはさらに問題が大きい。蓋もなく取手もないポリ樽に油を8分目ほど入れ，これを両手に抱えてチャプチャプさせながら，深夜，暗闇のなか，線路の起伏を越え，裏口にたどりつく。その裏口は，出たときと同じく「体すれすれ」にしか入れない。そこにポリ樽を押し込み，あとから自分も入るというのが9月9日付吉村検面の筋書である。ところがその前日，前々日の時点ではこの特異な行動が供述のなかでほとんど触れられず，曖昧にすまされている。

9月6日には，筋書上，事前に油を搬入していたことになっているので，直接この問題は出てこない。しかし9月7日付岩本，9月9日付岩本①は，それではすまない。ところが，この2通におけるこの場面の供述を見てみると「両手に持って裏口から店に入り」（9月7日付岩本），「ガソリンをポリ樽に入れて店に持って行き」（9月9日付岩本①）と，まるで裏木戸は素通りであったかのような調子である。取調官がこの点について詰めを怠ったとの可能性を否定できないとしても，やはり不自然の感を否めない。

（2）カンヌキ，掛け金，石に触れた9月9日以降の供述変遷

　上に見たような曖昧さは9月9日あたりから徐々になくなり，カンヌキや掛け金をはずして裏木戸の隙間から出入りする状況が詳細に供述されていく。そこでカンヌキと掛け金のはずし方に焦点を当ててみる。

　まずカンヌキ。何といってもこのカンヌキは一番目立つ。裏木戸から出ようとして，このカンヌキに気づかないということはあり得ない。調書上，カンヌキへの言及が最初に出てくるのは9月7日付岩本である。ただこのカンヌキを完全に引いてはずしたのかどうかについては必ずしも明瞭ではない。「扉を引いたとき，カンヌキが折れたのか，バリッと音がした」との供述が2通あるからである（9月12日付吉村検面，9月13日付岩本）。また，カンヌキを引いたのが専務に追いつめられたときなのか（9月7日付岩本，9月12日付岩本，9月12日付吉村検面，9月13日付岩本），それとも4人殺傷後なのか（9月9日付岩本①，9月9日付吉村検面）も，調書によって分かれる。

　次に気になるのは上下の掛け金である。どの調書も下の掛け金をはずしたと供述している点で共通であるし，検察側冒頭陳述も確定判決もこれを是としている。しかしごく一般に考えてみて，真中のカンヌキをはずし，下の掛け金をはずして，なお扉が開かないとき，もう1か所別のところに鍵がかかっているのではないかと考えるはずであろう。それを無理にこじ開けて出ようというのは普通には考えにくい。それに対して原第二審判決は「犯人が上方の鍵をはずさないまま出入りすることも，当時の興奮状態からみて経験則に反するとまではいえない」と判示している。

　しかし，ここで私たちが対象にしているのは犯行当時の犯人の意識状態ではなく，取調べのなかで録取された請求人の供述である。問題の掛け金についてなされた供述を追ってみると奇妙な供述が混じっていることに気づく。

　掛け金に最初に触れたのが9月9日付岩本①である。この調書は，これまでの供述が上に見たように極めて漠然と「蹴飛ばして」出たというふうでしかなかったものが，初めて裏木戸の状況をはっきり意識したものになっている点で注目すべきものである。そこでは，まずカンヌキを右に一杯引いたが開かず，ついで木戸の内側においていた石をのけ，それでも開かないので，

よくよく見たら木戸の上下に戸が開かないように金具がかけてあったので，下の金具だけ外して木戸を内側に強く引くとバリッと音がして……。

と供述されている。ここには，カンヌキ，石，上下の掛け金と，裏木戸の戸締りに関わるすべての要素が登場し，それらのすべてを認知した上で，あえて上の掛け金のみははずさず，木戸を内側に引いて，開いた隙間から出たことになる。これではどう考えても不合理であろう。この点が，9月9日付吉村検面では，上の掛け金には気づかなかったという含みの供述に変わる。

　　（カンヌキを引き，石をのけたあと）さらに戸の下の方についていた，がちゃんと引っかけるようになっている鍵を開けて，戸を引っ張ったところ，上の方は開きませんでしたが，下の方が体が出入り出来る位開いたので……。

これは，おそらく前の9月9日付岩本①調書では上の掛け金に言及しながら，それを外さなかった不合理を意識して，これを事実上訂正したものと見るべきであろう（そうだとすると，ここでも9月9日付吉村検面が前後の貝面と深く絡んでいる証拠になる）。検察が後に冒陳で主張するのは，もちろん後者の検面供述の内容である。しかし，では9月9日付岩本①の内容はどう理解すればいいのであろうか。

まったく知らない家に初めて侵入して，逃げ口を探す場面でなら，戸の施錠状態を知らずに一部の鍵をはずしたところで，他に鍵があるとも知らずに強引に引き開けることもあるかもしれない。しかし，この調書では，はっきり上下の掛け金があることを認識していたとの供述内容になっている。少なくとも調書上からはそうとしか読めない。もし請求人がこの供述にいう通り，上下の掛け金に気づいたうえで下の掛け金だけをはずして開けたということになれば，いかに興奮状態であれ，不合理だと言わざるを得ない。興奮状態ということがこの場面にあてはまるとすれば，「興奮していたので，闇雲に気づいた鍵のみはずして，引っ張ったらどうにか体が抜けられるだけ開いたので出た」ということでなければならない。もしそれが真実だとすれば，そこのところで「よくよく見たら木戸の上下に戸が開かないように金具が掛けてあったので……」という9月9日付岩本①の供述はどういうことなのだろうか。

第1章　自白の変遷分析＝嘘分析——請求人の自白における供述変遷は真犯人のものとして理解できるか

　供述は，供述者のみの要因ではなく，尋問者の要因との相互作用から生まれるものだとの原理からすれば，問題のこの供述部分に尋問者たる取調官の思い込みが入っていた可能性はある。つまり裏木戸状況をすでに検証結果から承知していた取調官が，上下の掛け金の両方に目配りしつつ，下ははずれていたが上ははずれていなかったはずだとの証拠・情報をもとに請求人を取調べ，その知識が供述調書上の録取内容に出てしまったという可能性である。

　しかしそうだとすれば，まさにどこからどこまでが取調官の知識で，どこからどこまでが被疑者の真の体験記憶なのか，その分別が問題になってくる。それにまた，たとえ取調官の知識が混入したとしても，請求人が本当に興奮状態で気づいた範囲で鍵をはずして強引に開けたのだとすれば，それとの明らかな相違を，調書作成後，少なくとも読み聞かせの段階で訂正できたはずである。

　最後に扉の下に置いてあったという石について触れておきたい。石についての言及も9月9日付岩本①に始まる。それ以降，おおよそこの「石をのけた」との供述要素は維持される。しかし，ここで問題になるのは，この石が本当に戸締りのために用いられていたのかどうかという点である。第1回公判に出廷した従業員らの証言によれば，

- HTさん——裏木戸は昼は開け放してあり，広い方の戸が風などで閉まらないように石を置いていた
- YKさん——開けたときに，汽車の風でバタバタするので，広い方の戸の下に石を置いた

となっているし，また専務の長女HMさんも10月5日付検面において，「裏木戸を開けたとき，広い方の戸の横に戸が閉まらない様に，人の頭位の石をかっておきましたが，戸を閉めたときはこの石は土蔵側の横に置いておきました」と供述している。

　このように公判証言や開示証拠による限り，石が戸締りに用いられたとの話は出てこない。実際，カンヌキをかけ，上下の掛け金をかけた上でなお石を置いておくというのは理解に苦しむ。施錠としてはカンヌキと上下の掛け金で十分であろうし，この施錠がはずされて石だけになれば手で扉を押す（ないし引く）だけで石は容易に動く。石そのものは何ら戸締りの用をなさない。その意味で，風で扉がバタバタせぬようにとの用途は適当なものといえる。

213

ところが請求人の供述では，裏木戸開扉の必須要件であるかのように「石をのける」という供述要素がくり返されている。その点，裏木戸現場の実態には即さぬ供述といわねばならない。ではこの供述の起源はどこにあるのか。

検察官は原第一審の論告においてHTさんの証言として「裏木戸の扉の合せ目に石を置いた」との引用を行なっている。ところが当の証言には上に見たように「開けたとき風で閉まらぬように置いていた」というにすぎず，明らかに食い違っている。とすれば，検察官が主張するこの話には別の起源があると予想される。それはおそらくHTさんの未開示の供述証拠であろうと思われるが，私たちにはこれを確認するすべはない。しかしいずれにせよ石を戸締りに用いたとの話が他の諸証拠に照らして間違いだとすれば，捜査側にこのような誤情報が入り，その誤情報が請求人の供述のなかに入り込んだ可能性がある。本件の「石」の問題は，その情報の起源がどこにあるのかを確定できないがゆえに断定は控えねばならないが，その上で取調官の側からの「誘導」の痕跡であった可能性が小さくない。

裏木戸の出入りにまつわる一見些細な供述の分析からも，これが仮説Aを支持するとはいえない多くの側面が見出される。即断は控えなければならないとしても，ここにもまた仮説Bの可能性を真剣に考えねばならぬ事実があることは否定できない。

(3) 仮説Bの可能性をうかがわせる逆行的構成

ここで視点を変えて，取調官が請求人への取調べに臨んで，何を手持ちの証拠・情報とし，そこからいかなる犯行筋書を予想し得たかを考えてみる。

a 犯人は裏木戸から出入りしたと考えられる状況

専務宅に侵入・脱出するについては，①表口のシャッターから，②裏木戸から，③裏口周辺から土蔵屋根を伝って中庭へ，の3つのルートが考えられた。一般論としては，このうち①の表口シャッターも可能性としてあった。事件後の現場検証や事情聴取から，火災発生時シャッターの鍵はかかっていなかったのではないかと思わせる情報もあった。しかし深夜とはいえ，犯人が大きな音を立てて表通りから出入りすることは考えにくいとの見方もあり，①を出入り口とする可能性を高くは見積もらなかったらしい。他方，現場検証の結果，裏

第1章　自白の変遷分析＝嘘分析──請求人の自白における供述変遷は真犯人のものとして理解できるか

口を出たすぐ近くで，お店からとられたと見られる金袋が2個発見されたことで，裏口からの出入りが濃厚との見方が強まった。加えて，中庭で発見された雨合羽から凶器と見られるくり小刀のさやが見つかったことから，これが事件と関わっているとの見方が強まり，当の雨合羽は会社が従業員に与えたものだったことから，工場関係者に焦点が絞られた。そのこともあって工場と店とを結ぶ線から，裏口の線がさらに強く出ることになる。

　その上で請求人に容疑が絞られ，逮捕・取調べに及んでからは，①の表口の線はほぼ消える。残るは，②か③である。夜には裏木戸は閉め施錠する。とすると，内部から手引きをする人間がいない限り，裏口から侵入することは不可能である。第Ⅰ期の9月6日付松本②，9月6日付岩本①で，奥さんの手引きで開けてもらって裏口から入ったことになったのは，その1つの可能性を示すものであった。しかし，その当の奥さんもまた被害者の1人であることを考えると，奥さんの手引きの線はよほど例外的状況を想定しない限り無理である。第Ⅰ期の犯行筋書が崩れたのはそのためだろう。とすると，結果として残るのは③，つまり屋根伝いの侵入しかない。請求人を犯人とするならば，最初の侵入は屋根伝いと考えるしかなかった。

　では，それ以降3回の出入りについてはどうか。そこでは当然，事情が異なってくる。たとえば外に出るについて，中庭から屋根に上って，侵入の時と反対に屋根伝いに裏口へ出る手がないわけではない。しかしわざわざそうしなくても裏木戸の施錠をはずして出ることが可能である。いや可能という以上にそれ以外にあり得ない必然的な事情があった。それが油搬入である。

　放火に用いられた油は工場から持ち出したものと見なされていた。工場関係者に容疑を絞っての捜査の上では，それ以外にないように見えた。そこで油をあらかじめ運んでおくというのならともかく，犯行の動機などから考えても，それには無理がある（第Ⅰ期の犯行筋書はその線でとられたものであったが，これは翌7日には破綻する）。油を事後に工場から搬入するとすれば，屋根伝いというわけにはいかず，裏木戸を通って持ち込む以外に不可能である。請求人を犯人とする仮説Aのもとでは，最初の侵入が屋根伝い，それ以降の出入りは裏口とする以外にない。

215

b 現場検証や事情聴取からわかった裏木戸の状況

裏木戸の戸締りはカンヌキと上下の掛け金によってなされていた。それ以外に開扉したとき扉がバタバタしないために置く石があった。この石が戸締りの用途に用いられたとの証拠は（少なくとも開示証拠のなかには）ないが，この石を見て戸締りの一用具と見なす誤解の余地は十分にある。また風でバタバタしないための押さえに用いたとの情報が，戸を閉めたときの押さえにも用いられたのではないかとの予断を生む可能性もあった。

この戸締りが事件直後，どうなっていたか。現実には消火活動の際にこの裏木戸を押し開けたという事情があったため，犯行後，火災発生前のこの裏木戸の状態が正確にはわからない。ただ消火活動を終えた後の現場検証や事情聴取から明らかになったことがいくつかある。

1つは，上の掛け金がかかったままの状態で，扉から抜けて，2メートルほど先の通路上に落ちていたということがある。また，消防団員が裏口からの消火を開始した際，団員のOBさんがこの裏口を開けようとしたところ開かなかったことが確認されている。そこでOBさんは石をぶつけたり足で蹴ったりして開扉した。上の掛け金はその際に扉からとれて飛んだものと考えられる。

2つ目は，下の掛け金の状況である。こちらはオスの鍵座のみが残っていて，さし込むメスの金具は発見されなかった。この状態だけからは，それがもともとなかったのか，前夜かけ忘れていたのか，OBさんが押し開けたときとれてなくなったのか，あるいは本件犯行の犯人がはずしたのか，この4つの可能性のどれであるかを判別できない。

3つ目は，カンヌキの状態である。カンヌキは焼けており，その焼け残りから，元の状態を推測して，それが全長どれくらいで，火災発生時それがちゃんとかかっていたものか，それともはずれていたものか，あるいはすでに折れていたものか，折れていなかったものか，折れているとすれば，それがOBさんによる開扉の際に折れたものか，それとも本件犯人によるものか，これらのいずれともわからない状況だった。

以上 a，b に見てきた状況は，請求人を取調べる以前から明らかだったはずのものである。さて，では，ここから出発して考えたとき，取調官のなかにどういう犯行筋書が描かれることになるだろうか。仮説Aのもとでは，

第1章　自白の変遷分析＝嘘分析——請求人の自白における供述変遷は真犯人のものとして理解できるか

　ａから，（内部の手引きがなければ）最初の侵入は屋根伝いで，それ以降の出入りは裏木戸を通ってである。

　ｂからは，裏木戸は「概ね閉じていた」（原第一審の検察側冒頭陳述の表現）。少なくとも上の掛け金がかかっていたことは間違いない。

となると，そこからは請求人が9月9日付岩本①以降に供述するようになる出入りの方法，つまり上の掛け金がかかったまま，下の掛け金のみをはずして，扉を屋内側に引っ張って，できた隙間から出入りする以外のやり方は考えられない。それはたとえどれほど不自然であっても，与えられた **ａ，ｂ** 条件のもとで論理的に許される唯一の必然的結果であった。

　当初「蹴飛ばして出た」とか「蹴破って出た」とか，漠然と，しかも証拠状況とは合わない不合理なかたちでしかこの出入りを供述しなかった請求人に対して，取調官がこれではおかしいと責め，一定の予想をもって取調べるとき，その予想としてあり得る可能性はただ1つだった。9月9日付岩本①にはそのことが極めて正直なかたちで表われている。先にも見たが，ここでもう一度取り出してみる。

- まずカンヌキを右に一杯引くが開かない
- 次に木戸の内側においた石をのけるが開かない
- そこで「よくよく見たら木戸の上下に戸が開かないように金具が掛けてあったので，下の金具だけ外して木戸を内側に強く引くとバリッと音がして」体がすれすれ通るくらいの隙間ができたのでそこから出た。

　これが犯行者自身の記憶から引き出された供述であろうか。むしろ与えられた条件から論理的に導き出された構成物ではないか。その現われが「上の掛け金」への言及ではなかったか。事件後与えられた条件から，請求人が犯人ならばと，第三者が考えたとき，この論理自体を成り立たしめている「上の掛け金」が思わず入ってしまう。当の犯人ならば「気づかなかったからこそはずすことのなかった」掛け金，それゆえ記憶をたぐって供述する限り言及することのあり得なかったはずの掛け金が，うっかりと言及されてしまっているのである。ここに逆行的構成ともよぶべき虚偽構成の1つの証拠がある。

　人間の行動は時間の流れに沿って進行する。そしてその行動の記憶も，それが真実である限り時間に沿って順行的に物語られねばならない。しかし第三者

● 第2部 ● 自白の供述分析

が，事件後に発見され聴取された証拠・情報を手がかりに事件像を再構成しようとするとき，とかく時間を無視して論理的に話を進めがちになる。そのために事後の結果として知り得てはいても，出来事の進行中には知り得なかったはずの知識が，出来事の筋書そのもののなかに入り込んでしまうことがある。これを逆行的構成と名づける。

本節で見た裏木戸の出入りに関わる供述は，請求人が犯人である限り論理的にこれしかないというかたちで構成され，誘導された可能性が濃厚である。しかしそうして論理的に構成された裏木戸出入りの筋書が，現実的には極めて不自然であり，そうした出入りがそもそも可能であったかどうかについても重大な疑問が投げかけられている。実際，弁護団が本件裏木戸を原寸大で再現して実験したところ，下の掛け金だけをはずした状態ではその隙間から身体をくぐらせることができないとの結果が報告されている。しかも，この考え難い裏木戸出入りが脱出→再侵入→脱出と，三度にわたってくり返されたことになっている。そして，今見たように，最初に出入り状況の詳細が供述されたとき，真犯人なら語られるはずのない「上の掛け金」が語られてしまっていた。そこには逆行的構成の些細だが決定的な痕跡を見出さざるを得ない。

こうして裏木戸出入りの供述とその変遷もまた仮説Aの不合理を証し立てることになる。

第7節　変遷分析＝嘘分析の総括

請求人は，本件の厳しい取調べのもとで自白し，そこに膨大な言葉を紡ぎ出し，これが文字の記録にとどめられた。それは，調書数で45通，枚数にして計681丁にも及ぶ。これらはもちろん同じ請求人が，同じ1つの事件を語ったはずのものである。ところがこの自白に，種々の変遷が満載されていて，しかもそこにはたんなる間違いといえない歴然たる虚偽（嘘）が大量に入り込んでいる。それらを，真犯人が意識的についた嘘と見るべきなのか，それとも無実の人が想像して描いた嘘の自白と見るべきなのか。それを判別する手がかりを当の自白調書のなかに探ることが，ここでの嘘分析の課題であった。

第1章　自白の変遷分析＝嘘分析——請求人の自白における供述変遷は真犯人のものとして理解できるか

　この嘘分析の結果として得られた結論は，端的にいって，請求人の自白調書のうち唯一証拠採用された9月9日付吉村検面，あるいはそこに修正を加えて認定された確定判決の犯行筋書によっては，その自白調書全体を，変遷も含めてトータルに理解できないということにある。逆に言えば，無実の請求人が，脳裏になんらの犯行体験も刻みつけていない白紙状態から出発して，取調官の追及に合わせ想像的に犯行筋書を構成したものだとして初めて理解できる供述やその変遷が大量に及ぶ。

　この嘘分析を終えるにあたって，これまでの分析結果を，改めて全体としてまとめておくことにする。

1. 大量の嘘

　請求人は9月6日に自白を始めて10月13日の最後の員面調書まで，一貫して「私がやりました」と認めている。また内容的にも9月9日時点でおおよその犯行筋書が固まって以降は，筋書上の変遷はあまりなく，一部の供述要素で細かな変動を残していることを除けば，ほぼ一定しているといってよい。そこで問題は，この9月9日に至るまでの4日間にわたる供述変遷であった。

　この4日間は，自白内容で見ると9月6日（第Ⅰ期），9月7日（第Ⅱ期），9月8日，9日（第Ⅲ期）に分けられる。裁判の過程で検察側が主張し，また確定判決がほぼ事実だと認定したのは，このうちの9月9日付吉村検面の自白であった。そして，この自白をもとに，後に発見された「新証拠」（5点の衣類）を組み込んで構成された犯行筋書が，その後今日に至るまで「真実」と見なされ，請求人の死刑判決を根拠づけてきた。しかし9月9日付吉村検面自白ないし原第一審，第二審で真実と見なされた犯行筋書（仮説A）が，請求人自身の脳裏に刻まれた体験記憶そのものだと仮定したとき，請求人は9月9日付吉村検面においても，またそれ以前の自白調書においても，大量の嘘をついていたことになる。主なところをテーマ別にあげただけでも，犯行着衣，犯行動機，凶器のくり小刀購入，中庭から屋内への侵入の仕方，4人殺傷場面，放火場面，裏木戸の出入りと，犯行の中心から周辺にまで及ぶ数多くの供述テーマに嘘があり，さらにその内部で種々の嘘が多数連動している。第Ⅰ期，第Ⅱ期，第Ⅲ期と，時期ごとに変転する大小さまざまの嘘を数えあげれば，ここで指摘した

ものだけで数十個に上る。

　およそ嘘の数を数えて，それが多いから自白全体が信用できないとか，あるいは逆にその数が少ないから信用性が高いといえるわけではない。しかしながら，この嘘の量の圧倒的多さを前にして，まず首をかしげざるを得ないというのが正直なところであろう。

　原第一審，第二審判決は，ここで指摘した数々の「嘘」のうち，ほんの数個を取り上げたにとどまる。しかも，その取り上げ方も，結局のところ「嘘」だとの事実の指摘にとどまるもので，「嘘の理由」にまで実質的に踏み込んだ分析はほとんど行なっていない。

2．嘘の内実──全面自白後の嘘

　嘘の量からその質に目を転じると，さらに問題は大きくなる。まず確認しておかねばならないことは，請求人の「嘘」となるもののすべてが，＜強盗・殺人・放火＞の全犯行を自分１人でやったことだとして全面自白した後のものだという点である。

　「半落ち」と言われるような一部自白の過程はなく，「私がやりました」という９月６日付松本①の調書の後は，容疑の中心となる強盗・殺人・放火のどれ１つについても，これを回避しようとのニュアンスはない。その意味で請求人は常に全面自白下で供述している。にもかかわらず，仮説Ａに照らせば「嘘」だと言わざるを得ない供述が数十の単位に及ぶ。しかも，そうした嘘をつかざるを得ない理由を具体的なかたちで指摘できない。

　刑事事件の被疑者の嘘として最も一般的なものは，刑責を免れ，あるいは軽減するための嘘であろう。しかし，そのようなかたちで理解できる「嘘」は本件請求人自白のなかにはほとんどない。本件で最大の問題となった「犯行着衣の嘘」でさえ，刑責回避ないし軽減の嘘と解釈するのは難しい。確定判決はこれを「証拠未発見に乗じての嘘」だと認定したが，そこには人間の心理から見て無理がある。

　請求人が自白に落ちた経緯を，時間の流れに即して見れば，「犯行着衣の嘘」を真犯人の嘘と見なすことはできない。そもそも請求人は，何か別の証拠の追及で自白に転落し，その後に犯行着衣を追及されて，その点を偽って嘘をつい

たのではない。取調べ段階において捜査側は，請求人はパジャマを着て犯行を行なったのだという認識に立ち，まさにこの「パジャマの血」の追及によって，請求人は自白に落ちた。つまり，もし仮説Aが正しいとすれば，請求人は取調官から間違った証拠の追及を受けて，それによって真の自白に落ちたことになる。それはおよそ真犯人にあり得べきことではない。そこからだけでも仮説Aには重大な疑問が投げかけられる。この点，確定判決は，嘘の理由への真摯な分析に踏み込むことなく，文章上のレトリックで問題を隠蔽したとの非難を免れない。

3. 二転三転の嘘と嘘の連動

　「私がやりました」と自白してからの請求人の供述には嘘が満載されているが，なかでもその中心となるのが犯行動機の嘘である。

　犯人である以上，犯行の動機がなければならない。ところがこの動機が文字通り二転三転する。「奥さんとの肉体関係があって，その奥さんに放火を頼まれた」というところから「奥さんとの関係が専務にばれて話をするために」へと変遷し，さらに「奥さんとの関係は嘘で，本当は母と息子と3人で暮らすアパートを借りる金がほしかった」という窃盗（ただし見つかれば脅してとるという強盗のニュアンスを含めて）の動機に変遷して，最後はこれで落ちつく。この変遷のつど，請求人は前の供述が「嘘でした」と言う。しかし，どうしてそんな嘘をつくことになったのか，その理由が見えない。「自分をかばうため」とか「少しでも自分に有利なように」とか，供述上一応の「理由」をつけたかたちはとっているが，そこに文字面以上の意味を見出せない。

　本当の犯行動機が，人に知られたくないような破廉恥な動機ならともかく，請求人が最後にたどりついた動機は，母子3人でアパート暮らしをするためという，極めて小市民的な日常的動機でしかない。これを隠すために，世話になっている専務の奥さんとの肉体関係を嘘で自白するというのは，まずたいていの人にとって解せないことといわねばならない。それにまた嘘の理由を「自分をかばう」ためとか言いながら，供述上には，自分の罪を軽くしようとするような自己弁明の主張，刑責のがれのための言い訳がまったく見られない。

　しかも三転した犯行動機がいずれも，＜強盗・殺人・放火＞の全犯行の，た

● 第2部 ● 自白の供述分析

かだか端緒を動機づけるものでしかない。それは少なくとも＜殺人・放火＞という本件の最も中心的な部分と直接つながる動機ではない。そのような端緒的な動機が変転し，その変転に連動して他の供述部分にまで嘘が波及し，それが大量の嘘の原因となっているのである。

　たとえば凶器のくり小刀入手経路について，動機の変転に沿うようにして，「3日前に奥さんからもらった」，「沼津で買って奥さんに預け，犯行直前にもらった」，「本件よりずっと以前に，奥さんに頼まれて買ってきたものを，ダメと言われて食堂引き出しに入れていた」，「本件より3か月ほど前に沼津に行った際格好がよかったので買って自室のベビータンスの中に入れていた」というふうにコロコロと変遷した。しかし，どうしてこのような連動の嘘をいくつも重ねなければならなかったのか。くり小刀入手についても，確定判決が認定した通り，請求人が沼津で買って自室のベビータンスに入れておいたものなら，そのことが脳裏に刻まれているはずで，犯行動機の変遷とは無関係に，最初からその通りに供述してまったく問題はなかったし，そうするのがもっとも自然であったはずである。ところが犯行動機の変遷にともなってこの末梢的な供述部分でコロコロと変わっている。それはやはり請求人のなかには，もともとの体験記憶がなかったからではないのか。

　犯行着衣の嘘からの連動にも同じことがいえる。犯行着衣がパジャマではなく「5点の衣類」だとすると，上着は黒ねずみ色，ズボンは鉄紺色である。犯行筋書上，この犯行着衣の上には雨合羽を着ていなければならない。そこで雨合羽を着た理由だが，最初は油をあらかじめ搬入しておいたという筋書と絡んで「油がつかないように」，そして「パジャマの裾がビラビラするので」，さらに「パジャマが白くて目立つので」と三転し，最後の理由も，本当は黒ねずみ色の上着を着ていたのなら意味をなさない。原第二審判決は検察側主張を入れて「体の線を隠そうと考えたとしても不合理ではない」と言うが，もしこの判決のいう理由が正しいのなら，たとえパジャマで犯行したとの嘘をついたとしても，雨合羽を着たことについては「体の線を隠す」という理由をそのまま供述して何らおかしくはなかった。ところが，そうは供述せず，そのつどの犯行筋書に合わせての連動的な嘘をついたことになる。これもまた，請求人の脳裏が犯行体験について白紙でしかなかったためではないか。

嘘の連動そのものは別に無実の証ではない。真犯人の嘘でも，そこには連動がともなう。しかし問題なのは，真犯人が真実の犯行体験を脳裏に刻んでいれば，それをそのまま供述するだけで連動の必要がいっさいない場合である。そういう場合にまでコロコロと嘘の連動をやってしまうとき，それは，もともとその供述者が当の犯行体験のことを何も知らないからにほかならない。本件請求人の供述には，その種の例が実に多数ある。

4. 同一供述要素の文脈移動

　真犯人の自白である限り，その内容は捜査官の入手した証拠情報と合致せねばならない。請求人の自白も大きく3つの筋書を変転するが，それが自白である限りはそれなりに各証拠情報を説明するものになっていなければならない。ところが，その結果，奇妙な供述変遷が現われてくる。

　犯行筋書がいくら変わっても，証拠と合致するためにはどうしても欠かせない犯行要素というものが存在する。たとえば本件放火に用いた混合油が工場に置いてあった釣船用石油缶の油であるとの証拠情報を入手していれば（それが正しいか否かは別にして），犯人はこの油を工場から何かに移して犯行現場に運んだとの犯行要素が必然のものとなる。この犯行要素を組み込んだ供述がなされなければ，捜査側入手の証拠を正しく説明した自白とはならない。現に，本件の場合これを供述した「油搬入」の供述要素は請求人自白のなかに一貫して認められる。ところが，要素としては一貫して自白のなかに組み込まれていても，犯行筋書が変わればその要素の組み込まれ方に変化をきたさざるを得ない。「油搬入」の要素も，犯行動機供述の変遷にともなう筋書変遷のなかで，その位置づけをすっかり変えてしまうことになる。

　「奥さんに放火を頼まれた」との第Ⅰ期自白では，事前にあらかじめ油を搬入しておいたという話になるが，この動機供述が撤回されるや，最初は放火のことをいっさい考えず，4人殺傷後に放火を思いついて，事後的に油を搬入したことになる。油を搬入するという要素は同じでも，それを組み込む文脈がすっかり変わる。

　あるいは奥さんを刺す場面についても同じことが見られる。奥さんが刺され火を放たれていた以上，奥さんの殺傷場面が供述されねばならない。現にこの

場面は請求人自白で一貫して供述されている。ところが最初は，専務を殺傷する場面を奥さんに見られて，追いかけて刺すという具合に＜専務→奥さん＞という順序で筋書が語られていた。ところが，現場からは甚吉袋の中の布小袋のうち3個が奪われていたという事実があった。専務と奥さんを最初に殺傷してしまえば，甚吉袋の所在を知らない犯人としては金の奪いようがなくなる。とすると奥さんを2番目に殺すというわけにはいかなくなる。そこで奥さん殺傷は，3人を刺して後，奥さんから金袋を投げてよこしてもらった後ということになる。こうして奥さんの殺傷という供述要素が，犯行筋書の上を大きく移動する。

　このような同一供述要素の文脈移動は他にいくつもある。しかしいずれも，そこまでして嘘をつく心理的理由は見えず，ただ筋書上その文脈移動が論理的に要請されたからだとしか解釈できない。これを真犯人の嘘と見ることはできない。

5. 証拠を説明すべく供述した筋書が生み出す不自然・不合理

　以上は，証拠を説明しようと思えば，その論理的な要請によって供述を変遷させざるを得ないという例であったが，この例の延長上で，論理的にはそうしなければ証拠を説明できないが，結果として極めて不自然な筋書になってしまうという例も散見される。その典型例は，犯行着衣の着替え問題である。これは請求人が直接なした供述変遷ではない。犯行着衣の「新証拠」発見後，なお請求人が犯人ならばこうせざるを得ないという種類の筋書変更である。検察が主張し，原第一審判決がこれを認めた。もとより公判に入って否認していた請求人は，これを認めるわけはない。その意味で，これが純粋に証拠との整合性を図るための論理的要請によるものであることは明らかである。ただ請求人が真犯人ならば，この点について嘘をついていたことになる。

　原第一審判決は新証拠の「5点の衣類」に油の付着が認められなかったとの事実から，犯人は5点の衣類を着て4人殺傷を行ない，その後にパジャマに着替えて，油をポリ樽に移しかえ，これを搬入して放火したのだと認定した。しかし，そのような筋書変更によってどういうことが結果するかまでは検討しなかった。そもそも＜殺傷－放火＞という一連の犯行の最中に着替えるというの

は，犯行者の心理的連続の上で考えにくい。

　鈴木俊次の死体鑑定では受傷から火をつけられるまで「数分」，上野正吉の鑑定では「十数分」（次の第2章第3節に詳述する），その間，専務を除く3人は少なくとも生きていた。請求人はこの数分ないし10数分の間に，工場に帰り，5点の衣類をパジャマに着替え，油を石油缶からポリ樽に移して，その油を持って裏口へ行き，隙間からポリ樽を押し込んで入り，4人に油をかけて火を放たなければならない。この＜殺傷－放火＞の間に着替えが入ったとすれば，ほとんど考える暇もなく，これらを連続的にこなさなければならない。つまり着衣に返り血を浴びて工場に戻って来た犯人が，まったく間をおかずに，ただちに放火に向かう，そのただなかで着替えたことになる。これはいかにも異様ではないか。

　いや，さらにおかしいのは，その放火の際に殺傷現場で奪った金袋を持っていくという行為である。パンツまで含む5点の衣類を着替える。ということはいったん真っ裸になったということである。そのとき金袋を手から放さないことはあり得ない。とすると請求人は放火に行くときに，そうして手放した金袋をわざわざ持って行ったことになる。これまたあり得ぬ行為である。しかし証拠上は，放火現場に金袋を持って行ってそこで金袋から金を取り出して金袋などを捨てなければ，事件後その金袋などが見つからなかったことが説明できない。これまた証拠からの論理的要請であった。

　すでに一定の自白がなされた後，新証拠が発見されたことでもって論理上その筋書に変更を加えねばならないとき，その論理的要請の結果が，当の犯行者の心理の流れからはおよそ不自然と言わざるを得ない筋書をもたらす。これを真犯人の真の犯行筋書と認めてよいかどうか。

6．徐々に証拠に近づいていく供述

　嘘は意識的な虚偽である。その点で間違いとは異なる。ここで問題となるのは，長い供述経過のなかで，初め証拠とかなり食い違っていた供述が徐々に証拠と合致していく場合である。この場合，真に犯行体験をもつ犯人が，最初記憶の錯誤で証拠が合わず，それが取調官からの追及で徐々に訂正されていったのか，それとも何も知らない白紙の無実者であるがゆえに，取調官の追及に含

まれるヒントのままに誘導されていったのか。

　たとえば本文中には詳述できなかったが，くり小刀購入の時期がその一例となる。最初「2月末か3月初」として「Aちゃんを実家にあずける前だった」とその理由まであげていたものが，「あとで色々考えてみるに，それよりいくらかたったころ」だったとして「3月中旬ころから下旬ころまで」と訂正する。しかしそのように訂正した理由については何も明示していない。それがさらには「3月下旬から4月初め」という供述との間で揺れ，「3月中旬」は排除されて最終的に「3月27日か4月3日」というところにまで特定される。

　供述時点から考えてすでに半年ほども前のことであるから，実際にくり小刀を買った事実があったにしても，その購入時期が不正確にしか記憶されないことはあり得る。しかし問題はその記憶喚起の過程である。当初の記憶を間違いとして訂正するについては，その人のなかで何らかの根拠がなければならない。ところがその点の根拠を示すことなく，売った方のK刃物店の店員や店主の供述に合致する方向へと供述が吸い寄せられるのを見たとき，これを真犯人の記憶と判定するのはやはり躊躇せざるを得ない。

　裏木戸から脱出する場面の供述についても同様のことがある。最初は裏木戸を「蹴飛ばして出た」とか，「蹴破って出た」と言っていたものが，やがて裏木戸の施錠の構造をしっかり押さえた供述に変わっていく。つまりカンヌキを引き，合わせ目の石をのけ，下の掛け金をはずして，扉を内側に強く引っ張って出たというのである。これは事件後の裏木戸状況に一見合致する。しかし，それではなぜ，この供述が最初から出なかったのか。これは半年前のくり小刀購入時期を思い出して供述するといった，曖昧なものではない。「蹴飛ばして出た」か「カンヌキや掛け金をはずして扉を引っ張って出た」かは，およそ間違うような性質のものではない。そして他方，嘘を言う必要のある場面でもない。そうした供述要素が最初は証拠状況からずれていて，徐々に合致するようになる。これを真犯人の漸次的な記憶喚起などといえるだろうか。それに，この供述変遷の過程で，いったん「上の掛け金」に言及した供述が出てくる。上の掛け金の存在を知っていて，それをはずさずわざわざ苦労して下の隙間から脱出する人はいない。もし判決認定どおりの脱出をやった人がいたとすれば，上の掛け金には気づかなかったから，こういう脱出方法をとるようになったと

しかいえない。ところが請求人自白には,「蹴飛ばして出た」とのおかしな供述から,裏木戸施錠を意識した供述となるそのまさに中間で,「上の掛け金」の存在に言及した供述が出ている。これは取調官からの誘導の結果という以外にない。

このように客観的証拠状況に徐々に近づいていく供述変遷の過程にも,請求人＝無実の示唆を読みとることができる。

7. 供述変遷自体が示す時間の方向性

矢は矢尻を前にして飛ぶからこそ,的を射る。矢は矢羽根を前にしては飛ばない。矢は,おのずからなる方向性をもっているのである。時間の流れのなかで展開される供述にも同じことが見出されることがある。つまり供述のその変遷自体が方向性を示すことがある。本件請求人が自白の第Ⅱ期から第Ⅲ期にかけて供述する「勉強部屋からの2度入り」がその好例である。

くり小刀購入について奥さんとの関係を想定していた第Ⅰ期の最後の供述調書（9月6日付岩本③）で,請求人は奥さんに布の裁断用のナイフを頼まれて沼津で買い,これを店に持って行って奥さんに見せたところ「これじゃダメ」と言われて,店の食堂の引き出しに入れておいたと供述する。その上で9月7日犯行筋書を供述することになるのだが,凶器であるくり小刀を前日の供述で食堂の引き出しに入れておいたと言っておいたものだから,当然のこととしてまず勉強部屋から入って食堂のくり小刀を取り出さなければ始まらない。といって食堂でくり小刀を取り出してそのまま屋内を物色したのでは,勉強部屋の中庭側の戸の前に落ちていた雨合羽とそのなかのくり小刀のさやが説明できない。とすると食堂からくり小刀を取り出した後,いったん中庭に戻って,再び入るときに勉強部屋入口でくり小刀のさやを抜き,雨合羽を脱ぎ捨て,その上で再侵入しなければならない。これが「2度入り」である。これを「2度入り」1と呼んだ。食堂の引き出しにくり小刀を入れておいたとの前日の供述を前提に,それを雨合羽とさやの証拠に合致させようとすると,この「2度入り」1が必然的に要請される。これが筋書上不自然であることは問わないとして,問題はこの「2度入り」1が,翌8日に消えて,9日に中身を変えて再登場することである。この時くり小刀を食堂の引き出しに入れておいたという話は撤回

されており，くり小刀は自室のベビータンスに入れておいたことになっていた。したがってくり小刀は犯行に赴くべく自室を出るとき携帯して行くことになり，7日時点の供述のように勉強部屋からの「2度入り」の必然性はすでになくなっていた。ところが請求人は9月9日付吉村検面でも，どういうわけか，いったん勉強部屋から入り，応接間まで侵入して仏壇間をのぞいたところで中庭にまで引き返して，そこでくり小刀のさやを抜き雨合羽を脱ぎ捨てて再侵入をするという筋書を供述する。「2度入り」の供述が中身を変えて再登場したのである。これを「2度入り」2と呼んだ。

　ここでもし請求人が真犯人で，9月9日付吉村検面が真実ならば，その「2度入り」2の記憶を脳裏に刻んだ状態で取調べに臨み，自白に転落した後9月7日付岩本で「2度入り」1を供述したということになる。つまり，時間の順は，

　　2度入り2（請求人の脳裏の記憶）
　　　↓
　　2度入り1（9月7日付岩本）

となる。しかし，この順序での供述はあり得ない。2度入りの形だけを供述して中身を偽らなければならない理由がないというだけでない。「2度入り」2の形を維持したまま，中身を換えて「2度入り」1を供述しようと思えば，あえてそのためにあらかじめ嘘で「奥さんとの関係」を供述し，「奥さんに頼まれてくり小刀を買う」話を捏造し，「ダメと言われて食堂の引き出しにくり小刀を入れた」との話を作り出して，その布石の上でようやく「2度入り」1の供述が可能になる。そのような時間的に逆立ちした布石を用意して奇妙な2度入り供述をすることは，不可能というべきである。

　　奥さんとの関係
　　　↓
　　奥さんに頼まれてくり小刀を買う
　　ダメと言われて店の食堂の引き出しに入れる
　　　↓
　　2度入り1
　　　↓
　　2度入り2

第1章　自白の変遷分析＝嘘分析——請求人の自白における供述変遷は真犯人のものとして理解できるか

という供述の流れは，まさにそれ自体のなかに方向性が刻まれているのである。この流れの最初に「2度入り」2を脳裏に刻んだ真犯人をもってくることは不可能である。

　これほど明確なものではないが，たとえば本章第5節で見た4人殺傷の順序やその殺傷の仕方についての供述変遷についても同様のことがいえる。この点についての請求人の供述の流れは，

　　　専務－奥さん……後は覚えず
　　　↓
　　　専務－奥さん－M男－F子
　　　↓
　　　金袋追及
　　　↓
　　　専務－F子－M男－奥さん

というもので，最後の殺傷順序が真とされた。しかしこの最後の殺傷順序が真とすれば，請求人のなかには，これが体験記憶として脳裏にあって，その上で取調べ経過で上の供述の流れをたどったことになる。つまり，

　　　専務－F子－M男－奥さん（脳裏の記憶）
　　　↓
　　　全面自白
　　　↓
　　　専務－奥さん－後は覚えず
　　　↓
　　　専務－奥さん－M男－F子
　　　↓
　　　専務－F子－M男－奥さん

となる。しかしこのような供述の流れがそもそも真犯人のものとしてあり得るであろうか。請求人はすでに全面自白をした上で，F子さん，M男くんの殺傷行為を「覚えていない」と言い，その後もF子さん，奥さんの殺傷順序を偽ったことになる。これもあり得ぬことというべきである。

229

● 第2部 ● 自白の供述分析

　原第一審，第二審判決は9月9日付吉村検面のみを証拠採用し，他の自白調書を証拠から排除したたために，ここに箇条書き的に整理してきた供述変遷の問題に正面から立ち向かうことがなかった。しかし，任意性を認めがたい供述であろうとも，供述者本人が取調官の尋問に応じて語った言葉の記録であることに違いはない。そこには，真犯人なら真犯人の，無実の人なら無実の人のしるしが刻印されている。本章ではこのしるしに着目しつつ，嘘分析を展開してきた。そしてその結果，本件請求人の供述の変遷過程を真犯人のそれとして読むことはおよそ不可能であると結論せざるを得なかった。

　逆に，まさに犯行体験の記憶について白紙であるがゆえに，こうした供述変遷があり得たといえる供述ないしその変遷が大量にある。つまり本件請求人の自白調書45通を読み解いた結果として，その供述過程が無実者のそれである可能性が強く浮かび上がる。

　しかし，それにしても犯行体験の記憶について白紙である人間が，どうしてここまで詳細に自白し得たのか。その点ついては，のちの第3章であらためて論じることになる。その前に，請求人自白が無実の人のそれでしかあり得ない証左を，次の第2章でまた別の視点からいま少し展開することにしたい。

第2章 「無知の暴露」分析

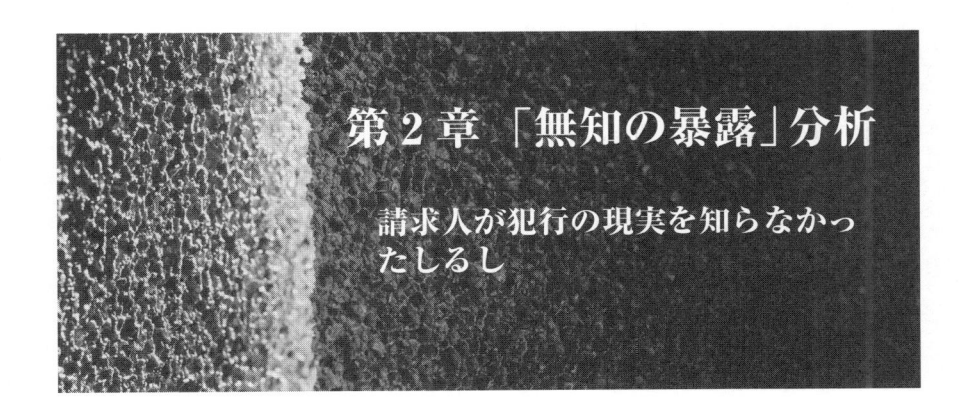

請求人が犯行の現実を知らなかったしるし

　前章では，請求人を犯人とする仮説Aのもとでその供述変遷を分析した。その結果，請求人の供述変遷を真犯人の嘘がばれていく過程としては理解できないこと，むしろそれは請求人の脳裏が本件に関して白紙であるがゆえに，その白紙の上に初めて描き得た供述変遷の過程ではなかったかということを指摘した。しかし，この変遷分析＝嘘分析のなかでは十分展開し得なかった点がまだいくつか残されている。現に，客観的に見て争いのない証拠状況に照らして請求人の供述を見たとき，そこに浮かび上がる齟齬のなかには，「嘘」というレベルを超えて，さらに請求人がその証拠状況に関して結局のところまったくの無知でしかなかったことを露呈させている供述要素がある。

　取調官の把握していない事実を，被疑者が自分の側から暴露して，それが後の捜査によって客観的に裏づけられたとき，これは「秘密の暴露」と呼ばれ，自白の信用性を保証する決定的証拠として重視されてきた。つまり「秘密の暴露」はまさに自白者の真犯人性を明らかにする。これとちょうど反対に，自白した被疑者が，事件後の検証などで明らかになった客観的な犯行事実について，まったく無知でしかないことを露呈させてしまうことがある。この「無知の暴露」は，当の自白者の無実性を強く示唆し，場合によってはそれを決定づける証拠となる。そのとき自白は，逆説的なかたちで，無実を語る。本件請求人の自白にそうした「無知の暴露」がないかどうか。本章の検討課題はここにある。取り上げるのは，

　①甚吉袋と白い布袋

②強取した金の額と種類
③死体の位置

の3点である。以下それぞれに一節をあてて論じることにする。

第1節　甚吉袋と白い布袋

　本件は請求人が，「母と息子の3人で暮らすアパートを借りるための金ほしさ」のゆえに犯した犯行と認定されている。つまり，少なくとも犯行に及ぶ端緒となった動機は「金」であるとされた。そしてその動機によって専務宅に侵入して物色中，専務に見つかり，結果的に4人を殺傷し，放火するという大犯罪になってしまったというわけである。

　そこで問題となるのは奪われた金の行方である。事件後の現場検証の結果，専務宅には多額の現金，小切手，預金通帳が残されていた。そのなかで事件後唯一行方不明だと判明したのは，前日集金した金の一部であった。月末に各地区ごとに担当者が集金してきた金は，各集金人がおのおの白い布の小袋に入れて，工場2階の事務所に集約する。事件前日にはその布袋8個が，印鑑などを入れたもう1個の布袋と一緒に甚吉袋に入れられ，これを専務が事務所から自宅（お店）に持ち帰っていた。事件後の検証の結果，この甚吉袋は一部焼け焦げたものの，夜具入れに置かれているのが無事見つかった。ところが，その中に9個あったはずの布袋が6個しか見つからなかった。つまり3個が紛失していたのである。そのうちの2個は現場裏口の外に落ちており，袋の中には前日事務員に確認された通りの現金，小切手がそっくり入っていた。問題は残り1個の布袋と，その中の金，小切手であった。本件の犯人ならば，金や小切手の入っているこの布袋を知っているはずである。

　請求人に向けられた容疑の内容は，専務一家4人を殺害して，甚吉袋の中に入っていた白い布袋3個を奪い，うち2個は逃走中に落としてしまい，残り1個をわが物とし，いったん工場内の温じょう室に隠し，後に一部を取り出して使い，さらに後に残りをすべて取り出して，元同僚のMFさんに預けたというものだった。この通りなら請求人は当然，この布袋とその中の金，小切手な

第 2 章 「無知の暴露」分析——請求人が犯行の現実を知らなかったしるし

どのことを知っていなければならない。ところが，請求人の供述には，専務がふだん持ち歩いていた甚吉袋と，その中の布の小袋とを錯誤するという，とんでもない間違いが存在する。そんな間違いがなぜ生じたのか。

1．9月7日付岩本調書の謎

この点で注目すべきは9月7日付岩本調書である。この調書から，請求人が強取したとされる金の袋に言及した部分を抜き出してみる。

> （M男をかやの上で刺したあと）そのかやの外側に奥さんが立ってて，倒れたM男くんの方に来て，私に「これを持ってって」と言ってじんきち袋一ケを投げてよこしました。そのときのじんきち袋は私が書いたような格好の袋でしたので参考までに図面を出します。（このとき本職は被疑者の作成した図面一葉を，本調書の末尾に添付することにした。）
>
> （奥さんを刺して倒したあと）それで私は，奥さんが投げてよこしたじんきち袋を持ってそのまま逃げてしまおうと思い，じんきちを拾ったのです。じんきち袋というのは会社の売上金とか集金した金を毎日専務が，じんきちに入れて，店に持ち帰り，朝，会社に持って出勤してくるのを時々見て知っていました。給料前で金もないし，じんきちを持って逃げようと思い，そのまま裏口から出て工場の三角部屋の隣の倉庫の中に入り，そこで色々と考えました。
>
> （放火を思い立って油をポリ樽に移して）それからじんきち袋の輪になった紐を右手首に通し，ポリ樽を両手に持って裏口から店に入り……。（4人に油をかけ，奥さん，M男，F子と火をつけたあと）専務のところで火をつける前に右手首に吊り下げてあったじんきち袋を手首から外して，その中から金をしょづむようにして出しました。じんきちは，そこにおいたような気もしますが，よく考えてみます。金はいくらあったか分かりませんが，手に持ち，それから専務に火をつけ，裏口から出て来たのです。

この供述のなかで請求人は，金の袋を一貫して「甚吉袋」と言い，それを絵にまで描いて添付している。図 2-2-1 を見ればわかるように，それは見間違う余地なく明らかに「甚吉袋」である。ところがこの甚吉袋は，先に述べたように，事件後の検証で夜具入れから発見されている。これでは証拠状況と合わな

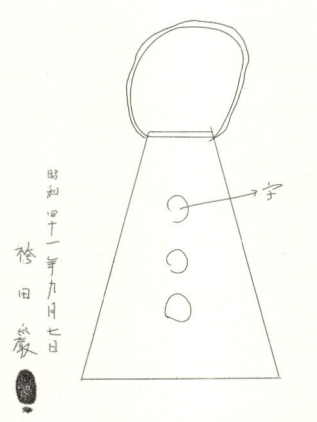

図2-2-1　調書に添付された甚吉袋の絵

い。取調官はそのことに気がついていたのであろう。この調書の末尾で請求人に次のように断わらせている。

　　それからじんきち袋についても，私自身どうもはっきりしないので，その点今夜よく考えておき改めて申し上げたいと思います。

その上で，その袋の中身を聞く問答が録取されているが，そこでは「甚吉袋」ではなく，「金袋」と言う。そこも引用しておく。

　　金袋の中に小切手，伝票等はあったかどうか。
　──私は金だけしょづみ出したので小切手や伝票があったかどうか分かりません。
　　金袋は専務の倒れていたところにおいて来たように思います。

犯人である請求人が奥さんから奪った金が「甚吉袋」に入っていたというこの日の供述は，明らかに間違っている。しかし，この間違いはいったい何に起因するものか。可能性は3つある。

a　請求人（＝犯人）が嘘をついた。
b　請求人（＝犯人）が間違えた。
c　請求人（＝無実）は本当のことを知らなかった。

このうちaの「嘘」の可能性はまずあり得ない。すでに全面自白している請

求人が金袋の種類を偽っても意味がない。あるいは真犯人が捜査を撹乱するために「嘘」をついたという考え方も，理屈の上ではあるかもしれない。しかし請求人が犯人ならば，自分が強取したものが甚吉袋の中の布の小袋であって，いつも専務が下げて持ち歩きしている甚吉袋そのものではないことを重々承知しているはずだし，取調官が証拠状況としてそのことを十分把握していることをも知っているはずである。先の「嘘の理論」のなかで述べたように，「嘘は空想的な作り話」ではなく，相手に嘘を真実と思い込ませねばならない。つまり，相手が知らない部分を突いて，そこに「嘘」をもぐり込ませ，それによって相手を納得させるものでなくてはならない。平たく言えば，相手が本当のところを知らないから嘘がつけるのである。今のケースについていえば，取調官の方はとられたのが甚吉袋ではなく，その中の布の小袋3個であることを証拠としてつかんでいるのである。そこのところで犯人がどうして「嘘」をつけるであろうか。

　aの「嘘」の可能性が排除されるとすれば，あとはbの「間違い」か，あるいはcの「無知」なのか。このことを考えるためには9月7日付岩本調書以外の調書で何がどう供述されたのかを見なければならない。

2．9月8日付岩本，9月9日付岩本①での供述変更

　9月7日付岩本調書の末尾で「じんきち袋についても，私自身どうもはっきりしないので，その点今夜よく考えておき改めて申し上げたいと思います」と述べていたのを受けて，9月8日付岩本では，この点に変更が加えられる。

> （金をとろうという動機で犯行を思い至ったと供述するところで）会社では月末になるとお得意さんから金を集金して，まとまった金が専務の店にも入るし，自分らが朝晩店に食事に行っているとき，日にちは忘れたが，集金した金を入れる甚吉袋が応接間の隣の仏壇のところに置いてあるのを見て，あの甚吉袋から5万円位盗み出しても分からないだろうということを考えたのです。（それで事件の日の夜，床についてから）そこで甚吉袋のことを考え，月末でもあるし，会社でお得意さんから集金して，その金を甚吉袋にいれて店においてあることを前々からの様子で分かっていたので，今夜店にこっそり入って，甚吉袋の中から，少しまとまった金を

●第2部● 自白の供述分析

盗んで来てアパートの生活費にしようと考えたのです。
　（殺害場面になって3人目のM男を刺しているとき）奥さんがどこから出したか知りませんが，座敷の隅，つまり奥の道路に近い座敷の隅の方からM男くんをやってる私のところに「これを持って行って」と云って白い布袋を3ケ投げてよこしました。その袋は，その前に私が「ぜにを出せ」と云ってるので，ぜにの入っている袋を投げてよこしたと思います。……（奥さんをも殺傷してから）奥さんが投げてよこした布袋三ケが仏壇の横あたりに落ちていたのでそれを拾いましたが，そのとき持っていた刃物が邪魔になるのでほとけさんのある座敷の真中あたりに投げ捨てました。とにかくそのときは，あわをくってたので投げた刃物のことは，それ以上どうなったかよく分かりません。拾った布袋3ケはパヂャマの上衣の左右のポケットに1ケづつ入れ，残り1ケは手に持ちました。

　この供述では，最初狙ったのは，月末集金してきた金を入れる「甚吉袋」の金であったが，犯行場面で奥さんが投げてよこしたのは「白い布袋」となる。しかも個数も「1個」（9月7日付岩本では「甚吉袋」が「1個」であった）ではなく，「3個」で，これを請求人はパジャマの上衣の左右のポケットに1個ずつ入れ，残り1個を手に持ったというところまで述べている。この供述で，「甚吉袋の中から白い布袋が3個なくなった」という証拠状況と合致することになる。
　さらに翌日9月9日付岩本①では次のような供述まで付け加えられる。

　最初の考えでは，月末でもあるし，甚吉袋には，会社で集金した金が，まとまって入ってるので，そのなかからアパートの生活資金にしようと思い，まとまった金を盗んでくるつもりで泥棒に入ったのです。私がいうまとまった金の額は大体5万円位のことを云います。奥さんが投げてよこした布袋3ケだけしか持ってきませんが，4人を殺してから私の気持は布袋3ケ以外に甚吉袋を探すとか，もっと探して金を持っていこうかとのことを考えるよりは，4人を殺してしまったので，拾うものだけ拾って，まず逃げてしまおうという考えの方が先にたちました。

　この供述からは「甚吉袋」と「布袋」とをはっきり区別していることがわかる。9月7日には「布袋」にはいっさい触れず，「甚吉袋」を投げてよこされ，

そこから金をつかみとったと供述していた請求人が，翌8日，9日と，この両者をはっきり区別して，証拠状況に合致する供述をするようになったのである。

3. 9月9日付吉村検面の曖昧化

そして唯一証拠採用された9月9日付吉村検面ではどうなっているかを見よう。

> （動機に触れて）月末になると集金した金を袋に入れて専務が家に持って行き，仏壇の前辺りに置いてあるのを見たことがあるので，5万円位の金ならあの袋の中に入っているに違いないから，あの袋の金を盗んでアパートを借りる金にしたいという気になりました。
> （侵入して仏壇の間をのぞいたとき）応接間と仏壇のある部屋との境いの障子をこっそり開けて部屋の中をのぞきましたが，仏壇の前にも他のところにも金袋は見えませんでした。
> （M男くんを刺しているとき）奥さんはM男くんが倒れる少し前頃，寝室の奥から床間の前辺りまで出てきて，私に「これを持って行って」と叫んで，布の袋を3つ位私の方に向かって投げつけてよこしました。そこで金の入った袋だと思いましたが，それには目もくれないでM男くんを刺しました。（奥さんも刺して）それから私は仏壇のある部屋に引返し，附近にナイフをほおり出して，畳の上に落ちていた3つ位の金袋を両手で拾い，それを両手に持って走って裏口まで逃げました。
> （3人に火をつけ，専務に火をつける前に）そして裏口の戸のそばまで来て，ふと手に持っていた金袋のことを思い出したので開けて確かめようと思ったところ，2つ位は何処かに落したとみえて1袋しかありませんでした。しかし，袋の口が結んであって開かなかったので手で袋を破って中から札のかたまりを取り出し，からの袋はその附近に捨てました。

不思議なことに，ここでは「甚吉袋」と，その中の「白い布袋」とを，少なくとも名称の上では区別せず，「金の袋」「金袋」で総称している。といっても，その内実まで混同しているわけではない。「月末になると集金した金を袋に入れて専務が家に持って行き」と言い，仏壇の間をのぞいて「仏壇の前にも他のところにも金袋は見えませんでした」と言っているときの「袋」ないし「金袋」

は「甚吉袋」のことであり，奥さんが「『これを持って行って』と叫んで布の袋を3つ位私の方に向かって投げつけてよこした」と言い，「3つ位の金袋を両手で拾い……」，「裏口の戸のそばまで来て，ふと手に持っていた金袋のことを思い出したので……」と言っているのは，明らかに「白い布袋」のことである。内容的に別のものでありながら呼称は同じである。これはいったいどうしてなのか，これについても2つの可能性がある。

　a　この調書を録取した検察官が区別してよぶ呼び方を知らなかった。
　b　区別してよぶ呼び方を知ってはいたが，あえて曖昧にした。

　実はaはあり得ぬことである。というのも，1つに本件担当の検察官が証拠状況に不案内であるはずもなく，甚吉袋の中の白い布の小袋がなくなっていることを承知していて当然である。いや，万一，それを知らなかったとしても供述者たる請求人自身がすでに9月7日付岩本で「甚吉袋」という言葉を使い，9月8日付岩本，9月9日付岩本①（9月9日付吉村検面のとられた直前の調書）では「甚吉袋」を明確に「白い布袋」と区別して使っているからである。たとえ検察官がこの区別を知らなかったとしても，供述者がそれまでの調書同様に区別して供述したならば，その区別に気づかぬことはあり得ない。

　となると，残るはbの可能性，つまり区別してよぶ呼び方を知った上で，これを調書上あえて曖昧にしたというしかない。しかし，何のためにそうしたのであろうか。それは先の9月7日付岩本の供述の間違いに深く関わっている。先にすでに見たように，9月7日付岩本調書で請求人が奥さんから「甚吉袋」を投げてもらって，そこから金をとったと供述したのが意識的な「嘘」であっては困る。そのような嘘をつく理由が全面自白した真犯人にはないからである。とすれば，仮説Aの線上で考える限り，請求人本人の「間違い」でなければならない。つまり請求人は「甚吉袋」と「布袋」を区別せず，両者を混同したと考える以外にない。9月9日付吉村検面は，請求人が両者を区別していなかったのではないかということを，呼称を共通させることで示唆しようとしたのである。

　これはたんなる推測ではない。まさにこの解釈そのものを言葉にした供述が9月12日付吉村検面に出てくるからである。次にそれを見よう。

4. 9月12日付吉村検面の意味

　9月9日付吉村検面以降，員面調書では9月9日付岩本②で奥さんから強取したものを「布袋」と呼び，9月12日付岩本でふだん専務が持ち歩き，お店の仏壇のところにおいていたものを「甚吉袋」と呼ぶ供述が続いている。そのなかで9月11日付吉村検面はなお「甚吉袋」という表現を使わず，たとえば，

　　そこで，月末になると専務が，毎日集金した金をまとめて袋にいれて家に持ち帰るのを見て知っていたので，その金を盗んでアパートを借りる金をつくろうと云う気になったのです。

と言う。そのように岩本広夫録取の員面調書に対して，吉村英三の検面調書は明らかに違う用語を用いている。そして9月12日付吉村検面は，先の9月7日付岩本に触れて次のように言うのである。

　　月末になると専務が酒びん等を入れる様な長細い袋に集金した金をいれて家に持って帰ることは，専務の家に夕食を食べに行ったときなどに見て知っていました。仏壇の上に置いてあったりしたのを見たことがあります。いくら入っているか分かりませんでしたが，月末だから相当沢山集金した金が入っているだろうと思いました。5万や6万位の金は勿論入っているだろうと思ってました。私は今度の事件を起こしてから会社の人や警察の人の話を聞いて，金の入っている袋のことをじんきちというのだなと思っていました。

つまり，「金の入っている袋」のことを総称して「じんきち」というのだと思っていたという。そうしてこの引用の後，犯行の筋書を語り，奥さんから「金袋」を投げてよこしてもらったとの話が出た後で，こう述べている。

　　私は金袋がじんきちだと思っていたので前に警察の人に調べられたとき奥さんが投げてくれたじんきちを拾って逃げたと云いましたが，そのときのじんきちと云うのは今私が云っている金の入った小袋のことです。

　こうして見ればよくわかる。9月9日付吉村検面も，この9月12日付吉村検面も，9月7日付岩本で請求人が「甚吉袋」を奪い，そこから金をとったと

供述したその不合理をずっと意識してきたのである。その上でその表現を正当化すべく，ここで「金の入っている袋のことをじんきちというのだなと思っていました」と，その「間違い」の理由をあげたのである。

ここで再度注目しておきたいことは，このように検面調書と員面調書とが独立にとられたものでないという事実である。少なくとも９月９日付吉村検面が「甚吉袋」と「白い布袋」をあえて区別せず「金袋」と総称したこと，９月12日付吉村検面があからさまに「前に警察の人に調べられたとき奥さんが投げてよこしてくれたじんきちを拾って逃げたと云いましたが……」と言及したことの背後には，９月７日付岩本の員面調書の影響が明らかに現われている。その点で原第一審判決が，９月９日付吉村検面を自白証拠として唯一証拠採用するについて，前後の員面調書からの独立性を根拠にしたことには，やはり問題があったといわねばならない。

この点はここでの本題からはずれるのでこれ以上触れないでおこう。問題は９月７日付岩本の供述の不合理に対して９月12日付吉村検面が与えた弁解（解釈）は，どこまで合理的な説明となり得るのかという点にある。そういう目で検討してみると，実のところ，この９月12日付吉村検面の弁解は，ほとんど説明になっていないことがわかってくる。その理由を以下に述べよう。

９月７日付岩本の「甚吉袋」は，まさに甚吉袋そのものを指示するとしかいえない

９月12日付吉村検面によれば，９月７日付岩本にいう「甚吉袋」は「金を入れた袋」の総称であって，したがって，「奥さんが投げてよこしたじんきち袋」は「布の小袋」のことだという。しかし，９月７日付岩本の供述をくり返し読んでもけっしてそうは読めない。

第一，そこには「じんきち袋というのは会社の売上金とか集金した金を毎日専務が，じんきちに入れて，店に持ち帰り，朝，会社に持って出勤してくるのを時々見て知っていました」というふうに明確に特定されている。それはけっして「金の袋」の総称などではない。

それより何より，請求人が奥さんから投げてよこされた「じんきち袋」として描いた先の図面を見れば，これが「白い布袋」とよばれる小袋ではなく，その小袋をいれている「甚吉袋」であることは疑いようがない。この点は９月12日付吉村検面がどのように言い訳しようにも言い訳できない厳たる証拠で

ある。請求人はまさに図2-2-1に描いたような袋，つまり「甚吉袋」を投げてよこされ，これを強取したと供述したのである。

　さらに加えていえば，9月7日付岩本では，はっきりと「じんきち袋1ケ」と供述している点も見逃せない。「1ケ」か「3ケ」かは9月12日付吉村検面の弁解でもってしても繕うことのできない差異である。

9月22日付岩本での弁解

　9月12日付吉村検面から10日たった9月22日付岩本には，甚吉袋について次のような説明がなされている。

> 次に私が目をつけた甚吉袋について申し上げます。
> 　その甚吉袋というのは，よく酒屋がビールだの酒を持って歩く大型の袋のことを言います。会社では，専務がその袋の中にぜにを入れて，朝晩店と会社の間を往復していました。1年位前よりその甚吉袋の中に会社ではぜにを入れていることを知りました。自分が事務所に行ったとき専務がその袋の中にぜにを入れているのを見たし，又私がぜにを前借りに行ったときその袋の中からぜにを出して貸してくれたこともありました。私は，甚吉袋の中には，ぜにをむきだしのまま入れてあるものとばっかり思ってました。小さい布袋に分けて入れてあることは，今度の事件で初めて知ったのです。

　ここでも請求人は「甚吉袋」を正しく認識していることがわかる。そして金をとる目的で本件犯行を考えたとき，この「甚吉袋」をこそ目当てにしていたことが，これまでの調書と同様に強調されている。しかもこの「甚吉袋」の中には「ぜにをむき出しのまま入れてあるものとばっかり思ってました。小さい布袋に分けて入れてあることは，今度の事件で初めて知ったのです」と言う。

　「今度の事件で初めて知ったのです」と請求人が言うとき，請求人が犯人ならば，6月30日未明の犯行現場で知ったことになる。そうだとすれば，請求人はどうして自白の転落後9月7日付岩本で「甚吉袋」と「小さい布袋」を区別せず，奥さんから投げられたものを「甚吉袋」として，その正確な絵を描き，しかもそれを手首にぶら下げて放火し，専務に火をつける前，その「甚吉袋」に手を突っ込んで金を直接につかみ出したなどと供述したのであろうか。9月7日付岩本の供述は，「甚吉袋」と「小さい布袋」とを区別していれば，およ

そあり得ない供述なのである。とすれば，請求人が9月22日付岩本で，右引用のように「甚吉袋の中には，ぜにを……小さい布袋に分けて入れてあることは，今度の事件で初めて知ったのです」と言うのは，まさに9月7日付岩本の後「初めて知った」という以外にない。9月7日付岩本で「じんきち袋についても，私自身どうもはっきりしないので，その点今夜よく考えておき改めて申し上げたいと思います」と供述した請求人が，翌日8日付岩本で「甚吉袋」と「布袋」とをはっきり区別して供述した。実はこのとき，請求人はこの2つが別々のもので，「甚吉袋」に金が「布袋」に小分けして入っていることを「初めて知った」のである。

　9月7日付岩本調書をこれ以外のかたちで理解することはできない。9月12日付吉村検面のように「金の入った袋」をすべて「甚吉袋」と呼ぶと思っていたと言い繕っても，この矛盾は解消しない。9月7日付岩本調書の「甚吉袋」供述は真犯人の「嘘」でも「間違い」でもあり得ない。それはまさに請求人が，真犯人なら知っているはずの「甚吉袋」と「布袋」との区別に無知であったことを示している。

　これは，ごく瑣末なことに見えるかもしれない。しかしまさに細部にこそ神は宿り給う。真犯人にはあり得ぬはずの供述がどれほど小さいところに潜んでいようと，その小ささのゆえに看過されるべきではない。どれほど小さくとも，これが真犯人か無実者かを隔てる大きな境目をしるしづけるとすれば，ここにいくらこだわってもこだわりすぎることはない。

5．9月6日付岩本①と9月6日付岩本②

　前項で見たように9月7日付岩本調書は，請求人が金の入った袋として「甚吉袋」をとったと供述し，捜査のなかで問題になった小さい「布袋」については無知であったことを露呈させた。ところが，奇妙なことに，その前日9月6日付の岩本広夫の聴取した2つの調書には「白い布袋」への言及がある。この点にも触れておかねばならない。まず9月6日付岩本①には次のようにある。

　　　食堂から土間というか庭に出て電話器の置いてあるテーブルのところに行きました。そうしたらテーブルの上に金の入っている白い布袋と，長さ十糎位い幅七糎位

第 2 章 「無知の暴露」分析──請求人が犯行の現実を知らなかったしるし

の，ナイロンで出来ているがまぐち 1 ケがあることが分り，それを手に持つと専務が奥の座敷から起きて私の方に出てきました。

　この 9 月 6 日付岩本①は初めて犯行筋書を語ったときのもので，そこでは，奥さんに依頼されての放火が目的であって，「金をとる」との動機はいまだ語られていない。しかし，取調官としては＜強盗・殺人・放火＞の全犯行を自白させた以上，「金をとった」という部分を当然追及せねばならなかった。ここで証拠上問題となるのは「金の入っている白い布袋」と「がまぐち 1 ケ」である。上記引用の供述は，この二つがいずれも「テーブルの上」にあったとして，これを盗ったというのだが，これは確定判決の認めたⅢないしⅣの筋書と明らかに違う。

　そして同日の 9 月 6 日付岩本②には，次のような供述がなされている。

　　　今度の事件で私が取った金を隠した場所について申し上げます。じんきち袋の中からは，金の入った白い布袋を 1 ケ取り出して来て専務が倒れていた裏口の木戸の内側のところで，その袋から金だけ出し，袋はそのところに捨てて工場に逃げ帰りました。

　ここでは「甚吉袋」の中から「金の入った白い布袋を 1 ケ」取り出したという。ここでも注目しておかねばならないことは，この 9 月 6 日付岩本②の時点では，「金をとる」とか，「金を奪う」という話が本格的にはまだ出ていないことである。この調書は冒頭で，前置きぬきで上記引用の供述を始めている。ここには「甚吉袋」をどこで見つけてきたのかの脈絡をいっさいぬきで，ただその中から「金の入った白い布袋」を取り出してきたというだけである。

　このように 9 月 6 日付岩本①②の 2 つの調書では，まったく脈絡なく，あるいは後の犯行筋書の脈絡をすっかりはずしたかたちで，捜査側が入手済みの「がまぐち」「甚吉袋」「金の入った白い布袋」という証拠を機械的に供述に組み込んだだけである。しかもその点を詳細に語ることになった翌日の 9 月 7 日付岩本では「甚吉袋」と「白い布袋」がどのような関係にあるかを知らないことが露呈する。とすれば，「じんきち袋の中からは，金の入った白い布袋を 1 ケを取り出して……」という 9 月 6 日付岩本②の供述の起源は，請求人の記憶では

なく，尋問者たる取調官の側の捜査情報にあったと考えざるを得ない。また9月6日付岩本①には「長さ十糎位い幅七糎位の，ナイロンで出来ているがまぐち1ケ」などという表現があって，明らかに証拠物との対応を意識しており，これ自体が捜査官の言葉でしかないことを露呈している。

「店売りの現金を入れたがまぐちを手に入れて裏口近くまで持っていったはずだ」とか「甚吉袋の中にあった布袋が3個紛失し，うち1個が犯人の手に入ったはずだ」との情報は，事件直後から捜査側がすでに把握していたものであった。その情報が取調官から無実の被疑者の供述に流れ込んだ，そう考える以外にない。これはけっして恣意的な解釈ではない。請求人の供述をその時系列に沿って並べ，それを合理的に説明しようとする限り，これ以外の解釈は難しい。

6.「金の強取」に関わる供述のとられていった道筋

このように見てくると，9月6日から始まる請求人の自白のなかで，「金の強取」に関わる供述がどのようにしてとられていったのか，その道筋がおおよそ見えてくる。それを整理してみる。

- **9月6日付岩本①**　「白い布袋」をとったと言う。ただし，後の自白の犯行筋書とは脈絡をまったく異にする。取調官からすれば，脈絡はともかく，「白い布袋」をとったとの供述要素は自白に必須であった。
- **9月6日付岩本②**　とった金について語らなければならない文脈で，「じんきち袋の中から……白い布袋1ケを取り出して……」との供述が引き出される。これは見つからない「布袋」が「甚吉袋」に入っていたとの捜査情報による。しかし，ここではこの「甚吉袋」をいつどのようにして見つけたのかの脈絡はいっさい語られず，「甚吉袋の中の布袋」との供述要素がただ文字面としてはめ込まれただけである。これは取調官主導の尋問で録取されたもので，請求人にとっては「布袋」の位置が不明であったことが次の9月7日付岩本で明らかになる。証拠合わせとして取調官が持ち込んだ供述要素は，たとえ調書の読み聞かせが行なわれたとしても，請求人の耳を素通りした可能性が高い。
- **9月7日付岩本**　ここで「甚吉袋」を強取した様子が語られる。「甚吉袋」のあるところを知っていて持ち出せるのは専務のほかには奥さんのみであ

る。その奥さんが最後にこれを投げてよこしたことになる。しかし，いつも専務が金を持ち運びする袋として「甚吉袋」を知っていた請求人にとっては，「金－甚吉袋」との結びつきのみが念頭にあり，「甚吉袋」の中でさらに「布袋」に小分けされていると思い至らず，奥さんから投げてよこされた「甚吉袋」から直接金をとったとの供述になる。しかし，その問題に気づいた取調官に問いただされて「はっきりしないので，その点今夜よく考えておき改めて申し上げたいと思います」ということで，この日の調べを終える。

- **9月8日付岩本** 前日の話を受けて，「甚吉袋」と「布袋」をはっきり区別した供述になる。この日初めて「金をとる」ことが犯行動機となり，日頃目にしていた専務の「甚吉袋」から金をとることを目当てに侵入。専務と格闘して殺し，F子さんを刺して後，M男くんを刺したとき，奥さんから「布袋3ヶ」を投げてよこされたことになる。そのうち2個は裏口のところで落とし，残り1個から金を抜き取る。

- **9月9日付岩本①②** 上の供述を維持。ただ「布袋3ヶ」の持ち運び方については，岩本①の方で2個はパジャマ上衣の左右ポケットに1個ずつ，残りを手に持ったことになっていたのだが，この岩本①に続いてとられた9月9日付吉村検面で，請求人のパジャマには胸ポケットが1つしかついていないことが指摘され，岩本②ではこれが訂正される（この点は上の分析で触れなかったが，員面調書と検面調書の相互連関性を示すもう1つの証拠にもなる）。

- **9月9日付吉村検面** 9月7日付岩本調書にある「甚吉袋」供述の矛盾に気づいたのであろう。この語を用いることを避けて「金袋」と総称するというかたちで，供述を曖昧にする。

- **9月12日付吉村検面** 9月7日付岩本に触れて，金の入った袋を「甚吉袋」と呼ぶものだと誤解していたと弁明する。しかし，9月7日付岩本添付の図面ばかりはどうにも説明のしようがなく，言及せずに終わっている。

- **9月22日付岩本** 甚吉袋の中に布袋に小分けして金を入れていることは本件で初めて知った。それまでは金がじかに甚吉袋に入っているものと思い込んでいたと供述する。しかし，これは9月7日付岩本の弁明とはならず，

かえって9月7日時点まで請求人は，この供述の通り，甚吉袋の中の小さい布袋を知らず，金がじかにそこに入っているものと誤解していたことを露呈することになる。

こうして見れば，ことの経緯は明らかになる。請求人は9月7日まで盗まれた金のもともとの状態を知らず，取調官の追及のままに，およそ証拠とは合致しない供述をしてしまった。請求人は甚吉袋の中の金袋がとられていたという事実を知らなかったのである。そのことが9月7日付岩本調書にはっきりと記録されている。それが9月8日から訂正され，証拠と合致する供述へと変遷していくのだが，先の供述のほころびをもはや繕うことはできなかった。

原第一審，第二審判決によれば，請求人はアパートを借りる金が欲しくて金目当てで専務宅に侵入，4人殺傷・放火という大きな犠牲を払って，結局，金の入った布袋1個を自分の手に入れたという。しかしながら，請求人がこの布袋をとった犯人だとの直接的証拠は自白以外にない。ところが，その当の自白そのものにおいて，請求人は真犯人ならば知らないはずのない事実に対して，決定的な無知を暴露してしまったのである。

第2節　強取した金の額と種類

専務宅からとられた金については，布袋の問題に加えて，別角度からもう1つの論点がある。金の入っていた布袋は，結局，発見されずじまいで，自白でも布袋は放火の際に現場に捨てられ，焼失したかのように供述された。しかしそこから盗まれたはずの金は，請求人が真犯人である限り，その周辺から発見されなければならない。捜査において請求人と本件犯行とを結びつけるもう1つの線が，ここに求められることになる。

当時の捜査記録からは，本件でとられた現金について綿密な捜査が進められたことがうかがわれる。とりわけ問題となったのが，自白がほぼ固まった後の9月13日に，清水郵便局の事故郵便物のなかに，本件との関係を強く疑わせる5万円あまりの現金が発見されたことである。とられたはずの金の行方を追っていた捜査側は，それまでにすでに請求人から，強奪した金の一部を知人の

MFさんに預けたとの自白を得ていた。そこで捜査側は、その金がこの事故郵便物の現金ではなかったかとして捜査を進め、そこから一定の証明を得たかのようにいう。しかし、そこには一筋縄ではいかない複雑な問題が絡んでいる。まずはその事実関係を時系列に沿って整理して、問題の所在を明らかにしておく。

1. 問題の所在

　K味噌株式会社では、月末、地区ごとに集金した金を布袋に入れ、この布袋をまとめて甚吉袋に入れて専務が自宅（お店）に持ち帰っていた。事件前夜、専務が持ち帰った甚吉袋には印鑑などの入った袋1個を含めて9個の布袋が入っていた。先にも述べたように、事件後この甚吉袋から3個の布袋が紛失していたことが判明し、うち2個が裏口近くの線路脇で見つかっている。そして残りの1個が犯人の手に渡ったのではないかと考えられた。

　この問題の布袋について、集金の担当者が販売員IHさんであったことが、事件後ただちに確認されている。IHさんは事件前日の6月29日、集金を終えて工場事務所に持ち帰り、その集計を事務員に確認してもらっている。それによると、その日の集金総額は、

　　小切手（2枚）　　　計 16,900 円
　　現金　　　　　　　計 82,325 円

布袋にはこの小切手、現金のほか、この集金合計額を記録した領収書（やや厚手の青い紙）も入っていた。ただ、ここに1つ不明な点がある。上の集金額はIHさんが事務員に渡すとき計算した合計額の記録によるものである。この合計額は、その日集金した販売先の入金票の合計と一致しなければならない。ところが、事務所に残っていた入金票を調べてみたところ、小切手2枚は問題なく一致したのに、現金の方は入金票（24枚）の合計が 75,325 円となって合わない。7,000 円分の入金票が足りなかった。

　事件から1か月後の8月1日にこの点が問題になって、IHさんは事情聴取を受けているが、疑問は解消せず、その後の供述でも「この額に見合う入金票がどこかに紛れていないか調べたが分からなかった」と供述している（9月9日付員面）。はたしてこの布袋の中に、入金総額として記された通りに 82,325

円があったのか，それとも入金伝票の総計額の75,325円があったのか。この点は開示証拠の上で見る限り，今もわからない。

請求人は，9月6日に自白に転じた後，前節で見たように奇妙な供述変遷をたどりながら，とにかく金の入った布袋をとったことを認めた。そこで問題となるのは布袋に入っていたはずの82,325円ないし75,325円の現金の行方である。

細かい供述変遷は別として，ごく大雑把にいえば，9月6日の自白転落後，すぐに9月6日付住吉において「この現金をいったんC温じょう室のみそ樽の下に隠し，その後そこから3万円位を自分の小遣い銭としてとり，残りの5万円をMFさんに預けた」と自白する。この自白は9月9日付吉村検面で一部修正を加えて，その後かなり詳細なかたちで固められていくことになる。そして4日後の9月13日，清水郵便局の事故郵便物のなかから，清水警察署あて現金5万7百円入りの封書が発見され，捜査本部に届けられた。

金はすべて札で，金種は，

　一万円札　　　3枚
　五千円札　　　2枚
　　千円札　　 10枚
　五百円札　　　1枚
　　百円札　　　2枚

であった。札の番号部分が焼け焦げ，千円札2枚には「イワオ」という文字が記されていた。また同封の便箋には「ミソコウバノボクノカバンノナカニシラズニアッタツミトウナ」と書かれていた。この封書をいったい誰がどういう意図で警察に送ったのか。逮捕されて身柄を拘束されている請求人本人が送ったものでないことだけはたしかである。また本物の現金を5万余円も送りつけたところから見て，たんなるイタズラとは考えられない。本件に何らかの重大な関連をもつ人間のしわざであろう。そう考えた警察は，この封書を重大証拠とみなして捜査に乗り出した。

この現金入り封書が届けられた翌日の9月14日，警察はMFさんを逮捕する。容疑は脅迫事件だが，これが別件逮捕であったことは間違いない。警察はすでに8月22日にMFさん方を家宅捜索して，請求人から預かった盗品など証拠物がないかどうか調べていたし，9月6日に請求人は自白に落ちて，「盗った

第２章　「無知の暴露」分析――請求人が犯行の現実を知らなかったしるし

現金のうち５万円をMFさんに預けた」と供述していた。その上で怪しげな５万余円入りの封書が清水警察署あてに届けられたのである。これを警察がMFさんに結びつけて考えたのは，それまでの捜査状況から考えてごく自然な流れであったろう。逮捕と同時に，MFさんの実家，彼女がその頃同棲していたYTさん方の２か所を家宅捜索し，MFさんが使用し得る可能性のある便箋，封筒などとともに，彼女の書いた文字のあるメモ等を押収し，９月16日には，その筆跡を，先の現金入り封書や同封の便箋に書いてあった文字などの筆跡と照合すべく鑑定にまわした。筆跡については５回の鑑定が行なわれ，いずれもMFさんの筆跡と郵便物の文字との同一性を認定した。ただ，これらの鑑定に対して原第二審の段階では，弁護側から検察側鑑定を批判する鑑定が提出されている。

　以上が，請求人が強取したとされる現金の行方について，警察・検察が行なった捜査のごく外形的な経緯である。原第一審，第二審判決は，この捜査の流れを追認して，請求人が専務宅から金を強取し，それをみそ樽の下にいったん隠した後，一部を小遣いに，残りの５万円をMFさんに預け，請求人が逮捕され自白したのちに，MFさんが清水警察署あてに送ったものと認定することになる。

　この認定によれば，金袋とその中の現金等の行方は図2-2-2のように＜専務宅→請求人→MFさん→清水郵便局→捜査本部＞という経路をたどったことになる。こうして専務方から強取された金が，請求人とMFさんの手を経て捜査本部に渡ったことが間違いなければ，請求人はたしかに真犯人であるといってよい。しかし，そのことを示す主要な証拠は，図中に示したように，請求人の自白と公判廷で争われた筆跡であった。ここで改めて請求人の自白が分析の対象となる。

　原第一審判決は，請求人が９月９日付吉村検面で「強取した現金のうち約５万円を，７月11日か12日頃，MFさん宅に持って行って同人に預けたこと，及びその後半月か20日位たって取りに行ったが，同人がいなかったので，預けたままになっている旨述べている」ことを取り上げ，しかもこの供述は「９月９日になされているのに対して，焼けた札が清水郵便局で発見された（従って，捜査官にも明らかになった）のが９月13日であるので，この点の供述

● 第 2 部 ● 自白の供述分析

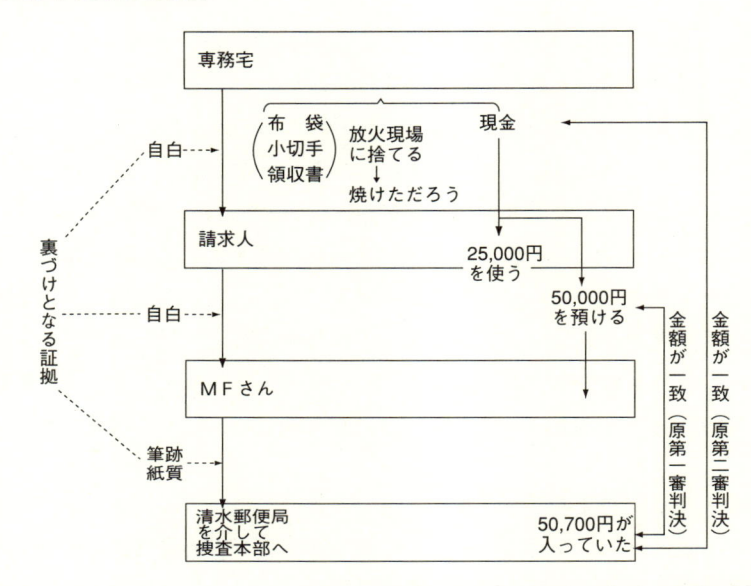

図 2-2-2　請求人がとったとされる金と事故郵便物の金

はかなり信用性が高いものと認められる」と判示する。たしかに 9 月 9 日付吉村検面の自白がなされたのちに，その自白で供述されたとほぼ同額の金が 9 月 13 日に清水郵便局で発見されたことは，外形的に見れば「秘密の暴露」に近い事実であるように見える。しかし，はたしてそうなのか。

また原第二審判決は，原第一審判決が金額がほぼ同じであることに着目したことに加えて，金の種類に言及し「IH さん（集金人）の司法警察員に対する調書（9 月 9 日付）によると，なくなった布小袋には一万円札 2，3 枚，五千円札 2，3 枚，千円札は百円札より多かった枚数が入っていたが，発見された札の種類，枚数はほぼ右供述にそうもので単なる偶然とは考えにくい」と指摘して，これが請求人の有罪性を示唆するかのようにいう。

原第一審判決は請求人の自白調書のうち 9 月 9 日付吉村検面のみを証拠として採用し，残りの調書をすべて排除し，また原第二審判決も同じく 9 月 9 日付吉村検面を自白の軸として位置づけたために，9 月 9 日付吉村検面がそれまでの取調べのどういう流れの上で聴取されてきたものか，またこの自白内容がその後の取調べでどう展開していったかを看過したまま，この調書のみをごく外

形的にとらえて，それと9月13日に届けられた郵便物の金と対応させ，両者の同一性を認定している。

しかし，9月9日付吉村検面の前後の自白調書をその時系列の順に追って見ていくと，原第一審判決が指摘した金額についても，原第二審判決が指摘した金種についても，大きな齟齬が見えてくる。そしてこの齟齬を突きつめていくと，むしろ逆に請求人の自白が清水郵便局で発見された事故郵便物とは無関係であることが示唆される。いや，それにとどまらず，請求人が本件犯行の事実に無知であるとのしるしも，ここかしこに散見される。以下，請求人の自白をおおよその時系列に沿って分析し，その問題点を摘出する。

2. 金の隠し場所と取り出し方の供述

専務宅から奪われたまま見つからなかった布袋の金は，82,325円ないし75,325円である。請求人がこれを入手したのであれば，それだけの金額が彼自身の周辺から見つかるか，あるいはその消費状況によって説明されなければならない。

請求人が逮捕されたとき所持していた金は1万4千円であった。ふだんの給与が月初めに2万3千円ほど出ること，7月12日には夏期ボーナス2万円が出ていた状況から考えて，この8月18日逮捕時の所持金額にとくに不審はないというべきであろう。月給が2万円余りの請求人にとって，7～8万円の金はかなりのもので，これを使い切るとすれば，ふだんとは違った派手な生活をするか，特別大きな買い物をしていなければならない。請求人は事件後，勤務時間以外は常に刑事の尾行を受けていたが，そのなかでとくに不審な行動は報告されていない。とすれば，奪った金を誰かに預けた可能性も出てくる。請求人逮捕から4日後，警察が「本件に関係ある被害金品……」を第一目標にMFさん宅を家宅捜索したのは，そうした想定があったからにほかならない。そして実際，請求人は自白転落後，金をMFさんに預けたと供述することになる。

実のところ，請求人が犯人として，彼が奪った金をMFさんに預けたとの筋書は，捜査側の念頭にも最初からあった。もちろん捜査側の想定が正しく，その正しい想定に基づく尋問によって正しい供述がとられた可能性もある。しかし他方で，この捜査側の想定ゆえに無実の請求人から間違った自白がとられ，

最終供述へと固められていった可能性もある。以下，請求人の自白過程を整理しながら，論点ごとにその供述分析を行なっていくことにしよう（表2-2-1参照）。

最初に検討するのは，金の隠し場所とそこからの金の取り出し方である。

（1）C温じょう室の仕込み樽の下に隠したという供述

9月6日に自白に落ちた請求人が，最初に金の話に触れた9月6日付岩本①によれば，

> （放火後，工場の風呂場に戻って）風呂場では手を洗ってから考えていました。それでとりあえず店から持ってきた金を隠そうと思い，風呂場の方にあるC温じょう室に入り，仕込み樽の下に金を隠しました。

そして同日付岩本②では，金を隠した場所の図面も描き，これを調書に添付している。こうして供述した場所から金が見つかれば，まさに秘密の暴露というべきところだが，すぐに捜査官が出向いて調べた結果，「C温じょう室に入り仕込み樽の下」からは何も見つからなかった。これを受けて，同日付住吉には次のように述べられている。

> 私が去る6月30日，専務さんの家より取ってきたお金のことについて先程工場の中へ隠しておいたと申し上げておきましたが，それは間違いでしたので本当のことを申し上げます。私が何故隠していたかと申しますと，そのお金を隠した先が知り合いの家でしたので本当のことを言うと迷惑がかかると思ったので隠しておいたのです。

この経緯をただ漫然と読んだだけでは見過ごしてしまいそうだが，請求人が仮説Aの通りの真犯人だとして，その真犯人の視点から見てみると，ここに奇妙な嘘が入っていることに気づく。実際，仮説Aの通り，もし請求人が奪った金をいったんみそ樽の下に隠して，その後そこから金を取り出し，一部は小遣いに，一部はMFさんに預けていたのだとすれば，請求人は当然のことながら，この9月6日時点においては，すでに金がみそ樽の下にないことを知っていることになる。その請求人が，自白に落ちた直後，金は「C温じょう室の仕込み樽の下」に隠したと言い，図面まで描いたというのである。ここまで

第2章 「無知の暴露」分析——請求人が犯行の現実を知らなかったしるし

はっきり場所を特定すれば，警察がそこを捜索して，ただちに嘘だとばれてしまうことは目に見えている。そのような嘘を真犯人がつくものであろうか。

現にこの嘘はすぐにばれた。その結果として，請求人は「先程工場の中へ隠しておいたと申し上げておきましたが，それは間違いでしたので本当のことを申し上げます」と述べたという。しかしこれを「間違いでした」とは言えない。何しろ請求人が真犯人ならば，金がそこにないことは，最初から重々知っている。うっかり間違うようなものではない。もしこの通りのことがあったとすれば，それは「間違い」などではなく，明らかに「嘘」である。ただし，嘘だとすれば理由がなければならないし，その理由が上記のように「預けた人に迷惑がかかるので隠した」かったというのであれば，ただちにばれてしまうことがわかっている嘘をつくこと自体が不合理であろう。仮説Aのもとでは請求人の心理の流れが破綻している。

一方，仮説Bを考えれば，請求人は自白をしたものの，追及されている金がどこにあるかを，もちろん知らない。しかし自白し，自分がやったのだと認めた以上，もはやこれを「知らない」とは言えず，当てずっぽうでも，あれこれ言わざるを得ない。とすれば，どこかに隠したと言い，調べた結果そこになかったとなれば，「間違い」でしかない。金の行方をめぐる請求人のこの供述経緯は，むしろそういうものであった可能性が高い。この時の取調べにあたった住吉親は，原第一審第25回公判で次のように証言している。

(松本久治郎警部に言われて取調べに入ったのだが) どのように言われたのですか。
　　——袴田が温じょう室のみそ樽の下へ金をかくしたと言っているが，調べたところなかったから，その点を聞いてみるようにと言われ，取り調べたのです。
そのように松本久治郎警部に言われたのは何時頃ですか。
　　——松本警部に言われてすぐ調室に入ったのですから6時30分ちょっと前と思います。
それについてあなたはまずどういうふうに聞きましたか。
　　——温じょう室のみそ樽の下に金を隠したと言っているけれども，調べたところ，金はなかった。本当はどこに隠したのかと聞いたのです。
それに対し最初に袴田はどんな弁解をしましたか。

● 第2部 ● 自白の供述分析

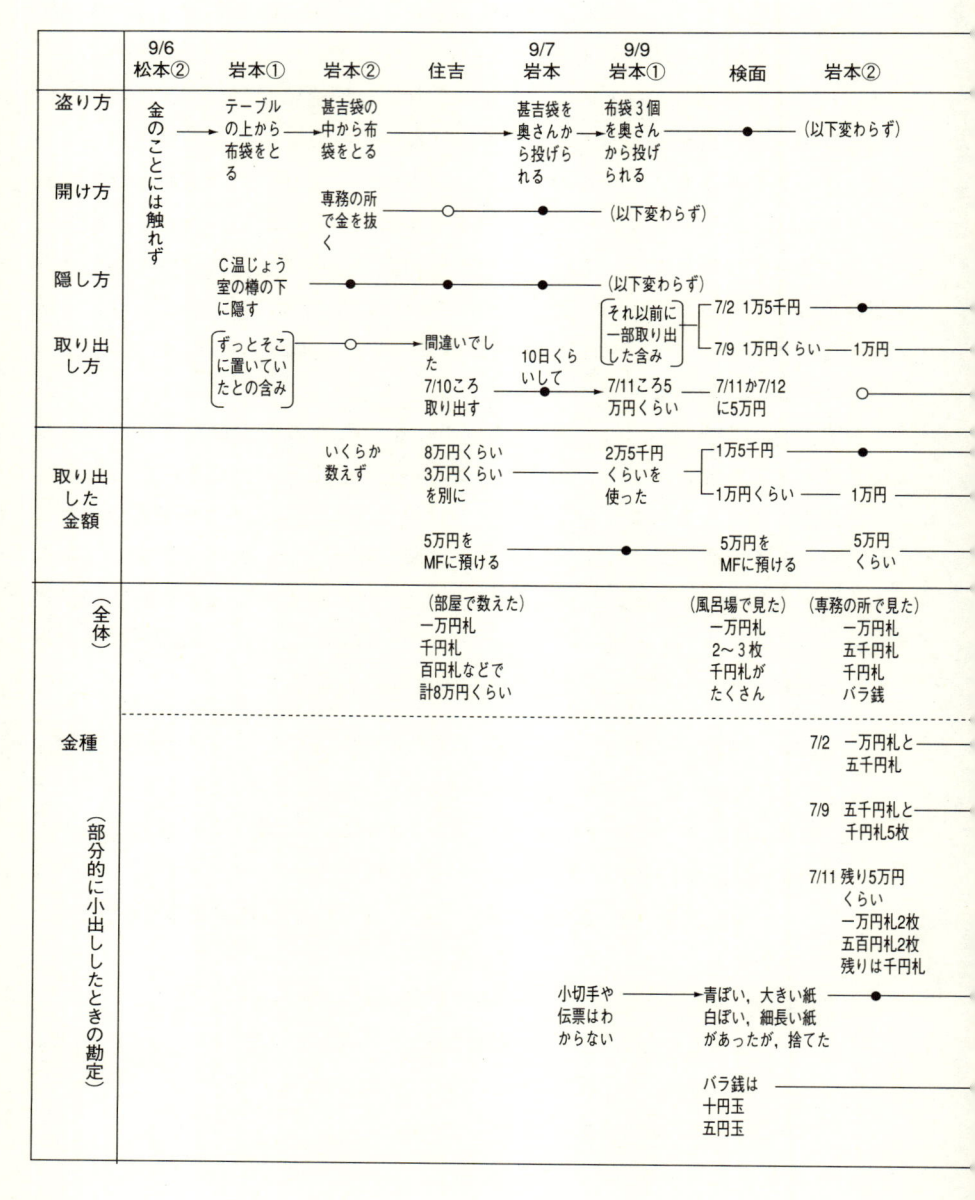

	9/6 松本②	岩本①	岩本②	住吉	9/7 岩本	9/9 岩本①	検面	岩本②
盗り方	金のことには触れず	テーブルの上から布袋をとる →	甚吉袋の中から布袋をとる →		甚吉袋を奥さんから投げられる →	布袋3個を奥さんから投げられる →	● (以下変わらず)	
開け方			専務の所で金を抜く	○	●	(以下変わらず)		
隠し方		C温じょう室の樽の下に隠す	●	●	●	(以下変わらず)		
取り出し方		ずっとそこに置いていたとの含み	○ →	間違いでした 7/10ころ取り出す	10日くらいして	それ以前に一部取り出した含み 7/11ころ5万円くらい	7/2 1万5千円 ── 7/9 1万円くらい ── 1万円 7/11か7/12に5万円	○
取り出した金額			いくらか数えず	8万円くらい 3万円くらいを別に 5万円をMFに預ける	2万5千円くらいを使った 5万円をMFに預ける	1万5千円 1万円くらい 5万円 くらい 5万円をMFに預ける	1万円	
金種 (全体)				(部屋で数えた) 一万円札 千円札 百円札などで 計8万円くらい	(風呂場で見た) 一万円札 2～3枚 千円札が たくさん	(専務の所で見た) 一万円札 五千円札 千円札 バラ銭		
金種 (部分的に小出ししたときの勘定)							7/2 一万円札と 五千円札 7/9 五千円札と 千円札5枚 7/11 残り5万円 くらい 一万円札2枚 五百円札2枚 残りは千円札	
				小切手や伝票はわからない	→ 青ぽい, 大きい紙 白ぽい, 細長い紙 があったが, 捨てた バラ銭は 十円玉 五円玉	●		

254

第 2 章 「無知の暴露」分析──請求人が犯行の現実を知らなかったしるし

表 2-2-1　とった金についての供述変遷

●は前の内容と同じ，○は言及していないが前の内容と同じと思われることを示す．
→は前の内容が変わったことを示す．

↓9/13郵便物の届出

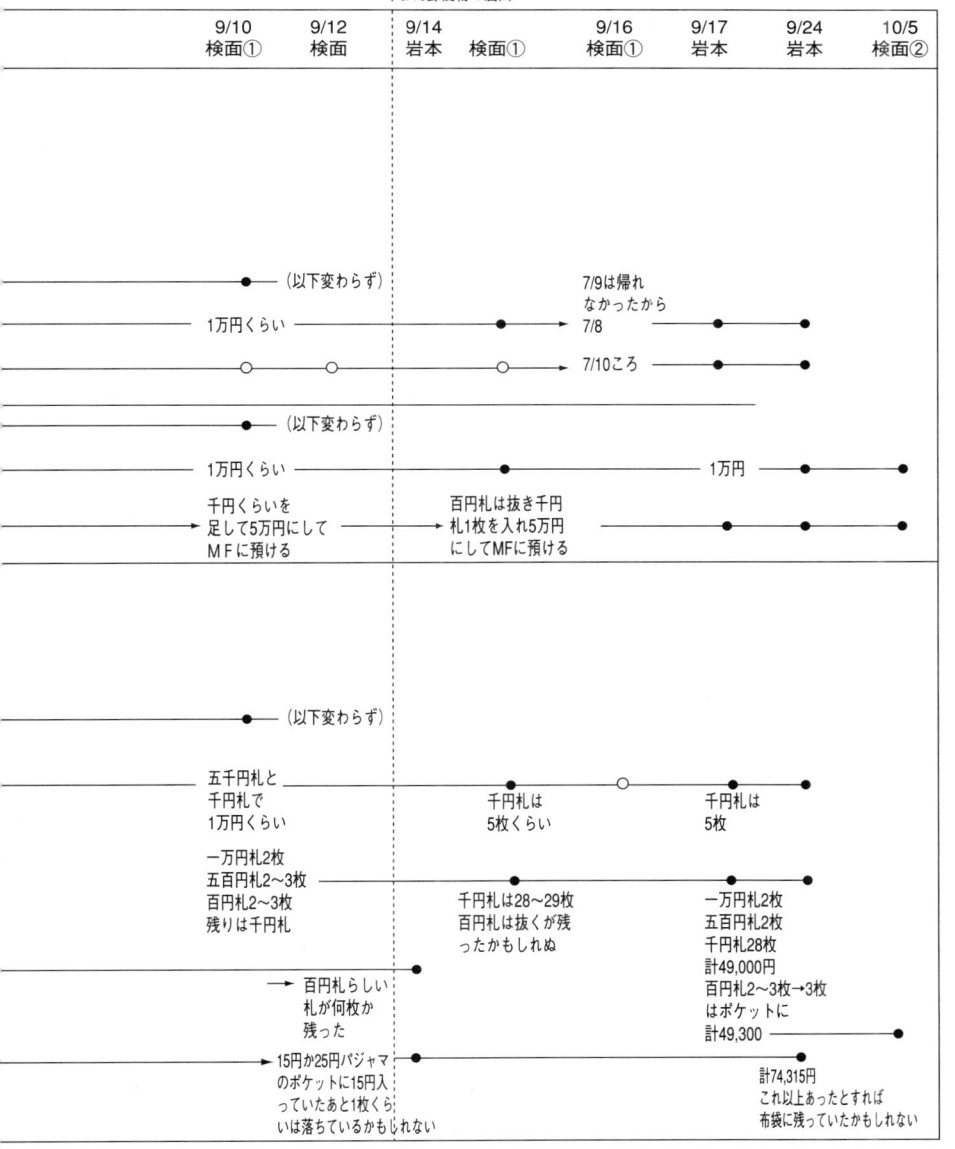

	9/10 検面①	9/12 検面	9/14 岩本	9/16 検面①	9/16 検面①	9/17 岩本	9/24 岩本	10/5 検面②
	●──(以下変わらず)────				7/9は帰れなかったから			
──1万円くらい──			●────	7/8	●────────	●		
──○──────	○────		○────	7/10ころ	●────────	●		
	●──(以下変わらず)────							
──1万円くらい──			●────────────────		1万円	●		
──千円くらいを足して5万円にしてMFに預ける──			百円札は抜き千円札1枚を入れ5万円にしてMFに預ける		●────────	●		
	●──(以下変わらず)────							
──五千円札と千円札で1万円くらい──			●──── 千円札は5枚くらい	○────	千円札は5枚 ●			
一万円札2枚 五百円札2〜3枚 百円札2〜3枚 残りは千円札			●──── 千円札は28〜29枚 百円札は抜くが残ったかもしれぬ		一万円札2枚 五百円札2枚 千円札28枚 計49,000円 百円札2〜3枚→3枚はポケットに 計49,300 ────	●		
→百円札らしい札が何枚か残った								
15円か25円パジャマのポケットに15円入っていたあと1枚くらいは落ちているかもしれない	●				計74,315円 これ以上あったとすれば布袋に残っていたかもしれない			

255

——海岸の砂浜にもっていって埋めてあるという答えでしたので，砂浜のどこだと聞くと，場所がどうもはっきりしないということでした。
　　その次はどうなりましたか。
　　——海岸の場所がはっきりしないのでどうせ本当のことを話すなら金の処分先も真実のことを話したらどうだと言ったら，実は知り合いだから迷惑をかけては困ると思って言わなかったけれども，MFさんの家に預けたという供述でした。

　また取調べがほぼ終結時点を迎えた10月7日付検面②には，この9月6日時点での取調べを振り返って，請求人は次のように供述している。

　　盗んだ金のことについては，最初人に迷惑をかけたくないという気持があったので自分で全部使ったとか，海岸のボートの下に隠したとか，落したとか云っていましたが，皆すぐ嘘であることが分かってしまったし，人の迷惑ばかり考えていてもしかたがないという気になったのでMFさんに渡したと本当の事を言いました。

　自白初日，請求人は金の行方を追及されて，「自分で全部使った」とか「海岸のボートの下に隠した」とか「落した」とか，あるいは「海岸の砂浜に埋めた」などと，いろいろに答えていたことがわかる。その隠し場所の1つとして「C温じょう室の仕込み樽の下」といって，これを図面にも描いたということなのだろう。なるほど請求人が真犯人ならば，金を預けた知り合いに迷惑をかけたくないからそのことを隠すというのは理解できる。そしてそのために嘘で「全部使った」とか，「落した」とか，あるいは「海岸のボートの下に隠した」とか「砂浜に埋めた」とか，特定の難しい場所を供述するのもわかる。しかしそうだとすれば，「C温じょう室の仕込み樽の下」こそは，調べればただちにわかる嘘として，最も避けるべきものであったし，仮説Aの通りの真犯人であれば，思いつきもしないはずの嘘である。その嘘を，請求人はついたということになる。

(2) 隠しておいた金の取り出し方

　実のところ，本当に金がいったんみそ樽の下に隠されていたかどうかはわからない。そのことを証し立てる証拠は，請求人の自白以外にない。また上に論

じた通り，仮説Aの真犯人ならば，取調べ時にはもはやそこに金がないことを知っているのであるから，そこに金を「隠している」などという嘘は，およそつけるものではない。そして，みそ樽の下に「隠している」というこの嘘は，当然にしてばれた。すると今度はこれが「いったんそこに隠していた」という話にすり替えられて，その後そこから金を取り出していく話が展開されていくことになる。

確定判決が唯一証拠として採用した9月9日付吉村検面では，次のように供述されている。

> 専務の家から盗んで樽の下に隠した金は，7月2日に1万5千円，7月9日に1万円位を取り出して2回とも実家の浜北に持って行き，色々使いました。そして7月11日か12日頃，又樽の中から残っていた5万円を取り出し，知り合いのMFさんの家に持って行き，僕の銭だけど取りに来るまで預かっておいて下さいと云って預けました。

隠した金は3度に分けて取り出されたのだという。これが仮説Aのこの部分の筋書となる。この部分だけを取り出せば，変遷も矛盾も見えてこないが，これを前後の供述調書を照合すれば，ここにもたくさんの変遷・矛盾が現われる。一例をあげれば，実家に帰る時に金を使ったとして，7月2日，9日（いずれも土曜日）に金を取り出したことになっているのだが，1週間後の9月16日付吉村検面で，実は7月9日には実家に帰っていないことが明らかになって，取り出した日付を次のように訂正している。

> 専務の家から盗んだ金を味噌樽の下にかくしておき7月2日の晩に1万5千円を取り出して実家に行き7月9日の晩も味噌樽の下から1万円位取り出しその晩実家に帰ったと前に申し上げましたが，よく考えてみますと7月9日の晩は実家に帰らなかったと思います。というのは7月4日に警察に呼ばれて調べを受けたあとだったので，だまって実家に帰れば疑はれると思って，7月9日の仕事が終わる頃，確かMさん（同僚）に今夜実家に帰ろうかなと云ったころ，こういう事件の起きたあとだから帰らない方がよいと云はれたので，やめた記憶があります。そこでその晩8時頃寮の隣の部屋から実家に電話をかけて事件のあとでごたごたしているから，

● 第2部 ● 自白の供述分析

> 今夜は帰らない，と連絡した記憶があります。電話に出たのは確か兄だったと思います。そこで翌日の日曜日は実家に帰らないで会社に居たと思います。
> 　仕事はしないで寮に居たと思います。しかし前に申し上げた様に味噌樽の下から1万円位出したことは間違いありません。前には9日の晩に出したと云いましたが9日の晩は実家に帰らないことにしましたからその前の晩に出したと思います。というのは味噌樽の下から1万円位出したのは実家から帰った場合Aちゃんにせがまれたら何か買ってやろうと思って取り出した記憶があるので，まだ実家に帰るつもりでいた，8日の晩に取り出したと思います。

　何かがきっかけになって7月9日に帰らなかったことが思い出され，このような修正が行なわれることになったのであろう。その詳細はわからないのだが，いずれにせよ，ずいぶんと詳細な供述がなされている。この通りならば，請求人は当時のことについて実に詳しい記憶を保持していたことになる。
　ところがさかのぼって，自白転落の後，とった金の扱い方について最初に供述した先の9月6日付住吉調書を見てみると，供述内容がこれとはずいぶんと異なっている。前項で見た通り，みそ樽の下に隠していると自白して，それがただちに「間違い」だと明らかになった，その供述の後に続く部分である。

> 　そのお金は6月30日取った足で工場へ行き，温じょう室の味噌樽の下へ隠しておきました。10日位経った7月10日頃，何時までもそこへ隠しておいて見つかっては困ると思い，仕事が終わってからお金を出し，寮の自分の部屋で勘定してみますと，一万円札，千円札，百円札などで8万円位ありましたので，3万円位を当座の小使い銭にしようと思って別にし，残り5万円を自分が持っていた白い普通のチリ紙にくるんだのです（そしてこれをMFさんに預けたことになる）。

　先の2通の検面調書では，隠しておいた金を3度に分けて取り出したというのに，ここでは1度に取り出したことになっている。金の額も総額で「8万円ぐらい」となっていて差がある。この金額の差はおくとしても，取り出した回数の違いは大きい。もし仮説Aが正しいのなら，金を取り出したのは3回となるはずだが，そのことを脳裏に刻んでいたはずの請求人が，最初の供述機会には，これを1回だったと供述している。そんな「間違い」があるだろうか。

第 2 章 「無知の暴露」分析——請求人が犯行の現実を知らなかったしるし

大犯罪の末に奪った金を，見つからない場所に隠して，後にそこから人に見られないようにして取り出す行為が簡単に記憶から失せるはずもなく，3回を1回と「間違う」可能性はない。また，この金の取り出し方を，全面自白後に「嘘」で偽る理由も見当たらない。とすれば，請求人を犯人とする仮説Aのもとでは，9月6日付住吉は理解しがたい。

3. とった金の総額と金種

請求人が本件において奪ったとされる金について，その金額，金種はどのように供述されているだろうか。

まず強取した金についての請求人の供述の流れを整理しておく。この供述変遷はかなり複雑なので表2-2-2にまとめてみた（この表にあげた金額は，おおよそ供述調書の表記通りであるが，金種のうち千円札について20枚以上の大きな数になっているものは，数えた上での数ではなく，調書上は「残り」として表記されており，総額から他の金種のものを差し引いて算出した）。この表を見てすぐわかるように，金額，金種とも，その供述は最初曖昧だが少しずつ詳細化して，事故郵便物届出のあった9月13日以前には，すでにほぼ固められている。

とった金は，最初「いくらか数えていない」（9月6日付岩本②）となっていたが，それが次には「8万円くらい」（9月6日付住吉）となり，「7万5千円くらい」（9月9日付岩本①）となり，さらにはそれらを「7月2日に1万5千円，7月9日に1万円位を取り出し，5万円をMFさんに預けた」（9月9日付吉村検面）というふうに特定化されている。事件前に布袋に入っていたと考えられる額は82,325円か，75,325円かのいずれであるかが不明だが，供述ではおよそ後者の線に収束していく。

こうして2回に分けて取り出して小遣いにした金も，3回目に取り出してMFさんに預けた金も，そして両方を合計した総額も，9月9日付吉村検面でほぼ一定の額に落ち着き，その後はその線で供述が進められている。ただ金の種類については，9月9日付吉村検面までほとんど特定されておらず，せいぜい「一万円札が2〜3枚で，千円札がたくさん」という程度でしかなかった。それが，次の9月9日付岩本②になると，はっきり金種を意識したかたちで，

259

表 2-2-2　とった金の金額と金種

取調べ日時	小遣いにした金	←〈総額〉→	ＭＦさんへ預けた金
9月6日 岩本②		いくらか数えず	
9月6日 住吉	3万円くらい	←8万円くらい→	5万円
9月9日 岩本①	2万5千円くらい	←7万5千円くらい→	5万円
9月9日 吉村検面	1万5千円 1万円くらい	←7万5千円くらい→ 一万円札－2～3枚 千円札－たくさん	5万円
ＩＨさんへの9月9日付見城調書			
9月9日 岩本②	1万5千円 一万円札－1枚 五千円札－1枚 1万円 五千円札－1枚 千円札－5枚	←7万5千円くらい→ 一万円札－3枚 五千円札－2枚 千円札－34枚 五百円札－2枚	5万円 一万円札－2枚 五千円札－0枚 千円札－29枚 五百円札－2枚
9月10日 吉村検面	1万5千円 一万円札－1枚 五千円札－1枚 1万円くらい 五千円札－1枚 千円札－5枚？	←7万5千円くらい→ 一万円札－3枚 五千円札－2枚 千円札－34枚くらい 五百円札－2～3枚 百円札－2～3枚	5万円 一万円札－2枚 五千円札－0枚 千円札－29枚くらい 五百円札－2～3枚 百円札－2～3枚
9月13日　事故郵便物の届出			
9月14日 吉村検面①	1万5千円 一万円札－1枚 五千円札－1枚 1万円くらい 五千円札－1枚 千円札－5枚？	←7万5千円くらい→ 一万円札－3枚 五千円札－2枚 千円札－34枚くらい 五百円札－2～3枚 百円札－2～3枚	5万円 一万円札－2枚 五千円札－0枚 千円札－28～29枚 五百円札－2～3枚 百円札－抜くが残ったかも

第2章 「無知の暴露」分析——請求人が犯行の現実を知らなかったしるし

がぜん詳しくなっていく。

> 事件をやった2日後の7月2日の土曜日の日に浜北の実家に帰るとき隠した樽の下から1万5千円出して家に持って行きました。1万5千円は，一万円札と五千円札です。……中略……
> 次に7月9日の土曜日に浜北の実家に帰るとき隠した樽の下から五千円札1枚，千円札5枚，計1万円を出しました。この金も別に決めて使ったのではなく，いわゆる自分の小遣銭に使ってしまいました。使いみちについてはよく考えてから後から申し上げます。
> 次に7月11日に樽の下から残りの金全部を出して数えたら5万円位ありました。一万円札2枚，五百円札2枚，残りは千円札でした。樽の前で人にみつからないように仕事が終わって樽から出して数えたので金額もはっきりしています。その晩（7月11日）の8時ころ，この金を鼻紙に包んでMFさんの家に行きMFさんに持っててもらうよう頼んで渡したのです。

最初に取り出したのが一万円札1枚と五千円札1枚，2回目が五千円札1枚と千円札5枚，そして最後に取り出してMFさんに預けたのが一万円札2枚と五百円札2枚，残りは千円札だったという。ここで3回分まとめてみると，

一万円札	3枚
五千円札	2枚
五百円札	2枚
千円札	34枚

総計7万5千円くらいということだから，千円札は2回目に取り出したのが5枚，3回目に取り出したのが29枚となる。

9月9日付岩本②の時点で，金種が突如こんなふうに詳細に語られることになったのは一見不思議に見えるが，前後の捜査状況を見ると，実はこの同じ9月9日に，問題の布袋の集金担当者IHさんから詳細な事情聴取が行なわれていた。注目すべきは，請求人の9月9日付岩本②調書とIHの9月9日付見城調書との先後関係である。

この9月9日は，請求人に対する起訴がなされた日であり，9月9日付吉村検面は同日の午後2時から5時間，午後7時30分から2時間の計7時間の取

調べの結果であることが、当の取調官吉村英三検事の原第一審公判証言から明らかである。そして請求人が金種を詳しく供述した9月9日付岩本②調書は、この検面調書の後、つまり午後9時30分以降にとられたものであることが、その供述内容から推認できる。

　事情はこうである。この日は員面、検面あわせて3通の調書がとられているのだが、員面の1通目、つまり9月9日付岩本①では、先に見たように、奥さんから投げてよこされた布袋3個を「パジャマの左右ポケットに1個ずつ、残り1個を手に持っていた」と供述していた。ところが、これが9月9日付吉村検面では「3個とも手に持った」と訂正され、その上で員面2通目の9月9日付岩本②では「検事取調べの際、自分のパジャマには左右のポケットがなく、胸ポケットしかないことを指摘されたので、この点を訂正する」旨の供述を行なっている。つまりこの3通は、岩本①→吉村検面→岩本②の順番で取られたことになる。そこで、この日の留置人出入簿の記録を参照すれば、9月9日の取調べと調書録取の時間関係は図2-2-3のようになる。この日の最後の調書9月9日付岩本②は、9時30分以降の取調べで録取されたのである。

　請求人に対してこの員面、検面計3通の調書がとられた同じ日に、IHさんに対する事情聴取が行なわれ、供述調書1通が録取されている。IHさんへの事情聴取がこの日の何時頃に行なわれたかは証拠上明らかではないのだが、常識的に考えてみて、いくら遅くとも午後9時半以降ではあり得ない。とすれば、9月9日付岩本②の取調べが行われた時には、すでにIHさんへの調書が録取されていたはずである。そしてこのIHさんの調書のなかに集金した金の金種についての供述がある。

　9月9日付見城秀仁録取のIHさんの供述調書を見てみる。前述のように原第二審判決は、請求人が供述した金種が事故郵便物から発見された金の金種と合致すると指摘したのだが、その根拠にしたのがIHさんのこの調書である。IHさんはそこで、問題となった布袋の集金担当者として、事件前日の集金の金種を次のように述べている。

　　　会社に帰って来て、計算したときに、その日に集金した現金は、
　　　一万円札が2、3枚

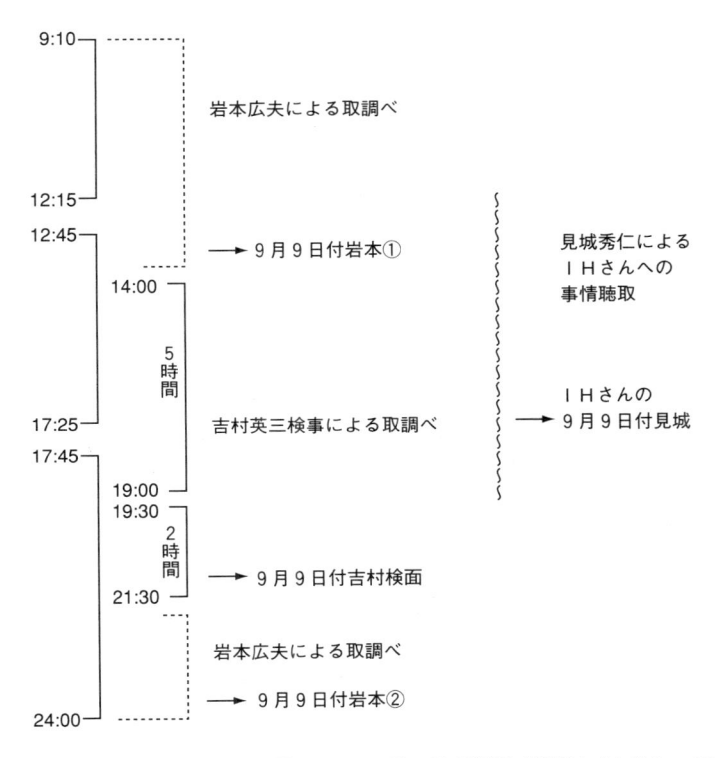

第 2 章 「無知の暴露」分析──請求人が犯行の現実を知らなかったしるし

```
9:10 ┐
     │
     │  岩本広夫による取調べ
     │
12:15 ┘
12:45 ┐
     │ ──→ 9月9日付岩本①           ⎫
     │                             ⎬ 見城秀仁による
14:00 ┐                            ⎪  IHさんへの
     │ 5                            ⎪  事情聴取
     │ 時  吉村英三検事による取調べ      ⎬
     │ 間                            ⎪  IHさんの
17:25 ┘                            │ ──→ 9月9日付見城
17:45 ┐                            ⎪
19:00 ┘                            ⎭
19:30 ┐
     │ 2
     │ 時 ──→ 9月9日付吉村検面
     │ 間
21:30 ┘
     ┐
     │  岩本広夫による取調べ
     │ ──→ 9月9日付岩本②
24:00 ┘
```

図 2-2-3　9月9日の取調べ状況と IH さんへの事情聴取

五千円札も 2，3 枚
　千円札，百円札については全然わかりませんが，千円札は百円札よりも多かったように記憶しております。

　すでに 2 か月以上もたった頃の事情聴取であるから，記憶としてはあまり確かともいえないが，その日に集金した各販売先での入金票を見てみると，ここで供述された金種でほぼ妥当であろうとの線が見える。IH さんが先の事情聴取（8 月 1 日付員面）で示した計 24 軒の各々の入金額を，額の多い順に並べると次のようになる。

　　9,800 円　　4,600 円　　2,900 円　　1,600 円　　970 円
　　7,600 円　　3,800 円　　2,400 円　　1,410 円　　860 円

● 第2部 ● 自白の供述分析

7,500 円	3,800 円	2,190 円	1,400 円	565 円
5,600 円	3,600 円	1,940 円	1,090 円	400 円
5,080 円	3,395 円	1,760 円	1,065 円	

　各販売先がどういう金種の金で支払をしたかはわからないが、小額の支払いに大きい金を使うことが常識的には少なかろうと考えれば、およそのところ一万円札が2,3枚、五千円札も2,3枚……というのは、ほぼ妥当というべきであろう。いや実際のところ、9月9日に事情聴取を受けたIHさん自身、純粋に記憶のみによって供述したというより、この入金状況を勘案しながら金種を推測した可能性が高い。

　ともあれ、この日、IHさんの9月9日付見城調書がとられた後、請求人の9月9日付岩本②では金種を意識した調書がとられ、この両調書で供述された金種がおよそ合致する。それぞれまったく別個に聞いたものが合致したのか、それとも前者の供述を念頭に置きつつ、後者の供述聴取が行なわれたことで、合致することになったのかは、これだけでは判断できないが、そこに何らかの誘導がはたらいた可能性は否定できない。とりわけ請求人はこのときまで五千円札について一度も触れてこなかったが、ここで初めてこれに触れている点が目を引く。

　金種に関わる供述は、9月10日付吉村検面でもほぼ同一の線でまとめられ、9月13日に問題の事故郵便物から金が出てきた後もほとんど揺らいでいない。実際、9月14日付吉村検面①でも、金種を意識したかたちで次のように供述している。

　　7月2日に味噌樽の下から出した一万円札1枚と五千円札1枚に間違いありません。2枚ですから間違えることはありません。

　　7月9日に味噌樽の下から出した金は、五千円札1枚と千円札5枚位だったと思います。これは一応その場で数えましたが、あわてていたし、1枚1枚数えたのではなく横に拡げて見ただけですから正確に千円札が5枚であったと断定できる程確かな記憶はありません。しかし五千円札が1枚あったことは、はっきりしています。

　　7月11日頃の晩5万円位の金を取り出したときは、二つ折に重なっていた札束をごそっとそのままの型で取り出し、その場で二つ折のまま本をめくるようにして数

えたところ一万円札2枚は確かにありました。しかし千円札は沢山あったのではっきりした枚数は記憶にありませんが，28，9枚あったと思います。五百円札は2，3枚，百円札も2，3枚あったと思います。

金種についての供述は，その後も大差はなく，ほぼこの通りで維持されていく。そこでとった金の全体について，IHさんの9月9日付見城調書を，それが録取されたと考えられる時間的位置に配置して，請求人の9月9日付吉村検面，9月9日付岩本②，9月14日付吉村検面と並べて対照してみる（表2-2-3）。この4つの調書の間に大きな食い違いはない。

請求人本人が自らの体験記憶からこれを呼び起こしたものならば，その信用性は高いということになろうが，そうであったとの保証はない。実際，奪われた金の総額について捜査側はこれを推定するだけの資料をもち得ていたし，金種については，上に指摘した通りIHさんの供述調書の後，これに合致する方向に請求人自白が動いた可能性がある。つまり本件犯行で奪われた金の金額，金種については，捜査側が知り得た結果に吸い寄せられるようにして請求人の供述が誘導された危険性を否定できない。

4. 清水郵便局で発見された事故郵便物の金と合致するか

問題の焦点は，奪った金の全体ではなく，清水郵便局で発見された事故郵便物同封の金と，請求人がMFさんに預けたと供述した金とがどこまで合致するかである。というのも，請求人がMFさんに預けたとする金の金額と金種についても，供述が9月10日付吉村検面段階ではほぼ固まっており，その後

表2-2-3 とった金の全体の金種についての供述

供述者	請求人	IHさん	請求人	請求人
	9月9日付吉村検面	9月9日付見城	9月9日付岩本②	9月14日付吉村検面
一万円札	2，3枚	2，3枚	3枚	3枚
五千円札		2，3枚	2枚	2枚
千円札	たくさん	多い	34枚	34枚くらい
五百円札			2枚	2～3枚
百円札		少ない		2～3枚

の9月13日になって，清水郵便局から問題の郵便物が捜査本部に届けられたからである。つまり9月13日以前の取調べにおいては，取調官はこの事故郵便物の内容を知り得ない立場にあった。それゆえ13日までの請求人の自白で供述された金額，金種が，13日に届けられた現金の金額，金種と符合するならば，これこそ「秘密の暴露」というべき証拠となる。

　先に述べたように，原第一審判決は，請求人が9月9日付吉村検面で「強取した現金のうち約5万円をMFさん宅に持って行って同人に預けた」と自白した後，その自白で供述されたとほぼ同額の金が9月13日に清水郵便局で発見されたことから，この点の供述はかなり信用性が高いと認定している。また原第二審判決は，金額がほぼ同じであることに加えて，金の種類に言及して，IHさん（集金人）の司法警察員見城に対する9月9日付の供述が，発見された札の種類，枚数はほぼ合致することを「単なる偶然とは考えにくい」と指摘して，これが請求人の有罪性を示唆するかのようにいう。

　しかし問題となる9月9日付吉村検面を，前項で見たように取調べ過程全体のなかに位置づけて検討したとき，はたしてこの認定をなお維持できるかどうか。

(1) 金額について

　捜査側は請求人逮捕の時点から，請求人は奪った金をMFさんに預けたのではないかということを1つの有力な可能性として想定していた。このことは逮捕4日後にMFさん方を家宅捜索したことからも確認される。それゆえ請求人が自白した後，取調官たちがこの想定のもとに金の行方を追及したであろうことは想像に難くない。そして現に請求人は9月6日付住吉において，「8万円位」を取り出し「3万円位」を自分の小遣い銭にして，「5万円」をMFさんに預けたと自白する。この「5万円」は，その後9月8日付岩本で「アパートを借りる」ために「5万円くらい盗み出して」やろうと考えて犯行に及ぶという犯行動機Ⅲにつなげられていく。「5万円」が事故郵便物から発見された金額とおおよそ一致している。しかしこの一致をもって請求人の供述を信用できるといってよいか。

　なくなった布袋に入っていた現金が，7万5千円くらいから8万円余りであ

第 2 章　「無知の暴露」分析——請求人が犯行の現実を知らなかったしるし

ったことは，捜査側がすでに把握していた事実である。そこから区切りのいいところで「5 万円」をとっておく，ないし預けるという話は，たんなる想像でも，十分に考え得ることである。実際，事件後請求人を常に見張っていた捜査側は，請求人が大きな額の買い物をした事実をつかんでいなかったし，逮捕時に所持していた金も 1 万 4 千円でしかなかった。もし，請求人が犯人で，問題の金を奪ったのであれば，それくらいの金が余分に残っていなければならない。ところが請求人の周辺から見つからない。とすれば，誰かに預けたのではないかと考えることになる。

そこで問題は，この「5 万円」が 9 月 13 日清水郵便局から清水警察署に届けられた「5 万 7 百円」の現金と一致していると見るべきかどうかである。金額としてわずか 7 百円の差と言えなくもないが，それが「5 万円」というきっちりした自白の額に比べて，端数があるという点に食い違いがある。

9 月 13 日以前の自白内容を見てみると，

　9 月 6 日付住吉　「5 万円」を預ける。

　9 月 9 日付岩本①　最後に金を取り出したとき「5 万円位」あり，MF さんに「5 万円」を預けた。

　9 月 9 日付吉村検面　「5 万円」を預ける。

　9 月 9 日付岩本②　「5 万円位」あった。

　9 月 10 日付吉村検面①　「5 万円近く」あり，「千円位たして 5 万円にして」預けた。

　9 月 12 日付吉村検面　「千円位たして 5 万円にして」預けた。

このように見てくると端数はほとんど意識されていない。むしろわざわざ「千円位たして 5 万円にした」との供述が 10 日，12 日付吉村検面でとられている。そうだとすれば，自白では端数を積極的に否定して「ちょうど 5 万円」を預けたものと考えるのが順当である。

そして 9 月 13 日に事故郵便物の現金が新証拠として届けられたのち，9 月 14 日付吉村検面①では，新証拠中の百円札を意識して「いちいちていねいに拡げてみなかったので……百円札が裏側にはさまっておれば百円札もまじっていたかもしれません」と口を濁すことになる。このような供述の流れの上で，「7 百円」という端数を無視してよいということになるであろうか。新証拠発見以

前の自白で，この端数という特異性に言及し得なかったということは，請求人がこの届けられた現金を知らなかったことを示唆する。

(2) 金種について

端数の問題に加えて問題となるのは金種である。原第二審判決は，IHさんの9月9日付見城調書を取り上げて，そこで供述された集金の金種と，9月13日に届けられた現金の金種とが「札の種類，枚数」についてほぼ一致しており，「単なる偶然とは考えにくい」という。この判示部分を再度引用する。

> IHさん（集金人）の司法警察員に対する調書（9月9日付）によると，なくなった布小袋には一万円札2，3枚，五千円札2，3枚，千円札は百円札より多かった枚数が入っていたが，発見された札の種類，枚数はほぼ右供述にそうもので単なる偶然とは考えにくい……。

しかしこの判決の認定は明らかな誤解に基づいている。というのも，この原第二審判決は「IHさんが集金してきた金の金種」と「事故郵便物から発見された金の金種」とを比べてしまって，その間に考えられる金の動きを看過しているからである。6月29日の集金から9月13日の事故郵便物発見までの間には長い期間があって，判決の認定した犯行筋書通りであれば，その間に請求人の手に渡り，そこから一部を小出しにして小遣いに使ったことになっているのである。ところがこの判決は，何を間違ったか，その点を考慮せずに集金の金種と発見の金種を一足飛びに比較している。これは明らかに錯誤である。実際，唯一証拠採用された9月9日付吉村検面においても，7月2日に1万5千円，7月9日に1万円を取り出して使い，残りの5万円をMFさんに預けたと供述していた。この時点ではまだそれぞれの金種を特定してはいないが，それでもMFさんに預けた時にすでに2万5千円を使っていたというのである。原第二審判決は，このことを失念して，極めて単純なレベルでミスを犯していると言わざるを得ない。

供述上における金種の特定は，9月9日付岩本②になって初めて詳しく行なわれていく。これがIHさんの9月9日付見城調書での金種特定の直後から始まったことは，それこそたんなる偶然とは思えない。そして新証拠の現金が発

第2章 「無知の暴露」分析——請求人が犯行の現実を知らなかったしるし

見される9月13日以前に，MFさんに預けたとされる5万円の金種は，ほとんど動かしようのないほどに固められている。

とった金の全体の金種については先の表2-2-3にまとめている。そこから小遣いとして1回目に取り出したのが「一万円札1枚，五千円札1枚」，2回目に取り出したのが「五千円札1枚，千円札5枚位」となる点は，すでに9月13日以前から一定しており，それ以後にかけてもほぼ一貫している。そこで問題となる残り5万円については，その金種が表2-2-4のようになるはずである。

表2-2-4を見ればわかるように，金種については百円札の変動を除けば，最初の供述から最後の供述まで大きな変化がない。つまり9月13日以前にはっきり特定していた金種のまま，新証拠発見後もその供述をほぼそのまま維持した。9月10日吉村検面段階で，ここまではっきりさせていれば，もはや動かしようがなかったというべきかもしれない。ほぼ一定したこの供述上の金種と新たに発見され届け出られた金種を対比させてみよう（表2-2-5）。

表2-2-5に見るように，両者はおよそ合致しているとはいいがたい。全体の札の枚数にしても，請求人の供述では「33枚＋α」，新証拠の方は「18枚」であり，倍ほども違う。原第二審判決の判示が，比べるべきものを取り違えるという基本的な誤謬によって大きな間違いを犯してしまったことは否定すべくもない。上の整理の事実を見る限り，「ほぼ合致する」どころか，むしろ「明ら

表2-2-4 残り5万円の金種についての供述

	9月9日付	9月10日付	9月14日付	9月17日付	9月24日付
	岩本②	吉村検面①	吉村検面①	岩本	岩本
一万円札	2枚	2枚	2枚	2枚	2枚
五千円札	0枚	0枚	0枚	0枚	0枚
千円札	29枚くらい	29枚くらい（手持ちの1枚を足す）	28～29枚（手持ちの1枚を足す）	29枚（手持ちの1枚を足す）	29枚（手持ちの1枚を足す）
五百円札	2～3枚	2～3枚	2～3枚	2枚	2枚
百円札	0枚	2～3枚 ↓（ポケットにしまった）	0枚 ↑（はさまっていた可能性）	0枚	0枚

269

表 2-2-5　金種についての供述と新証拠の対比

	供述上の金種	新証拠の金種
一万円札	2 枚	3 枚
五千円札	0 枚	2 枚
千円札	29 枚（くらい）	10 枚
五百円札	2 枚（ないし 3 枚）	1 枚
百円札	0 枚（はさまっていたかも）	2 枚

かに合致しない」と言うべきであろう。

　9月13日に清水郵便局から警察に届けられた現金について，その当時の捜査官がどう考えたのかはわからない。しかし少なくとも，捜査官が新証拠についてまだ何も知らなかった頃に請求人が MF さんに預けた金として語った供述には，後に発見され，届けられたこの現金と決定的に合わない内容が含まれていた。つまり請求人は清水郵便局から届けられた新証拠について無知であった可能性が高い。この無知の暴露は請求人の無実性を示唆する。

(3) 事故郵便物から発見された金の焼け焦げ

　このように金にまつわる供述の流れを整理し，原第一審，第二審の錯誤を指摘した上で，なお細かい金額，金種は別として請求人が「5万円を預けた」と自白し，それとほぼ同額の金が自白後届けられた以上，この自白は証拠と大筋一致するとの認定を維持できるとの考え方が残るかもしれない。しかし，この大筋論は，請求人＝犯人との仮説に固執した者の弁明ではあり得ても，問題があれば率直に仮説を白紙から検討し直そうとする者に通用するものとはならない。

　もう1点，金額，金種の違いに加えて，新証拠には供述と決定的に食い違うところがある。9月13日に清水郵便局から届けられた現金は，その18枚の札がすべて一部焼け焦げていたことである。しかもその焼けた部分はいずれも札の番号を記した部分で，お札全体の約3分の1ないし2分の1にわたっていた。お札のこの特異な様子こそ，真犯人ならば説明できなければならない。ところが，請求人の供述はその焼け焦げの事実をひとことも語っていない。もちろんこの点について，MF さんに預けられた後に，請求人の知らないところで誰か

が札の一部を焦がした可能性がないとはいえない。しかし，そのことをうかがわせる証拠はまったくない。この点の決定的な相違に目をつむったまま，およその金額の一致のみで，新証拠の現金を請求人がMFさんに預けたものと認定するのは許されるべきことではなかろう。

MFさんに「5万円」を預けたとの供述は，当時の取調官の手持ち証拠・情報から十分に予想できることであった。とすれば，その供述の「5万円」が自白後届けられた現金とおよその額が合うからといって，これを有罪の証拠とすることには慎重でなければならない。本節で詳細に見てきた供述経過からして，これを有罪証拠とすることの危険性は明らかである。いや逆に，請求人供述にはかえって彼が事実を知らないことを示す無知の徴候をあちこちに見出すことになった。

5. 客観的証拠状況に向けての過度に詳細な詰め

本件で奪われた金の金額と金種について，もう1つだけ触れておかなければならない論点がある。それは金額，金種に関わる大筋の話ではなく，逆に極めて末梢的で微細な部分の話である。請求人の自白には，本件捜査から明らかになった客観的証拠状況を意識したとしか思えない，過度に詳細な詰めが見られる。それによって一見，客観的な状況により接近して見えるかもしれない。しかし，心理学的に見れば，それはかえって請求人が当の現場に当事者として臨場していない事実を示唆してしまう。

(1) 百円札の問題

1つは百円札の問題である。奪われた金が7万5千円から8万円余りというとき，他の高額紙幣に比べて，百円札はどうしても無視されがちになる。しかし本件の証拠関係において，百円札は無視し得ない位置にある。百円札に関しては，客観的証拠状況に絡んで2つのことが問題となる。

そのうちの1つは，事故郵便物の発見以前に問題になっていた点である。本件発生後，請求人が容疑線上にあがって後，警察は彼の周辺を徹底的に洗った。とくに7月4日，重要参考人として請求人を呼び出し，長時間にわたって事情聴取を行ないながら，決め手を欠いたために身柄をいったん解放した後は，い

●第2部● 自白の供述分析

わば「泳がせる」というかたちで，請求人に尾行をつけている。そのなかで，請求人が近所のそば屋NTさん方で食事をすれば，すぐ捜査官が出向いて，請求人が使用した金をそのつど任意提出させていた。そうして入手した「百円札3枚」について，請求人が金を隠したと述べたC温じょう室のみそ樽の下の泥土が付着している疑いがあるとして，これを鑑定させていた。

第一審判決は，この鑑定を受けて「被告人が，7月10日以後，NTさん方で使用した百円紙幣のうち，その1枚には一般に流通している百円紙幣に付着している水溶性ニヒドリン陽性物とは異なったもの及び味噌の成分に類似のものが付いていること，さらに，C温じょう室のみそ樽の下から採取した泥土460の成分と類似のものが付いていることが認められる……」と認定している。請求人は専務方から強取した金をC温じょう室のみそ樽の下に隠し，その後これを取り出して使用したものと認定したのである。

この鑑定結果の是非はおくとして，こうした認定がなされる前提として，少なくとも請求人が問題の百円札をNTさん方そば屋で使用し得る状況が，供述の上に現われていなければならない。自白の始まった9月6日付住吉調書ですでに，部屋で数えたとき百円札もあったとされているが，その後の9月9日付吉村検面，9月9日付岩本②では，百円札が登場しない。それが詳細なかたちで供述される最初が，9月10日付吉村検面①である。そこにはこう書かれている。

  そこで7月11, 2日頃の晩方，味噌樽の下から残った金を全部取り出したところ，
   一万円札　2枚
   千円札　沢山
   五百円札　2, 3枚
   百円札　2, 3枚
  で，合計5万円近くありました。そこで前から持っていた千円位をたして5万円にして，その晩自分の部屋で，その金を四ッ折りにして2, 3枚重ねた鼻紙で包みMFさんの家に行きました。

ここで取り出した金が「合計5万円近く」あったとした上で，これに手持ちの「千円位」を足して5万円にしたと述べた点は，MFさんに預けたのが端数のつかない「ちょうど5万円」を想定していたという前述の論点に関わるのだ

が，その点はおく。ここで注目すべきは，この供述で百円札への言及が明確になされているという点である。ただ，ここは「百円札2，3枚」があったと言うのみで，供述をそのまま読めば，この百円札も一緒にしてMFさんに預けたように読める。しかしこれでは百円札は使ったことにならない。1回目，2回目に取り出した金のなかには一万円札，五千円札，千円札しか含まれていなかったので，最後の3回目に取り出したなかから百円札を抜き取らなければ，これを使うことはできない。

その点が明示されるのが9月14日付吉村検面①である。そこでは一万円札，五千円札，千円札，五百円札について述べた後，「百円札も2，3枚あった」として次のように供述している。

> そこで，その中から百円札だけはこまかいと思って，抜き出して別にして自分の部屋の背広のポケットに入れておきました。

百円札2，3枚を「抜き出して……背広のポケットに入れておきました」と明示したことによって，そば屋のNTさん方で，盗んだ百円札を使い得る状況ができあがる。同じことが，9月16日吉村検面①にもあって，そこでも「みそ樽のところで数えてみたら5万円に千円たりないので，自分のぜにを千円入れてちょうど5万円にしました」とした上で，「このぜにを出すとき百円札2，3枚がまじっていたが，それははんぱですから，はずして背広のポケットに入れておきました」と述べている。

しかしそれにしても，ここで思い出すべき対象は，すでに2か月以上前の出来事で，しかも奪ったという金でも最も小額の紙幣である。それまで触れることのなかった「百円札2，3枚」について，このような詳細を，請求人は自分から自発的に思い出したのであろうか。それとも百円札の証拠上の価値を知っていた取調官が，改めて追及したのを受けて，このような供述が出てくることになったのであろうか。この両可能性を明確に判別する資料には欠けるが，前後の供述経緯からして，後者の可能性が強く示唆されることは否定できない。

百円札をめぐって問題となるもう1つの論点が，この同じ9月14日付吉村検面①には混じり込んでいる。それは9月13日に事故郵便物から発見された金にも，百円札が2枚入っていたことに関わる。請求人が小遣いとして小出し

にしたとされる金以外に，MFさんに預けたとされる金にも百円札が2枚なければならないのである。事故郵便物から金が発見された翌日の9月14日時点では，当然，このことが意識されたはずである。

そのためであろう，この9月14日付吉村検面①には，その前の9月10日付吉村検面①になかった新たな供述が加えられている。上に引用したように「百円札2, 3枚を背広のポケットに入れた」と述べた後，さらに，

> MFさんに預けた金の中には百円札は入っていなかったと思いますが，札束の裏側の方までいちいち丁寧に拡げてみなかったので二つ折りか四つ折りの百円札が裏側にはさまっておれば百円札もまじっていたかもしれません。

というである。この供述が前日の9月13日に清水郵便局から届けられた現金入り郵便物を念頭においたものであることは間違いない。

事故郵便物が発見される前の9月10日付吉村検面①と，発見された後の9月14日付吉村検面①とを改めて読み比べてみる。前者は，百円札2, 3枚を含めて5万円近くあり，千円位をたして「5万円にして」MFさんに預けたと明言しているのに対して，後者では，「百円札だけはこまかいと思って，抜き出して別にして自分の部屋の背広のポケットに入れておきました」と言って，鑑定にまわした百円札を意識しつつ，他方ではMFさんに預けた金について「二つ折りか四つ折りの百円札が裏側にはさまっておれば百円札もまじっていたかもしれません」と断り書きを加えている。そうしなければ事故郵便物のなかの百円札2枚は出元不明となってしまうからである。しかも，「……かもしれません」と言うとき，そこに請求人がそう思う根拠はどこにも示していない。本人が気づいていれば「……かもしれません」などと言うはずはない。つまり請求人は気づいてもいないのに，そういう可能性もあるかもしれないという意味で「……かもしれません」と言ったことになる。

百円札をめぐるこの2重の含みが，同じ1つの調書のなかに，このように複雑なかたちで入り込んでいるのを見るとき，これをはたして真の体験者の自発的な記憶想起といえるかどうか。むしろ客観的な証拠状況が先にあって，それに合わせるかたちで請求人の供述が左右されている可能性が高い。

(2) 端数の小銭と小切手・領収書

　奪われたと見られる現金は 82,325 円あるいは 75,325 円であった。請求人の自白では，後者をとって「7万5千円くらい」というところに集約されていくのだが，実は最終的なところで，驚くべきことに「25円」という端数まで意識されている。

　まず，9月9日付吉村検面には「バラ銭は十円玉や五円玉があったと思います」という。そして9月12日付吉村検面には次のように供述されている。

> （専務に油をかけて放火する際，金袋から金を取り出す場面）バラ銭は袋がさけて下まで破れたとき，2つか3つ下にこぼれたので，すぐ拾ってパジャマのポケットに入れました。十円玉と五円玉だったと思いますので15円か25円位だったと思います。その後，洗濯機でパジャマを洗ったとき，ポケットからバラ銭を取り出して見たところ15円入っていました。十円玉1つと五円玉1つでした。バラ銭を落して拾うとき全部拾ったか1つくらい落ちていたかは，薄暗かったし，あわてていたので，よくわかりません。

　4人を刺し殺し，3人に火を放ち，最後の1人の専務の死体のところで布袋を開ける。そのとき札だけでなく落ちたバラ銭の，わずか15円を拾ったというのである。この光景は，思えば，かなり滑稽である。4人を殺して油を撒き，放火するという行為と，15円を拾う行為とが並立していることが，あまりにアンバランスなのである。その上でさらに，この供述のバラ銭「15円」に加えて，あと「1つくらい落ちていた」かもしれないというとき，奪われた金の端数「25円」が意識されていたことは間違いない。

　奪われた金額の1つの可能性，75,325円が請求人自白の金額とほとんどピタリと合致する。これが請求人本人の体験記憶から引き出されたとすれば，それはまさに奇跡的なことだが，はたしてそのように1円の単位に至るまで客観的な証拠状況と合致することでもって，その自白の信用性が増すといえるのかどうか。

　客観的な証拠状況を意識した，このあまりに微細な供述の例が他にもある。それは，布袋に入っていたとされる，現金以外の小切手2枚，領収書1枚（集金総額を記入した青い紙）に関わる供述である。この点について9月7日付岩

本には次のような問答が録取されている。

> 金袋の中に小切手，伝票等はあったかどうか。
> ——私は金だけしょづみ出したので小切手や伝票があったかどうか分かりません。

つまり取調官から聞かれて，わからないと答えている。ところが，それから2日後，9月9日付吉村検面には次のように供述されている。

> 札の他に青っぽい大きい紙と白っぽい札より細い長い紙も入っていましたが，金ではないと思ったので，袋に入れたまま捨てました。

さらに同様の供述が，その後9月9日付岩本②，9月12日付吉村検面，9月14日付岩本でもくり返される。

布袋に入っていた金以外のものは，犯人の注意を引かなくてもやむを得ない。それゆえ9月7日付岩本のように「分かりません」と供述したからといって犯人でない証拠とはいえない。しかしいったんはっきり「小切手，伝票等はあったか」と明示的に聞かれて，「分かりません」と答えた人間が，その後，これを思い出すということは考えにくい。9月9日付吉村検面のように「青っぽい大きい紙と白っぽい札より細い長い紙も入っていました」と答えたことの方が，よほど問題である。

そもそも深夜，通路に電灯がついているとしてもけっして明るくはないところで，袋の中から取り出しもせず（上記引用の9月9日付吉村検面では「入れたまま」と言い，9月12日付吉村検面では「取り出さず」と明確に述べている），「青っぽい」とか，「白っぽい」とかいうのも疑問であるし，まして袋に入ったままの状態で「細い長い紙」とか，「一万円札より少し大きい空色のような札より少し厚い領収書のような紙1枚」（9月9日付岩本②）とか言うのもおかしい。ここのところに小切手と領収書（青色）が入っているはずだと知っている取調官からの視点が入り込んでいることは明らかである。

6．まとめ

本件で問題となった金についての請求人の供述には，数々の疑問があり，な

第2章 「無知の暴露」分析——請求人が犯行の現実を知らなかったしるし

かにはおよそ解きがたい不合理も含まれている。

　金をみそ樽の下に隠した後に，すでにそこから金を取り出していたにもかかわらず，自白後その隠し場所を聞かれて，そこにはないことがわかっているはずのその場所を，「嘘」で答えるなどということが，どうして起こったのか。

　また，隠した金を3度に分けて取り出したのが事実だというのに，自白後の最初の供述機会には，どうして1度に取り出したように供述したのか。布袋に入っていたはずの小切手や伝票について，最初にそのことを明示的に特定して聞かれたときは「分かりません」と答えていたのに，どうして最後にはその詳細を供述することになったのか。金額について最初はごく漠然と「8万円くらい」としか供述していなかった請求人が，どうして最後には端数の325円まで意識して，考えられないくらいに細かく特定することになったのか。そば屋NTさん方で使った百円札が問題になっていたことに応えるかのように，端数の百円札について詳細にすぎる供述で，この点が詰められたのはなぜなのか。

　あるいは，集金担当者IHさんの金種供述がなされた後に，請求人の金種供述が，突然，詳細になり，ほぼそれに合致する方向に動いたのはなぜか。清水郵便局の事故郵便物から本件との関係がうかがわれる金が発見される以前に，MFさんに預けたとされる金の金額が，その新証拠の「5万7百円」とは違って，「5万円」という端数のないきっちりした額で供述されたのはなぜか。またその金種が，新証拠の金の金種と大きく食い違ったのはなぜか。

　これら多数の不合理・疑問に，請求人＝真犯人とする仮説Aは答えることができない。これらの不合理・疑問は，むしろ逆に請求人が本件の現実に対して，根本的に無知であることを示している。その現実への無知のゆえに請求人は，大筋部分で，取調官の把握している証拠状況に導かれて供述を変遷させ，末梢部分で，考えられないほど過度に詳細な詰めをなした。そこに浮かび上がってくるのは，体験者が自ら臨場した現実場面をその体験記憶から想起して語っていく姿ではなく，取調官から提示される客観的証拠状況に合わせて，それを微細に詰め，汲々として「犯人を演じている」姿である。

277

● 第2部 ● 自白の供述分析

第3節　死体の位置

　争う余地のない物的証拠に照らしたとき，請求人の自白が一見これに合致するように見えて，その実，決定的な問題性をはらんでいる，そういう点として，奪った金袋（第1節）とその金（第2節）について見てきた。その3番目にあげなければならないのが死体の位置の問題である。

　本件の火災鎮火後に行なわれた現場検証の結果，4人の死体の位置ははっきり確認されており，これまでの審理において検察・弁護双方に争いはない。しかし，死体のこの客観的な位置と請求人の自白は合致するのか。この点について，これまで十分に議論されてこなかったが，事件の流れ，捜査の流れ，そして自白の流れを追って見ていくと，この客観的証拠状況と自白との見かけ上の合致のなかに，1つの決定的な問題のあることに気づく。本節はその問題を取り上げる。

1．問題の所在

　4人の死体について，その死因そのものに多少曖昧なところはあるが，これまで大きくは争われていない。原第一審判決は，7月25日付山下英秋作成の鑑定書および9月6日付鈴木俊次作成の鑑定書に基づいて，次のように認定している。

　　専務　　　右胸部刺切傷，右肺刺切創による失血
　　奥さん　　右胸壁貫通の刺創による出血ならびに全身火傷
　　M男くん　右肺，肝臓の各刺創及び左胸壁内に達する刺創による出血ならびに全身火傷
　　F子さん　前胸部，心臓，肝臓の各刺切傷による失血及び火傷

　専務を除く3人については火傷に生活反応が認められ，放火時「3名は存命中であったことは……明らか」としている。

　また気管のなかにすすが認められるかどうかについても，上の山下英秋鑑定と鈴木俊次鑑定では専務以外の3人にはいずれもすすが検出されたとし，さらに血中の一酸化炭素量では専務を除く3人について，奥さん20〜25％，F子

さん 20 〜 25％，Ｍ男くん 35 〜 40％と，かなりの量が認められている。この結果からは，奥さん，Ｆ子さん，Ｍ男くんの 3 人は，多数の刺切創を受けた上，油をかけられ，火をつけられ，その後少なくとも一定量のすすを吸い込み，一定量の一酸化炭素を血中に吸収するだけの時間を生きていたことになる。

ただ原第二審段階になって上野正吉による再鑑定が行なわれた結果，

① 専務についても一部火傷による水泡形成（生活反応）があって，失血死とはいいきれない。気管支のすす，血中の一酸化炭素が検出されていない点も，他 3 人と違って空気の通りのよい室外で焼かれたことを考えれば，生存中に火を放たれたとして矛盾はない。ただ生活反応（水泡形成）が生じにくい状態にあったことを考えれば，失血死に近い状態であったことがうかがわれる。

② 他の 3 人に検出されたといわれるすすについては，写真で検討した結果，すすとは認めがたい。また一酸化炭素の吸収についても，これでもって「火災下に長時間生存した証拠とはならない」。火に包まれた後ほとんど即死状態であっても一酸化炭素がかなり吸収された例もあることから考えて，この 3 人の場合も全身火だるまになったショックで即死した可能性が強い。

このように考察した結果として，4 人とも生存した状態で火をつけられ，ほぼ同一の経過をたどって死亡したとの鑑定が下されている。上野鑑定は最終結論として次のようにいう。

> 被害者専務，Ｆ子さん，奥さんおよびＭ男くんに対する傷害の生成から火災の発生，死亡までの時間的間隔はほぼ同一または近似したものと認められ，傷害の生成から火災の発生までの時間は凡そ十数分前後，火災の発生から死亡までの時間は殆ど瞬時のことであったものと考えられる。

ここで上野鑑定は火災発生から死亡まで「瞬時」というが，もとより一酸化炭素が発生し，これを吸収するだけの時間は必要であるから一定時間を要することは間違いない。それはおそらく秒の単位ではあるまい。この点を法廷で弁護人に尋問された上野鑑定人は次のように答えている。

> 本件ですね。被告人の調書にある通り，ガソリンをかけて，それにマッチで点火を

したとすれば瞬時にショック死等で死ぬであろうというふうに言っておられますが，それはガソリンの量等に関係ございますでしょうね。
　——そうだと思います。
全身が火だるまになるような状態だと，長くて何分位。
　——これはショック死ですからね，心臓がまあ止まるまでみたらですよ。まあこれは十分位の間であるかもしれませんが，まあ，普通ならこれは数分位の死亡であろうと思います。
数分間呼吸をする可能性があるわけですか。
　——いえいえ，呼吸はしなくても，呼吸と心臓が止まらなければ死とは認めないわけですから。
そうすると今おっしゃった数分というのは心臓が止まるまでの時間でございますか。
　——ええ，それはね，だから即死みたいな，首を切ったような死体でも十分位心臓が動くことがあるんです。ですから，まあ数分位のことで，もし心臓が動いてるならば，十分間位までのばしてもいいんじゃないかということを申し上げたわけです。
呼吸はいかがでしょう。呼吸もそれは不完全なものはあってもいいだろうとは思いますけれども。何分位呼吸する可能性がありますか。
　——とにかくこれは呼吸運動は胸が全部火だるまになるんですから，とにかく元気のいい呼吸ができるわけはないんです。火だるまになったあとはですから健康的な呼吸と言えばもうその時瞬間になくなるであろうと，こう考えた方がいいと思います。

　このように4人の死に至るまでの経過に多少曖昧な点はあるが，4人のいずれについても傷害の生成から火災発生までに一定時間を要したとの事実（鈴木鑑定では「数分間」，上野鑑定では「10数分間」），火災発生時少なくとも専務を除く3人についてはなお生存していたとの事実（上野鑑定は専務についても生存していた可能性が高いと認定している）は争えない。では，この事実を請求人の自白および判決認定の犯行筋書に照らし合わせて考えれば，どういうことになるであろうか。
　仮説Aの犯行筋書Ⅳによれば，請求人は4人殺傷後，工場に帰り，血染め

第2章 「無知の暴露」分析――請求人が犯行の現実を知らなかったしるし

の5点の衣類を脱いでパジャマに着替える。それから放火を思い立ち，石油缶から味噌ポリ樽に油を移しかえて，工場を出，線路を渡って裏木戸の隙間から通路に入る。そうして4人の身体に油をかけ，火を放つことになる。被害者たちに刺切傷を加えてからここまでで，すでにかなりの時間が経過していることになる。専務については不明だが，あとの3人の場合は火をつけられたそのとき，なお生きていた。では，想定されたこの犯行筋書Ⅳの上で，どのような時間的経過のもとで事が進行したことになるのか。

ここでおよそ時間的経過を図2-2-4に描いてみよう。この図に沿いつつ，例えばF子さんの場合に焦点を合わせてみる。

請求人自白によれば，F子さんを刺した後，請求人は「M男くんと奥さんを刺して倒す」ことになる。それにかかる時間はもちろん不明だが，どんなに少なく見積もっても2, 3分はかかるだろう。その上で「工場に帰り，着替え，考え，油を移しかえ，油を搬入し，現場に戻る」。これもまたかかる時間は不明だが，5〜10分は見なければなるまい。ついで「4人に順次油をかけ，マッチを探し，仏壇の横のマッチを見つけて，M男くんと奥さんに火を放つ」。ここでさらに2, 3分はかかる。そこではじめて「F子さんに火をつけ」，そこから一定時間（χ分とする）を生きている。そうだとすると，F子さんについて最低所要時間を総計すると，受傷してから死ぬまでに「9〜16分＋χ分」はかかる。

受傷から死亡まで正確にどのくらいの時間がかかったのかということはわからない。しかしここで問題となるのは，犯人が被害者を刺してから火を放つまでの間，少なくとも一定の時間間隔があって，その時間間隔のなかで犯人は被害者に，それぞれ「刺す」とき，「油をかける」とき，「火をつける」時に対面しているはずだということ，そして犯人である以上は，そのつど被害者の位置を知っているはずだということである。ここで，専務については不明として，他の3人の被害者たちはこの3回の対面機会のいずれにおいてもまだ生存している。では，刺されてから死ぬまでのおよそ10〜20分の間，彼らはその位置をまったく変えることがなかったのか。その点，刺した位置，油をかけた位置，火をつけた位置について，請求人がどのように自白しているのだろうか。これを9月9日付吉村検面の供述から整理して見てみよう（この点については他の

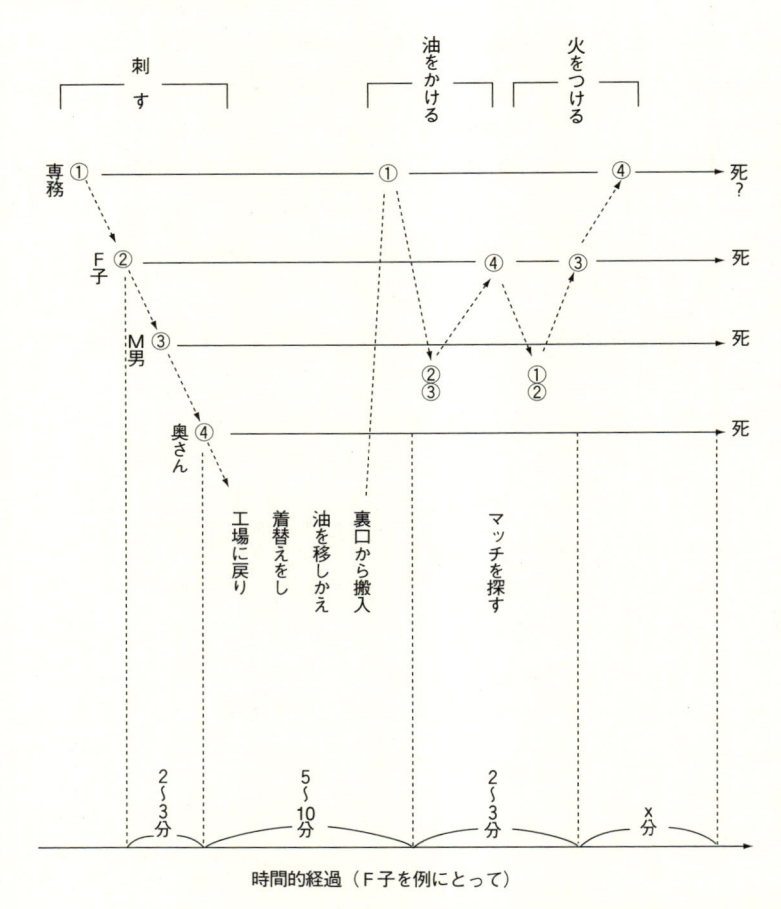

図 2-2-4　被害者が刺されてから死ぬまでの時間経過

供述調書と比べあわせても大きな変遷はない)。

　表2-2-6を見ればわかるように，被害者4人いずれについても，刺した位置が死体の位置とピッタリ合致している。そして油をかけた位置，火をつけた位置についてはほとんど特定の指示がなく，被害者は刺されて倒された位置のままに横たわっていたことを前提に供述が行なわれている。被害者たちの刺切傷は深く，そのままでも失血死してしまう重篤なものではあった。しかしたとえそうだとしても，なお生きている限り，油をかけ，火を放つまでの間，位置を

第2章 「無知の暴露」分析——請求人が犯行の現実を知らなかったしるし

表2-2-6　9月9日付吉村検面による殺傷・放火行為の位置と死体の位置

	刺したときの位置	油をかけたときの位置	火をつけたときの位置	死体の位置（検証による）
専務	通路の裏木戸の近くあおむけで刺す	「通路」とのみ指示（左記の位置と同じとの趣旨）	「裏口の戸のそば」と指示（左記の位置と同じとの趣旨）	木戸から4メートルほどの通路上あおむけで倒れていた
F子	仏壇の間とピアノのある部屋の境目あたりあおむけで刺す	位置の指示なし（左記の位置と同じとの趣旨）	位置の指示なし（左記の位置と同じとの趣旨）	仏壇の間からピアノのある部屋にかけて敷居に両膝をのせるようにしてうつぶせに倒れていた
M男	八畳間（寝室）のかやの上刺していると奥さんがかけよった	「奥の寝室」とのみ指示（左記の位置と同じとの趣旨）	位置の指示なし（左記の位置と同じとの趣旨）	八畳間（寝室）の中央部まん中の布団の上で奥さんと抱き合うようにして（下にはかや）
奥さん	M男が倒れたすぐ横M男にかけよったところを刺した	「奥の寝室」とのみ指示（左記の位置と同じとの趣旨）	位置の指示なし（左記の位置と同じとの趣旨）	八畳間（寝室）の中央部まん中の布団の上でM男と抱き合うようにして（下にはかや）

かえ，姿勢をかえる可能性はあったはずだが，その点に触れた供述は9月9日付吉村検面に限らず皆無なのである（唯一F子さんについては供述上刺したときはあおむけなのだが，死体はうつぶせになっていた。ただ，この点もどうしてそうなったのかについて，供述上は何ら触れられていない）。

また第1章でも指摘したように，火を放ったときの被害者たちの状態に触れた供述はなく，被害者たちはその時すでに死んでいて何の反応も示さなかったかのように供述されている。しかし，生きたまま焼かれる人間が，死者のようにただ焼かれるだけでいるだろうか。それは真実の犯行現場を描写した供述として迫真性に欠ける。

しかしそれはそれとして，ここで考えたいのは，供述そのものの迫真性の問題ではない。問題は，この被害者の位置について，事件後の検証から明らかな証拠状況と請求人の自白との間にずれはないのかという点である。表2-2-6で

も確認したように，請求人の自白では被害者を刺した位置を供述し，それが検証上の死体の位置と合致している。しかしその合致そのものに問題はないか。

2. 殺傷・放火時の被害者の位置

　刺切傷の結果，被害者の体から血が流れる。この血の跡は被害者の位置および位置移動の軌跡をしるしづける。また，放火のために混合油をかけた跡を見ることで，油をかけた位置が推測できる。したがって，血と油を追えば，受傷後の被害者たちの動きを客観的に跡づけることができるはずである。検証調書から，4人についてそれぞれ血と油の位置を追ってみよう。

(1) 専　務

　専務は裏木戸から約4メートルの通路上，頭を南にしてあおむけになって死んでいた。ただ当初の死体鑑定に「左側胸膜部分は水泡形成し破れている」との記載のあるところから，上野正吉鑑定人はこの点に生活反応を読みとり，かつこの部分が火傷度が低いところから，左側を下にして横たわった状態で火をつけられ，焼ける過程で体が屈曲して，あおむけ状態になったのではないかと推測している。請求人の自白上には，この姿勢について触れた供述は存在しないが，他方この姿勢と矛盾する供述もない。

　血は，死体の胴体の下あたりの土砂に浸み込んでいた（7月20日付黒柳三郎作成の検証調書）。これが専務の血であることは間違いない。それ以外の場所からの血の検出はない。とすると，刺された位置をここに特定するのが妥当であろう。

　油については死体に焼け残っていたズボン下とパンツから油が検出されている（10月20日付篠田勤・角野勝明作成の鑑定書）。また死体の頭のあったあたりからボール紙6枚，男物パンツ1枚が発見されているが，ここからも油の臭いが確認されている。したがって油をかけられたのもこの同じ位置と判断して問題はない。

　専務については，刺された位置，油をかけられた位置，火を放たれ死んだ位置に大きなずれはないとみてよい。

（2）奥さんとM男くん

　奥さんとM男くんは，表八畳間の3枚敷いた布団のうち真中の布団，東南隅に頭を置き，足を北西方向に伸ばして互いに抱き合って死んでいた。図2-2-5の検証調書「現場見取図」では②が奥さんの頭部，③がM男くんの頭部の位置である。奥さんの胴体はこの図の「蚊帳」の文字のちょうど上あたり，M男くんはそのすぐ東側，足を北側布団に乗せる位置にあった。

　血が最も多量に浸み込んでいたのが，図にも明示されている通り，中央布団の東南の角。ここには35×25センチの血痕があり，布団の中の綿にも，その下のマットレスにも浸み込んでいた。ただ，この血液の血液鑑定が開示証拠中に存在せず，奥さんの血かM男くんの血かは不明である。また，この中央布団だけでなく，北側布団の上の掛布団（図では，敷布団の西南部分に記されているもの）に，直径9センチのもの，20×10センチのもの，10×2センチのもの，卵大のもの，拇指大のもの，その他小さな血痕が付着していた。この血液型も不明である。さらに図のなかには北側布団の西側，床の間のすぐ前に「血こん付着のカヤ切端」との記載が見られる。

　油については，中央布団の西南部分の上（奥さんの死体の足もとになる）にあった32×40センチの毛布の焼け残りに油の臭いがあり，鑑定でも油が検出されている。ただし，奥さんの死体の直下にあった蚊帳には油の臭いはなかったという（この油の位置は，春田龍夫作成検証調書で図面化されておらず，文章表記のみであるので，やや不特定である）。2人の死体に付着したまま焼け残っていた衣類（奥さんの寝巻，下着メリヤスシャツ，品名不詳の布片，M男くんのパンツ，ワイシャツ，腹巻，メリヤスシャツ）からは油が検出されている（10月20日付篠田・角野作成の鑑定書）。

　以上の状況からして，専務の場合のように刺された位置，油をかけられた位置，火をつけられて死んでいた位置を同一場所だと認定するのは困難である。死体の直下，刺切傷の多数あった胴体下には血が確認されておらず（少なくとも検証調書上は），かえって頭より上の位置に多量の血液が浸透しており，死体の乗っていない北側布団の掛け布団に多数の血痕が見られた。しかも，それは飛び散った血ではなく，かなりの面積に浸み込んだ血である。さらにその北側布団の西の床の間の前には血痕付着の蚊帳切端があった。とすると，刺され

● 第 2 部 ● 自白の供述分析

た位置が死体の位置と同じだったとはいえない。血液型がわかれば 2 人の身体の動いた軌跡を判別することも可能であったろうと思われるのだが，その鑑定が存在しない。

　また死体付着の衣類に油が検出されたことから，その体に油がかけられたことは明らかだが，どこでかけられたか，これも不明である。

　血痕の分布状況と 2 人の死体の位置から考えるならば，それぞれ別の位置で刺され，その後油をかけられる時点か火をつけられる時点で互いが抱き合う姿勢になって，焼け死んだと推測するのが最も順当ではあるまいか。

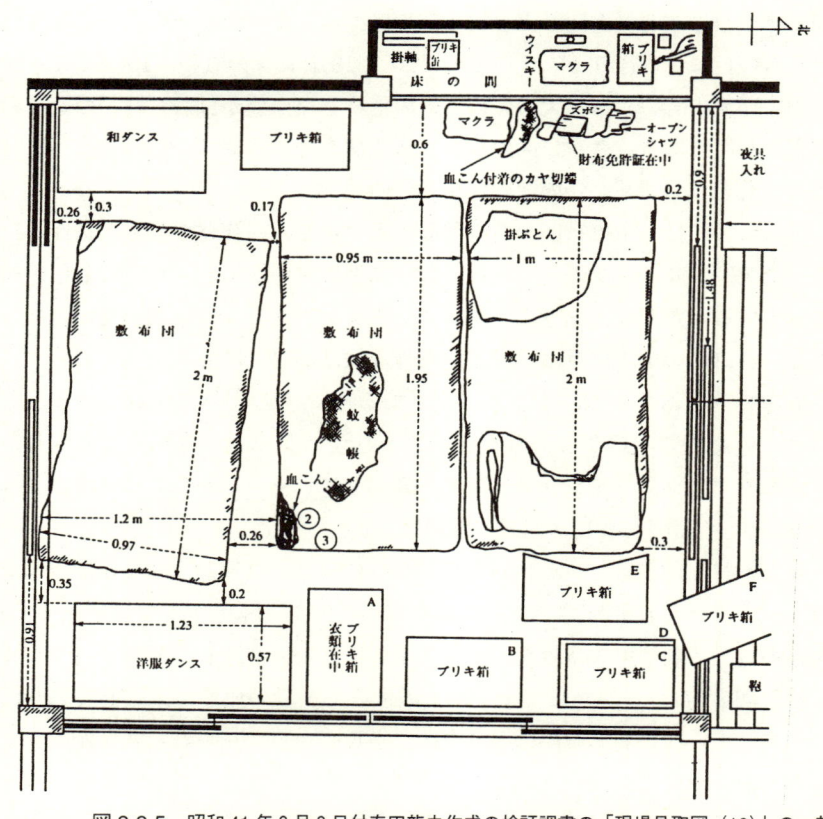

図 2-2-5　昭和 41 年 8 月 8 日付春田龍夫作成の検証調書の「現場見取図 (10)」の一部

第 2 章 「無知の暴露」分析――請求人が犯行の現実を知らなかったしるし

(3) F子さん

　F子さんの死体はピアノのある部屋，図 2-2-6 の①に頭を位置し，足を北方向にしてうつぶせになっていた。足のちょうど膝部分を仏壇の間との境の敷居に乗せるようにしていた。図中衣類を入れたダンボール箱のすぐ横に左脚下部が位置していた。この死体のすぐ下には南北に 73 センチ，東西に 35 センチの額の板があった（図に記された四角の点線）。F子さんはこの額に上半身を乗せるかたちで死んでいた。この額は事件前ピアノの上部の鴨居にかかっていたものだという。

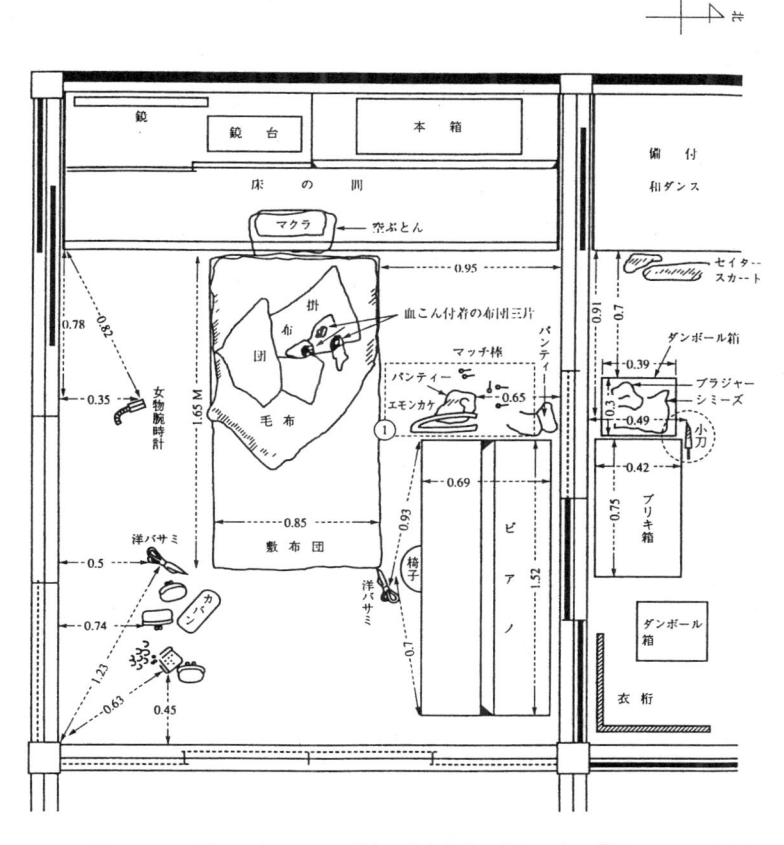

図 2-2-6　昭和 41 年 8 月 8 日付春田龍夫作成の検証調書の「現場見取図 (9)」の一部

●第2部● 自白の供述分析

　この額の板の南西端に血痕様のものが付着していた（これについても鑑定は存在しない）。額板の下には生理用パンティ2枚（古い血の付着が認められる）と衣類かけ1個，未使用のマッチ棒5本があった。また額板の南端部の下の畳に9×9センチの範囲に不整形な血液ようのものが浸み込んだ跡があった。

　さて，血痕は上記のもの以外に，図面にも明示されている通り，F子さんの敷布団の上に焼け残った掛布団の断片から24×27センチの血痕，長さ20センチの棒状の血痕，さらに直径7センチの血痕などが見つかっている。

　油については，F子さんの死体に焼け残っていたパンティとブラジャーからは混合油が検出されているのだが，その他死体周辺については，検証調書上，油の臭いの記載が存在しない。とりわけF子さんの胴体の下にあった額板に油の付着，浸透があったかどうかが注目されるところだが，この点，臭いがあったかどうかの記載もなく，またこれが鑑定に付されたかどうかも不明である。ただ事件後静岡県警察本部がまとめた『捜査記録』には，このF子さんの部屋中央の敷布団の上にあった右の布団切れ等に「油ようの臭気が多分に感じられた」と記されている。

　F子さんの場合，その死体の位置と血痕の位置が大きくずれている。血痕位置から考える限り，部屋中央に敷いてあった布団の上で刺されたものと考えるのが自然である。また『捜査記録』にいうように，布団から油の臭いが確認されたとすれば，油をかけられたのも布団の上の可能性が高い。少なくとも死体のあったその同じ位置で刺され，油をかけられ，火を放たれたというわけにいかないことだけは確かである。

3. 請求人の自白は被害者の死体位置およびその周辺の血痕，油痕状況と合致するのか

　ここで取り上げるべき問題はすでに明らかであろう。前項で見てきたように，専務については別として，奥さんとM男くん，そしてF子さんについては，刺された位置，油をかけられた位置，火を放たれて死んだ位置が同一とは認められない。ところが請求人の自白では表2-2-6にまとめたように，この3つの位置がいずれについても同じものとして供述されているのである。このことは何を表わしているのか。

(1) 奥さんとM男くん

　まず，奥さんとM男くんの場合から考えてみる。この2人の場合，ほとんど抱き合うようにして死んでいた。しかし死ぬ時そうだったからといって，刺されたとき，油をかけられたときもそうだったという保証はどこにもない。表八畳間の血痕の血液鑑定が出されておらず，また油痕の位置特定が検証調書上極めて曖昧であるために，死体の位置に至るまでの2人の動きを正確に追うことはできない。それにまた火災で混乱した部屋状況からして，検証が容易でなかったことを考えると，血痕付着の掛布団や蚊帳切端などの位置が犯行時のままであるとの断定もできない。そのような留保をつけた上で，死体創傷部分から1メートルないし2メートルも離れた位置にある多量の血痕にはやはり疑問を禁じ得ない。その点を考慮しつつ，9月9日付吉村検面での2人の殺傷場面の供述を見てみる。そこには次のようにある。

> （F子さんを刺したあと仏壇の間に立っているM男くんと奥さんを見て，M男くんに飛びかかると寝室の方へ逃げた）私は寝室の入口附近でM男くんの胸の辺りをナイフで突き刺しました。M男くんは私にむかって両手をのばしてかじる様にして向って来ましたが，私に刺されて防ぐ様にして両手を上げて後にさがりました。それを追いかけて私は胸の辺りを何回も刺したのでM男くんはつってあった後のかやを踏みながら後ずさりして倒れ，かやのつり手が切れたのでかやの上に倒れてしまいました。
>
> 　奥さんはM男くんが倒れる少し前頃，寝室の奥から床間の前辺りまで出てきて，私に「これを持って行って」と叫んで，布の袋を3つ位私の方に向かって投げつけてよこしました。そこで金の入った袋だと思いましたが，それには目もくれないでM男くんを刺しました。すると奥さんは，金袋を投げてよこしたあとすぐ倒れたM男くんのところにかけ寄ったので私はナイフで奥さんを，めちゃくちゃに何回も突き刺しました。

　この供述ではM男くん，奥さんを刺した位置が正確にはわからない。はっきりしていることは，それが蚊帳の上だということ，奥さんはM男くんのところにかけ寄ったところを刺したことになっているので両者は接近した位置で刺されていること，この2点のみである。それはたしかに2人の死体位置を説

明するものにはなっている。しかしそれ以上に，室内の各血痕を十分に説明するものにはなっていない。実際には存在を確認された各血痕について血液鑑定を行なって，その血液型を判別していれば2人が同一場所で刺されたのかどうかの判定もできたはずなのだが，その点の証拠は開示証拠のなかに存在しない。

奥さんとM男くんについては，こういう次第で，請求人自白が死体の位置や血痕，油痕の位置と合致するのかどうか，かなり疑わしい。ただし，明確に合致しないとまではいえない。

(2) F子さん

しかしF子さんの場合には事情がかなり異なる。F子さんの部屋の血痕も同様に血液鑑定はなされていないが，彼女の場合は1人離れていたために，その部屋の血痕をF子さんのものと認めるについてはまず問題がない。それに請求人の自白もF子さんを刺した位置について，奥さん，M男くんと違ってかなり正確な特定が可能である。

まず請求人の自白から見てみよう。F子さんを刺す場面については第Ⅱ期自白（9月7日付岩本）からほとんど供述上の変遷はない（刺してから倒れたのか，倒れてから刺したのかについては変動があるが，この点は第1章で検討した）。そこで9月9日付吉村検面のみを再度引用しておく。

> （専務を刺してから，奥さんを追っていく）私はそのあと走って追いかけ応接間から仏壇のある部屋に上がったところ，左のピアノのある部屋からF子さんが出て来たので顔を見られた以上殺さなければ自分が犯人であることが判ってしまふと思い，飛びかかって胸を刺したところ，ピアノの部屋との境目辺りに仰向に倒れたので横からしゃがんで胸や首の辺りを何回もめちゃくちゃに突き刺しました。

ここではF子さんが倒れた位置が「仏壇の間とピアノのある部屋との境目辺り」と明記されている。先の図2-2-6で見た，まさにF子さんの死体の位置そのものである。死体はその膝をこの2つの部屋の間の敷居の上に乗せていた。この死体の位置と請求人自白の刺した位置は完全に合致する。しかし，この合致のゆえにこそ，自白の問題が浮かび上がってくる。

第2章 「無知の暴露」分析——請求人が犯行の現実を知らなかったしるし

額板

　F子さんの上半身は額板の上にあった。そしてその額板は事件前，ピアノの上の鴨居にかけられていた。また額板の下の畳はくっきりその大きさ分が焼け残っていたところから，額が落ちたのは火災前である。とすると本件犯行のなかで何らかの原因でこれが落ち，その上でF子さんが死ぬことになったと考えられる。ところが，請求人の自白にはどこを見てもこの額板のことが語られていない。事件前まで鴨居にあった額板が落ちていたというこの特異状況を説明できてこそ真犯人の供述と言うべきところ，請求人はこれにひとことも触れていないのである。

額板の血痕

　F子さんの死体の傷は，左胸部脇下から肺上葉を貫通した心室に達しているもの，左乳首の下から心臓に達しているものなど，前胸部に集中している。そこでもしF子さんが額板の上で刺されたならば，この額板の上にこそ多量の血液が付着していなければならないはずである。ところが検証調書による限り，額板に付着した血痕としては「南西隅の上面」（頭の位置のすぐ西側部分）しか記載されていない。火災で他の上面部分は黒く焦げてはいたが，死体直下の部分は焦げていないはず。しかしその部分に血痕，油痕がまったく記載されていない。

死体から離れたところに血痕付着の掛布団の片があったこと

　そして最大の問題は死体から離れた部屋中央部，布団の上に血痕があったという事実である。図2-2-6の検証調書添付図面には掛布団にかなり大きな血痕があることが記されている。これは飛び散った血ではない。何しろ20センチ四方を優に越える大きさの血痕が1つ，20センチにわたる棒状の血痕，そして直径7センチの血痕の計3つなのである。請求人の自白通り，仏壇の間とピアノのある部屋の境目あたりで倒れたF子さんを「めちゃくちゃに突き刺した」として，その血が中央布団の方にまで飛んで付着することはあり得ない。火事場の混乱はあるにしても，埋積物を慎重に取り除いての検証を行なったのである。3個もの血痕付着の布団断片が検証前にまとめて移動するということは考えられない。それに当の血痕付着の掛布団は敷布団の上にあった。つまりあるべきところにあった。とすれば，F子さんはまさにこの布団の上で刺された。

そして『捜査記録』のいうように，当の布団から油様の臭いがしたのであれば，油をかけられたのも布団の上である可能性が高い。

F子さんの死体がうつぶせで発見されたこと

　F子さんの受けた傷は前胸部から首にかけてであった。そこで刺されたのは前からということになる。請求人の自白もあおむけに倒れたF子さんを上から刺したことになっている。ところが死体はうつぶせであった。とするとどこかで寝返りをうつなりして姿勢を変えなければならない。請求人の自白では，あおむけで刺したと言った後，油をかけるとき，火をつけるときについてF子さんが姿勢を変えていたとの供述はない。請求人が犯人なら，その姿勢の転位に気づかなかったのか，気づいて言わなかったのか，それとも火を放って逃げたあと姿勢を変えたのか。そのことを推測する手がかりはない。ただこの姿勢転位について上野正吉鑑定人は興味深い証言を行なっている。原第二審第18回公判で裁判官の尋問に答えた場面である。

　　寝返りを，体の体位を自分で変える位の力はあったでしょうか。あれだけの傷を受けて。

　　　――あります。これは左胸腔内に1000ミリリッターの出血があると書いてありますから（鈴木俊次作成の鑑定書），相当たくさんの量です。これはそれまで十数分まで，火を受けるまで元気に生きておったと，心臓が働いておったという証拠にもなるわけです。急に，たとえば心臓が刺されまして，心臓からどんどん出た場合は，これはそんなにたくさんたまる余裕はないわけです。いくら大きいのを切っても，というか，切られただけに，そういうことはないわけです。中等度の血管の損傷によってでないと，こういうふうに1000ミリリットルもたまらないわけです。これは十分起きあがる力があったわけです。

　胸腔部の多量の血液は心臓部の損傷がかえって小さいことを示している。それだけに10数分間「元気に生きておった」し，「心臓が働いておった」から，あおむけからうつぶせへの姿勢転位をするだけの力は十分あったというのである。

寝返りが可能なF子さんは多少の移動も可能であった

　ところで，上の証言においてはあおむけからうつぶせへの寝返りしか問題に

ならなかった。実際，上野正吉作成の鑑定書を見ると，その鑑定資料として，
　　7月25日付山下英秋作成の鑑定書
　　9月6日付鈴木俊次作成の鑑定書
とならんで，
　　7月5日付春田龍夫作成の実況見分調書（奥さんとM男くんの状況）
　　7月6日付春田龍夫作成の実況見分調書（専務とF子さんの状況）
を参照し，さらに，
　　請求人の9月9日付吉村検面調書
を照合させている。そして7月6日付実況見分調書からF子さんの死体が「うつぶせ」だった事実，請求人の9月9日付吉村検面から「あおむけ」に倒れたF子さんを上から突き刺したとの自白をとり出し，その相互を照らし合わせて矛盾がない旨，鑑定結論を下している。受傷後10数分間生きており，その間に姿勢を変えることは可能であるし，またそれだけの力は十分にあったと言うわけである。

　実は，上野鑑定人が参照した7月6日付実況見分調書には，死体の位置とその姿勢の記載しかなく，8月8日付春田龍夫作成の検証調書にあるような部屋全体の状況，とりわけ血痕付着状況の記載がなかった。したがって，請求人自白と現場状況との齟齬は，ただ死体の姿勢だけであった。そこで上の証言のような話で終わることができた。

　しかし上野証言からすれば，火をつけられて焼かれるまでの10数分，たんに寝返りだけでなく，短い距離の移動も可能であったことを示唆する。いや，生きて動ける状態にある被害者なら助けを求め，救いを求めて移動を試みる方が自然であろう。ピアノの部屋中央に敷かれていたF子さんの布団の位置から，現に死体の発見された位置まで1メートル余り，これくらいの移動は十分に可能だったということになる。

　とすると，F子さんは布団の上で刺され，油をかけられ，その後何かのひょうしで落ちていた額板のところまで移動して，そこで焼け死んだ（火をつけられた地点は，その間のどこかということになる），そう考えることができる。いやそう考えなければ現場に残された大きな3つの血痕は説明できない。

4. 請求人は何を供述したのか

　請求人はF子さんを刺した位置を正確に「仏壇の間とピアノの部屋の境目あたり」と供述した。そして現にF子さんの死体はそこにあった。しかし改めて言うまでもなく、請求人は死体の位置の供述を求められたのではなく、F子さんをくり小刀で刺した場所の供述を求められたのである。とすると、請求人の自白には現場の客観的状況と決定的に合致しない点が含まれていたことになる。

　真犯人ならば、F子さんを布団の上で突き刺したと供述する。そしてその供述が大量の血痕の位置と合致する。そしておそらくなお布団の上にいたF子さんに油をかける。そして最後にF子さんは額板の上に上半身を乗せ、足を仏壇の間との境の敷居の上に乗せた状態で焼かれ、こと切れた。F子さんがうつぶせであったことは、移動の努力の表われともいえる（あおむけでは移動はまず不可能である）。また額板の一番布団寄りの端に血痕付着が認められ、その下に水で薄められた血溜りがあったこともこれと符合する。真犯人ならばまさにこの時間の流れのなかで生じる変化に一つひとつ応じた供述ができ、またこの供述が現場の諸証拠に合致するはずである。

　ところが、請求人の自白を読み直してみると、どうであろうか。請求人は明らかに死体の位置を念頭に自白を行なっている。専務の場合はそれで問題はなかった。奥さんとM男くんについては、これでは説明しきれない状況が出る。ただ供述が曖昧なぶん、まだ問題は明らかでない。しかしF子さんについてはそこに決定的な矛盾を来すことになる。

　請求人は死体の位置は知っていた。あるいは知らされていた。しかし火を放たれるまでなお被害者が生きていたこと、動き得たこと、そして血痕の付着状況からして動いたとしか考えられないことまでは知らなかった。だからこそ、死体の位置のところで刺し、油をかけ、火を放ったとの供述から一歩も出ることはなかった。また取調官たちも死体の位置を供述したところでよしとして、それ以上の追及をしなかったと考えられる。いや取調官自身、その問題に気づいていなかった可能性もある。しかし、このように時間の流れに即さず、ただ最終的に固定した死体の位置しか念頭にない供述をなす請求人を真犯人といえ

第 2 章　「無知の暴露」分析——請求人が犯行の現実を知らなかったしるし

るだろうか。請求人は実のところ犯行そのものを知らなかった。傷ついた後なお必死で動く被害者たちを思い描くこともできなかったのである。

　こうしてこの請求人の自白からもまた，実のところ，彼は犯行そのものを知らなかったとの事実が浮かび上がる。

　請求人は犯行の現実を知らなかった。犯人が奪ったはずの金袋を，彼は当初甚吉袋と誤解し，これを奪ったのだと供述して，図面まで描いた。また原第一審，第二審判決で請求人自身が絡んでいるはずだとされた清水警察署宛て事故郵便物同封の現金について，その額も種類も，請求人の知るところではなかった。この現金は真犯人の「秘密の暴露」であるどころか，まるで正反対のしるしであった。そして最後に請求人は死体の位置は知っていたが，火を放たれるまではまだ生きていた被害者たちの，まさに犯人によって刺された位置を知らなかった。この肝心要の犯行諸要素を知らない請求人が真犯人たり得るであろうか。この「無知の暴露」はたんなる推測ではない。まさに請求人本人の自白供述そのものが語る事実である。そしてこの事実は，請求人が本件犯行を体験しなかった無実の人でしかあり得ないことを示している。

第3章　自白の誘導可能性分析

　これまでの供述分析の結果から，請求人を真犯人とする仮説Aを維持することはもはや難しい。このことを確認した上で，最後に展開しておかねばならない点がもう1つある。それが「誘導可能性分析」である。

　ここでは請求人が無実であるとの仮説Bに立って，これによって請求人の全自白過程を矛盾なく理解できるかどうかを検討する。平たく言えば，そもそも犯人でもない請求人に，本件の膨大な自白を語ることができたかどうか。本件取調官が捜査によって入手した諸証拠，諸情報でもって請求人を追及したとき，そこから請求人の自白全体を構成し得るかどうか。これを分析・検討する作業である。すでにこれまでの分析のなかでも，事実上，一部この「誘導可能性分析」を行なってきているが，ここで改めて請求人の供述全体を整理するかたちで，この作業を付加しておきたい。

第1節　誘導ということ

　仮説Bに立って，無実の請求人が取調官との相互作用のなかで，本件のような自白をなし得たかどうかを分析するために，ここで再度，無実の人が自白する心理過程について簡単に振り返っておかなければならない。

1. 真犯人と思い込んでの「誘導」

　第1部第3章でも見たように，虚偽自白は，無実の人のものといえども，一般には取調官が一方的に筋書を考えてこれを押しつけたものではない。一方に「私がやりました」と言って，とうとう自白に落ちてしまった被疑者がいる。彼は犯行の筋書を語ることを求められて，もはや「知りません」とは言えない。「知りません」と言ったのでは，「また否認するのか」ということで，それまでの苦しさに舞い戻る。それゆえ何とか自分で犯行筋書を語らなければならない立場にいる。他方で，この被疑者を追及する取調官の側でも，自白へと転落した被疑者に対して，一方的にそのストーリーを被疑者に押しつけたりはしない。取調官は何より被疑者を犯人と思い込んでおり，そして現にいま被疑者は「私がやりました」と認めたのである。そこで次には，その当の犯人の口から犯行筋書を語らせることが彼らの課題である。言い換えれば，取調官は被疑者がまさに犯人として語り出すことをひたすら求める。取調官は少なくとも被疑者を無実と知ってデッチ上げるのではない。

　もちろん取調官は，それまでの捜査を通して，問題の事件について種々の証拠，情報を得ており，そこから一定の事件イメージを描いている。しかし被疑者の方は，無実である限り，犯行の実際を知らない。そのために犯行筋書を語ろうとしても，うまく語りきれない。犯行内容について不確かなところが多く，それゆえ自白した内容がグラグラと揺れる。これに対して，取調官は被疑者が犯人であるとの想定を疑うことなく，往生際の悪い奴だと思いながら，把握ずみの諸証拠・情報を突きつけ，不合理な点，矛盾した点を問いただして，「ああではないか，こうではないか」と問いを重ねる。そこには取調官の思い描く犯行筋書がおのずと表われ，無実の被疑者は，これに沿い，また自らも想像をめぐらしながら「犯人を演じる」。こうして取調官の追及のなかに表われたもろもろの証拠や情報が，犯行筋書を導いていく。これが「誘導」の実態である。

　取調官の側には誘導の意図はなくとも，結果として被疑者の語った自白のなかには，種々の誘導の痕が刻み込まれることになる。ここでいう「誘導可能性分析」は，こうして自白調書のなかに刻み込まれた「誘導」の痕を検出していく作業であり，また直接的に誘導の痕を検出されなくとも，取調官の手持ち情

報から「誘導可能」であるかどうかを検討する作業である。

　本件における取調べにおいては，「誘導」がたんなる一般論としてではなく，本件取調べ状況に現実のものとしてあり得たことが，先に見た静岡県警察本部『捜査記録』からうかがわれる。そこには「袴田の取調べは情理だけでは自供に追い込むことは困難であるから取調官は確固たる信念を持って，犯人は袴田以外にはない，犯人は袴田に絶対間違いないということを強く袴田に印象づけることにつとめる」との取調べ方針が明記されている。つまり取調官は「確固たる信念を持って」請求人の取調べに臨んだ。しかし取調官の側に，この「確固たる信念」を裏づけるだけの証拠があったわけではない。現に，同じ『捜査記録』には「本件は被告人の自供を得なければ真相把握が困難な事件であった」と記されている。

　もちろん，被疑者の自白を待つまでもない明白な物証があれば，自白聴取にさほど必死になることもない。しかし逮捕時に最大の証拠とされていた「パジャマの血」自体が，後の「5点の衣類」発見からみると，およそ決め手から程遠いものであった。とすると，逮捕にまで及んだものの，請求人を犯人とする証拠はかなり薄弱だったと言わざるを得ない。そうした状況のなかで取調官がもつ「確固たる信念」が，実は冤罪を招く最大の元凶である。本件の取調べがこうした危険な構図の下で展開されてこなかったかどうか。

2.「真相を知らないもの同士」が生み出す犯行筋書

　請求人は逮捕された後20日間否認を続けたのだが，結局，9月6日に自白に落ち，そこから膨大な自白調書が録取されていくことになる。もし請求人が真犯人であるならば，自白転落後，取調官の尋問に沿いながら，自らの記憶をたどって，犯行の様子を語っていくだけでよい。しかし，もし無実ならば，その取調べはまことに奇妙なものとなる。取調官はもちろん捜査によって事件についてさまざまな証拠は手に入れていても，犯行そのものに対してはあくまで第三者であるし，被疑者もまた無実である限り，犯行の内容を知るよしもない第三者である。とすると，お互い犯行実態を知らない第三者どうしが，捜査によって入手した証拠・情報をもとに，ああでもないこうでもないと言い合い，犯行筋書を練り上げていくことになる。それはまことにおかしな光景である。

現に本件では，請求人自身が自白撤回後，自らの自白について「犯人ではない者同士が集って調書をデッチ上げ虚構した」と語っている。そうした特異な回想を第1部第3章でいくつか見たが，ここでもう1つだけ具体例をあげておこう。(1977年3月14日付上告趣意書)。

> その中で無実の私が華かに飾られ，犯人の形を装はされた操り人形として巧みに踊らされ，毎日毎日強いられ続けたのである。本事件に於て各調官はおのれの思惑を私に押し付けたのであります。それが証拠に右調書は総べて架空であります。本件の真相を知らない者同士がいかに推測をめぐらしたところで，それは何れもが的外れのところを堂々めぐりをすることであって，このような本件捜査陣の行為は，正しく身の程知らずと言うべき不当なもので，許されるべきでないことは言うまでもない。

「真相を知らない者同士」が事件をめぐって，あれやこれやと想像をめぐらす取調べだったというのである。ただし，取調官に対して怨念をこめて上のように主張する請求人にとって，相手の尋問・追及は「押し付け」以外の何ものでもないのだが，請求人を真犯人として「確固たる信念」をもつ取調官にとって，それはもちろん正当な追及である。仮説Bにおいて「誘導」があるとすれば，それはまさに請求人と取調官とのこのような関係のなかで起こったことである。

つまり仮説Bのもとで，取調べの場は次のような二者関係として展開する。
・被疑者が犯人であるとの確固たる信念をもって取調べる取調官。彼は被疑者を犯人とする犯行筋書を思い描き，その犯行筋書を語らせるべく，入手ずみの証拠・情報を突きつける。
・取調官の確固たる信念の前で，犯人を演じる以外になくなった被疑者（これを請求人は上記引用の主張のなかでは「犯人の形を装はされた操り人形」と表現している）。彼は，取調官の追及にヒントを得つつ，証拠・情報をつなぐ犯行筋書を，自らも推測しつつ構成，供述していく。

この両者の尋問－応答の所産として一定の犯行筋書が語られ，そこに矛盾点が現われれば直され，また次の犯行筋書へと変遷していく。「誘導」としてここで想定するのはこういう過程である。

この誘導可能性分析は，請求人の自白が，取調官の把握した証拠・情報ある

いはそこから推測できる範囲を超えているかどうかの検証でもある。もしその範囲を超え，取調官が想定することのできなかった供述がなされて，それが事後の捜査によって客観的に裏づけられるようなことがあれば，誘導可能性は排除され，請求人の自白の信用性が保証されることになる。これは，つまり「秘密の暴露」そのものである。その意味で，誘導可能性分析は「秘密の暴露」の検出とちょうど裏表の関係にある。

さて，本件請求人の自白の展開過程は，「取調官の把握した証拠・情報あるいはそこから推測できる範囲」のなかで，つまり端的に言い換えれば，取調べの「誘導可能性の範囲」のなかで理解できるかどうか。この点を以下に分析・検討する。

第2節　犯行筋書の出発点

請求人は9月6日に「私がやりました」と言って自白に落ち，そこから犯行筋書を具体的に語らねばならなかった。その時点までのところで，その犯行筋書を組み立てるべき素材（犯行要素）として，請求人のなかにどのような情報があったか。また取調官の側に，追及するべきものとしてどのような証拠や情報があったか。その点をまずは確認しておかなければならない。

1. 取調べに臨んで取調官が把握し，想定していた犯行要素

本件犯行を構成する犯行要素としてどのようなものがあったかを整理するために，請求人が否認段階で追及されていた点を，一つひとつ見ておく。

(1) パジャマの血

請求人のパジャマに血が付着していたとの証拠は，本件容疑の出発点であったし，これが請求人の自白に至るまで終始問題になった。つまり，

　　①パジャマを着て殺傷行為を行なった

との犯行要素がまず想定されていた。ただパジャマに血が付いていたとはいっても，7月4日の家宅捜索でこのパジャマが押収されたときには，肉眼では確

認できないようなものでしかなかった。不思議なのは，それにもかかわらず押収され，一部新聞報道では「血染めのパジャマ」として報じられたという事実である。警察はパジャマの血を発見したから請求人に容疑をあてたのではなく，むしろ別情報からすでに請求人の容疑がもちあがっていたからこそ，肉眼的に血痕の認められないパジャマを押収し，それに血や油がついていないかを調べるべく鑑定にまわしたのである。さらに『捜査記録』のなかには，パジャマ押収後，請求人の血液型をB型と知った上で「袴田の着衣（パジャマ）よりB型以外の人血の付着を証明することに全力を注ぐことになった」との記載がある。それによってAB型とA型の血痕付着があったとの鑑定を得ることになるのだが，あらかじめ特定の結果を求めるかのようなこの記載の背後には，強固な見込みがはたらいていたことがうかがわれる（その後，科学警察研究所にも鑑定依頼するが，血液量が少なく判定不能との結果しか得られなかった）。

　ここで先の①の犯行要素に加えて，もう1つの要素を加えねばならない。パジャマで本件犯行を犯したとすれば，そこには大量の血液が付着していなければならない。しかし，パジャマには肉眼的に血痕は認められない。とすればパジャマは洗ったのでなければならない。また消火活動の際，請求人が着ていたパジャマに血痕が付いていたとの目撃は存在しない。他方でそのパジャマがずぶぬれだったとの目撃は数多い。請求人が現場で消火活動にあたっていたとすれば，背後から消防の放水を浴びて，ずぶぬれになって当然だが，一方で請求人が最初から消火活動にあたっていたとの目撃がない。そこから考えられる可能性として，

　　②パジャマは消火活動に加わる前に洗ったはずだ
との要素が加わる。

　なお油については，パジャマに付着した油が工場にあった釣船用混合油と同一との鑑定が出たのは10月20日，請求人の取調べが終わった後である。この油も，パジャマ押収時，臭いがするとか何とか知覚的に確認されたものではない。にもかかわらず，ただちに油付着の有無について鑑定依頼が出されている。またよほど微量でしかなかったためか，鑑定結果が出るのに考えられないくらいの時日を要している。

　いずれにせよ，肉眼的には血も油も確認できなかったパジャマが押収された

背景には，請求人への容疑が何らかのかたちですでにもちあがっていたことがうかがわれる。

(2) 左手中指の切傷

　事件前にはなかった切傷が，事件後請求人の左手中指に確認された。この傷について請求人は消火活動中にトタンで切ったと主張していた。しかし警察からの依頼でこの傷の診断に立ち会ったSS医師は「トタンで切ったよりは鋭利なもので切ったものと思われます」という。そこから，

　　　③凶器で被害者を殺傷する際，何らかの機会に左手中指を切った
との想定が生まれる。

(3) アリバイ

　請求人と同室の住み込み工員SFさんが，社長宅に用心棒として泊まりに行っていたので，本件事件の夜，請求人は自室で1人であった。また火事が発見されて消火活動に入ったとき，同僚たちは請求人が最初の頃消火活動に加わっていなかったように供述し，請求人本人は最初から加わっていたと主張して，対立していた。実際には同僚たちが事件直後にどういう供述をしていたかは不明で，法廷に出された供述調書は事件後1か月以上もたったものしかない。工場内部の犯行説が流れて，事件当夜工場内にいた者がみなひとしなみ容疑の線上にあがったとき，同僚たちが戦々恐々となって自己防衛的に供述した可能性も否定できない。いずれにせよ，

　　　④犯行直後，消火活動の初め頃は何らかの理由ですぐには人前に出られな
　　　　かった
との想定要素が出てくる。

　取調べ主任官であった松本久次郎の法廷証言によれば，否認段階の追及の中心となったのが，以上のパジャマの血，左手中指の切傷，アリバイの3点であった。この3点は，請求人と本件とを結びつける直接容疑であった。請求人が自白すれば，当然，この3点について①〜④の犯行要素が犯行筋書のなかに組み込まれなければならない。

　さらに，請求人を離れて事件そのものについて捜査から明らかにされていた

状況がいくつかある。それ自体が正しいかどうかは別にして，捜査側の入手証拠・情報という意味で，取調べの前提となっていたはずである。そこから想定される犯行要素を次に列挙する。

(4) 侵入脱出路

　表口のシャッターの施錠状態が十分に確認されておらず，この表口からの侵入も，可能性としては否定できなかったが，犯人は工場内部関係者との疑いが強まり，とりわけ工場内の寮に住む請求人が容疑者となった段階で，表口の可能性は事実上排除される。そこで，

　　⑤侵入・脱出路は裏口からである

との要素が組み込まれる。ただし，この裏口からの入り方，出方がどうであったかは，これを特定できるだけの状況はなかった。つまり裏から土蔵の屋根に上って屋根伝いに侵入するか，何らかの方法で裏木戸を通り抜けるか，いずれも考え得る状況であった。

(5) 凶　器

　本件犯行の凶器として浮かび上がったのは，F子さんの死体の足元にあった「くり小刀」である。これが被害者4人の刺切傷に最もよく合致すると考えられたのである。これは事件後数日でほぼ特定され，これ以外の凶器の可能性が浮かび上った形跡は，少なくとも開示証拠中には存在しない。そこで，

　　⑥4人の殺傷はくり小刀で行なわれた

では，このくり小刀はどこから入手されたのか。警察は早くも7月3日には同種のくり小刀を富士市のK刃物店で見つけて，これを購入した事実がある。そこから卸元をたどって，7月中旬には，岐阜県関市のYS商店からこの年の2月から3月にかけて，富士宮のK鋸店に10本，富士のK刃物店に6本，沼津のK刃物店に15本に卸されていることが明らかになった。請求人が手に入れるとすれば，この3店のいずれかである可能性が高かった。またこれら3店については，仕入れたくり小刀を買った人を洗い出し，そのなかにK味噌関係者がいないかどうか，写真での面割を行ない，沼津市K刃物店の主婦TMさんが請求人を客として見たことがあると指示したとの報告書がある。そこで，

⑦くり小刀は2～3月以降，沼津のK刃物店で買った

との要素が想定される。

　くり小刀についてはもう1点，さやが問題になる。F子さんの足元に落ちていたくり小刀は柄が焼けてなく，刃体のみで，そのさやと思われるものが，中庭から勉強部屋に入る戸の前にあった雨合羽上衣のポケットから見つかった。凶器と目されるくり小刀のさやが雨合羽から見つかったというのだから，当然この雨合羽も本件犯行に絡んでくる。そしてこの雨合羽の持ち主はK味噌の従業員であった。この従業員は，事件の前々日集金の際に雨合羽を着，それを工場の脱衣場か三角部屋の机上に置いておいたと言う。ここから2つの犯行要素が想定される。

⑧犯行に赴くに際して工場の中にあった雨合羽を着た
⑨中庭から勉強部屋の戸を通って屋内に侵入する前に，くり小刀のさやを抜き，それを雨合羽のポケットに入れて，その雨合羽を脱ぎ捨てた

＜雨合羽－さや－くり小刀＞を本件犯行と結びつけるならば，こうした犯行要素が必然的に出てくる。

(6) 4人の死体

　4人の被害者はいずれも10か所前後の刺切傷を受けていた。事件後の現場検証から，専務のみは屋内でなく，裏木戸近くの通路で死んでおり，あと3人はそれぞれの寝室で死んでいた。それぞれの受傷形態はその死体の有り様から推定する以外にないが，1つ高い可能性があると考えられたのは，最初に刺されたのが専務であろうということであった。屋外で刺されていたこともその理由の1つとなるが，何より一家4人が刺し殺れるとき，そのなかで最も強いものが最後に残されることは考えにくい。犯人が請求人1人とすれば，まず専務を倒さなければならない。

　事件後，請求人逮捕以前の新聞報道にも，この種の推理が立てられている。1つは7月11日静岡新聞に載った記者座談会で，2人の記者の1人は，

　　　専務の死体の位置は，犯人が最初に専務に見つかり刺した。逃げる犯人を追い土間で倒れたとみられる。

と述べ，もう1人は，

> 私はやはり強盗説を支持したい。工場の内部の者か，それに近い者が姿をかくすために，雨合羽を着て屋根伝いに侵入，目をさました専務に刃物を突きつけて，おどかしたが，説教されたので思わず，法外な犯行に及んだとみる。

と言う。さらに同じ7月11日の毎日新聞には静岡支局長名で本件について述べた記事があり，そのなかでも専務の死体の位置から次のような推理が立てられている。

> 中庭から入ったドロボウの物音に専務が目をさまし，近づいてメッタ刺しにされた。

これらはあくまで素人の推理にすぎないが，捜査側にも同様の推理があったことは，おそらく間違いない。

静岡県警察本部発行の『捜査記録』には，請求人に対して行なったポリグラフ検査の質問表が載っていて，22項目のうち，

> 「主人がどこで死んでいたか」及び「4人のうちだれが最初に殺されたか」の二表については，逮捕される前から工場の者から聞いて知っている，とのことなので一応この二表は質問表から除き……

と記録されている。このポリグラフ検査が行なわれたのは逮捕から10日目の8月27日のことである。ここから見ると，請求人は「専務がどこで死んでいたか」の事実を知っていたし，「4人のうちだれが最初に殺されたか」についての当時の想定をあらかじめ知っていた。つまりそこでは，

⑩最初に刺したのは専務である

との犯行要素が想定されていた。

(7) 放火の油

4人の被害者は油をかけられて焼かれた。その油の出所が問題になるわけだが，油の種類がオイルの混じった混合油であることが判明。放火の油として使われた最有力候補として釣船用の混合油が2缶，1週間ほど前に購入されてい

た事実が浮かび上がる。この混合油に関わって何人かの事情聴取を経た結果，この2缶のうち1缶は6月26日に使い，残りのまるまる1缶が工場内に残っていたと考えられた。ところが事件後検証の結果では，その当の石油缶からは5.65リットル分が使われていた。この「5.65リットル」が犯行に使われたものと想定されることになる。ただ，石油缶そのものは工場内にあったわけだから，この「5.65リットル」は犯行に際して，何か別の容器に移されて犯行現場まで搬入されねばならないはずである。そこで，

　　⑪工場の満タンの石油缶から混合油を容器に移しかえて，現場（専務宅）に搬入した

との犯行要素が出てくる。

(8) 盗まれた金

　本件が起こったのは6月の月末，集金の金が被害者宅にかなりあったと思われる時期であった。殺人の末の放火であったとの事実が判明したこともあって，奪われた金品がなかったかどうかの捜査が徹底的に行なわれた。火事現場のことゆえ検証は容易ではなかったが，室内はさして物色された形跡はなく，多額の現金，小切手，預金通帳，貴金属類が荒らされることなく残っていた。ただ表八畳間の夜具入れにしまっておいた甚吉袋のなかから集金した金を入れた布小袋3個が紛失していた。そのうちの2個は裏口を出たすぐの所から発見されたが，残り1個は不明のままであった。この残り1個に入っていたのは現金82,325円（あるいは事務所に残っていた入金票の集計では75,325円）と小切手2枚，領収書1枚であるが，この中身も不明のままである。そこで，

　　⑫甚吉袋の中にあった3個の布袋を奪った（うち2個については裏口の外で落とした可能性がある）

　問題の布袋については，請求人逮捕の時点までその行方を把握できないままであった。事件後4日たった7月4日，請求人の自室を含む工場全体を家宅捜索した時には，当然この布袋が捜索目標の1つとなったはずだが，布袋もその中身も発見されていない。また請求人に対しては尾行を含む内偵捜査が綿密に行なわれたが，とくに金遣いが荒くなったなどの不審な行動も見られず，逮捕時の持ち金も1万4千円と不審な額ではなかった。そこで警察はそれまでの情

報から請求人の人間関係を洗い、とくに親しい人物を絞り込んだ。そこに浮かび上がったのが、元同僚のMFさんである。請求人逮捕から4日後、「被害金品」を捜索目標の筆頭においてMFさん方の家宅捜索が行なわれた。そこから捜査側がその時点で、

　　⑬奪った金（あるいはその一部）をMFさんに預けた

との犯行要素を想定したことは明らかである。

　金に関わってもう1点、注目すべきことがあった。それは奥さんが店頭売りの現金を入れていたポーチが、ふだんおいてあった通路の机になく、裏木戸近くに落ちていたという事実である。このポーチの中には1,405円の現金が入っていて、金がとられたとのふしはない。しかし、ふだん奥さんが置いていた位置からずいぶん遠くの位置に、しかも専務の死体近くに落ちていたことから、事件との何らかの関係がうかがわれた。そこにはいくつかの可能性が考えられるが、その1つとして犯人自身がこのポーチを机からとり、何らかのかたちで裏木戸まで持ち出した可能性がある。そこで、

　　⑭机のところにあった現金入りポーチをとって、裏木戸のところまで持ち出した

との犯行要素が、1つの可能性として考えられた。

(9) 工場内の血痕

　工場内の捜索で、まず7月4日に2階事務室に上がる階段の近くの下水溝から血痕のついた手拭が発見された。鑑定によると、その血液型はAB型で、M男くんと同じであった。これが本件と関係があるとすれば、

　　⑮殺傷後、どこかの場面で、手拭で血をふき、これを下水溝に捨てた

ことになる。7月23日、工場内の血痕を調べるべくルミノール検査が行なわれ、手拭の発見された下水溝横の壁のほか、風呂場の更衣室と浴室の壁それぞれからA型（ないしA型らしい）の血痕を検出した。この血痕が本件と関係しているとすれば、

　　⑯殺傷後、何らかの目的で風呂場に入った

との犯行要素が考えられる。

　請求人を逮捕した時点で、捜査側が請求人を犯人として想定して描いた犯行

諸要素は，おおよそ①〜⑯のようなものが考えられる。いずれも確定的なものとはいえないが，当時の入手証拠・情報の状況から，請求人に結びつける限りで，これらの犯行要素がかなり蓋然性の高いものとして想定されたであろうことは間違いない。これはたんなる想像ではなく，いずれも捜査過程で入手された証拠・情報によって裏づけられる事実である。請求人逮捕の時点で取調官はこれらの犯行要素を，追及すべき要素として想定していたと考えてよい。

2．否認段階での追及と，そこで認めた唯一の要素

　取調官が，前項の①〜⑯の要素を追及の材料として考えていたとして，もちろんこれらを手当りしだいに追及したわけではあるまい。ものには順序というものがある。まず「私がやりました」と自白させねば始まらない。そこで最初に追及すべき点はおのずと決まってくる。否認段階の取調べの様子を語った松本久次郎の法廷証言によれば，パジャマの血，アリバイ，左手中指の傷，凶器の入手，手拭の血の5点を尋問の中心にしたという。この5点に絡むものとしては①，②（パジャマの血），③（左手中指の傷），④（アリバイ），⑥，⑦（凶器の入手），⑮（手拭の血）の7点がある。これらについては否認段階から追及されていたことがうかがわれる。

　ところでこの否認段階において請求人は，⑮の手拭の血痕について，指の傷をふいたのだと認めている。それは8月31日，つまり自白に陥る7日前のことである。調書が開示されていないので具体的なことはよくわからないが，吉村英三検事，松本久次郎警部の証言によれば「消火作業中，物干台に上ってバールをにぎったときにちくんと痛みを感じ，見ると指にけがをしていたので工場2階の事務所に戻って手当をした。そのときそこにあった手拭で指を拭いて，下水溝に捨てた」と供述したという。これは否認段階でのことであるから，もちろん事件とは関わらないものとして供述したことになる。請求人自身は法廷で，この手拭を認めたのは取調官に「だまされたのだ」と主張する。原第一審第29回公判で検察官の尋問に答えた場面で，次のようなやりとりがなされている。

　　調べの際にあなたは，自分の中指の傷を拭いた手拭を工場の三角部屋の奥の下水に

捨てたというようなことをいわれておりましたね。
　　──わたしは，そういったでなしに，それには，何もついていない，血も油もついていないから，事件とは関係ないから，認めろ，これくらい認めてもいいじゃないか，これさえちゃんとすれば，このまま釈放してやる，検事もそういうことをいってるし，刑事からも，そういうことをいわれて，それなら，といって，名前書きました。これはまっかなうそで，その後ついているとか，ついていないとかいっていましたが，これはだまされたのです。

　否認段階で「(手拭は)事件とは関係ないから，認めろ，これくらい認めてもいいじゃないか」と言われて認め，署名してしまったというのである。
　事件と関係するかどうかわからないが，左手中指に怪我をした人間がいて，その人間が生活している工場内の排水溝から血痕のついた手拭が出てきた。そこでその人間が指の傷を手拭でふいたのではないかと考える。ことの真偽は別として，人がそう考えやすいことは確かである。先にあげた犯行要素⑮を本件から切り離して追及すれば，「おまえのその左手中指の怪我はどうしたんだ。事件と関係ないにしてもその日に怪我をしたことは間違いないだろう。そのケガは何でふいたんだ。手拭だろう。本件と無関係ならそれくらい認めてもいいだろう」といったふうになることは十分考えられる。そして現に請求人は，否認の段階でこういう追及をうけて，やむなく認めてしまったと主張しているのである。
　しかし，手拭の血は取調べの中心事項ではない。中心はくり返し述べてきた通りパジャマの血であった。そして請求人は否認段階ではこの点を徹底して否認していた。いや，それよりはるか以前，7月4日の任意出頭の上での事情聴取でも同様にこの点を追及され，これを頑として否認した。逮捕された日の翌日の新聞によれば，任意出頭の7月4日の調べの様子が次のように伝えられている（1966年8月19日付，朝日新聞朝刊，静岡版）。

　　事件当夜のアリバイや左手の傷についてもすらすらと答え，パジャマの血のことを聞くと「鑑定してもらえば事件に関係ないことがはっきりするだろう」と逆に開き直るほどだった。……中略……取調べを受けたあとは同僚や報道陣に対しても「オレが犯人ならとっくに逃げている」「血液型の鑑定が早く出れば疑いも晴れるのに」

などと語り，暗いかげひとつ見せなかった。

請求人が犯人ならば，ずいぶん強がりを言ったことになる。逮捕後の取調べでも同様の否認が続いたことを松本久次郎は証言のなかで語っている。とりわけ上の新聞報道との関係で注目すべきは，請求人が血液鑑定を見せてほしいと要求している点である。松本証言によれば8月26日「俺が犯人ならパジャマに他人の血液がついている筈だからその証拠を見せてくれ」と言い出し，翌27日にも同様の要求をしたので，8月28日鑑定書を持ってきて見せたという。原第二審検察官弁論はこのことを次のように述べている。

> 8月28日。鑑定書に書いてあるパジャマの血液型のところを読んで聞かせたが，被疑者はさらにそれを見せろと要求するので，鑑定書の結果の部分だけ見せてやったら，被疑者は「確かに俺のパジャマには他人の血液がついていることは認める。しかしこの血液がどうしてパジャマについたかは俺は知らん」と言っていた。

請求人は「パジャマの血」についての追及を受け，鑑定書まで見せられた上で，それでも「この血液がどうしてパジャマについたかは俺は知らん」と言いつつ，その後さらに8日間の追及を受けて，結局，この「パジャマの血」で自白に追い込まれることになる。しかし，問題はこれからである。

第3節　自白の出発と展開──第Ⅰ期自白の誘導可能性分析

1.「専務一家を殺した」

請求人が自白に落ちて，まだ犯行筋書を具体的に語り始める前，最初に認めたのは「専務一家を殺した」ということだけである。請求人の最初の自白調書（9月6日付松本①）は，

> 専務一家を殺したのは私です。誠にすみませんでした。詳しいことは今から話します。

というごく簡単なところから始まる。それまでに入手されていた証拠・情報から，先の①〜⑯の犯行要素がすでに想定されていたはずだが，この各要素は，本件容疑である＜強盗・殺人・放火＞という犯行本体の文脈のなかに配備され

なければならない。そしてその軸になるのは「殺人」である。請求人の自白は，当然，そこから始まることになった。

ここでもし請求人が本当に犯人ならば，自白に落ちた時点で自己の脳裏に刻まれた犯行体験をそのまま語り出せばよい。ところが，本件の中心である殺人も放火も認めながら，請求人は犯行筋書をうまく語り出すことができない。自白の初日の様子を語った新聞報道は，次のように報じている（1966年9月7日付，朝日新聞朝刊）。

> 逮捕されて以来，検察側の追及をふてぶてしい態度ではねつけてきていたが，再勾留期限があと3日で切れる6日午前11時すぎ，一家4人殺人放火事件をついに自供した。その目にはいっぱい涙が浮かんでいた。……中略……この日……いつものように県警捜査一課松本警部らによって調べを始めたが，11時ころから急に態度が変わって，いっきに「私がやりました」と自供したという。ところが，犯行について具体的な質問をすると「忘れた」「思い出せない」と言って沈黙が続いている。

犯行そのものは全部「私がやりました」と自白しても，個々の具体的な内容を即座に答えることができない。それは無実の人間にとっては当然のことである。ここから出発して請求人が，どのようにして犯行筋書を具体的に自白していくようになるのか。その過程で，先に列挙した①～⑯の犯行要素をどのように織り込んでいくことになるのか。以下，これを自白調書に即しつつ分析していくことにする。

2. 全体の流れ

仮説Bに立ったとき，この取調べには，本件を現実体験として知らない第三者同士が，一方は取調官，他方は被疑者という立場で対面していることになる。そのなかで被疑者は「専務一家を殺した」と認める。その後この殺人を軸にして，犯行の大まかな流れはどうなるかを考えれば，第三者として犯行の現実を知らなくとも，＜住居侵入－強盗（金をとる）－殺人－放火＞という順序を考えるのがまず当然である。ただ「強盗」（金をとる）の部分については，殺傷行為の最中である可能性も，また殺傷後放火前という可能性も考えられ，流動的である。現に，2番目の自白調書（9月6日付松本②）では，

侵入
　↓
物色－ガマ口をとる
　↓
専務が起きてきて格闘，殺傷
　↓
残りの3人も殺傷
　↓
放火

という順序で語られている。外形的な犯行の流れの大筋は，おそらく誰が考えてもこれと大差あるまい。3通目の9月6日付岩本①もこれとまったく同じ流れになる。

　このように外形的な流れは容易に想像のつくところであるが，その上でその肉づけを考えるのは容易でない。上に引用した新聞記事で「犯行について具体的な質問をすると『忘れた』『思い出せない』と言って沈黙が続いている」というのも，請求人を無実とすれば，極めて当然のことである。しかし，自白に落ちてしまった以上，いつまでも「忘れた」「思い出せない」ではすまない。具体的な犯行内容を語るためには，やはり動機が何であったかが，まず語られなければばらない。

3. 動　機

　請求人の自白した動機が9月6日，7日，8日と日替りで三転したことは，第2部第1章第3節で詳述した。最初が「奥さんと肉体関係があって，家を建て替えるために放火を頼まれた」，次が「奥さんとの関係が専務にばれて，話に行こうとした」，そして最後が「奥さんとの関係は嘘で，母と息子と3人で暮らすアパートを借りる金がほしくて」となる。供述上，請求人はこの動機供述を変更するとき，「自分に有利になるように嘘をついた」などと述べているが，これが言葉面だけのもので，実質をともなうものでないことはすでに指摘した。「アパートを借りる金ほしさ」という最終確定動機は，もちろんこれが犯罪につながるならば非難されるべきだが，それそのものは極めて小市民的，日常的

な動機であって何ら非難に値しない。逆に自分の勤める会社の専務の妻との不倫関係は、必ずや世間の非難を浴びるであろう性質のもので、前者を隠すために後者を持ち出すというのは、むしろ逆さまというべきである。

　本件の動機が「奥さんとの関係」から始まったのについては、捜査側にすでにそうした見込みがはたらいていたと考える方が順当である。実際、本件は4人もの人間を殺傷し放火したという大事件である。取調官が、まずはこの大事件に見合うだけの動機を想定するのが自然であろう。それに本件に金が絡んでいたにしても、現実になくなった金額はたかだか8万円前後である。そこから、アパートを借りるためのわずか5万円ばかりの金がほしくてといった小さな動機を推測する方が、むしろ不釣合いというべきであろう。ではこの大事件に見合う動機は何かと考えたとき、そこに金の動機より、人間関係に絡んだ動機を予想することは、これまた自然であろう。

　請求人は被害者方に雇われた従業員であり、そこに住み込んでいる上に、食事は被害者方の屋敷内にあった食堂でとっていた。そこに人間関係の何らかの絡みがあったのではないかというのも、十分あり得る考えである。加えて言えば、請求人は当時30歳の男ざかりで、妻と離婚後、他に何らかの女性関係があっても不思議はない。捜査側は、請求人の身元を洗った結果として、ボクシングを習い始めたころ、その先生をしていた人の奥さんと深い仲になって一時同棲したとの事実もつかんでいた。請求人が20歳前後の時期である。また妻との事実上の離婚状態のなかで、ある女性と事件の前年暮れか事件の年の初め頃から4月頃までつき合い、肉体的関係を結んでいたことも把握していた。さらにはすでに触れたように、捜査側は、元同僚MFさんとの関係についても「両者の仲は相当進んでいたもの」と考えていた。

　こうした背景に照らしたとき、取調官が請求人の女性関係を本件に絡めて考えようとした可能性は十分にある。いや、三転した自白の動機を並べてみたとき、「奥さんとの肉体関係」が最初にきた点については、請求人本人の自発的な嘘（つまり、自分の身をかばうための嘘）というより、むしろ背後に取調官の追及の影響があったと考えられる。請求人自身、原第二審法廷で次のように供述している。

あなたは，警察で逮捕されてから自白した調書の中に，殺された専務の奥さんとあなたとの間で，ねんごろな関係があって，その殺された妻君からの話があって，それがこの人殺しをするきっかけになったという趣旨の話が記録にあるのですが，知っていますね。
　　　――はい。
　それはだれが考え出したことですか。
　　　――岩本広夫が，私のことについて，身のまわりを調べたところ，女癖が悪いと。で，当時女がいなかったから，お前のカオで持つ筈がないと，そういうことを言いまして，味噌などを工場へ持って行った時なかなか戻ってこない。だから，おかしかったと，そういうことを言ってました。
　それで，あなたと殺された専務の奥さんとの間に何か関係があると言わんばかりのことを，岩本さんが言っていたのですか。
　　　――はい。
　それで，どうして，そういうことをあなたはしゃべるようになったんですか。
　　　――私がしゃべったというんでなしに岩本広夫さんが，大体こんなことだと，やりそうなことは判っていると，こういうことを言っておりました。
　あなたはそう言ったことはないですか。警察がそう思ってるならばなるほどそうかと言って，あなたは，しゃべってるんじゃないの。
　　　――まあ，警察側の刑事の言ってることに，これ違うことを言えば，虐待されますのでそうだと言いました。
　途中から，いやその話はうそでしたということになりましたね。どうですか。
　　　――これは刑事の考えが変わってきて，いきなり，そんなことは，ねえなということになりまして，段々変わりました。

　請求人のこの供述をそれ自体として見たときには，その真偽を判定するのは難しいかもしれない。しかし請求人の自白調書をトータルに読みこなして，すでにその虚偽可能性を明確に分析した今となってみると，この法廷供述に請求人自身の切実な訴えを読みとらざるを得ない。いや少なくともこの供述にいう「誘導」の可能性を考慮しなければ，9月6日，自白の初日に「奥さんとの肉体関係」を虚偽自白したという厳然たる事実を理解することはできない。

さて，とにかくこうして「奥さんとの関係」の上に犯行動機を組み立てることになったとして，では本件について具体的にどういう動機を考えればよいのか。「私がやりました」と認めたにもかかわらず，請求人から具体的な動機がなかなか語られないという状況があったことは先に述べたが，それに対して取調官が苛立ったであろうことも十分に想像できる。ただ，そこのところで取調官がどのように問い詰めていったかについては，これを知るすべがない。結果からいうと「奥さんが家を新築したいので強盗に入ったように見せかけて家を焼いてくれと頼まれました」（9月6日付松本②）という動機が供述されたことになっている。

本件犯行が＜強盗・殺人・放火＞となっているうちの，「殺人」のみをはずして，残りの＜強盗・放火＞を犯行動機に組み込み，「殺人」は犯行過程のなかでのやむを得ざる結果として考えたことになる。これも犯行体験を知らない第三者どうしの間で出てきそうな話である。少なくともこれが，犯行の結果からさかのぼって，第三者が事件を再構成するとき容易に行きつく可能性の1つであることは間違いない。

こうしてとにかく「奥さんとの関係」の上で「奥さんに頼まれて強盗・放火の擬装する」との犯行動機が組み立てられ，これが9月6日付松本②ではごく簡潔に，そして9月6日付岩本①では，多少アレンジを加えて，実に詳細に供述されることになる。

4. 動機から連動して組み立てられる犯行導入部の筋書

仮説Bのもとで，無実の請求人にとって犯行体験の記憶は白紙なのだが，取調官側ではすでに①〜⑯の犯行要素が想定されている。ここで請求人が自白に転落し，何らかの動機が構成されれば，あとは先の①〜⑯を組み込んで，犯行筋書のかなりが自動的に組み立てられていく。このことを図示したのが表2-3-1である。この表は，実は，先に第1章で掲げた表2-1-1の左端に配置したⅣの筋書の代わりに，犯行要素①〜⑯を置き換えたものである。つまり仮説Bが正しいとすれば，捜査側が入手ずみの証拠・情報から推定し得た犯行要素①〜⑯を出発点として，その後の自白とその変遷の流れがおおよそ説明できるはずである。

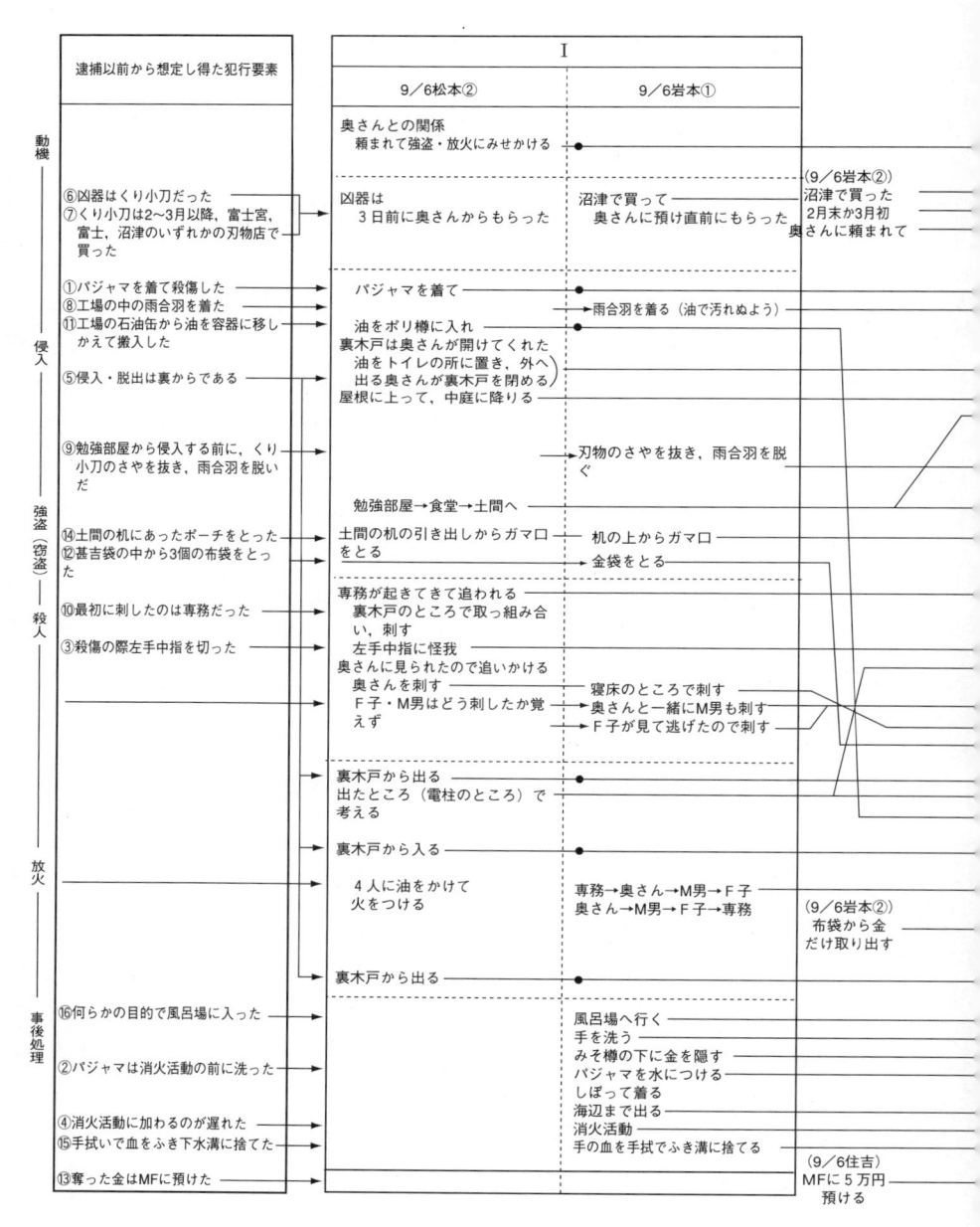

● 第2部 ● 自白の供述分析

逮捕以前から想定し得た犯行要素	I	
	9/6 松本②	9/6 岩本①

動機

逮捕以前から想定し得た犯行要素	9/6 松本②	9/6 岩本①	(9/6 岩本②)
	奥さんとの関係 頼まれて強盗・放火にみせかける		
⑥凶器はくり小刀だった	凶器は 3日前に奥さんからもらった	沼津で買って 奥さんに預け直前にもらった	沼津で買った 2月末か3月初 奥さんに頼まれて
⑦くり小刀は2〜3月以降、富士宮、富士、沼津のいずれかの刃物店で買った			

侵入

①パジャマを着て殺傷した	パジャマを着て		
⑧工場の中の雨合羽を着た		雨合羽を着る（油で汚れぬよう）	
⑪工場の石油缶から油を容器に移しかえて搬入した	油をポリ樽に入れ		
⑤侵入・脱出は裏からである	裏木戸は奥さんが開けてくれた 油をトイレの所に置き、外へ出る 奥さんが裏木戸を閉める 屋根に上って、中庭に降りる		
⑨勉強部屋から侵入する前に、くり小刀のさやを抜き、雨合羽を脱いだ		刃物のさやを抜き、雨合羽を脱ぐ	

強盗（窃盗）

	勉強部屋→食堂→土間へ		
⑭土間の机にあったポーチをとった	土間の机の引き出しからガマ口をとる	机の上からガマ口	
⑫甚吉袋の中から3個の布袋をとった		金袋をとる	

殺人

⑩最初に刺したのは専務だった	専務が起きてきて追われる 裏木戸のところで取っ組み合い、刺す		
③殺傷の際左手中指を切った	左手中指に怪我 奥さんに見られたので追いかける 奥さんを刺す	寝床のところで刺す	
	F子・M男はどう刺したか覚えず	奥さんと一緒にM男も刺す F子が見て逃げたので刺す	

	裏木戸から出る 出たところ（電柱のところ）で考える 裏木戸から入る		

放火

	4人に油をかけて火をつける	専務→奥さん→M男→F子 奥さん→M男→F子→専務	(9/6 岩本②) 布袋から金だけ取り出す
	裏木戸から出る		

事後処理

⑯何らかの目的で風呂場に入った		風呂場へ行く 手を洗う みそ樽の下に金を隠す	
②パジャマは消火活動の前に洗った		パジャマを水につける しぼって着る 海辺まで出る	
④消火活動に加わるのが遅れた		消火活動	
⑮手拭いで血をふき下水溝に捨てた		手の血を手拭でふき溝に捨てる	
⑬奪った金はMFに預けた			(9/6 住吉) MFに5万円預ける

316

第3章 自白の誘導可能性分析

表2-3-1 逮捕以前から想定し得た犯行要素と請求人の自白

―――と●は前の内容と同じ、○は言及していないが前の内容と同じと思われることを示す。
→は前の内容が変わった、×は前の内容がなくなったことを示す。

	II	III		それ以降
	9/7岩本	9/8岩本・9/9岩本①	9/9吉村	
	奥さんとの関係 →専務に関係を疑われ，話をつけに行く。 クビになるような金を脅し取るつもり	金を盗むため 母と子と3人で暮らすアパートを借りる金，見つかれば脅し取るつもり	●	
	●	●		
食堂の自分の引き出しの中に入れていた (9/6岩本③)	○	3月中旬～下旬 格好がよかったので 自室のタンスに入れて置いた	3月末か4月初	
	パジャマを着て 雨合羽を着る （パジャマの裾がビラビラするので）	パジャマを着て 雨合羽を着る （変装のため）	● （パジャマが白っぽくて目立つので）	
	×			
	屋根に上って中庭に降りる 勉強部屋→食堂 引き出しから刃物を取り出して いったん中庭に戻る 刃物のさやを抜き，雨合羽を脱ぐ （暑かったので） 勉強部屋→食堂→土間へ	屋根に上って中庭に降りる × ………………… 刃物のさやを抜き，雨合羽を脱ぐ （ゴワゴワ音，きゅうくつ） ○	勉強部屋→食堂→土間→ 応接間，仏間をのぞく いったん中庭に戻る （ゴワゴワ音がするので） 勉強部屋→食堂→土間→ 応接間，仏間をのぞく	これ以降はほぼ同じ
	机の上からガマ口をとる	●	土間の机の引き出しから ガマ口をとる	
	専務が起きてきて追われる 裏木戸のところで取っ組み合い，刺す	専務が起きてきて追われる 裏木戸のところで取っ組み合い，刺す	●	
	左手中指に怪我 裏木戸から出て考える 奥さんを見て，声をかけ，追いかける F子を刺す，M男を刺す 奥さんが甚吉袋を投げてよこす奥さんを刺す 甚吉袋を拾う	左手中指に怪我 × 奥さんに見られたので追いかける F子を刺す，M男を刺す 奥さんが金袋を3個投げてよこす奥さんを刺す 金袋を拾う	●	
	裏木戸から出る 三角部屋の奥の倉庫で考える 油をポリ樽に入れて	裏木戸から出る 三角部屋の奥の倉庫で考える 油をポリ樽に入れて	●	
	裏木戸から入る	裏木戸から入る	●	
	専務→F子→M男→奥さんに油をかける 奥さん→M男→F子と火をつけ， 甚吉袋から金だけを取り出して 専務に火をつける	○ ○ 金袋から金だけを取り出して	専務→M男→奥さん→F子 M男→奥さん→F子	
	裏木戸から出る	裏木戸から出る	●	
	風呂場へ行く	○	風呂場へ行く	
	みそ樽の下に金を隠す	みそ樽の下に金を隠す	手を洗う	
	○	●		
	○	●		

317

● 第2部 ● 自白の供述分析

　この表に沿いながら検討を進めよう。まず第Ⅰ期自白で、「奥さんとの関係」を前提に、「奥さんに頼まれて強盗・放火に見せかける」という犯行動機が置かれたことで、それ以降の犯行要素が一定の犯行筋書に組み込まれることになる。

(1) 凶　器

　本件犯行の凶器はくり小刀とされた。第Ⅰ期の自白では供述上「くり小刀」という表現は使わず「さやに入ったナイフ」（9月6日付松本②）とか「刃物をさやに納めたまんま」（9月6日付岩本①）とかいう言い方をしているが、これがくり小刀を念頭においたものであることは明らかである。凶器はくり小刀であったとの犯行要素⑥の想定が取調官の側にあっただけでなく、この凶器については事件直後から新聞でも報道されており、請求人にもこれが情報として入っていたはずである。そこのところで、自白した請求人から「さやに入れたナイフ」を持って行ったとの供述が出てくるのは自然である。

　ただこの凶器入手については、改めて考えねばならない。最初は、「奥さんとの関係」を前提にして「奥さんに頼まれて」との動機だったから、凶器も「奥さんからもらった」との供述が自然に出てくる。現に9月6日付松本②では事件3日前の「6月26日に奥さんからもらった」と供述される。しかしこの供述では、くり小刀は請求人が2〜3月以降、沼津の刃物店で買ったものだとの想定犯行要素⑦と折り合わない。9月6日付岩本①では「奥さんから、私が沼津で買って来た刃物をさやに納めたまんま受取り」というふうに変更される。これが犯行要素⑦を念頭においた取調官の追及のもとに出てきたものであることは容易にわかる。

　9月6日付松本②ではたんに「もらった」、同日付岩本①では「私が沼津で買ってきて奥さんに預けていたのをもらった」となっていたのだが、さらに「沼津で買ってきた様子」の供述を求められたのが同日付岩本③である。そこには沼津の街の様子、刃物店の位置、店内の様子、買ったときのやりとり、くり小刀の形まで詳しく供述され、それぞれ図面まで描いている。一般には、供述は取調官が要約的に録取するので誘導的要因が入ることはあっても、被疑者本人の描いた図面についてはそういうことはないと思われやすい。しかし、すでに

犯人として自白することを選んでしまった被疑者は，求められれば図面も描かねばならない。描けなくて「忘れた」とか「思い出せない」と言えば，取調官の側からヒントを与えてもくれる。実際，一度きりしか行っていない沼津の街の様子を，半年もたって図面にしろと言われて，思い出せなくても不思議はない。しかし取調官としても事情聴取の過程ではっきり店の位置を確認し，その店の様子も把握しているし，場合によっては写真を撮っている可能性も高い。「思い出せない」被疑者を誘導できるだけの情報・素材はもっているのである。9月6日付岩本③の供述および図面は，十分に誘導し得る状況があった。

ただ，この調書ではくり小刀を買った時期については正確な詰めがなされていなかったのであろう。おおよそ「2月末から3月初め」としていたが，この時期に他の富士宮，富士の刃物店は問題のくり小刀を入荷ずみであったが，沼津のK刃物店のみはまだであった。その点の矛盾に気づいた取調官は，第Ⅲ期の9月8日になってこれを「3月中旬ころから3月下旬ころまで」と訂正する。実際，その前日には沼津市K刃物店のTMさんを清水警察署に呼び出して事情聴取を行ない，くり小刀の仕入れが「3月20日前後」であることを確認している。購入時期の変更が取調官側の情報確認の結果であることがわかる。

さらに言うと，後にTFさん（K刃物店の主人で，仕入れを直接担当した）から店頭に並べたのが3月21日（月曜日）以降であることが確かめられ，請求人が買い得る時期は「3月末か4月初めの日曜日」と特定されていくことになる。

このように購入時期が事件から3か月も前ということになると，事件までこのくり小刀がどこに保管されていたのかが問題となる。9月6日付岩本③ではその点についても供述変更されている。この前の9月6日付岩本①では本件に用いる意図で買って来て奥さんに預け，これを犯行に赴いた裏口で奥さんから受けとったかのごとくに供述されていたのだが，購入時期が3か月も前では，この筋書にも無理がある。そもそも奥さんとの肉体関係が始まったのが，自白では「4月中旬ころ」とされていたのである。そこで9月6日付岩本③では，本件とはまったく無関係に奥さんから「布地を切るとき使う切れそうなナイフがあったら買って来てくれないかね」と頼まれて買って来たものを，店（専務宅）に行った時奥さんに見せると「これじゃあねえ」と断られ，「店の食堂の

自分のひき出しの中に入れておきました」ということになる。

　先にも何度か見てきたくり小刀に関する供述を，9月6日分に限って再度と追ってみたが，これを真犯人の嘘のばれる過程と考えるのは難しい。むしろ取調官側の入手情報に基づく誘導以外の何ものでもない。さらに8日以降に「奥さんとの関係」が動機から抜けてしまうと，今度はたんに「格好がよかったので買った」ものを「自室のベビータンスに入れておいた」との供述になっていくのである。

　くり小刀は，最終的に事件と無関係に買ったとされ，仮説Aではこれが真実だとされていく。では，なぜそのくり小刀購入が，そこに至るまでに供述上三転四転したのか。このことは仮説Aにおいて理解不能である。しかしこれを仮説Bのもとに見れば，その三転四転の背後に誘導の筋道を明確に読み取ることができる。

(2) 裏口からの侵入と油の搬入

　くり小刀の入手経路の件はそれとして，その後の犯行の流れを追うことにしよう。

　6月30日午前1時半頃工場を出て犯行現場に赴く。これは捜査側が想定していた時刻そのままである。着衣はパジャマ。これは想定された犯行要素①による。請求人はまさにこの「パジャマの血」で自白に落ちたのであるから，これ以外に供述のしようがない。また勉強部屋の前に落ちていた雨合羽の関係で工場からこれを着て行かねばならない（これは同日付岩本①から供述される）。これは想定犯行要素の⑧に対応する。

　そして油の搬入。この時の動機が奥さんに頼まれての強盗・放火の擬装であるから，当初から放火が犯行目的となっていなければならない。それゆえ油は最初から用意をしておくという筋書になる。それで出かける前に釣船用石油缶から容器に移して混合油を運ぶことになる。これが想定犯行要素⑪に対応する。容器として手近にあるものとなれば，味噌用のポリ樽。使った混合油は，満タンだった石油缶の残量から「5.65リットル」と推定されていたから，8キロ樽が適当ということになる。

　しかし油をポリ樽に入れ専務宅に侵入するとすれば，裏木戸を乗り越えてと

いうわけにはいかない。蓋も取手もついていないポリ樽を抱えて屋根伝いの侵入は不可能である。そこで手引きが必要である。その手引きをするのが奥さんということになる。奥さんが内側から鍵を開けてくれたので，油を抱えて内に入る。しかしそのまま犯行に移ったのでは，事件後裏木戸は「概ね閉じていた」との状況と合致しない。そこで奇妙なことに油搬入後は請求人がいったん外に出て，奥さんが裏木戸の鍵をかけ，請求人は改めて土蔵の屋根に上り，屋根伝いに侵入することになる。工場から油を搬入するという想定犯行要素⑪があって，放火目的で犯行前に油を搬入しなければならないとすれば，奇妙でもこういう筋書しかない。そこには１つの論理的な筋立ての過程が明白に読み取れる。これを請求人が自発的に考えたのか，取調官が主導的に方向づけたのかは不明だが，結果として録取した供述そのものが，このような論理の流れを示唆している。

　最初に油を搬入した点は後に訂正され，「嘘」だったということになるのだが，これを請求人が自分に有利になるようについた嘘と考えるのは難しい。最初から想定されていた犯行要素に，この時期の犯行動機を掛け合わせれば，おのずとこの筋書が帰結するようになっていた。だからこそ，その後の犯行動機の変更で訂正せざるを得なくなったのである。

　ともあれ，そうして請求人は油搬入の後，屋根伝いに中庭にまで侵入する。これまた想定犯行要素⑤の１つのアレンジである。９月６日付岩本①には裏口の右側にある木から屋根に上り，屋根伝いに中庭の上のひさしまで行って，そこから水道パイプを伝って中庭に降りたと，詳細に述べている。これは後の９月９日付吉村検面でも維持される。そこで原第一審判決はこの供述を取り上げて，この供述の後「実況見分がなされたのが９月12日であることに照らすと，右被告人の供述はかなり信用性の高いものといわねばならない」という。しかし犯人の侵入脱出口がどこであったかについては事件直後から捜査の上で問題になっていたことは明らかで，直後の検証でもこの点に注目していないわけがない。請求人の自白後，初めてその点についての実況見分がなされたなどあり得ないことである。自白に基づいて再確認的に実況見分をして，屋根伝いの侵入の可能性を確かめたというのが９月12日付実況見分の実態であったというべきであろう。このようなところに秘密の暴露を見るわけにはいかない。

事件直後の新聞を見ても「屋根伝いの侵入」との推測が早くからあったことがわかる。取調官たちもこの侵入経路をもっとも蓋然性の高いものとして想定していたことが考えられる。また工場に住み込み，お店で食事をとっていた請求人が，逮捕以前に第三者として犯人の侵入口をいろいろ推測したり，人と話したりしたことも十分考えられる。その請求人が自白して犯人役を引き受けたのち，取調官の追及のまま屋根伝いの侵入を詳述したとて不思議はない。

5. その後に連動する犯行本体の筋書

(1) 屋内への侵入，物色

中庭に降りてから，次に屋内に入らなければならない。その屋内への侵入口はどこか。事件直後から3日間にわたって行なわれた現場検証によると，中庭の北側にある勉強部屋には，中庭との間に6枚のガラス戸があって，この6枚は間柱を間に西4枚と東2枚とに分けられている。この東2枚のガラス戸の1枚（東端の柱寄りの戸）が東端の柱から52センチ開いていたことが鴨居の溝の焼毀状況から判明していた（8月8日付春田龍夫作成の検証調書）。そしてこの開いていた勉強部屋の隙間のすぐ横に雨合羽が脱ぎ捨てられていたのである。

そこで＜勉強部屋→食堂→土間＞という侵入経路になる。この経路は取調官が想定していたはずのもので，9月6日付松本②ですでにこれが供述されている。ただこの調書では雨合羽のことが触れられていないが，この点が同日付岩本①では「刃物のさやを抜いて雨合羽ポケットに入れ，雨合羽を脱ぎ捨てた」となる。これが想定犯行要素⑨である。

さらに土間に入れば，次に「土間の机にあったポーチをとった」との想定犯行要素⑭が絡んでくる。供述上，「ポーチ」とは言わず「ガマ口」と表現しているが，同じものを指していることは間違いない。そのガマ口を9月6日付松本②では「通路の方に投げておきました」と言う。これがポーチの位置を意識した供述であることは明らかである。

9月6日付岩本①では「ガマ口」に加えて「金の入っている白い布袋」をこの土間のテーブル（机）のところでとったと言う。これは「甚吉袋から3個の布袋をとった」という想定犯行要素⑫に対応するものだが，甚吉袋との関係が

意識されていないために結果的には不合理な供述になってしまっている。そのため翌7日でその位置づけが大きくずれることになる。これまた証拠との矛盾を直すための論理的な訂正であって，記憶上の修正とはいえない。

　ここで一点付言しておきたいことがある。請求人は奪ったとされる金が「甚吉袋」にじかに入っていたと思っていて，そのことが9月7日付岩本において露呈した（この点は第2部第2章で詳述している）。ところがその前日9月6日付岩本①では「金の入っている白い布袋」との供述が登場している。つまり請求人の知らないはずのことが供述調書に書き込まれていて，しかもこのことが金を入れた袋についての請求人の認識を変えていないのである。自白に落ちたその日の請求人の精神状態がどのようなものであったか。またその日の取調官岩本が，どれほど強引に供述聴取を主導したかが，ここからはっきりとうかがえる。

(2) 4人殺傷

　ここまでのところで＜侵入－物色＞という犯行導入部は導き出された。そこから4人殺傷への転機と想定されるのは，物色中家人に発見されるということであろう。そしてその家人として想定されたのがこの一家の主人であった専務であろうことは，おそらく衆目の一致するところで，この点が想定犯行要素⑩に絡んでくる。見つかって対決した場所は，やはり専務の死体のあった通路の裏木戸近くということになる。請求人を犯人とすれば，見つかって逃げようとして裏木戸で追いつめられ，格闘になったとの筋書がおのずと出てくる。格闘時の様子はもちろん不明だが，ただその際にできたと想定された傷については，この格闘場面の供述のなかで説明されねばならない。

　請求人の左手中指の切傷は，事件直後から請求人への容疑を強めたもので，これが右手に握ったくり小刀をとられそうになって左手でとられまいとしたときのものだと供述される。これが想定犯行要素③である。もう1つ問題になる傷が右肩にある。右肩といっても，上腕のつけ根の前面部分の傷である。この傷の存在については事件直後問題にはされていなかった。証拠上最初に触れられるのが8月18日の逮捕時点でのことである（8月18日付留置人名簿上に記載されている）。これまた，専務との格闘時，くり小刀を取り合っているとき

●第2部● 自白の供述分析

刃先が当たって切ったとか（9月6日付岩本①），あるいは裏木戸に押しつけられたとき「裏木戸か，それともその近くに釘の頭でも出ていて，それに引掛けたか，押されて引掛けたかして出来た傷ではないか」(9月7日付岩本) と言う。

さらに9月6日付岩本①では，専務に右足の向うずねを2，3発蹴られたと言い，そのときの傷がこれだと言って，その場で取調官に見せたとの記載がある。そして翌7日，医師KKさんによって身体検査が行なわれている。その結果，左手中指，右上腕上部（肩）以外に右下腿部前面に4個の「比較的新しい打撲擦過傷痕」があったと言う（9月8日付森田政司作成の身体検査調書，9月9日付KKさん作成の鑑定書）。つまり，足を蹴られたときに怪我をしたと請求人が実際にその傷痕を見せたので，これを確認すべく身体検査を行ない，医師の鑑定も行なったというわけである。

しかしこの時点で事件からすでに2か月あまりたっている。それだけ長く痕が残るものであれば，そのもとはかなりの傷を負っていたのでなければならない。ところが，事件から4日目，請求人が事件後左手中指に怪我をしているということで，警察が請求人を医師YMさんのところに行かせ，警察嘱託医師SSさんを立ち会わせた上で診断をしたとき，それらしい傷は見つかっていない。このときの問題の中心は左手中指の傷の診断にあったのだが，同時に他の身体部位の傷も確認し，

　・右拇指内側に俗に言うひっかき傷（表皮剝離）。
　・左手背に長さ約1糎の不整型の擦過創。
　・両側足蹠内側・外側に2個〜3個の米粒のふみぬき痕。この傷は草履かなにかはいて足の内側，外側がはみ出て，火事場でなにか踏んで出来た傷です。
　・両前膊外側に長さ5糎，巾1糎の擦過創。

と記載し，いずれもできて4日位のもので，傷口が「カサブタ」になっているが，たいした傷ではないと記録している（8月11日付のSSさんの供述。なおこの供述はカルテに基づいているとの記載がある）。この7月4日の診察の際には，9月7日の身体検査の際に「比較的新しい傷」として記録された右下腿の怪我に気づかれていない。

ズボンをはいていたので見えなかったということもあるかもしれないが，警察の嘱託医をわざわざ立ち会わせての診断なのである。足蹠（足のうら）の傷

にも注目しているくらいなら，2か月あまり後まで残るような膝下の傷に気づかぬはずがなかろう。とすると考えられるのは，自白時点で見られた請求人のそれらしい傷痕に注目して，その傷に合わせた格闘場面供述が誘導されたとの可能性である。資料が不十分なので断定はできないが，ここにも不明朗な点があることは否定できない。

　その後，請求人は専務と格闘になって，くり小刀でめちゃくちゃに刺し殺すことになる。ここまではおよそ最初から想定されたことであった。しかしあと3人を刺さねばならない。ここのところで請求人は後がわからないし，取調官の方でもこれという流れを推定するだけの証拠がない。とりあえず，奥さんを次に刺したのではないかという想定は，根拠はないが思いつきやすい。主人が殺されているところを妻が見て逃げるという構図である。あと2人が子どもであるからということもあるし，動機自身に奥さんが関与しているので，犯行をあらかじめ知っていて成り行きに注意を払っているはずだとの想定も成り立つ。専務殺傷の現場を奥さんに見られ「奥さんが逃げたので追う」という線は，第三者の想像として最も容易である。

　9月6日付松本②では，頼まれた当の奥さんに「裏切られた」という気持ちもあって，追って行き「夢中で奥さんを刺しました」「その時は無我夢中で，自分にかえったときはすでに，奥さんが倒れておりました」というふうに漠然とした供述しかできていない。おまけに「F子さん，M男くんはどのようにして刺したか覚えていません」というのである。初めて具体的に犯行筋書を供述する場面では，やはり十分に情景を思い描くことができなかったのであろう。同日付岩本①になって，4人殺傷が，その順序も特定し，様子も具体的に描かれていく。同じ日，つい先程「覚えていません」と答えた請求人が，事細かに殺傷場面を語るのを見るとき，もはやこれを嘘のばれていく過程などとはいえない。漠然とした供述が徐々に明確になり，大雑把な供述が徐々に精細になり，矛盾した供述が徐々に整合化されていく。それは誘導の過程以外のものではない。実際，この4人殺傷の場面も，翌日7日には「金の袋」との関係と矛盾するために，殺傷順序がガラリと変わることになる。

(3) 放　火

　思いがけず4人を殺傷してしまった犯人がとりあえず逃げる。そこで裏木戸を「戸を蹴飛ばして裏に出ました」（9月6日付松本②）。「蹴飛ばして」出られるものではないことは取調官も十分承知していたはずなのだが，自白最初の段階では，そのように細かい部分はともかくとして，まず大筋を確保しておきたいとの思いが強かったものと考えられる。新聞報道によれば（とは言ってもこのニュースソースは捜査官の誰かである），先にも見たようにこの6日の取調べは「犯行について具体的な質問をすると『忘れた』『思い出せない』と言って沈黙が続いている」というものだった。とすれば，細いところは後で詰めることにしようと考えるのは，取調官としても現実的な判断であるといってよい。

　この裏木戸からの出方については，先に詳しく見たように，上記のように「蹴飛ばして出る」から始まって，その後，徐々に詳しくなり，一時は犯人として知っていてはならない「上の掛け金」にまで言及して，やがてそれなりに妥当なところに収束するという，典型的な誘導過程をたどる。この点については第2部第1章第6節ですでに「誘導分析」を行なったので，ここでは触れない。

　裏木戸を出た後，犯人は工場に直行せず，裏口で「考える」ことになる。通常，犯人が逃げようというのなら，現場からもっと離れたいと思うものだろうが，ここでは裏口で考える。これは9月6日付松本②でも同日付岩本①でも同じである。それには理由がある。それは，裏口を出たところで金袋2個が落ちていたという事実である。6日付松本②では金袋のことに触れていなかったし，同日付岩本①でも金の入った布袋1個を机の上からとったというあり得ぬ供述しかなし得ていなかった。けれども，いずれこの重要証拠が供述のなかで語られなければならないことは，取調官側で明確な問題意識としてあったはずである。これもまた，先の16項目のなかには含めなかったが，1つの想定犯行要素として取調官の脳裏には刻まれていたと考えるべきであろう。とすると「裏口を出たところで考える」ことには意味がある。

　そうして裏口の外で考えた後，殺傷した4人に油をかけて焼いてしまおうと考える。当初は目的として放火を考えたことになっていたのだが，ここでは証拠隠滅のために，結果として放火をしようと思いついたとの筋書になる。ここ

で油はすでに搬入済みである。それを4人にかけて火を放つだけでよい。この放火場面についても，9月6日付松本②は「4人の体に油をかけて専務の枕元にあった大きなマッチで火をつけて裏木戸から逃げてきました」と，極めて大雑把である。それが同日付岩本①で特定的に順序立てられる。しかしながら，そこでもなお「火をつけるときは4人とも死んでいたようでした」（同日付岩本①）と言うのみで，実際には生きて焼かれていったはずの被害者たちの様子がひとことも触れられていない。それは第三者たる無実の供述者の限界である。

とりわけ9月6日付岩本①をはじめ員面調書では，M男くんと奥さんの殺傷の場面については，両者をほとんど同一場所で刺したように供述しているのに（この点が現実の表八畳間の血痕付着状況と合致しないことは第2部第2章第3節で見た），油をかけ火をつけるのはまるで異なる2か所であるかのように供述している。このあたりも実際の惨劇場面を自分の目で見たはずの真犯人にはあり得ない供述である。殺傷したのが4人なら，油をかけたのも4か所，火をつけたのも4か所と機械的に供述してしまっているところに，取調官の認識の欠如と，それに誘導された請求人の姿を見てとるのは難しくない。現に司法警察員岩本広夫の録取した供述は，しつこく4人・4か所・4か所となっているところ，検察官吉村英三の録取した供述では，M男くんと奥さんの死体が抱き合っていたことを配慮して，4人を殺傷し，3か所に油をまき，3か所に火をつけたことになっている。取調官によって異なるこの供述は，明らかに取調官の追及次第で請求人の供述が揺れ動いていることを示すもので，誘導の事実を示す微細だが重要な証拠である。

そして放火についてもう1点，専務のところで火をつける前に布小袋から金だけを抜き取って，布小袋などはその場に捨ておいたとの供述が，9月6日付岩本②から登場する。これまた，布小袋を請求人の周辺にもどこにも見出すことができなかったという状況を論理的に繕うべく誘導したものである可能性が高い。

(4) 犯行後の後始末

さて放火後，犯人は工場に逃げ戻る。9月6日付松本②の調書はここまでしか供述しておらず，それ以降，工場へ戻ってからの場面については供述がない。

● 第2部 ● 自白の供述分析

　同日付岩本①はこの点についても詳しい。それによると帰ってきてまず風呂場に入って手を洗う。これは風呂場の血痕から想定された犯行要素⑯に対応する。
　それからＣ温じょう室の樽の下に金を隠す。これはその後も一貫する供述だが，なぜそこが隠し場所として供述されたのかはわからない。ただ自分の働いている工場の担当箇所にものを隠すというのは，通常の想像範囲のことである。この6日付岩本①ではそこに隠しているとのみ供述して，そこからその後に金を取り出したとは供述せず，さらに同日付岩本②では，同じくＣ温じょう室の樽の下に隠したと言い，図面まで描いて，まるでそこを探して下さいと言わんばかりなのだが，同日付住吉では「間違いでした」と訂正し，そこで初めて，隠してから後に取り出して一部を使い，残り5万円をMFさんに預けたとの供述が出る。この奇妙な経緯を見るとき，表向きは一貫して見えても，そこに事実上の供述変遷を見なければならないことは第2部第2章第2節で指摘した。
　さて金を隠した後は自室に帰って左手中指の手当をする。これも想定し得る筋書である。さらにパジャマに血がついていることに気づいて脱いで風呂場に行き風呂桶につけておく。その後サイレンが鳴って同僚が隣室から出た後，風呂場につけていたパジャマをしぼって着る。これが，パジャマを消火活動前に洗ったとの想定犯行要素②に対応する。
　そしてすぐには消火活動に加わらず，三角部屋の奥でしばらく考えて，「このまま死んでしまおうと思って海岸に行った……海岸に約20分位いて考えていたが，とても死ぬという気にもなれず」工場の表に戻ってくる。その時「火も大分落ちていました」という。それから火事場へ行くことになる。こうして消火活動に加わるのが遅くなるという想定犯行要素④が供述に組み込まれる。
　消火活動中，土蔵の壁を破る手伝いをしようと壁をバールでつついたときに左手中指のばんそうこうがゆるんだらしく痛かったので，工場事務室にとって返し，ばんそうこうを止め直すことになる。その時，階段を上りきったところに置いてあった手拭で左手中指の傷の血をふき，手当が終った後，階段下のドブ（排水溝）に捨てたと供述する。これが先にも述べたように，否認段階で本件との関わりを認めないまま供述した内容とほとんど同じである。つまり想定犯行要素⑮が否認段階とほぼ同じかたちで再登場するのである。

事件の当日の筋書はここまでである。そして事件から10日後，MFさんに5万円を預けたという供述が，9月6日付住吉調書で出てくる。これはまた想定犯行要素⑬に対応する。

　以上，9月6日時点での請求人の供述の出方を追ってみた。ここで確認できることは，その出発点において「奥さんとの関係」の上に「強盗・放火の擬装」という動機を想定しさえすれば，後は現場の状況と想定犯行要素①〜⑯に導かれて，ほとんどの供述が導き出されてくるという事実である。取調官が請求人に対して具体的にどう尋問・追及した結果としてこれらの供述が出てきたのかということまでは，もちろんわからない。しかし，想定動機に16個の想定犯行要素を掛け合わせただけで，第Ⅰ期の自白のほぼ全容が説明できるということは，逆に言うと取調官側の想定犯行要素に含まれない要素が請求人本人の口から発せられることがなかったということにほかならない。言い換えれば，請求人の供述の起源のほとんどが，取調官の側の証拠・情報からの想定にあったことをうかがわせることになる。

　もっとも捜査側が完璧な証拠・情報を手に入れ，被疑者の自白を待つまでもなく犯行の全容を解明でき，犯行筋書を完全に再構成できるというのなら，そこから導かれた結果と，被疑者の自白とが合致したからといって，これを取調官側の誘導の結果とはいえまい。本件の請求人の自白が揺るぎなく最初から確立していて，それが取調官の推理と完全に一致したのだとすれば，そういう可能性もある。しかし本件の自白の状況はそのようなものではない。問題は，第Ⅰ期の自白が請求人の口から語られたものとして録取されていながら，翌日，翌々日にかけてほぼ全面的に改訂されているという事実，しかも嘘と言わざるを得ない結果となった第Ⅰ期自白が，想定動機と想定犯行要素の掛け合わせでほぼ導き出されてしまうという，その事実である。この問題は第Ⅱ期，第Ⅲ期への変遷を追えばさらに明らかになってくる。以下，ごく簡潔にその後の変遷の問題を整理しておこう。

第4節　自白の大修正──第Ⅱ期，第Ⅲ期の誘導分析

　9月6日，自白初日に計6通で，数えてみれば合わせて何と70丁もの調書がとられている。新聞報道による限り，具体的な質問に対しては「忘れた」「思いだせない」と言って沈黙しがちであったというこの日の供述にして，この量である。しかし，やはり無理があったようである。その証拠に翌日，翌々日と根本的な変更を余儀なくされる。そこにまた誘導の跡を見ないわけにいかない。

1. 第Ⅱ期自白への大変遷

　第Ⅰ期自白の動機は極めて不自然なものではあった。しかし，いったんそうしてとられた動機供述がなにゆえ撤回されるようになったのか。実際のところ，その動機そのものが不自然で，かつそこから導かれた犯行筋書もまた不自然と言わざるを得なかったという以上のことはわからない。そこでとにかく動機供述が9月7日にガラリと変えられたという事実を事実として，そこから考える。

　第Ⅱ期の動機によって，奥さんとの関係は維持しつつ，奥さんに頼まれたとの話は消える。この供述変更から直接影響を受けるのが油搬入の犯行要素⑪である。第Ⅰ期には「目的として放火」があったがゆえに事前に油搬入ができた。しかし「目的としての放火」が消え，「結果としての放火」でしかなくなれば，油搬入は殺傷後，証拠隠滅のため以外のものではなくなる。「工場の油をポリ樽に入れて搬入する」という同一の要素が，犯行前の文脈からすっぽり殺傷後の文脈へ移動する。論理上そうせざるを得ないのである。このことを取調官，請求人のうちどちらが言い出したかは問題ではない。ともに犯行に対して第三者でしかない取調官と請求人が，犯行筋書を組み立てようというとき，お互いがともに話の論理には従わなければならない。取調官が証拠との整合性を追及した結果にせよ，請求人が犯行者の立場に立って考えた結果にせよ，この変更は必然である。そうして両者のやりとりのなかで導かれてくる過程そのものが誘導なのである。

　同様に，前日，奥さんからの依頼の前提のもとに供述された「奥さんの手引」の話も完全に消える。これも筋書上の論理から導かれることである。

第3章　自白の誘導可能性分析

　もう1つの大きな修正点は，4人殺傷の順序である。この点は，甚吉袋から3個の布袋をとったという想定犯行要素⑫に関わる。甚吉袋の夜間の置き場所を知らない犯人は，それを自力で見つけてとることができない。そこで，専務と格闘になって最初に彼を刺したとの第Ⅰ期自白の筋書を維持する限りは，金袋を奥さんが取り出して，何らかのかたちで犯人の手に渡したと考える以外にない。となると奥さんを2番目に刺したという前日の供述から，奥さん殺傷が最後で，その場面で金を奪ったという筋書に変更しなければならない。合わせて，奥さんと同室ですぐ近くに死んでいたM男くんと奥さんとは連続で刺したものと考えるとすれば，＜専務→F子→M男→奥さん＞と，殺傷順序が前日とはすっかり入れ替わることになる。

　さらに言うと，金を奪った事実について請求人が想像できたのは，ふだん専務が金を運ぶのに使っていた甚吉袋でしかなかったために，奥さんから「甚吉袋」をまるごと投げてもらったことになってしまった。これは現実の証拠状況からするととんでもない間違いであったが，ともあれ9月6日付岩本①では「金の入った白い布袋を土間の机の上から取った」となっていたところが，7日付岩本では奥さんから甚吉袋を投げてもらって，これを奪った話になる。この錯誤には取調官も気づいて問いただしているのだが，それでも請求人はこれをこの時点で訂正し得ていない。これこそまさに請求人が本件の肝心な事実を知らないことの証左であった（この点は，第2部第2章第1節）。そしてこの間違いが翌9月8日付岩本で修正される。

　これら油搬入の順序，4人殺傷の順序，布袋強取の順序の修正は，およそ瑣末とはいえない，筋書上の大変更である。先の表2-3-1でもこの順序の修正が大変化であったことが読みとれるはずである。そしてこの大変化がいずれも，証拠等からの論理的要請のもとに行なわれている。そこに請求人が犯行に対して白紙でしかなかった事実が浮かび上がる。

　金の入った布袋に関連してもう1点指摘しておかねばならないことがある。第Ⅰ期自白には殺傷後「裏木戸を出たところで考えた」という供述がなされていた。これは裏口で発見された布袋2個に向けて想定された供述要素であったと思われる。ところがこの供述要素は，第Ⅱ期において油搬入が殺傷後となって，裏木戸を出ればただちに工場に戻らなければならなくなったのに応じて消

える。では，2個の布袋に向けて想定されたこの「裏口を出て考える」という要素はどうなるのか。表2-3-1にも記したように，第Ⅱ期においては専務殺傷後にこれがきている。専務1人を殺傷した後いったん裏口から出るという，まことに不自然な筋書ができてしまったのは，「裏口で考える」という要素を見捨てられなかったからであろう。ところが，おそらくここには取調官の錯誤があった。この日の供述では専務殺傷前にはまだ布袋を手に入れていないのである。これでは落としようがない。実際，9月8日付岩本では「裏口を出たところで考える」という要素は放棄されることになる。「裏口を出たところで考える」という要素が第Ⅰ期，第Ⅱ期にそれぞれ違う文脈で出てきて，その矛盾が露呈して放棄されるところにも，記憶の想起ではなく，論理的な構成の跡を見ないわけにはいかない。

　さて筋書上の論理的要請で供述が変遷した特徴的なものとして，やはり「2度入り」の供述に注目せねばならない。9月6日付岩本③でくり小刀を奥さんに頼まれて買い，見せてダメと言われてお店の食堂の引き出しに入れておいたと供述した。これに応じて9月7日付岩本では，中庭に降りた後，勉強部屋から入るについて「2度入り」をせざるを得なくなる。この点は，すでに第2部第1章第4節で詳述した。そこですでに誘導分析も行なったが，再度ここで取り出していえば，この第Ⅱ期の「2度入り」自体が前日のくり小刀入手についての供述変遷から論理的に要請された結果であった。それは記憶の問題ではなく論理の問題だったのである。そこに「犯人ではない者同士が集まって調書をデッチ上げ虚構した」という請求人自身の言の露骨な例を見ないわけにはいくまい。

　おまけにこの「2度入り」の虚構が，その形式のみをそのままにして，9月9日付吉村検面に中身を変えて再現するのを見るとき，虚構を引きずって虚構を展開するという奇妙な供述経過に，やはり驚かざるを得ない。

　9月9日付吉村検面は，それまでの員面調書からは独立に，またその影響力を離れて録取したものだと検察官が主張し，裁判所もこれを認めたのだが，この「2度入り」供述の事実は，このことをはっきりと否定する供述上の証拠といってよい。9月9日付吉村検面が，それまでの員面調書を前提にして，その上に修正を加えつつ誘導したものであることは，かたちだけ維持したこの「2

度入り」の供述が如実に物語っている。

2. 第Ⅲ期自白の維持と変遷

　第Ⅲ期自白は，第Ⅰ期から第Ⅱ期にかけてのように犯行順序にまで及ぶ大きな変遷はない。基本的には第Ⅱ期自白の犯行の流れを下敷きにして，その上で必要な修正を加えている。そしてそれまでの自白を維持している部分にも，それを修正している部分にも，誘導の過程を見なければならない。

　維持の部分の問題は前項で指摘した「2度入り」供述に象徴される。第Ⅱ期の「2度入り」供述，つまりどこからどう見ても「嘘」でしかなかった供述を下敷きにして，そのかたちだけを維持するというこの奇妙な供述のなかに，維持し一貫すればよいとは単純にいえない問題がみえる。第Ⅰ期，第Ⅱ期，第Ⅲ期と自白の根本たる動機部分を大きく変遷させ，犯行筋書そのものは，不都合な部分を修正しつつも，基本的に第Ⅰ期の上に第Ⅱ期を，第Ⅱ期の上に第Ⅲ期を積み上げてきている。表2-3-1を改めて眺めれば，自白以前に想定された犯行要素が確実に自白の流れ全体に貫通していることがわかる。仮説Ａの下で一貫して「真」と見なされたものが，その実，この想定犯行要素の上に乗っかったものでしかなかったこと，そして想定犯行要素の一部は証拠上の対応関係のゆえに，動機自白の変遷によって，その文脈を大きく変えざるを得なかったことが，この表から読みとれるはずである。

　他方，第Ⅲ期で変遷したものを見てみれば，そこにはやはり筋書上の論理に従い，あるいは証拠上の不整合を直すというかたちで，その変遷そのものが論理に基づいているのであって，新たな記憶喚起による間違いの訂正ではないことが見える。

　第Ⅲ期の動機自白は，それまでの「奥さんとの関係」を前提とした動機を根本的に覆すものだったが，1つにこれは第Ⅱ期の動機が第Ⅰ期のそれ以上に不自然でしかなかったことによる。「奥さんとの関係がばれて専務に話をしに行く」というのに，それが人の寝静まった深夜であろうはずはないし，「話しに行く」というのに，屋内に入る時くり小刀のさやを抜いていくということはあり得ないし，屋内に入って声もかけず早速物色を始めて見つかって逃げるというのも，筋書上の論理からしておよそあり得ない話だった。

● 第2部 ● 自白の供述分析

　では，新たに登場した動機自白はどうか。被害者たちとの何らかの「人間関係」を背後にもった犯行との線を維持しきれないとなったとき，結局，金目当ての犯行という以外になくなったということが1つあった。そして請求人が当時必要にしている金となったとき，30歳にもなって住み込み生活をしている子持ちの男という状況が浮かび上がる。実際，請求人は多少小銭に困ることはあっても，ギャンブルなどで大金をつぎ込むようなことはなかった。ある意味で実につつましい生活をしていた。その男の周辺で考えられる「金の必要」として，可愛い息子とその面倒をみてくれる人との3人暮らしがあった。そのための「アパートを借りる金」というのが，結局のところ出てきた動機となる。

　しかしこの動機がいかに誘導されたものであったかは，第2部第1章第3節で，請求人の身内供述を照らし合わせながら詳述した。「3人で暮らすアパートのため」というときの「3人」について，捜査側は当初，請求人の新しい妻と息子Aちゃんとの3人を想定していた。そしてその「新しい妻」の可能性として考えていたのがMFさんだった。実際，請求人が9月8日に「アパートの金」という話を動機として持ち出した翌日9月9日に，警察は請求人の実母と実姉からMFさんとの関係を想定したかたちで「嫁をもらって息子と3人とアパートで暮らしたら」との話があったとの供述を引き出した。ところが，請求人のなかでは「嫁をもらって息子と3人で暮らす」という話は，そうしたいとは思っても，当時およそ非現実的な話であった。いくら願望しても相手がいなければどうしようもない話なのである。請求人が息子と3人暮らしで考えられるのは，当面母ぐらいしかなかった。そこで彼の方では「母と息子と3人で暮らすアパート」のためと供述する以外になかった。これは彼の周辺状況から考えて，考えつくのはこれしかないといった類いの1つの論理的な構成であった。そして以前には「新しい嫁と3人で」と言っていた実母，実姉も，この請求人の供述に沿うかたちで，9月16日，「母と息子と3人で」という話に供述を変更する。

　請求人の動機自白自体が誘導の結果であるだけでなく，その誘導の結果に整合させるべく，身内の供述が誘導されていく経緯が，そこには読みとれる。この誘導がどこまで意図的なものであったかはわからないが，請求人が犯人に違いないという取調官たちの「確固たる信念」は，ここまであからさまな誘導を

第3章 自白の誘導可能性分析

もたらしてしまったのである。

　またこの動機の変更で，そこに連動して他の要素に修正が加えられる。くり小刀入手について第Ⅱ期までは奥さんとの関係が背後にあったが，奥さんとの関係が抜けたために，ただ何のあてもなく沼津に行き，ブラリと入った刃物店で「格好がよかったので買った」ということになり，事件までの置き場所は自室のタンスの中ということになる。そして3か月間たって犯行に使うことになるのだが，その間に請求人がこのくり小刀を持っていたのを見たものは誰もいない。このくり小刀入手の過程もその置き場所も，第Ⅱ期供述に動機変更を掛け合わせて論理的に出てくる変更である。これを記憶喚起とはいえない。

　そしてさらにくり小刀の置き場所が「自室のタンス」に変わったことで，第Ⅱ期の「2度入り」が宙に浮き，にもかかわらずこれがかたちだけ第Ⅲ期に維持される先の結果をもたらすことにもなる。

　第Ⅲ期のもう1つの大きな変遷が金の入った「布袋」であった。第Ⅲ期になって初めて動機のなかに「金目当て」ということが前面に出る。その結果であろう。それまでの「布袋」にまつわる供述の，証拠との不整合がここで直される。「甚吉袋の中の3個の布袋がとられた」との想定犯行要素⑫は，取調官の頭のなかにはあったが，請求人はこの実態そのものを知らなかった。だからこそ正しい供述ができなかった。9月6日付岩本①で「土間の机の上から」布袋をとったと言ったのはそもそも布袋の位置を知らなかったからだし，9月7日付岩本で「甚吉袋を奥さんから投げてもらった」と言ったのは，そもそも甚吉袋の中に布袋があってそこに金が小分けで入っているとの事実を知らなかったからほかならない。請求人が金の収納の仕方を知らなかったという事実は，その後検面調書で繕われることにはなるが，いくら繕っても繕いきれるものではない。この点は第2部第2章第1節で詳述した。

　この布袋の供述が9月8日から訂正されていく。しかしこの訂正が記憶喚起ではなく，取調官が証拠との不整合を指摘して，請求人がこれを受けて訂正していくという誘導以外のものではない。取調官の方は，こんな歴然たる部分での間違いにあきれたかもしれない。あるいはその「確固たる信念」ゆえに，そこのところに請求人の「虚言癖」をあてはめて解釈したのかもしれない。いずれにせよ，請求人に無実の可能性あることを一片でも考えれば見破れたはずの

事実である。「確固たる信念」こそは何より豊かな誘導の土壌なのである。

第5節　誘導可能性分析の統括

　さてここまでの分析をまとめておこう。第2部第1章で行なった「嘘分析」では，確定判決において「真」と見なされた筋書に照らして「嘘」だということになる供述が，真犯人の嘘であり得るのかどうかを分析し，真犯人の嘘とは判定できない嘘を多数検出することで，請求人の自白が無実の人の苦肉の虚構でしかない可能性が色濃く浮かび上がってきた。また第2章の「無知の暴露分析」では，請求人の自白には犯行の現実に無知であると言わざるを得ない明確なしるしが検出され，そのこと自体が請求人の無実性を直接的に示すことを明らかにした。この2つの供述分析からすでに，請求人が本件の真犯人たりえないとの結論を避けることはできない。

　この結論のうえで，私たちが最後に確認せねばならなかったことは，当時の捜査側の入手証拠・情報下において，請求人が追いつめられて自白に落ちたとき，そこから本件自白の犯行筋書を構成し誘導することが可能であったかどうかを確認することであった。本章で試みたこの「誘導可能性分析」においては，こうした誘導があったという具体的な過程まで明らかにはできない。取調べの過程そのものを直接知るすべはないからである。しかし先の「嘘分析」と「無知の暴露分析」の結果として，請求人の自白が真犯人の自白であり得ないとの結論を得た今は，当時の捜査側入手の証拠・情報から論理的に筋立てした結果として，請求人自白にみられるような供述とその変遷を導き出せるという，その可能性を示せばとりあえず十分である。実際，犯行体験をもたない第三者どうしが顔をつき合わせる取調べの場においては，入手ずみの証拠・情報状況から想定される動機や犯行諸要素の，多分に論理的な組み立てによって犯行筋書を導き出す以外にないからである。

　そして現に本章では，請求人の第Ⅰ期，第Ⅱ期，第Ⅲ期自白について，いずれもこれが記憶喚起によることなく，論理的な筋立ての上で構成し得るものであることを示すことができた。要約して言えば，図2-3-1に示したように，第

第3章　自白の誘導可能性分析

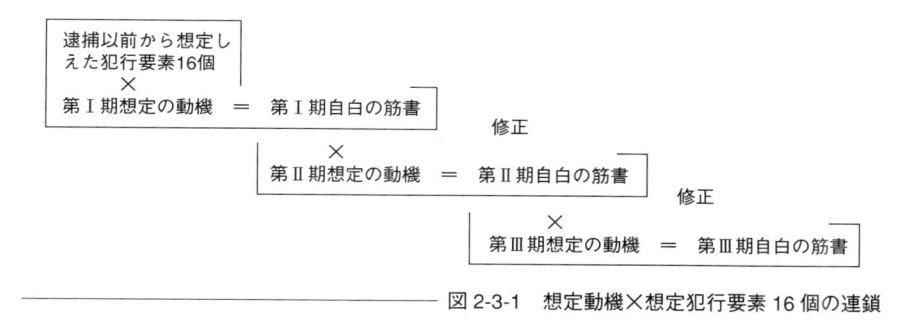

```
逮捕以前から想定し
えた犯行要素16個
       ×
第Ⅰ期想定の動機    ＝ 第Ⅰ期自白の筋書
                                    修正
              ×
         第Ⅱ期想定の動機    ＝ 第Ⅱ期自白の筋書
                                          修正
                    ×
               第Ⅲ期想定の動機    ＝ 第Ⅲ期自白の筋書
```

図 2-3-1　想定動機×想定犯行要素 16 個の連鎖

　Ⅰ期自白は,「奥さんとの関係」を前提にして「強盗・放火を擬装しようとした」との動機の想定から出発する。そしてこの想定動機の上に，入手ずみの証拠・情報から想定された 16 個の犯行要素を掛け合わせれば，そこに第Ⅰ期自白の犯行筋書のほぼ全容が浮かび上がる。この筋書からはみ出し，請求人自身の体験記憶に起源を求めねばならない供述は皆無である。そうして組み立てられた第Ⅰ期自白が，よかれあしかれ，それ以降の自白の下敷きとなる。

　第Ⅱ期自白は，奥さんとの関係を維持しつつも，奥さんからの依頼によるとの動機を撤回する。そのことによって犯行筋書は論理的に大きな変遷を被らざるを得ない。まず「目的としての放火」という第Ⅰ期自白の動機が放棄されたことで，事前の「油搬入」が自動的に殺傷の事後にまわる。また金の布袋についての証拠から想定された犯行要素⑫（甚吉袋の中の３個の布袋をとった）を犯行筋書のなかに整合的に組み込もうとした結果，第Ⅰ期自白の殺傷順序を大きく変更せざるを得なかった。これまた筋書上の論理的要請に基づくものであった。さらにくり小刀入手経過とその保管場所が変更されたために，中庭から屋内に侵入する際，いったん入ってくり小刀を取り中庭に戻ってそこから再侵入するという奇妙な「２度入り」供述が出てくる。これも筋書上の論理的な帰結であった。こうして第Ⅰ期自白の上にさらなる動機変更，証拠との整合化が図られた結果，第Ⅱ期自白ができあがり，これが第Ⅲ期自白への下敷きとなる。

　第Ⅲ期自白は,「奥さんとの関係」を「嘘」として放棄せざるを得なくなって，単純な「金目当て」の動機に変遷する。この新しい動機供述そのものが請求人の周辺状況から導き出された誘導の結果でしかなかった。犯行筋書は第Ⅱ期の

● 第2部 ● 自白の供述分析

それをほぼ踏襲しているが，それがゆえに第Ⅱ期の「2度入り」供述に対して，中身を変え形式だけ引き継ぐという，真実の体験者にはあり得ぬ供述を引き出すことにもなった。また奪った金については「甚吉袋の中の金袋」という実態を認識した供述にようやく修正されるが，そのこと自身が請求人の無知を（さらにいえば無実を）さらけ出すことにもなった。

こうして請求人の自白は，証拠・情報を把握した取調官と無実の請求人との尋問 – 応答のなかで，その論理的筋立てに沿って導き出された結果であるとの結論を確認することになる。

さらにひとこと付け加えておけば，こうして第Ⅲ期自白，とりわけ9月9日付吉村検面の自白にまでたどりついた後，その自白に基づいて主張された検察側冒頭陳述の組み立てそのものが事件翌年8月31日の「5点の衣類」発見によって大きく揺るがされ，そのうえ結果として原第一審，第二審判決も，この新証拠発見によって出現した自白の根本的矛盾を，改めて論理的に組み立てた犯行筋書によってクリアしようとした。筋書上は極めて不自然となることがわかっていながら，証拠との整合性から，＜殺傷 – 放火＞のその犯行の最中に着替えをしたものと見なし，しかも着替えた後わざわざ金の布袋をつかんで放火現場に出かけ，そこで金だけ抜き出すという荒唐無稽な筋書を立てたのである。裁判官たちがこのことにどこまで自覚的であったかはわからない。しかし，いずれにせよ取調べの場において論理的な筋立てによって誘導された請求人自白の誤ちを，判決においてふたたび論理的な整合化によって糊塗した事実は動かない。

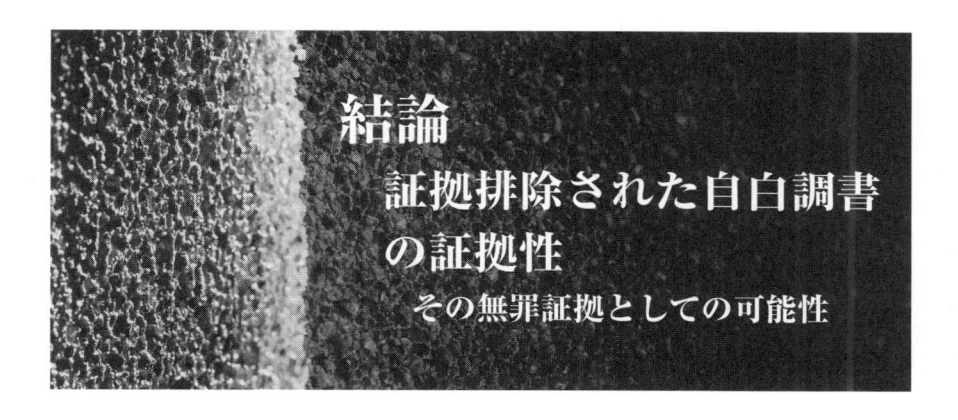

結論
証拠排除された自白調書の証拠性
その無罪証拠としての可能性

　本鑑定書において私に与えられた課題は，本件請求人袴田巌の45通の自白調書を「読み解く」作業の上で，それが真実犯人のものか，無実者のものかを判別するということにあった。注意しなければならないことは，この分析作業がたんなる自白の信用性判断にとどまるものではないことである。自白について従来行なわれてきた証拠判断では，まず取調べ状況から自白の任意性の有無を判断し，任意性の認められたものについて証拠採用した上でその信用性（真偽）の判断を行なう。刑事訴訟の手続きとしてはこれが当然の手続きであろうが，心理学的な視点から迫る供述分析の手法では，自白（供述）にアプローチする視角がおのずと異なる。供述分析においては，任意性判断の上に立って対象資料を選別採用するという方法をとらない。任意性の有無にかかわらず，当事者たる被疑者・被告人が当の自白（供述）に関与していることが確かであれば（つまり供述がまったくの捏造文書によるものではないことが明らかであれば），そこに当の取調べの場における被疑者・被告人の何らかの内面の表現が含まれているという前提に立って，それをすべて分析の対象資料とする。もちろんこれらの対象資料が取調べのさまざまの要因によって汚染されていることは重々承知している。汚染されていない資料が入手できれば当然それを重視する。しかし一様に汚染された資料を与えられたとき，それらを排除することなく，汚染要因を最大限考慮しつつ，これを利用する以上の手はない。またそこで一定の堅固な方法意識を貫くことができれば，その供述資料を読み解いて，それが真犯人の供述か無実者の供述かを判別することは可能である。

● 結論 ●

　本件請求人の場合，与えられた供述資料はすべて自白供述であって，少なくとも開示証拠中に否認調書は存在しない。この自白調書45通のうち，請求人本人の非関与（つまり取調べ側の完全捏造）が疑われたものは存在しない。その意味でいずれの自白調書も供述分析の対象資料たる要件を満たしている。

　自白調書においては，もちろん供述者は「私がやりました」と言い，その上で「○○のようにやりました」と具体的な犯行の様子を供述する。それは表向き「犯人として語った」言葉である。しかし問題はその言葉の背後にある。人間は弱いものである。ふだんの日常生活から引き離され，それまでの人間関係から遮断され，取調べの圧力にさらされたとき，知的，精神的に何らの欠陥ももたない普通の人が「犯人になって」嘘で自白してしまうことがある。このことを私たちはいくつもの不幸な事例を通して知っている。本件がそうした不幸な事例の1つであるかどうか，それが問題である。

　真犯人が自白する心理過程と，無実者が自白する心理過程はまったく異なる。とすれば，その違いが供述の上に表われてこないはずがない。この自明の前提が供述分析の出発点である。この前提から出発して，本鑑定書は3つの分析作業を行なった。

1. 嘘分析

　原第一審，原第二審で証拠採用された1966年9月9日付吉村検面調書を軸にして事実と認定された犯行筋書を「真」として仮定し（仮説A），これが請求人の脳裏に体験記憶として刻まれていたと考えた上で，45通の自白供述をこの「真」の犯行筋書に照合する。すると，そこには供述上の食い違いが数多く出てくる。そのうちあまりに歴然と違っていて無意図的な錯誤といえないものは，意図的な「嘘」ということになる。第一の作業は，ここで見出された「嘘」を真犯人の嘘として理解できるかどうかの「嘘分析」であった。この嘘分析の結果，
　・9月9日付吉村検面に至る初期自白を中心に，あまりに大量の嘘があって，しかもそれらはみな全面自白後の嘘であり，そこに真犯人として嘘をつかなければならない理由の見えないものが大半を占めること。
　・そもそも当の全面自白に至る契機となった犯行着衣供述そのものが「嘘」

でしかなかったこと。
- 9月6日，7日，8日と日替わりで変遷した犯行動機供述に連動して虚構の筋書が二転三転したあげくに，9月9日付吉村検面に至ったこと。
- 筋書の変遷過程では犯行上欠かせない供述要素が筋書のなかを大きく文脈移動している事実がいくつも見られること。
- 捜査側入手の証拠に合致させるべく供述した筋書に不自然・不合理極まりない点の存在すること。
- 供述聴取の経過にともなって少しずつ証拠に近づいていくという，誘導を強くうかがわせる供述変遷が見られること。
- 請求人が白紙からはじめて自白し，筋書を変更していったと考えなければ理解できない，時間的方向性の明白な供述変遷が存在すること。

こうした重大な問題点が浮かび上がった。これらの問題点のどれ1つをとっても，それは請求人＝犯人との仮説Aを棄却するに足る論拠となる。

2.「無知の暴露」分析

嘘分析に加えて，請求人の供述のなかにはさらに積極的に彼の無実を指示する供述が存在する。請求人が無実であるならば（仮説B），当然，本件犯行の事実を知らない。そのとき請求人の自白は，直接自分が現場で見たこと，マスコミや噂を通して聞いたこと，取調官の尋問・追及から聞き知ったことをもとにして，取調官との間で構成した虚構である。ところが無実の被疑者は，そこに事件への決定的な無知を暴露することがある。それは真犯人の「秘密の暴露」とちょうど反対の意味で「無知の暴露」といってよい。請求人自白のなかに，そうした「無知の暴露」が認められないかどうかの分析が，本鑑定の第2の作業となった。供述者の無知に基づく間違った供述の多くは，通常，供述者を犯人と思い込んでいる取調官の尋問，追及によって訂正され，繕われて，表に出ないで終わる。それゆえ「無知の暴露」が明らかになる例は多くない。しかし本件には繕おうにも繕えない「無知の暴露」がいくつか見出された。
- 請求人は甚吉袋の中に布袋が数個入っていて，そこに集金の金が小分けにされているという事実を知らず，奪われたのが甚吉袋の中の布袋であるという決定的事実を知らなかった。

● 結論 ●

- また請求人が奪った金額と金の種類を供述した後，清水郵便局で清水警察署あての現金入り封筒が発見されたが，当の現金は請求人自白の金額，その金の種類と決定的なところで合致しない。つまり請求人は清水郵便局で発見された現金の中身について無知であった。それは「秘密の暴露」であるどころか，逆に請求人の「無知の暴露」であった。
- さらに請求人は死体の位置と合致するかたちで4人を刺した位置を供述したが，これは現場の状況と合致しない。とりわけF子さんの場合はそのずれが決定的である。請求人は被害者の死体の位置を知っていた（聞き知っていた）が，それ以前のところで被害者を刺した位置を知らなかった。

この3点は，端的に請求人の無実を証明するといってよい。この点に加えて，彼が「パジャマの血」で自白に落ち，パジャマを犯行の着衣として供述した点も，これを素直に見る限り，「無知の暴露」の1つというのが妥当である。

3. 誘導可能性分析

　前の2つの分析によって請求人が本件事件に関わらない無実者であることが強く示唆されたが，ではこの無実者がどうしてこれだけの自白供述を語ることができたのか。この点が最後の誘導分析の課題となる。請求人を逮捕し，取調べる段階で，取調官がすでに入手していた証拠・情報からは，少なくとも16個の犯行要素が想定された。そこで請求人が自白に落ちた後は，その犯行供述のなかにこの犯行要素を組み込んで筋書構成をせねばならない。

　この犯行筋書の流れを決めるのが動機供述である。自白後，動機供述は6日（第Ⅰ期），7日（第Ⅱ期），8日，9日以降（第Ⅲ期）と日替わりで変転するが，この三転する想定動機に16個の犯行要素を掛け合わせることで，三期にわたる自白供述およびその変遷がほぼ完全に導き出されてくることが確認された。しかもそこには「油の搬入」のように同一の犯行要素が文脈をかえてそのまま筋書に組み込まれるとか，第Ⅱ期の「2度入り」と第Ⅲ期の「2度入り」のように形式のみが踏襲されて中身がすり替わるという，明確な誘導の痕跡まで浮かび上がる。

　誘導可能性分析によって誘導の過程の全容が明らかになるわけではないが，これによって少なくとも請求人の自白供述のすべてが，請求人自身の体験供述

によらずして導き出されるものだとの証明ができた。裏返して言えば，請求人の自白供述には「秘密の暴露」となるものがまったくなく，その45通の自白供述のすべてが捜査側の入手証拠・情報に起源をもち得るものであることが証明された。

　以上，3つの供述分析を経た今，結論はもはや明らかである。請求人の自白は，本件犯行を自らの体験として行なった真犯人のものではない。この結論は，その自白が信用性に欠けるというにとどまるものではないことを，再度確認しておきたい。原第一審，原第二審判決は，証拠採用した1966年9月9日付吉村検面調書を中軸において，そこには一部嘘も混じってはいるが，その大方において信用し得ると判定した。それに対して本鑑定書の供述分析は，この検面調書を含む全供述調書を対象とし，判決の認定した犯行筋書に照らしたとき，そこには膨大な量の「嘘」があって，しかもその嘘を真犯人の嘘とは理解し得ないこと，むしろ請求人が犯行の事実を知らないことを積極的に暴露する「嘘」さえ混じっていること，また「嘘」とは認定されないその他の供述がすべて，捜査側の入手済み証拠・情報から導出し得ることを証明した。請求人の自白はたんに信用できないというにとどまらず，真犯人のものではあり得ないことを示している。

　ここに請求人の自白は，かえってその無実を積極的に証明する。心理学的視点から行なった供述分析の結果，この結論を避けることはできない。

補論 供述分析のための公理と着眼点

　供述分析を軸においた本鑑定を十分に理解してもらうためには，供述の心的過程に関わる2つの前提事項を確認しておかねばならない。それはいわば，供述分析のための公理である。この公理を看過しては，そもそも供述分析ばかりか，裁判における事実認定そのものが成立しない。そこで以下に，本鑑定の前提となる2つの心理学的な議論を，補論として述べておきたい。

1. 人の言動はその心的意味の流れにおいて理解可能である

予測性と了解性

　供述分析を進める上で，私たちが確認せねばならない第1の公理は，人の言動には理由があるということ，それゆえ人の言動は原則的に理解可能なものだということである。取調べの場における供述についても，このことは当てはまる。つまりここにこの公理を当てはめるとすれば，「供述は供述者の心的意味の流れにおいて理解可能である」ということになる。この前提なくしては供述分析も，いや裁判における事実認定そのものも成り立たない。

　「人の言動は理解可能である」というこの命題に対して，他方で「人とはわからないものだ」という反論があり得る。たしかに，この後者も十分一般論として成り立つ。とすれば，「人の言動は理解可能である」などというのは，その限りで公理にはなり得ないように見える。しかし，この2つの命題は，実はそれぞれまったく相異なる視点から人間を見たものであって，両者はこのことを考えれば両立可能である。

● 補論 ●

　「人とはわからないものだ」というのはどういうことかをまず考えてみる。ある特定の人物Aについて，それまでのつきあいから「〜の行動特性，性格特性をもつ人だ」と思っていたとする。このことは別様に言い換えれば，「Aは〜の場面におかれたなら，おそらく〜するだろう」と予測しているということである。私たちは人との関わりなかで，通常，そうした相手の行動特性を見計らい，その一定の予測性に基づいて振る舞っている。ところが相手の行動の予測がいつも当たるとは限らない。いや自分自身についての行動予測さえ裏切られることがある。「〜の場面でなら自分は〜するだろう」と思っていても，現実にその場面におかれたときには，思いがけない行動に出たりもする。相手のことにせよ自分のことにせよ，その心理過程を完璧に予測することは不可能である。それゆえ「あの人があんなことをするなんて想像もしなかった」とか「自分がこんなことをするとは思わなかった」とかいった出来事がまま起こる。そこで「人とはわからないものだ」と言う。これはつまり人間の将来行動の予測がしばしばはずれるものだということを意味する。

　もちろん行動予測ははずれてばかりではない。いや，大雑把なところではかなり当たるものだといった方がよいかもしれない。行動科学としての心理学がもっぱら人間の行動法則の究明に力を尽くしてきたのも，行動予測の精度を高めんがためであったといってよい。しかし一方で，人間の行動は極めて複雑にできているもので，簡単には予測できない。実験的に条件統制した場面のなかでは一定の法則を見出すことができても，日常生活のなかで人をある具体的な行動に踏み出させる諸条件は，およそ簡単に統制することも検知することもできない。その点で，今日の心理学が人間の行動に対してもつ予測能力は限られている。実際，供述場面におかれた人間を念頭において，その人の行動特性を心理テスト等で測定しても，その結果でもって当の供述を予知することはできないし，あるいは記録された供述の真偽をその供述者の行動特性から判定することもできない。たとえば何らかの心理テストで「誠実である」と判定された人が，現実の場面で誰に対してもいつも本当のことを言うとは限らない。他方「虚言癖がある」と判定された人がいつも嘘ばかりつくとはいえない。人が具体的な場面で何を思い，何を語り，どう振る舞うかを正確に予測するなどということは，およそ人知を越えたことだといっても過言ではない。その意味で「人

とはわからないものである」。

　しかし，他方で「人の言動は理解可能である」。もちろんそれは上の予測性の視点からの話ではない。ここでいう「理解」は，人がすでに行なってしまった言動についての理解である。人間の行動法則や特定個人の行動特性から当の人物の行動の将来予測を行なうことについて，心理学は極めて微力であるが，人が実際に行なった行動については，科学のレベル以前のところでも，人は十分にこれを理解している。相手が次にどうするかは予測できなくても，相手が実際に行なったことについて，これこれの理由でやったと理解することは十分に可能であるし，また難しいことではない。

　もちろん現実問題として，自分のことはともかく相手のこととなると，なぜ相手がそうしたのか理解できない場合はある。相手がある特定の言動を行なうに至った心的過程は，その当の本人には十分見えても，それを外から眺める第三者には見えきらない。それは当然のことである。それゆえ私がここで1つの公理として前提しようとしているのも，現実に人の言動がすべて理解できるということではない。

　しかし原理的にいって，人の言動には常にその人なりの理由がある。何か精神的・器質的に異常な問題を抱えている場合は別として，そうでない限り，どんな言動にもその人なりの理由はある。少なくともそう思って人は互いに関わっている。そうでなければ人間関係は成り立たない。心理学的に少し大仰な言い方をすれば，人はみなそれぞれ心的意味の流れの上を生きている。これこそ人間が日常を他者と関わりつつ生きていく上での大前提であり，また人間の心理学的理解のためには不可欠の公理である。裁判という人間の営みもまた，人の行為の真偽を判定し，その意味を理解しようとするものである以上，暗黙裡であれ，この公理をその前提においているはずである。

嘘は予測できないが，理解はできる

　たとえば供述分析の上で非常に重要な意味をもつ「嘘」という現象について考えてみよう。本件のような冤罪主張のある事件においては，真犯人の嘘，無実の人の嘘が重大な意味をもつ。それゆえこの「嘘」をどう理解するかは，供述分析の成否を決める鍵であるといっても過言ではない。

● 補論 ●

　先に見た予測性の視点からいえば，人がいつ，どういう場面で，どういう嘘をつくかは，その人の行動特性をどれだけ分析しても完全な予測はできない。たとえば無実の人が被疑者として取調べの場に引き込まれて追及を受けたとき，その人が嘘の自白に落ちてしまうかどうかは，もちろん簡単に予測できない。時に人は，拷問のようなひどい取調べでもない限り，無実の人が嘘で自白することはあるまいと考えがちだが，現実の事件では，わずか数時間の任意取調べで自白に落ちるケースがある。そんな短い時間でどうして自白してしまうのかと不思議に思う人がいるが，それは予測の視点に立ってのことである。また自白して有罪となれば死刑も覚悟しなければならないような事件でなら，暴力的な取調べでもない限り，虚偽の自白をするようなことはあるまいというのが，一般的な見方である。しかしこれも行動予測の視点に立った見方であって，現実はしばしばこれを裏切る。

　一方で，無実の被疑者が自白に落ちて，嘘で犯行のストーリーを語ったとき，なぜそのような嘘をついてしまったのかについては，必ず理由があり，その理由は他者にも理解可能である。無実の人の虚偽自白でも，その人が異常心理に陥って，一般の人には理解できないことが起こったのではない。たとえば「お前が犯人に間違いない」と断固として追及する取調官に対して，いくら自分はやっていないと弁明しても，相手は認めてくれない。その辛い状況が何日も続くと，やがて耐えられなくなってくる。それだけでも十分に虚偽の自白の理由となる。被疑者の心的過程をその人自身の立場からなぞってみれば，その理由は十分に理解できる。そのようにして私たちは，人の振る舞いには必ず理由があり，それゆえ理解可能なのだという前提のもとに，互いの関係を生きている。このことは供述分析に限らない，人間関係そのものの大前提であるといってよい。

　人は他者から嘘をつかれたとき，その相手を「嘘つき」と言って非難するが，もちろんそれは嘘をついたから「嘘つき」と言うのであって，「嘘つき」だから嘘をついたと思っているわけでない。実際，たとえひどい虚言癖の持ち主であっても，原理的にいえば，その「癖」のために嘘をつくのではない。虚言癖の人の嘘にも理由はある。嘘をついて自分の非をごまかすにせよ，嘘で人をたぶらかして自分の利をはかるにせよ，あるいは嘘で人を騒がせて喜ぶにせよ，

どんなにつまらぬ理由であれ，嘘には理由がある。いかなる理由によってかはともかく，人は何らかの理由で嘘をつく。その理由があまりに些細で，その頻度があまりに高いとき，人はそれを「虚言癖」と呼ぶのであって，けっして理由なく嘘をつくことをそう呼ぶのではない。「理由なく嘘をつく」などということは，そもそも人間心性の上では，原理的にあり得ないと考えるべきである。
　供述分析に求められるのは，人間の行動に関わる予測性のレベルの話ではなく，人がやってしまった言動（ここでは供述）に関わる了解性のレベルの話である。この点を混同してはならない。ただし，ここで1つだけ断っておかねばならぬことがある。それは人の言動を理解できるというとき，そこにいう「言動」は人の意識的な言動に限るということである。
　フロイトにはじまる精神分析学が「無意識」の概念を持ち出すことで，人間の心的諸現象を理解する幅を大きく広げたことは認めねばならないが，供述分析に限っていえば精神分析は有害無益である。人の言動を理解しようとして，その言動の理由を無意識界に求める方法は，極めて恣意的な解釈をもたらすことがある。その意味で少なくとも供述分析において精神分析的解釈は厳しく排除する必要がある。そもそも供述分析が対象とする供述は，供述者がその意識の世界のなかで意識的に言葉を選び，尋問者がこれを意識的に聴き取って，調書化し，供述者がこれを確認するというふうに，あくまで意識の世界で展開されていくものである。その意識の背後に無意識がはたらいているというのがフロイトらの主張であるが，そうした無意識概念をもちこまなければならない場面は特殊なものであって，供述分析の課題場面においてはほんど無視してよい。
　供述者がその意識の世界のなかで行なった供述には，その一つひとつに必ず理由がある。つまり供述は一定の意味の一貫性の上に展開する。それは供述が真実であるか嘘であるかに関わらない。それゆえ供述は真であれ偽であれ，供述者の心的世界のあり方に照らして理解可能なはずである。もとより調書に録取された供述は，供述者が尋問に対して生の声で答えた供述過程の一断面にすぎず，現実にはその断面を与えられただけで過程全体を理解できるとの保証はない。そのことを承知した上で，人間の意識の上でなされた言動は，一つひとつがその人の心的世界に応じた意味・理由をもつものとして，原理的に理解可能であるということを，供述分析の原則として確認しておかねばならない。こ

● 補論 ●

れが第1の公理である。

　このことを公理として徹底して意識化しておかなければ，供述のなかに見出された矛盾や変遷を，安易に「これは嘘だ」とか「たんなる間違いだ」といったかたちで，都合よく解釈することが起こる。「これは嘘だ」と言うなら，いかなる理由から出た嘘なのかを問わなければならないし，「これは間違いだ」と言うのなら，いかなる原因によって生まれた間違いなのかというところにまで追及していかなければ，恣意的な決めつけに堕しかねない。

　もちろん再三指摘してきたように，追及の結果として嘘の理由，間違いの原因を探りきれないことはある。しかし，それを承知で供述の一つひとつ，供述変遷の一つひとつを心的意味の流れのなかで理解すべく努めるのが供述分析の作業である。その努力を惜しむとき，人は往々にして安易な予断に流される。本件原第一審，第二審の判断のなかにそうした傾向がなかったかどうか。この点が本件の供述分析において重要な論点となっていたことは，本論を通読してもらえれば十分わかっていただけるはずである。

2. 供述は供述者と尋問者の心的相互作用の所産である

供述と供述調書

　供述分析が直接の対象とするのは，もちろん，その名に表わされている通り「供述」そのものである。この「供述」はどういう心理過程を経て聴取されるものか。ここに「人の言動は心的意味の流れにおいて理解可能である」という第1の公理を当てはめるとき，実は供述を行なう供述者の心的過程を単独で考慮するだけではすまないことに注意しておく必要がある。

　供述分析の対象となるのは，一般には供述調書である。そこには供述者がまるで単独で出来事を独白するような文体で供述がなされていることが多いが，現実にはもちろん供述が独白としてなされることはなく，そこには必ず聞き手である取調官がいる。その意味で供述調書は分析資料として問題が多く，できれば録音テープ，ないしビデオテープを資料とすることが望ましい。文書に固定したものよりも，生の声で語られたものの方が，当然ながらその真偽を判断する情報的手がかりは多いし，録音テープやビデオテープならば，取調官が供述者に対して行なった「問い」と，それに対する供述者の「答え」とがはっき

りと区別され，事件に関わって問題となる情報がどちらの口から発せられたかを峻別することができる。その点，取調べを録音する可視化手続きがとられていないわが国の現状では，当面，調書化した供述を資料とする以外にないのだが，それだけにこの問題性を十分に認識しておくことが必要である。

つまり，まず確認しておかねばならないことは，供述が供述者（証人や被疑者）のファクターだけで決まるものではないということである。被疑者の供述調書についていえば，一般に「右の者に対する〇〇事件につき，〇〇年〇月〇日，〇〇署において，本職は，あらかじめ被疑者に対し自己の意思に反して供述をする必要がない旨を告げて取り調べたところ，任意次のとおり供述した」と前置きした上で，独白的に供述内容が記され（調書によっては問答形式をとっているものもあるが，本件供述調書については，部分的な問答形式の挿入を除いて，基本的にすべて書下し形式で録取されている），最後に「右のとおり録取して読み聞かせたところ誤りない旨を申立，署名指印した」というふうに締めくくられている。つまり，被疑者が自分から自発的に述べたところをそのまま記録したとの形式をとっている。この形式だけからいえば，供述は供述者1人の内面の表白であって，他の要因の関与はないかのごとくである。

しかし，これが書面上の形式でしかないことは言をまたない。当然のことだが，供述は尋問に対する応答である。供述者のいないところに供述が成り立たないのと同じく，尋問者のいないところに供述はない。真犯人が自首してきて自白するような場合でも，まったく1人で独白するようにして供述ができあがるのではない。書類の形式上は供述者単独の独白のように記録されていても，現実の供述は尋問者－供述者の両者の心理的相互作用の所産以外のものでない。あまりにも自明のことで，あえて言うのもためらわれるほどだが，現実の裁判所の供述信用性判断のなかには，この自明の前提を看過し，書面上の形式を鵜呑みにして，供述をあたかも供述者の単独過程であるかのように見なして分析した例が後を絶たない。尋問者－供述者の間から生まれてきた供述調書の情報は，それそのものにおいてすでに汚染されている。ところが裁判所は往々にして，任意性さえ認めれば，それがもはや汚染をまぬがれているかのごとく，そこに入り込んだ汚染要因に目をつむってしまう。そのために，誤った結論を導いた例も少なくない。

● 補論 ●

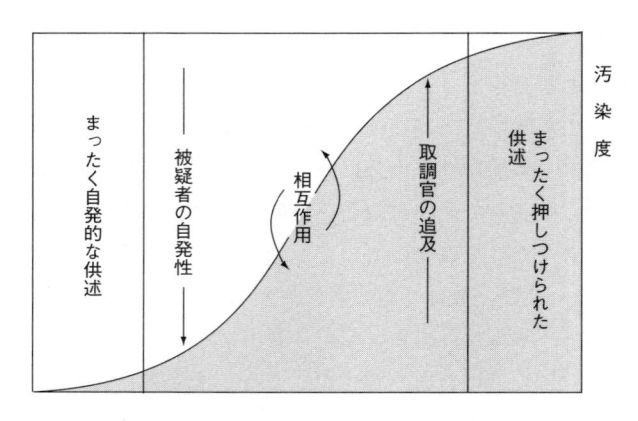

図1　取調官のファクターによる供述の汚染

　供述は供述者単独のファクターで決まるものではなく，そこには少なくとも供述者と尋問者の2人のファクターが絡み合っている。供述分析はこの自明の事実を常に念頭においておかねばならない。もちろん供述によっては，まったく自発的に供述がなされて，尋問者自身のファクターをほぼ無視してよいようなケースもあるかもしれない。しかし逆に尋問者のファクターが大きく入り込んで，それだけ汚染されているために，供述を理解する上でその尋問者のはたらきを考慮しないわけにいかないケースもある（図1）。しかし，いずれにしても一方のファクターが零になることは，原理的にいって，ない。これが供述分析の第二の公理である。

尋問者と供述者の相互作用

　では，尋問者－供述者の相互の心理過程はどのように絡み合うのであろうか。もちろんそこにはいろいろなケースがある。とりわけ被疑者の取調べの場合には，被疑者が真犯人か無実の人かによって，その心理過程はまったく異なる。しかし，その相違については後に触れるとして，ごく一般的に指摘できるところを，供述分析を体系化した供述心理学者A・トランケルの『証言のなかの真実』（植村秀三訳，金剛出版）によってまず見ておこう。トランケルは尋問者の質問自体が，事実を歪曲する効果をもつとして，それを次の3点にまとめている。

供述分析のための公理と着眼点

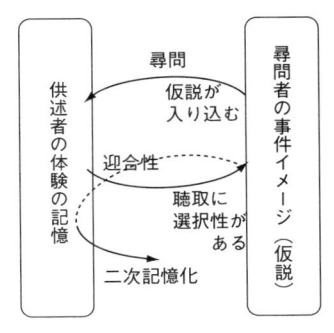

図2　尋問者と供述者の相互作用

① 尋問者がどのような事件仮説をもつかによって，どのような質問をするかが決まってくる。また尋問者が供述者の供述から何を聴き取り，記録するかという選択にも，このことは影響する。

② 尋問者の質問の仕方や言葉遣いのなかにその期待が反映するのに対して，他方で供述者もまたこの尋問者の期待に対して，おのずとこれに応じようとする傾向をもつ。

③ このようにして尋問によって供述が歪むと，後にこれが二次的記憶像を産み出し，供述者は，これを事件についての真正な記憶のように思い込むようになる。

これを図式化すれば図2のようになる。尋問者は問題の事件の取調べを行なう以上，事件そのものについてあらかじめ知識を得ている。もちろんその上で予断を排して白紙で臨むべきであると思っていても，一定の事件イメージ（仮説）を思い描かずに質問を行なうことは不可能である。それゆえ質問のなかには，明示的にせよ暗示的にせよ，尋問者の仮説が反映する（①の前半）。他方，供述者はこの尋問のなかに読み取られる尋問者の期待に応じようとする傾向が多少ともはたらく（②，図中では迎合性としている）。またそうして応答した供述者の供述を尋問者が聴取する過程で，尋問者はその当の供述を自己の仮説に沿った方向に選択的に聞き取る傾向をもつ（①の後半）。さらにそのようにして尋問－応答のやりとりを通して聴取・確認された供述内容が，もとの現実の記憶に代わって真正の記憶であるかのように二次記憶化する傾向がある（③）。

尋問がもつこうした歪曲効果を排除するためには，何より尋問者が一定の事

● 補論 ●

件イメージに固定せず多様な事件イメージを描くとともに，当初の事件仮説に固執せず，供述者の応答次第で仮説を変更するだけの柔軟性をもつことが重要なのだが，これがなかなか難しい。まして逮捕した被疑者を相手に取調べる場合，「被疑者＝犯人」との仮説は強固で，被疑者が多少弁解したくらいでは尋問者（取調官）も容易に引き下がらない。もちろんこの仮説が正しく，断固たる追及から真の自白が引き出されることも少なくないかもしれない。しかし，その一方で，断固たる追及に屈して嘘の自白がなされることがあることも，また過去の多くの事例が語るところである。いずれにせよ，取調べの過程で尋問者－供述者が相互にやりとりする結果として供述は生まれるのであって，そこに両者のファクターが絡み合っていることは，一般原理としてあらゆるケースに当てはまる公理といってよい。

供述機会の反復

　ここでもう1点くわえて注意すべきことがある。供述機会の反復である。尋問者と供述者が出会って事情聴取・取調べがなされる機会が1回きりであれば，その分析も比較的容易であるが，現実にはこれがただ1回にとどまることは少なく，供述は数回，あるいは数十回と重ねられていく。結果としてそこに語られる供述内容は大なり小なり変遷する。そうなればこの変遷過程が供述分析の重要な着眼点とならざるを得ない。

　本件の場合は，調書化された供述だけで勘定しても45回に及ぶ。しかもこれは自白に落ちて後のものだけで，それ以前の否認段階の供述は記録として録取されていない。この取調べの時間的経過において，捜査がどのように進展し，供述がどのように展開したかが分析のための欠くべからざるファクターとなる。そこでその過程をあえて図式化すれば，図3のようになる。

　この図では被疑者＝犯人のケースを想定している。現実に犯行を犯した人物なら，犯行に関わるその記憶を脳裏に刻んでいて，これを消し去ることはできない。他方，事件発生後，捜査に乗り出した警察・検察は，事件に関わる証拠を収集し，容疑者を絞り込む。容疑をほぼ固めたところで逮捕し取調べる（もちろん逮捕以前に参考人として取調べが行なわれることもある）。ここから取調官－被疑者の相互作用が始まる。取調官は取調べの各時点でその時までに入

手済みの捜査情報に基づき，一定の事件イメージのもとに尋問を進め，被疑者がそれに応じて供述していく。そして，その取調べの結果として一連の供述が録取されていく。この過程のどこかで被疑者は自白し，自分の脳裏に刻まれた犯行体験の記憶によって犯行の筋書を語りはじめる（もちろん現実には真犯人が一貫して否認を貫くこともある）。ただし自白後にもなお嘘や誤認による誤った供述が入り込むことはある。そのいくつかは取調官のさらなる追及によって修正・変更されていく。その結果が＜供述1－供述2－…………供述n＞という供述の流れとなる。

被疑者が真犯人の場合は，およそこの図3のような供述の流れが考えられる。しかし，現実にはもちろん図中でも枠で囲んだように，被疑者の心的過程の部分はブラックボックスであって，第三者がその内部を直接のぞきこんで見るわけにはいかない。それゆえ，そこは各時点の尋問状況と供述内容から推定する以外にない。

被疑者＝犯人のケースを想定した図3との対照で，被疑者＝無実のケースを図示すると図4のようになる。この場合，無実の被疑者には犯行に関わる体験もその記憶もあるはずはなく，代わりに「自分は犯人ではない」という明確な意識と，問題の犯行時間帯前後についての自分の真の体験の記憶，そして事件の後に近隣から聞いた噂やマスコミ情報，そしてそうした諸情報から無実の人間なりに思い描いた事件像がある。ところが，どこでどう間違ったのか捜査の目が自分に向けられ，逮捕されて取調べの場に引き出されることがある。そのとき最初は否認していても，やがて取調べの圧力に耐えられず自白する。自白すれば「私がやりました」と言うだけでなく，具体的な犯行のストーリーを語り出さねばならない。そこで，それまでに描いていた事件像をもとに，取調官の示唆・追及に合わせるかたちで犯行のストーリーを想像的に組み立てる。しかし，このストーリー構成は容易ではない。取調官からそのつど突きつけられる諸証拠と矛盾してしまうことも多い。そこで先の自白を訂正し，新たな自白を組み立てていく。それが＜供述1－供述2－…………供述n＞の変遷・蓄積の過程となって表われる。

ここで真犯人を想定した図3と無実の被疑者を想定した図4を見比べてみる。被疑者の心的過程を包みこんだブラックボックスの内部は別にして，それ以外

● 補論 ●

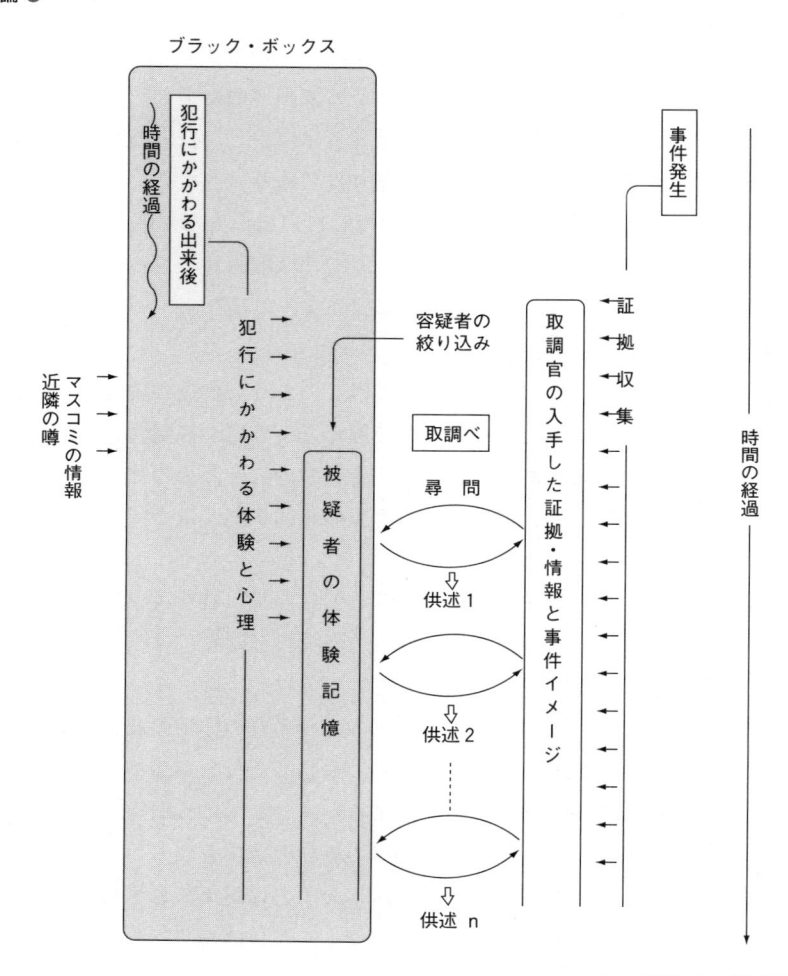

図3 真犯人の供述過程

の部分は被疑者＝真犯人であれ，被疑者＝無実であれ，外形上はまったく変わらない。実際，取調官は被疑者を逮捕した以上，被疑者＝犯人の強固なイメージのもとで取調べを進めるのが一般で，その点は現実に相手が真犯人であっても無実であっても変わらない。そもそも取調官にもこのブラックボックスの内部を見通すことはできない。そこで供述分析が目指すべき目標は，与えられた＜供述1－供述2－…………供述n＞の流れと，その供述を引き出した各時

供述分析のための公理と着眼点

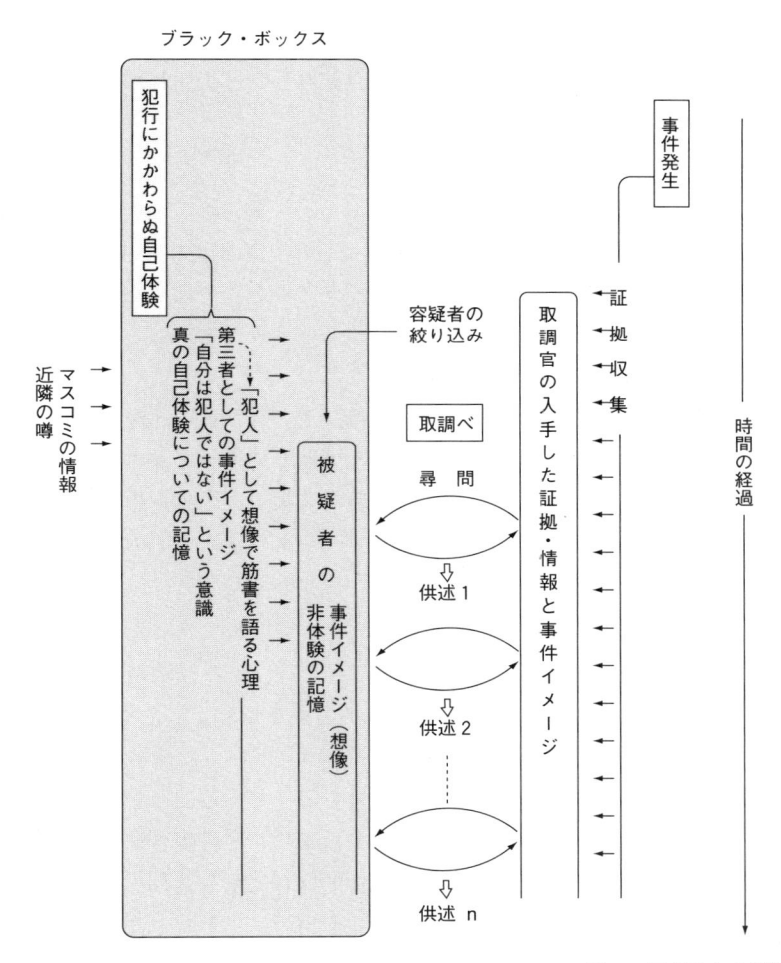

```
           ブラック・ボックス
┌─────────────────────┐                                    ┌──────┐
│ 犯                  │                                    │ 事件 │
│ 行                  │                                    │ 発生 │
│ に                  │                                    └──┬───┘
│ か                  │                                       │
│ か                  │         容疑者の          取          │←証
│ わ                  │         絞り込み          調          │ 拠
│ ら                  │            │             官          │ 収
│ ぬ                  │            ↓             の          │ 集
│ 自                  │                          入          │
│ 己                  │                          手          │
│ 体                  │                          し          │
│ 験    第 「真                                  た          │
│       三  犯        被                         証          │
│       者  自 人     疑                         拠          │
│ マ    と  分 」     者                         ・          │ 時
│ ス    し  は と     の                         情          │ 間
│ コ    て  犯 し                                報          │ の
│ ミ  → 事  人 て     事  ┌──────┐              と          │ 経
│ の    件  で 想                取調べ          事          │ 過
│ 情  → イ  は 像     件  └──────┘              件          │
│ 報    メ  な で                                イ          │
│       ー  い 筋     イ    尋　問               メ          │
│ 近  → ジ  」 書                                ー          │
│ 隣    で  と を     メ      ⟨⟩                ジ          │
│ の    想  い 語                                            │
│ 噂    像  う る     ー     ⇩                              │
│       で  意 心                                            │
│       筋  識        ジ    供述 1                           │
│       書                                                   │
│       を            （                                     │
│       語            想     ⟨⟩                            │
│       る            像                                     │
│       心            ）     ⇩                              │
│                                                            │
│                          供述 2                            │
│                                                            │
│                            ⟨⟩                            │
│                                                            │
│                           ⇩                               │
│                                                            │
│                          供述 n                            │
└─────────────────────┘
```

　　　　　　　　　　　　　　　　　　　　　図4　無実の人の供述過程

点での取調官の事件イメージ（そこには確認された捜査情報やそこから推定された事件仮説が含まれる）とから，被疑者の内部のブラックボックスを照らし出すことにある。

　もちろん，この被疑者のブラックボックスの内部を隈なく完全に照らし出すことは不可能である。しかしながらそのブラックボックスの内に，真犯人の心的過程を見るべきか，無実の人の心的過程を見るべきかという二者択一が問題

357

● 補論 ●

だとすれば，この問題の解決は不可能ではない。とくに供述資料が相当量に及ぶ場合，この2つの可能性の両方に等しく目配りして分析すれば，この弁別は必ずしも困難ではない。

供述の起源

そこで問題は，与えられた供述結果が真犯人の体験記憶に起源をもつのか，それとも無実の人が取調官とのやりとりのなかでなした想像，あるいは取調官の押しつけた情報に起源をもつのかを判別するということにある。つまり「供述の起源」を洗い出すことが分析の課題となる。

ここで指摘しておかなければならないのは，この「供述の起源」に着目する供述分析と従来のいわゆる「供述の信用性」判断との違いである。

刑事裁判において，目撃者，被害者，被疑者・被告人の供述の真偽が争われることは，従来からしばしばあり，そのつどケースに応じてその供述に対する分析がなされてきた。また，そうした分析の成果が蓄積されて一定の経験則を生み出してもきた。ウンドイッチらの研究はその集大成であった（ウンドイッチ『証言の心理』東京大学出版会）。しかし，そこに見る経験則は，概して取調べの所産として生み出された供述の形式的特徴を取り上げ，それらを集積，分類して，「〜の特徴をもつ供述は信用性が高い」といった帰納的命題にまとめられたもので，たかだか確率論的な蓋然性を云々できるにとどまっていた。

それに対してここでの供述分析は，文字や言葉にして表現された供述の形式的特徴を分析するものではなく，供述の具体的内容に踏み込み，供述を取調べの場で供述者と尋問者とがやりとりした相互作用の結果としてとらえ，その過程に着目しつつ，「供述の起源」がどこにあるかを分析する。

たとえば，供述者が真に自分の体験記憶によって自白したとすれば，その供述の起源は供述者自身の体験の記憶にあって，通常，その供述は信用してよい。ただし，供述者が体験した通りに供述したつもりでも，そこに心理学的な錯誤が入り込んでいることもあり得る。この場合は，見間違いとか覚え間違いといった錯誤要因が供述の起源の少なくとも一部をなすことになる。一方，無実の供述者が意識的に虚偽の自白を語ることがある。その場合でも真っ白のキャンバスに絵を描くように，白紙から虚偽を構成するのではなく，そこにも何らか

の起源がある。たとえば供述者は尋問者の追及のなかから情報を得て，それを利用して虚偽を供述しているかもしれない。あるいは自分の体験した現実を下敷きにして，そこからの想像でそれらしく供述しているかもしれない。このとき供述の起源は，尋問者の尋問に含まれる情報にある，あるいは供述者自身の想像にあるということになる。このような起源をもつ供述は，当然，信用性を排除すべきものであって，それとして見抜くことができなければ，有効な供述分析はできない。

供述と他の証拠の一致・不一致とその起源

「供述の信用性」判断においては，当該の供述がその他の証拠と一致するかどうかに焦点を当てて，その真偽が議論されることが多い。もちろん他の証拠との一致・不一致は事実認定の上で欠かせない非常に重要な論点ではある。しかしそこに「供述の起源」という視点を持ち込んだとき，供述が他の証拠と一致するというだけで，その信用性を判断するわけにはいかないことに気づく。

たとえば被疑者が犯行を自白した後，「これが凶器です」と供述して，特定の刃物を指示したとする。そしてこの刃物と被害者の傷口の態様とが矛盾なく一致すれば，かたちの上では凶器に関する供述は「信用性あり」と認められる。しかし問題は被疑者の供述と，犯行結果として残された物証が一致するというだけですまない。捜査官が被害者の傷の態様をあらかじめ確認し，凶器を推定していて，被疑者への取調べのなかでこのことを追及・示唆していたとすれば，たとえ無実の被疑者であっても，この示唆を汲みとって自白後「これが凶器だ」と供述することが可能である。この場合，形式的には自白内容と証拠とが一致しているようでいて，実のところその一致のよってきたる「起源」は，捜査官の入手済み情報を被疑者が聞き知ったというところにあるにすぎない。他方，被疑者が真犯人で，その被疑者が「これが凶器です」と真実を供述したのであれば，その自白は被疑者自身の犯行体験の記憶に起源をもっていたわけで，だからこそこれがその当の物的証拠と一致したのだということになる。供述が他の証拠と一致しても，供述の起源の視点からはその一致に2つの可能性がある。

財田川事件（1984年）の「2度突き」の供述などはこのことを考えるよい例となろう。被疑者Tさんは自白後犯行態様として被害者にとどめを刺す際，「心

● 補論 ●

臓をねらって一度刺したのち，刃を抜ききらずにもう一度刺した」と供述した。これは被害者の胸部の特異な刺し傷と一致した。つまりその刺し傷は，刺し口が1つなのに内部で2股に分かれていて，同じ刺し口で2度突いていたことが明らかであった。供述と物証との一致という点で，これほど明瞭なものはない。その上で捜査側は，取調官自身がこの特異な刺し傷の状態を知らなかったのに，被疑者の側からこの供述を行なったのだから，明らかな「秘密な暴露」に相当すると主張した。裁判所もこれを有罪の証拠の1つと認めてTさんに死刑判決を下し，一度は確定した。しかし再審において「2度突き」の事実は取調べの段階で取調官がすでに知り得る立場にあったことが認められて，この供述の起源が取調官の側からの示唆としてあり得ると認定されて，一転，無罪の判決がなされた。

こうした事例からみると，物証や他の証拠の一致・不一致を軸にした「供述の信用性」を越えて，「供述の起源」に着目することの必要性が浮かび上がる。本来，供述と他の証拠との一致・不一致は，外形だけでなく，その供述の起源にまで立ち返って考えなければならない。供述とその他の証拠とが一致するとき，そこには2つの可能性がある。本件の場合も，もちろん請求人の自白は，他の種々の証拠と一致しているのだが，その一致の起源という視点で見ると，本論にあげた仮説A，仮説Bに合わせて2つの場合が考えられる。つまり1つは「真犯人である請求人が，その犯行体験の記憶に基づいて供述したがゆえに一致した」という場合（仮説A），また1つは「無実の請求人が，捜査側の確認情報や推定・仮説による示唆・追及を受け，あるいは近隣の噂やマスコミ情報の影響も受けつつ，自ら想像して語って一致した」という場合（仮説B）である。この2つは，同じく一致でも，一致に至ったその起源はまったく異なる。供述分析の課題は，まさにこの2つを弁別することにある。

たとえば捜査側がまだ把握していない証拠状況を，請求人の側から先に自白し，その内容が後の裏づけ捜査でその通りだったと確認されるようなことがあれば，その一致こそはまさに請求人の真犯人性を証明することになる。それがいわゆる「秘密の暴露」である。

また逆に，供述とその他の証拠とが一致しない時にも，同様にその不一致の起源を判別することが課題となる。つまり，「真犯人である請求人が，何らか

の理由で嘘をついたり，あるいは自己の犯行体験について誤認していたために，その結果として不一致供述となった」という場合（仮説A）と，「無実の請求人が，捜査側の誤った情報や推定による示唆・追及を受けて，そのままそれに乗っかるかたちで供述したり，あるいは捜査側の示唆・追及を受けつつ，自らの体験から推測を交えながら想像をめぐらせて供述した結果，不一致供述となった」という場合（仮説B）とを判別しなければならない。

供述と他の証拠との一致について，それが上の各仮説ABのいずれに相当するかを判別するのが「供述の起源」分析のテーマである。それは供述の信用性判断の視点を越えて，供述自体が真犯人のものか（仮説A），無実の人のものか（仮説B）にまで踏み込むことになる。

従来の「自白の信用性」判断では，自白と他の証拠が一致して「信用性あり」となったとき，それだけで十分に有力な有罪証拠となり得る。一方で，この一致の背後に取調官による強力な誘導がはたらいていることを見逃しがちになる。他方，自白と他の証拠と一致せず「信用性なし」となった場合は，それは有罪証拠とならないということで証拠から排除され，結果としてその無罪への証拠性も看過される。それに対して「供述の起源」に着目した分析では，供述の起源がどこにあるかを探ることによって，自白は有罪証拠になり得るのみならず，逆に無罪を積極的に明かす証拠ともなり得る。本論で取り上げた「無知の暴露」はまさにその点に着目したものである。無実の人の自白には，実はその人が犯行の現実を知らないことを示すしるしが刻印されていることがあるのである。こうしたところに供述分析の重要な意味がある。

供述結果をめぐる関数的関係

さて，このように供述分析の主眼を供述の起源の分析においた上で，ここでの課題を改めて定式化しておこう。

私たちが知りたいのは，供述を求められている被疑者が，その取調べ時点でどのような心的過程にあるのかである。この心的過程は被疑者が真犯人であるか，無実の人であるかによってまったく異なる。これを未知数xとする。一方，その同じ時点での取調官の入手した証拠・情報やそこから得た事件イメージをtとする。そのとき「供述」はxとtの相互作用の結果として聴取される。こ

● 補論 ●

れを数学的に表わせば

　　$x \times t =$ 供述

となる。これは「供述は供述者と尋問者の心理的相互作用の所産である」との公理を数式で言い換えたものにほかならない。私たちの課題は，ここから被疑者の心的過程 x を割り出すことである。これも数式を用いて表現すれば，

　　$x =$ 供述 $/ t$

となる。つまり，ある時点で与えられた供述を，その時の取調官の入手した証拠・情報やそこから得た事件イメージ t と関連させて読み解き，x を導き出すということになる。もっともここでいう供述は，日本の刑事取調べの現状のなかでは，供述調書に録取されたものにとどまる。つまり取調べ過程が可視化されていないなかでは，そのなかでの個々の細かいやりとりの機微はわからない。また取調官の入手した証拠・情報やそこから得た事件イメージ t の方も，捜査記録のすべてが開示されていないために，それを明らかにすることは困難で，開示された限りでの捜査記録やマスコミに流された捜査情報からおおよそ想定できるにとどまる。このように両要因とも資料的制約があって，そのすべてを明らかにすることはできないのだが，それでも相当量の資料が手元にあることも間違いない。

　実際，多くの事件では被疑者取調べの機会が 1 度だけというようなことはなく，取調べは頻繁にくり返される。現に，先にも述べたように，本件の場合，調書数で 45 通，少なくともそれだけの機会にわたって請求人と取調官とのやりとりが重ねられたのである。

　複数回の取調べで複数の供述調書がとられている場合を数式化して表わせば，

　　時点$_1$　　　　$x_1 \times t_1 =$ 供述$_1$
　　　↓　　　　　↓　　↓　　↓
　　時点$_2$　　　　$x_2 \times t_2 =$ 供述$_2$
　　　⋮　　　　　⋮　　⋮　　⋮
　　時点$_n$　　　　$x_n \times t_n =$ 供述$_n$

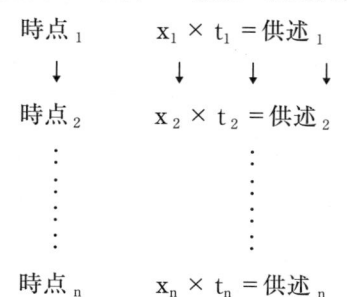

というふうになる。こうした供述の反復のなかで，その都度被疑者側の心的過

程xも移ろい，また取調官の把握している証拠・情報，そこから描く事件イメージも変動して，その結果，＜供述$_1$－供述$_2$－…………供述$_n$＞の一連の供述に何らかの変遷が積み上げられていく。

供述分析において与えられるのは，＜供述$_1$－供述$_2$…………供述$_n$＞という一連の供述総体であるが，その背後には＜t_1－t_2…………t_n＞の捜査側の情報・仮説の流れと，＜x_1－x_2…………x_n＞の被疑者の心的過程の流れとがあって，しかもこの3つの流れが相互に入り組み，作用しあっている。ここで，

　　＜x_1－x_2…………x_n＞をX
　　＜t_1－t_2…………t_n＞をT
　　＜供述$_1$－供述$_2$…………供述$_n$＞を「供述総体」

とよぶとすれば，

　　X × T ＝供述総体

となり，ここから未知のブラックボックスたる被疑者の心理過程総体Xを導き出すには，

　　X ＝供述総体／T

という手続きをとらねばならないことになる。ただ，このように1つの数式にまとめてしまうことで「時間」のファクターを見逃してはならない。「時間」の流れで展開してきた各過程を見ることなく，「供述総体」を一括し，その代表として最終的に確定した供述を取り出し，最終的に到達した捜査情報・証拠の総体と照らし合わせてしまえば，両者は大筋で一致する。そこだけを見て，被疑者の自白に信用性があると判断するようなことが，裁判の実務のなかではしばしば行なわれている。しかし，心理学的に見て，それはあまりに危険な姿勢だといわなければならない。

最終の結論が，真犯人の自白である可能性が高いと出るか，あるいは無実の人の虚偽の自白である可能性が高いと出るかはともかく，供述分析においては「時間の流れ」を常に配慮し，各時点での被疑者－取調官の相互作用，各時点前後の影響関係を勘案しつつ分析作業を進めるのでなければならない。本鑑定は，このことを基本方針として，最大限これに忠実に分析を進めてきたはずである。

● 補論 ●

心理学の課題

　さて，以上に述べてきた2つの前提，つまり「人の言動はその心的意味の流れにおいて理解可能である」ということと，「供述は供述者と尋問者の心的相互作用の所産である」ということは，供述分析を進める上でけっしておろそかにしてはならない心理学上の基本前提である。袴田巖氏に死刑を宣告し，これを確定させた裁判所の判断は，はたしてこの基本前提を十分に意識し，配慮したものであったかどうか。本件の供述分析を終えた今，残念ながら，これに対して私たちは「否」と言わざるを得ない。

　思えば，この基本前提はあまりにも当然のことである。それゆえだろうか。アカデミズムのなかにある心理学は，これらをあえて基本命題として取り出し，現場の諸問題に適用できるかたちに洗練し，たとえばこれを裁判関係の実務者たちに伝えるというような課題を自らに課すことがなかった。そこには心理学研究者の側の問題があったといわなければならない。

　幸い，最近では心理学の研究者たちに対して，具体的な事件の供述分析を求められる機会が増えてきた。心理学者には，人々の日常の生活世界の諸問題に迫ることのできる新たな一般心理学の体系化が求められているのである。実のところ，これは脳科学との接合を求める認知科学などに比べれば，およそ華やかさには欠ける。しかしこれは心理学者にとって，そうした最近の先端の科学的心理学にも並び立つ，地味ではあるが，極めて重大な課題なのである。

あとがき

　私が袴田事件について，日本弁護士連合会人権擁護委員会の袴田事件委員会から鑑定依頼を受けたのは，今からもう15年も前のことである。袴田氏が捜査段階にとられた45通の自白調書を心理学的な視点から分析できないかとの依頼だった。

　刑事裁判ではこれまで，供述証拠の任意性や信用性の判断は，もっぱら裁判所の行なうべきものであって，専門家の鑑定にはなじまないとされてきた。その意味では，弁護側からとはいえ，私のような心理学研究者に自白供述の鑑定を依頼すること自体が異例のことであった。しかし再審の扉がいっこうに開く気配のない状況で，あらゆる争点について突破口を開くべく努めるのは，弁護の立場からは当然ともいえる。また私自身も，それまでのいくつかの事件に関わってきて，心理学的な視点からの供述分析が，従来の法の発想とは異なる新たな展望を与え得るとの確かな感触を得ていた。

　取調べの場で行なわれる供述者（被疑者）と聴取者（取調官）のやりとりが，録音や録画で生のまま記録されていれば，もちろん，そこに心理学のメスを入れる領域は大きい。イギリスなどでは取調べのなかで行なわれた生のやりとりに直接アプローチして，心理学者がこれを分析・鑑定する領域が広がっている。しかしわが国においては取調室が相変わらずブラックボックスで，外からそのなかをのぞけない。取調べの場面を録音・録画によって可視化すべきだとの議論は，わが国でも古くからあるが，捜査側の抵抗が強く，実現の見通しはまだ立っていない。

　袴田事件の起こった頃にも，すでに録音テープはあり，これを捜査に利用することもできたはずだが，当時，取調室の可視化という発想はまったくなく，この事件の取調べについて録音テープの記録などはいっさいない。したがって取調べの様子を直接に知る手がかりは取調官の手になる供述調書以外にない。

　供述調書は，それだけで完結した分析の対象にはならない。何しろ供述は尋問－応答のやりとりとしてなされ，そこには供述者の側の要因だけでなく，供述を聞き取る聴取者の要因が深く絡み合っている。ところが供述調書のなかで

● あとがき ●

は，まるで供述者が独白しているかのように，書き下しの物語として供述が展開されている。その物語の背後には，聴取者の引いた筋が黒衣のように暗躍している可能性を否定できない。にもかかわらず，刑事裁判の実務の上では，調書の最後に付される供述者の署名・押印をいわば信用性の担保として，しばしばこの黒衣の存在を無視して，それ自体で判断してしまう。

　自白調書を，本当の意味で分析しようと思うならば，個々の供述の内容を時系列に沿って整理し，その内容の変遷を追った上で，供述聴取者である捜査側がそのつどどのような証拠を握り，そこにどのような事件仮説を描いていたかまで見なければならない。もちろん分析の焦点は，供述者（被疑者）と聴取者（取調官）の間に生じた相互のやりとりにあるのだが，それを直接に記録した録音・録画がない以上，この両者の接点を囲み，それを意味づけている背後の全体状況を押さえておかざるを得ないのである。そうして事件の全容に目を配りつつ，供述の変遷を追い，そこに心理学的な視点からのメスを入れて，問題の供述場面に何が起こったかを明らかにする。それが供述分析の仕事である。この作業にはまことに膨大な労力を要する。しかし，そうしない限り黒衣のはたらきをチェックできないし，自白の実相を浮かび上がらせることはできない。それにまた，この供述の鑑定に心理学が関与できるとしても，それは既存の心理学上の知識をそのまま当てはめて，それだけで簡単に結論を出せるわけではない。このことを承知で，私はこの鑑定依頼を受けることにした。1つには，もし袴田巖氏に無実の可能性があるならば，その可能性がどれほどのものかを明らかにするのは，人としての責務ではないかという素朴な思いもあった。しかしそれ以上に大きかったのは，この困難な課題が，心理学的にも十分に挑戦に値すると思えたことである。少なくともそれは，既成の心理学の枠組を超えた，極めてチャレンジングな課題であった。

＊　　　＊　　　＊

　本件自白に対する裁判所の確定判決の判断において最も特徴的な点は，44通もの自白調書を証拠から排除し，残り1通だけを証拠として採用して，死刑の判決を下したことにある。しかし証拠から排除されたものをも含めて，全自

● あとがき ●

白調書45通をトータルに分析した結果，この袴田氏の自白そのものが，実は彼の無実を証明している。端的にいって，これが私の鑑定結論であった。この一見逆説的に見える結論は，それまでの裁判官の判断にまっこうから対立するだけでなく，それ自体，裁判所に向けてかなり挑発的なものとなった。

もとより私自身，弁護側からの依頼ではあっても，分析にあたっては弁護側と検察側のいずれの主張にも偏らず，ニュートラルな立場で，白紙から問題に臨んだつもりである。その上で供述分析の結果として，確定判決は妥当性を保持し得ないとの結論に達するほかなかったのである。

静岡地裁は，1994年8月9日に再審請求を棄却した。弁護側は，確定判決が有罪証拠と見なしていた数々の物証に，実はいくつもの矛盾があり不整合があり，さらには証拠の捏造の痕跡すらあると指摘して，再審開始を訴えていた。裁判所はこれらをすべて排除して，袴田氏を有罪にするについて合理的な疑いを入れる余地はないというのである。また私の提出した鑑定書に対しては，「評価や意見にとどまるもの」との一言で，これを斥けた。

弁護側は東京高裁にただちに即時抗告を申し立て，抗告審で私もまた鑑定補充書を提出した。しかし2004年8月26日，東京高裁は弁護側の抗告を棄却する決定を下した。この棄却決定は，私の鑑定書に触れ，「浜田鑑定は，本来，裁判官の自由な判断に委ねられるべき領域に正面から立ち入るものであって，およそ刑事裁判において，裁判所がこのような鑑定を命じるとは考えられないのである。その意味で浜田鑑定については，そもそもその『証拠』性にも疑問があるといわざるを得ない」と判示した。

たしかに自白に対する心理学的鑑定は，従来の刑事裁判実務の発想から見て異例のものではあろう。しかしそれが合理的な方法に基づき，心理学的な知見を援用した上での真っ当な議論であるのならば，これはむしろ裁判官の「自由な判断」に資するものになり得る。そうだとすれば，「裁判官の……領域に正面から立ち入るもの」だからということで，これを簡単に排除してよいものだろうか。

実際，裁判官もまた，本件の自白について，何らかの心理学的判断をなしたはずである。では，その裁判官たちの判断は何によって根拠づけられているのか。自白を有罪証拠として認める以上は，判決・決定においてその根拠を明示

● あとがき ●

し，それが私をも含めて一般の人々を十分に納得させるものでなければならないはずであろう。ことは人間の心理の問題であり，あるいは事実認定判断における論理の問題でさえある。にもかかわらず，これまでの裁判所の判決・決定は，その心理においても論理においても，私たちを納得させるに至っていない。自白の心理学的鑑定に相応の努力を払った私自身，裁判所のこの決定の趣旨を素直には受け入れることができないでいる。

裁判所の決定を受けた上で，私が本鑑定でとった方法が一方に偏したものでないかどうか，その供述分析の過程が公平中立で，かつ合理的かどうか，それを多くの人々に改めて判断してもらいたいという思いを，自分のなかで拭い去ることができない。

私はこれまで，この鑑定書のエッセンスの部分をいくつかの書物で紹介してきた（『自白の心理学』岩波新書，2001年，『＜うそ＞を見抜く心理学』NHKブックス，2002年）。ただ，それはいずれも簡略なもので，鑑定書全体の趣旨を伝えるにはおよそ不十分なものだった。ここで改めて鑑定書本文を公表しようと思うに至ったのは，そのためである。

本鑑定作業については袴田事件弁護団から多大な支援を得た。またこれを本書にまとめるにあたって同弁護団の小川秀世弁護士に事実関係のチェックをお願いし，いろいろ意見をいただいた。さらに本書が一般の方にも十分読めるものになっているかどうかのモニターとして奈良女子大学の東村知子さん，そして妻きよ子に最初の読者になってもらった。この場を借りて皆さんに感謝したい。最後にこのような地味な本を刊行していただいた北大路書房の関一明さんと，出版を支えていただいた「法と心理学会」に謝意を表したい。

＊　　　　＊　　　　＊

再審請求人袴田巖氏は，死刑台の一歩手前で，自らの精神を保つすべもなく，なお獄中にいる。供述分析によって得た私の上記の結論が正しいならば，法のただなかに無法の極地が生み出されたまま，それがいっこうに正されようとしていないということになる。もしそうならば，この事態はおよそ許されることではない。

● あとがき ●

　冤罪による長期の身柄拘束は，いわば「もう一つの拉致」である。この拉致が法のもとで行なわれる「合法的拉致」として，この世のなかにまかり通っている現実があるとすれば，拉致問題は遠くの非人権国家のものとばかりはいえない。国家による拉致は，実は，私たち自身の脚下にもある。

2006 年 8 月 5 日

浜田寿美男

著者紹介

浜田　寿美男（はまだ・すみお）
　1947 年　香川県生まれ
　1976 年　京都大学大学院博士課程（心理学）修了
　現　在　奈良女子大学文学部教授，法と心理学会理事長
　著　書
　　　　『証言台の子どもたち』　日本評論社　1986 年
　　　　『狭山事件虚偽自白』　日本評論社　1988 年
　　　　『ほんとうは僕，殺したんじゃねえもの』　筑摩書房　1991 年
　　　　『発達心理学再考のための序説』　ミネルヴァ書房　1993 年
　　　　『ありのままを生きる』　岩波書店　1997 年
　　　　『「私」とは何か』　講談社　1999 年
　　　　『自白の心理学』　岩波書店　2001 年
　　　　『〈うそ〉を見抜く心理学』　日本放送出版協会　2002 年
　　　　『身体から表象へ』　ミネルヴァ書房　2002 年
　　　　『取調室の心理学』　平凡社　2004 年
　　　　『自白の研究（新版）』　北大路書房　2005 年　など

法は言うまでもなく人間の現象である。そして心理学は人間の現象にかかわる科学である。それゆえ法学と心理学はおのずと深く関わりあうはずの領域である。ところがこの二つがたがいに真の意味で近づき，交わりはじめたのはごく最近のことにすぎない。法学は規範学であり，一方で心理学は事実学であるという，学としての性格の違いが両者の交流を妨げていたのかもしれない。しかし規範が生まれ，人々のあいだで共有され，それが種々の人間関係にあてはめられていく過程は，まさに心理学が対象としなければならない重要な領域のひとつであり，その心理学によって見出された事実は，ふたたび法の本体である規範に組みこまれ，その規範の解釈や適用に生かされるものでなければならない。

　「法と心理学会」はこうした問題意識のもとに，2000年の秋に立ち上げられた。時あたかも20世紀から21世紀へと移る過渡であった。法の世界も心理学の世界もいま大きく変わりつつあり，そこに問題は山積している。二つの世界にともにかかわってくる諸問題を学際的に共有することで，現実世界に深く関与できる学を構築する。そのために裁判官，検察官，弁護士をはじめとする法の実務家を含め，法学と心理学それぞれの研究者が双方から議論を交わし合う。そうした場としてこの学会は出発した。この学会はその性格上，けっして学問の世界で閉じない。つねに現実に開かれて，現実の問題を取りこみ，現実の世界に食いこむことではじめてその意味をまっとうする。

　以上の趣旨を実現する一環として，私たちはここに「法と心理学会叢書」を刊行する。これは私たちの学会を内実化するためのツールであると同時に，学会が外の現実世界に向かって開いた窓である。私たちはこの窓から，法の世界をよりよき方向に導き，心理学の世界をより豊かにできる方向が開かれてくることを期待している。

2003年5月1日

法と心理学会
http://www.u-gakugei.ac.jp/~ktakagi/JSLP/

［法と心理学会叢書］

自白が無実を証明する
袴田事件，その自白の心理学的供述分析

| 2006年10月 1 日　初版第1刷印刷 | 定価はカバーに表示 |
| 2006年10月10日　初版第1刷発行 | してあります。 |

　　　　　著　　者　　浜　田　寿　美　男
　　　　　発　行　所　　㈱北大路書房
　　　　〒603-8303　京都市北区紫野十二坊町12-8
　　　　　　　　　電　話（075）431-0361㈹
　　　　　　　　　ＦＡＸ（075）431-9393
　　　　　　　　　振　替　01050-4-2083

© 2006　　　制作／T.M.H.　　印刷・製本／モリモト印刷㈱
　　　　検印省略　落丁・乱丁本はお取り替えいたします。
　　　　　　ISBN4-7628-2533-6　　　Printed in Japan